Martin Schneider

Das Weltbild des 17. Jahrhunderts

Martin Schneider

Das Weltbild des 17. Jahrhunderts

Philosophisches Denken zwischen Reformation und Aufklärung

Wissenschaftliche Buchgesellschaft

Meiner Frau
Flora Esther Ben´tez de Schneider
und unseren Kindern
Angelina und Alexander

Die Deutsche Bibliothek verzeichnet diese Publikation
in der Deutschen Nationalbibliografie;
detaillierte bibliografische Daten sind im Internet über
http://dnb.ddb.de abrufbar.

Einbandgestaltung: Neil McBeath, Stuttgart.
Bildnachweis: Descartes erläutert in Paris seine Gedanken
vor Christine von Schweden.
Lithographie (18. Jh.) nach einem Gemälde von Dumesnil.
Foto: bpk.
Gedruckt auf säurefreiem und alterungsbeständigem Papier
Printed in Germany

Besuchen Sie uns im Internet: www.wbg-darmstadt.de

ISBN 3-534-15764-8

Inhaltsverzeichnis

Einleitung

Die folgende Darstellung versucht einen ideengeschichtlichen Überblick über die intellektuelle – speziell die philosophische – Situation des 17. Jahrhunderts zu vermitteln. Ideengeschichtliche Epochendarstellungen sind im Bereich der Philosophie in Deutschland selten. Gewöhnlich werden in wissenschaftshistorischen und philosophiegeschichtlichen Werken die einzelnen, für eine Epoche typischen Autoren und ihre Lehren nacheinander abgehandelt. Überall dort jedoch, wo es um das Signum einer Epoche geht, wo die Leitideen und Themen, die die Epoche bewegen, die geistesgeschichtlichen Strömungen, die die Epoche kennzeichnen, wo das Weltverständnis der Zeit unser Interesse weckt, ist eine am Problem, an der Idee, an der Kontroverse orientierte Darstellung informativer als eine personenbezogene. Dieser Weg wird hier eingeschlagen. Nicht der einzelne Autor steht im Vordergrund, sondern das Problem. Nicht um die möglichst vollständige Erklärung des „Systems“ des jeweiligen Autors geht es, sondern um dessen Beitrag zu der die Zeit bewegenden Thematik. Auf diese Weise wird der Versuch gemacht, ein Bild der Zeit, der Epoche zu vermitteln und die Leitgedanken des neuen Weltverständnisses herauszuarbeiten.

Die Gefahr solcher Versuche besteht darin, daß man vorschnell Verallgemeinerungen zieht, daß man sich mit allgemeinen Beobachtungen begnügt, daß man sich auf grobe Strukturähnlichkeiten beruft und das Detail vernachlässigt. Dem versucht dieses Buch dadurch zu entgehen, daß es zwar die Idee in den Vordergrund stellt, aber sie nicht in ihrer Allgemeinheit vermittelt, sondern sie in ihrer konkreten Ausformung bei einem Autor erörtert. Der Leser soll an die konkrete Diskussion, an die konkrete Thematik, wie sie sich bei einem Autor in individueller und zeitgebundener Gestalt zeigt, herangeführt werden. Das Buch möchte einen unmittelbaren, direkten Eindruck von den brennenden Problemen der Zeit vermitteln und nicht die schon gefilterte Sicht des nachträglichen Interpreten weitergeben. Auch damit wird und soll natürlich eine Interpretation der Zeit gegeben werden, aber sie ist aus dem direkten Kontakt mit den zeitgenössischen Philosophen gewonnen, der an den Leser weitervermittelt wird. Daher kommen die jeweiligen Autoren ausführlich zu Wort, um ein lebendiges Bild der Epoche zu zeichnen.

Um den Zugang zu erleichtern und ein Gesamtbild zu bieten, das nicht in der Vielfalt der Themen zerfließt, habe ich in meiner Darstellung versucht, dem Leser einen systematisch-geordneten Zugang zur Epoche zu eröffnen. In acht paarweise zusammengehörigen Kapiteln soll gewissermaßen der Weg vom Menschen zur Welt, vom theoretischen Weltverständnis zur praktischen Lebensbewältigung, vom Geschöpf zu Gott, vom Individuum zur Gemeinschaft aufgezeigt werden. Die ersten beiden Kapitel betreffen den *Zugang des Menschen zur Welt*, d.h., sie befassen sich mit der Frage, welche Mittel der Mensch – aus der Sicht der Zeit – zur Verfügung hat (nämlich Vernunft und Wissenschaft), um sich die Welt theoretisch zu erschließen. Die nächsten beiden Kapitel (3 und 4) erörtern die *Struktur und Ordnung der Welt*, in der sich der Mensch vorfindet, zum einen die physikalische Deutung der anorganischen (materiellen) Welt, zum andern die Stellung, die der Mensch als geistig-organisches Wesen in ihr einnimmt. Die Kapitel 6 und 7 beschäftigen sich mit dem *Verhältnis zwischen Gott und Geschöpf* oder, untheologisch ausgedrückt, zwischen abhängigem, endlichem und unabhängigem, unendlichem Sein oder Seinsprinzip, wobei Kapitel 5 stärker den theoretischen Aspekt, Kapitel 6 stärker den praktisch-personalen berücksichtigt. Die letzten beiden Kapitel (7 und 8) schließlich wenden sich den *Beziehungen zwischen Individuum und Gemeinschaft* zu, also insbesondere dem Menschen als praktisch handelndem Wesen in der von ihm selbst geschaffenen Welt. Zum einen geht es um das natürliche, affektgeleitete Individuum in seiner moralischen Verantwortung gegenüber dem Mitmenschen, zum anderen um die Stellung des einzelnen in der von ihm gestalteten politisch-gesellschaftlichen Welt. Ein kurzer Schlußteil wird die großen Entwicklungslinien und neuen Tendenzen des Zeitalters noch einmal gerafft zusammenfassen.

Bei unserem Streifzug durch das 17. Jahrhundert werden wir im folgenden nur Schlaglichter setzen können. Bei einem so gedrängten Überblick, der fast alle philosophischen Teildisziplinen betrifft – theoretische und praktische Philosophie; Logik und Methodologie, Metaphysik und Naturphilosophie, Ethik, Anthropologie und Rechtsphilosophie –, können es nicht mehr als Schlaglichter, allerdings signifikante sein. Wir werden prototypisch die wichtigen Autoren zur Sprache kommen lassen, d.h. für eine These, ein Problem, einen neuen Ansatz, eine neue Entwicklungsstufe oder eine kontroverse Diskussion besonders exemplarische Vertreter auswählen, ohne jeden Anspruch auf Vollständigkeit. Dies werden in der Regel die „großen", bekannten Philosophen (oder auch philosophierenden Theologen, Naturwissenschaftler und Juristen) sein, aber auch solche, die weniger oder nur Fachleuten bekannt sind, falls sie in dem entsprechenden Gebiet besondere Akzente gesetzt haben. Naturgemäß ist jede Auswahl subjektiv und selektiv. Sie kann also weder vollständig noch wertfrei sein. Denn jede historische Epoche wird retrospektiv und das heißt vom aktuellen Problembewußtsein des Betrachters aus in den Blick genommen. Er kann sein aktuelles Problembewußtsein nicht ausblenden, aber er kann sich in der Beurteilung zurücknehmen, indem er die behandelten Autoren möglichst in ihrer Sprache selbst zu Worte kommen läßt und sie nur verständnisfördernd begleitet. In diesem Sinne bezweckt das folgende kleine Werk eine Hinführung zu den Quellen und verzichtet auf die Erörterung der Fachdispute späterer Interpreten.

Mit welcher Epoche haben wir es nun zu tun? Jahrhundertgrenzen sind in der Regel willkürliche Grenzen. So ist es auch im Fall des 17. Jahrhunderts. Daher bedarf es einer Rechtfertigung, inwiefern wir dieses Zeitalter als eigenständige Geistesepoche begreifen und ihm ein eigenes Signum zuweisen. Es fällt eine Vielzahl von Epochenbezeichnungen auf, die für das 17. Jahrhundert in historischen, kunsthistorischen, literarischen, philosophischen und wissenschaftshistorischen Darstellungen gewählt werden, die aber alle insofern nicht trennscharf sind, als sie nicht deckungsgleich mit dem 17. Jahrhundert sind und daher keine ausschließliche Geltung für diese Epoche besitzen. Es ist die Rede vom Zeitalter des Barock, des Absolutismus, der Glaubenskämpfe, der territorialen Entdeckungen und der Kolonisierung, der wissenschaftlichen Revolution und schließlich auch der Vernunft. Versuchen wir kurz, einen Blick zu werfen auf Sinn und Berechtigung dieser Bezeichnungen und uns auf diese Weise das Zeitkolorit dieser Epoche in Erinnerung zu rufen. Erst dann wird es uns möglich sein, eine nähere Festlegung der Zeitgrenzen vorzunehmen.

Die ursprünglich als Stilbezeichnung in der bildenden Kunst benutzte Bezeichnung „Barock" geht auf das portugiesische Wort *barocco* zurück, welches ein unregelmäßiges Steinchen oder eine schiefrund geformte Perle bedeutet und zunächst im Kunsthandwerk benutzt wurde. Als Stilbegriff hatte er ursprünglich die pejorative Bedeutung von „schwülstig", „übertrieben", „pompös", „überladen", „künstlich" und wurde in dieser Bedeutung zum Epochenbegriff für die Zeit zwischen 1600 und 1750, die damit von klassizistischeren und stärker an der Antike orientierten Kunstepochen wie der Renaissance abgesetzt werden sollte. Diese negative Einstellung teilte zunächst auch der als Renaissance-Forscher bekannte Schweizer Kulturhistoriker Jacob Burckhardt (1818–1897), der den Barock gegenüber der Renaissance für eine verwilderte Kunstäußerung hielt, schließlich aber zu einer positiveren Einschätzung gelangte, aufgrund deren der Barock eher als eine Weiterentwicklung oder Vollendung der Renaissance-Kunst aufzufassen sei. Erst seinem Schüler und Nachfolger auf dem Baseler Lehrstuhl Heinrich Wölfflin (1864–1945) jedoch gelang in seinen Werken ›Renaissance und Barock‹ (1888) und ›Kunstgeschichtliche Grundbegriffe‹ (1915) eine grundsätzlich positive Bewertung dieses Stils und dieser Epoche, die weniger das Manieristische der vorausgehenden, auf die Renaissance folgenden Epoche des Manierismus als das den Renaissance-Stil Weiterführende betonte: die Symmetrie und Harmonie, die aber nun nicht mehr statisch, sondern dynamisch ist; das Zusammenspiel von Klassizismus und komplexeren Strukturen, das sich in kreisenden Formen, Verzierungen, Licht-Schatten-Spielen und Perspektivenverschiebungen dokumentiert. Es sei nur an Maler wie Rembrandt, van Dyck, Velázquez oder Rubens oder an Baumeister wie Bernini (beteiligt an Peterskirche und Petersplatz in Rom) und Fischer von Erlach (Schloß Schönbrunn) erinnert.

Politisch stellt sich das 17. Jahrhundert als das Zeitalter des Absolutismus dar. Diese Epoche dauerte zwar bis zur Ablösung des Ancien régime durch die Französische Revolution von 1789. Aber sie erhält ihren besonderen Akzent durch die lange Regierung Ludwigs XIV. von Frankreich (1661–1715), unter dessen Dominanz ganz Europa in der zweiten Hälfte des 17. Jahrhunderts steht. Das Ideal des absoluten Monarchen findet sich in verschiedenen Ausprägungen vor. Philipp II. (1556–1598) von Spanien, unter dessen Herrschaft Spanien sein „Goldenes Zeitalter" (*el siglo de oro*) erlebt, aber auch – symbolisiert durch den Untergang der Armada 1588 – seinen Zenit überschreitet, gilt als Vertreter des konfessionellen Absolutismus. In England verbindet sich unter der Herrschaft von Elisabeth I. (1558–1603) mit dem Absolutismus das Staatskirchentum der Anglikanischen Kirche. Und in Deutschland begründet der sogenannte Große Kurfürst Friedrich Wilhelm von Brandenburg-Preußen im Zeichen absoluter Fürstenmacht die spätere Großmachtstellung Preußens, dessen Herrscher 1701 „König in Preußen" wird.

Mit der Prägung des Begriffs „Souverän" findet Bodin eine signifikante Bezeichnung für die gottgewollte Macht des absoluten Fürsten. Und das staatsvertragstheoretische Modell von Hobbes erweist sich als besonders geeignet für die Rechtfertigung des absoluten Monarchen. Das Ludwig XIV. zugeschriebene Aperçu *Der Staat bin ich* (*L'état c'est moi*), ergänzt durch das Diktum Bossuets (des Kanzelredners von Ludwig XIV. und Bischofs von Meaux) *Ein König, ein Glaube, ein Gesetz* (*Un roi, une foi, une loi*) bringt den Geist dieses Denkens zum Ausdruck und rückt die absolute Herrschaft in die Nähe des Gottesgnadentums: Der absolute Monarch verkörpert in sich Gesetz und Glauben.

Wirtschaftlich ist es der mit dem Namen Colberts verbundene Merkantilismus, der durch eine dirigistische Finanz- und Wirtschaftspolitik unter Ausbeutung der in den neuen Überseegebieten gewonnenen Rohstoffe dem Staat neue Geldquellen erschließt. Ein neues Hofbeamtentum, das dem Souverän dienstbar ist, drängt die Bedeutung des Adels und der Stände zurück.

Repräsentativen Ausdruck verschafft sich die souveräne Monarchen- und Fürstenmacht in vielen monumentalen Anlagen und Prachtbauten.

Zwischen 1563 und 1584 wird der Escorial, die klosterartige Residenz der spanischen Könige, erbaut; Gartenanlage und Spiegelsaal von Versailles entstehen zwischen 1661 und 1684; Schönbrunn, das Lustschloß des Kaisers, das Maria Theresia später vollendet, wird zwischen 1695 und 1717 errichtet; und auch für das Haus Hannover entsteht in Herrenhausen (1665/66 und 1707/08) eine Sommerresidenz.

Allerdings setzt im 17. Jahrhundert in England auch die Entwicklung zur konstitutionellen Monarchie ein: Die *Petition of Rights* von 1628, die *Habeas-Corpus-Akte* von 1679 und die *Bill of Rights* von 1689 stärken die persönlichen Freiheitsrechte des Bürgers und die Zustimmungsbefugnisse des Parlaments und beschränken auf diese Weise die Macht der absoluten Monarchie.

Ist das 16. Jahrhundert das Zeitalter der Glaubensspaltung, so erweist sich das 17. Jahrhundert als das Zeitalter der Glaubenskämpfe. Mit der durch Luther 1517 in Deutschland, durch Zwingli ab 1518 in Zürich und durch Calvin ab 1541 in Genf ausgelösten Reformation beginnt die Trennung von Rom, die sich im Laufe des Jahrhunderts weiter verfestigt. Nach der von Melanchthon verfaßten Augsburger Konfession, die das erste evangelische Bekenntnis ist, legen alle neu entstandenen großen religiösen Strömungen ihre orthodoxen Bekenntnisse fest. Mit der Konkordienformel von 1577 erhalten die Lutheraner ihr orthodoxes Lehrbekenntnis. Die Zwinglianer legen ihr Bekenntnis mit der ersten und zweiten Helvetischen Konfession (von 1536 und 1561) fest. Zwischen Zwinglianern und Calvinisten kommt es 1549 zu einer Einigung in der Abendmahlsfrage, und 1581 wird der Versuch einer Harmonie der Bekenntnisse von Zürich und Genf gemacht. Die Anglikanische Kirche, die seit 1534 besteht, nachdem sich Heinrich VIII. zum Oberhaupt der englischen Kirche erklärt hat, legt 1571 ihr Glaubensbekenntnis in 39 Artikeln fest. Die katholische Kirche reagiert auf die eingetretene Entwicklung – nach einer Erneuerung und Zentralisierung der Inquisition im Jahre 1542 – vor allem mit dem Konzil von Trient, das in drei Sitzungsperioden von 1545–1563 tagt. 1559, noch während des Konzils, erscheint zum erstenmal der „Index der verbotenen Bücher" (*Index librorum prohibitorum*) und 1622 wird die Kongregation zur Verbreitung des Glaubens (*congregatio de propaganda fidei*) als Institution gegründet, die für die Mission und Rückführung der Protestanten sorgen soll.

Die auf diese Weise eingetretene Verfestigung der konfessionellen Standpunkte führt seit dem Konzil von Trient die sogenannte Zeit der Gegenreformation herbei, in der erbitterte Glaubensauseinandersetzungen beginnen, insbesondere die Hugenottenkriege in Frankreich zwischen 1562 und 1598, die erst durch das von Heinrich IV. von Navarra erlassene Edikt von Nantes, das den Protestanten Religionsfreiheit gewährt, beendet werden. Deutschland ist dann der Schauplatz für den religiös motivierten und immer mehr ins Machtpolitische abgleitenden Dreißigjährigen Krieg. Und auch die Bürgerkriege in England von 1642 bis 1648 sind teilweise religiös bedingt. Wie stark diese Auseinandersetzungen sind, zeigt die Tatsache, daß noch gegen Ende des 17. Jahrhunderts Ludwig XIV. sich veranlaßt sieht, das Edikt von Nantes im Jahre 1685 wieder aufzuheben und noch zu Anfang des 18. Jahrhundert in den Jahren 1710–1712 das Kloster Port Royal des Champs bei Paris, Zentrum des Jansenismus – einer calvinistische Elemente aufweisenden Richtung des Katholizismus in Frankreich –, zerstören zu lassen.

Nach der Entdeckung der Neuen Welt 1492 durch Columbus bedingen zwei Motive die weitere Erschließung der neuen Erdteile, an der fast alle europäischen Mächte beteiligt sind: das missionarische und das koloniale. Spanien und Portugal bekommen vom Papst im Vertrag von Tordesillas 1494 bestimmte Gebiete als Missionssphären zugewiesen. Und so geht mit der weiteren Erschließung der neuen Gebiete immer der Gedanke der Mission einher. 1608 wird in Paraguay der sogenannte Jesuitenstaat gegründet. Ebenfalls richtet sich der Missionsdrang nach Osten, wie sich an verschiedenen China-Missionen zeigt, an denen wiederum hauptsächlich Jesuiten beteiligt sind. Daß damit neue rechtlich-moralische Fragestellungen auftreten, zeigt sich beim Aufeinandertreffen mit den neuen Völkern Amerikas. Auf Betreiben des Dominikanermönchs Bartolomeo de Las Casas, der Columbus auf seinen Reisen begleitet hat, werden 1542 Gesetze gegen die Indianer-Sklaverei erlassen. Natur- und völkerrechtliche Erwägungen spielen eine Rolle bei den Vorlesungen, die der Theologe de Vitoria 1538/39 an der Universität Salamanca über die Indianer hält.

Der koloniale Aspekt führt zur Ausbeutung der Bodenschätze, z. B. der Gold- und Silbervorkommen in Mexiko und Peru. Anfang des 17. Jahrhunderts werden die ersten ost-, dann auch westindischen Handelskompanien von England und den Niederlanden gegründet. Naturgemäß kommt es zu Interessenkonflikten der einzelnen Mächte, etwa zwischen Portugal und den Niederlanden in Malaysia. So veröffentlicht der niederländische Völkerrechtler Hugo Grotius 1609 sein Buch ›Freies Meer‹ (Mare liberum), welches gegen den Herrschaftsanspruch der bis dahin dominierenden Spanier und Portugiesen über die Meere gerichtet ist.

Als Zeitalter der wissenschaftlichen Revolution erweist sich unser Jahrhundert durch eine Vielzahl von wissenschaftlichen Entdeckungen auf dem Gebiet der Physik, Medizin und Biologie. Zu Beginn des Jahrhunderts entdeckt Galilei das Fallgesetz. Gegen Ende des Jahrhunderts bringt Newton das physikalische Wissen der Zeit in einen systematischen Zusammenhang, der für die nächsten 200 Jahre Grundlage der Physik bleibt. Repräsentativ für das sich hier artikulierende naturwissenschaftliche Denken ist die neue Wissenschaft der Mechanik, die die Naturvorgänge auf Druck und Stoß zurückführt und ihre Anwendung auch auf den organischen menschlichen Körper ausdehnt. Beispiel hierfür ist die Entdeckung des Blutkreislaufs im Jahr 1628 durch Harvey. Die mechanistische Betrachtung der Natur – wie es damals heißt – setzt sich über religiöse Bedenken hinweg und vertraut der nüchternen, experimentellen, vernunftgeleiteten Befragung der Natur, ohne auf traditionelle Vorstellungen Rücksicht zu nehmen.

Auch als Zeitalter der Vernunft kann das 17. Jahrhundert insofern bezeichnet werden, als die Vernunft nun stärker als wissenschaftliche und nicht religiös gebundene Vernunft sich durchzusetzen beginnt. Äußeres Zeichen dieser rationalen Wissenschaftlichkeit ist der Aufschwung, den das wissenschaftliche Leben in dieser Zeit nimmt. Dies zeigt sich an der Gründung von Wissenschaftsakademien, bereits zu Beginn des Jahrhunderts in Italien, wo als erste die *Accademia dei Lincèi* 1603 gegründet wird. Ihr folgen dann in der zweiten Jahrhunderthälfte in London 1660 die *Royal Society*, in Paris die 1666 gegründete *Académie des sciences* und 1700 in Berlin die *Akademie der Wissenschaften*. Zu der bisher auf den Briefwechsel angewiesenen schriftlichen Kommunikation zwischen den Wissenschaftlern tritt nun die Diskussion in wissenschaftlichen Zeitschriften hinzu. Ab 1665 erscheinen das ›Journal der Gelehrten‹ (Journal des Savants) in Paris und die ›Philosophischen Berichte‹ (Philosophical Transactions) in London, ab 1682 die ›Akten der Gelehrten‹ (Acta Eruditorum) in Leipzig, ab 1684 die ›Nachrichten aus der Gelehrtenrepublik‹ (Nouvelles de la République des Lettres) in Amsterdam.

Alle diese Bezeichnungen haben also ihre Berechtigung für das 17. Jahrhundert, gleichwohl gelten nicht alle exklusiv für das 17. Jahrhundert. Als Zeitalter der Vernunft kann man mit Einschränkung bereits die Zeit der Renaissance auffassen, in jedem Fall aber und mit mehr Berechtigung die darauffolgende Zeit der Aufklärung. Die Zeit der Entdeckungen hat vor dem 17. Jahrhundert begonnen und bricht mit ihm nicht ab. Und selbst die noch charakteristischste Bezeichnung als Zeit der wissenschaftlichen Revolution läßt sich partiell schon für die Renaissance-Zeit verwenden. Am ehesten sind es die Glaubenskämpfe und der Absolutismus in der besonders reinen Form des französischen, die uns die Grenzen bestimmen lassen. Mit dem Konzil von Trient, mit dem die katholische Kirche auf die Glaubensspaltung reagiert und die gegenreformatorische Bewegung einleitet, beginnen für die Folgezeit blutige religiöse Auseinandersetzungen, die im Laufe des 17. Jahrhundert zu Ende gehen. Daher erscheint es unter diesem Gesichtspunkt angebracht, unsere Zeitepoche nach dem Konzil beginnen zu lassen. Für das Ende unserer Epoche ist es am überzeugendsten, den Tod von Ludwig XIV. von Frankreich anzusetzen. Zwar markiert dieser nicht das Ende des Absolutismus, aber eine solche Machtfülle erreicht kein Herrscher nach ihm, vielmehr geht der Absolutismus in der nachfolgenden Zeit in aufgeklärtere Formen über. Wenn man also präzise Jahreszahlen für unser Zeitalter angeben will, so wäre es am ehesten gerechtfertigt, die Epoche auf die Zeit zwischen 1563 (Ende des Konzils von Trient) und 1715 (Tod Ludwigs XIV.) zu begrenzen. Exklusiv ausgedrückt, ist es etwa die Zeit zwischen Reformation und Aufklärung, so wie es der Untertitel dieses Buches besagt. Unter dem Gesichtspunkt der philosophisch-ideengeschichtlichen Einheit findet diese Limitierung ihre gute Bestätigung. Zum einen werden in der damals einflußreichen spanischen Spätscholastik gegen Ende des 16. Jahrhunderts neue Ideen vorbereitet, die das 17. Jahrhundert (im numerischen Sinn) beeinflußt haben bzw. von ihm wiederaufgegriffen worden sind. Zum anderen hat die skeptische Strömung des 17. Jahrhundert in Autoren des ausgehenden 16. Jahrhunderts wie Sánchez oder Montaigne ihre Vorläufer. Und für das Ende unseres Zeitraums ergibt sich mit dem Tod von Leibniz, dem letzten großen Philosophen unserer Epoche, ein fast identisches Datum, nämlich 1716. Im folgenden verstehen wir also, wenn wir vom 17. Jahrhundert sprechen, immer diesen erweiterten Zeitraum.

Wer sind nun die Hauptzeugen des 17. Jahrhunderts? Wer hat unserem Zeitalter die besondere intellektuelle Prägung verliehen? Insbesondere sind es natürlich die „neuen“, d.h. neue Systeme anbietenden Philosophen, die hier von Interesse sind, nicht die traditionellen. Das Kriterium der Neuigkeit vermittelt allerdings immer in gewisser Weise ein „schiefes“ Bild einer Zeit, auch in unserem Fall. Die überwiegende Zahl der Philosophen hängt noch der Tradition an, der weitaus größere Teil des Lehrbetriebs verläuft noch in alten Formen, der „normale“ Philosophieprofessor – sei er katholisch oder protestantisch – lehrt noch scholastisch-aristotelische Philosophie. Die neuen Akzente, die oft erst in der Rückschau erkennbar werden, setzen wenige andere. Es sind die Philosophen, die alle mehr oder weniger stark von vorne beginnen und ihr eigenes System dem traditionellen scholastischen entgegenstellen, die das Neue des Zeitalters dokumentieren. An diesen orientieren wir uns. Es sind wenige Namen, die hier allgemein in Frage kommen: Descartes, Hobbes, Spinoza, Leibniz, Locke. Sie vor allem werden als Zeugen der Zeit, als Interpreten des Zeitgeists zur Sprache kommen. Betrachtet man diese als die neuen Systemschöpfer, so gibt es daneben gewisse Richtungen, die ebenfalls als neuartig und kennzeichnend für das Zeitalter gelten können, wie z.B. der englische Neoplatonismus oder der Occasionalismus als Fortführung oder Weiterentwicklung des Cartesianismus. Auch diesen wenden wir gelegentlich unser Augenmerk zu. Und schließlich sind es eine Reihe von Spezialisten, die nur auf ihrem besonderen Gebiet (z.B.

der Natur- oder Rechtsphilosophie) Akzente gesetzt haben, welche wir hier berücksichtigen werden.

Wie kein anderer hat Descartes die Diskussion seiner Zeit bestimmt. Er ist der wohl wirkungsmächtigste Philosoph des 17. Jahrhunderts, der durch seinen neuen philosophischen Ansatz entscheidend dazu beitrug, die scholastische Philosophie aus ihrer noch weithin dominierenden Stellung zu verdrängen, und der durch seine klare allgemeinverständliche, Fachtermini vermeidende Sprache eine große Popularität erlangte, wie sie sich nach Descartes' Tod in den Diskussionen über die Cartesische Philosophie in den vornehmen Salons oder in den berühmten, unter der Leitung der Cartesianer Rohault und später Régis stehenden Mittwochsgesellschaften in Paris manifestierte, auf denen die adlige und bürgerliche gebildete Gesellschaft Gelegenheit hatte, sich über Descartes' Philosophie belehren zu lassen und sich in Diskussionen über sie zu ergehen. Für wie gefährlich Kirche und Staat den Einfluß der Cartesischen Philosophie hielten, zeigt der Umstand, daß in den 1660er Jahren Descartes' Schriften von der Kirche auf den Index gesetzt wurden und seine Lehre an der Sorbonne wie auch anderen Universitäten in Frankreich und Holland verboten wurde.

Auch die anderen „neuen", also anti-scholastischen Philosophien sind aber – neben ihrer anti-traditionalistischen Tendenz – mehr oder weniger anti-cartesisch und setzen sich mit Descartes auseinander. Hobbes beginnt als Einwender gegen die ›Meditationen‹, ehe er seine ersten Hauptschriften publiziert. Spinoza beginnt als Descartes-Interpret (von dessen ›Prinzipien der Philosophie‹), ehe er sein eigenes metaphysisches System entwirft. Leibniz entwickelt viele seiner Positionen auf naturphilosophischem wie metaphysischem Gebiet in expliziter und direkter Auseinandersetzung mit Descartes. Und die empiristische Position von Locke ist weniger weit von der rationalistischen Descartes' entfernt, als man gemeinhin annimmt.

Am Ende unserer Epoche steht Leibniz, ebenfalls ein besonders gewichtiger Repräsentant unseres Zeitalters. Mit seiner ungeheuren Gelehrsamkeit wie kein anderer ein Spiegel des Zeitalters, zugleich genialer Erneuerer und Bewahrer der Tradition, kann er als idealer letzter Gewährsmann für unsere Epoche gelten. In ihm laufen noch einmal die Entwicklungslinien des Zeitalters zusammen und finden in ihm ihren universalen, barocken Ausdruck.

1. Das natürliche Licht der Vernunft

Der Verlust der gemeinsamen Glaubensbasis war die Erblast, die das 16. Jahrhundert dem 17. hinterließ und die im geistigen Leben der Zeit zu neuartigen Rechtfertigungs- und Begründungsproblemen führte. War der Glaube als letzte Appellationsinstanz nun auch in der zuvor weltanschaulich relativ geschlossenen und homogenen Welt des Abendlandes nicht mehr allgemeinverbindlich, so mußte eine neue Entscheidungsinstanz an dessen Stelle treten, um universelle Anerkennung beanspruchen zu können. Wo sich der christliche Glaube in verschiedene Konfessionen mit unterschiedlichen dogmatischen Grundlagen und eine Vielzahl von Sekten aufgesplittert hatte, die sich gegenseitig heftig befehdeten und im langen 30jährigen Glaubenskrieg des 17. Jahrhunderts blutig bekämpften, konnte das katholische Rom nicht mehr das letzte Wort haben. Für die geistigen Fragen und das wissenschaftliche Leben der Zeit bedeutete dies, daß letzte Begründungsfragen nicht mehr sozusagen „ex cathedra" in Rom entschieden werden konnten, aber auch nicht durch die verschiedenen Konfessionen, auf die sich die neuen Glaubensrichtungen beriefen. Vielmehr mußte dies durch eine gewissermaßen neutrale Instanz geschehen, zu der sich auch Angehörige unterschiedlichen Glaubens bekennen konnten und die ein Gespräch über Glaubensgrenzen hinweg ermöglichte. Ein neues Zauberwort, das in aller Munde war, schien einen Ausweg aus der Misere zu bieten: das allen zugängliche „natürliche Licht der Vernunft". Dieses Licht war es, auf das sich jetzt jeder berief, der Atheist wie der Gläubige, der Katholik wie der Protestant, der Skeptiker wie der Dogmatiker. Und diese Erleuchtung durch die Vernunft ist es, die ihre Faszination noch mindestens bis ins Zeitalter der Aufklärung des 18. Jahrhunderts bewahrt hat, wie sich an den nicht deutschsprachigen Bezeichnungen für diese Zeitepoche, welche stärker auf die Lichtmetaphorik zurückgreifen, ablesen läßt: „*enlightenment*", „*l'âge des lumières*" oder „*el siglo de luces*".

Nun hat die Berufung auf das natürliche Licht oder das Licht der Vernunft (*lumen naturale, lumen rationis*) eine lange Tradition. Es ist keine Erfindung des 17. Jahrhunderts. Terminologisch als „Licht der Natur" wohl zuerst in stoischem Umfeld von Cicero in seinen ›Tuskulanischen Gesprächen‹ benutzt, findet es auch im Neuplatonismus z. B. bei Proklos als „Licht der Erkenntnis" Verwendung und verweist hier noch auf seinen höheren Ursprung als göttliches Licht. Andererseits wird es später mit dem tätigen Verstand (*intellectus agens*) des Aristoteles in Verbindung gebracht, der erst die Möglichkeit der Erkenntnis der menschlichen Seele aktualisiert.[1] Die im Mittelalter etwa von Thomas von Aquin vorgenommene Gleichsetzung des Aristotelischen tätigen Verstandes mit dem natürlichen Licht der Vernunft, das jedem Individuum zukommt, führt aber zugleich zu der Gegenüberstellung mit dem übernatürlichen Licht des Glaubens oder der Gnade, welches für die Offenbarungswahrheiten in Anspruch genommen wird. Diese Konfrontation bringt die das Mittelalter prägende Lehre von der doppelten Wahrheit hervor, die sich auf das dem Kirchenvater Tertullian im 2. Jahrhundert zugeschriebene Diktum „Ich glaube, weil es unmöglich oder absurd ist" (*credo quia absurdum*) zurückführen läßt und die dem Licht der Vernunft, das uns auf natürliche Weise die Wahrheiten der Wissenschaft zugänglich macht, das übernatürliche Licht des Glaubens (*lumen supernaturale*) gegenüberstellt und überordnet, welches uns die Offenbarungswahrheiten und die mit ihnen verbundenen Mysterien (wie Inkarnation, Trinität, Transsubstantiation) verbürgt. Auch wenn Albertus Magnus und Thomas von Aquin zwischen beiden Arten der Wahrheit einen Gegensatz zu vermeiden versuchen, so handelt es sich doch gleichwohl um ein Subordinationsverhältnis: Das *lumen supernaturale* steht über dem *lumen naturale*, das übernatürliche Licht vermag uns das zu zeigen, wozu das natürliche Licht nicht mehr hinreicht, die geoffenbarte Religion ist Grundlage der natürlichen Religion, die Philosophie ist die Magd der Theologie.

Im 17. Jahrhundert nun kehrt sich dieses Verhältnis um bzw. wird obsolet. Das übernatürliche Licht der Gnade, auf das sich viele Konfessionen in verschiedener Weise berufen, kann nicht mehr für die Beantwortung oder letzte Begründung der auf natürliche Weise nicht lösbaren Fragen herangezogen werden. Vielmehr tritt nun das natürliche Licht der Vernunft als die entscheidende Berufungsinstanz auf, die nicht nur bei wissenschaftlichen Problemstellungen, sondern auch für die Beurteilung und Bewertung von geoffenbarten Glaubenswahrheiten in Anspruch genommen wird. Damit verliert das übernatürliche Licht zumindest außerhalb der Theologie seine Relevanz, ja findet allenfalls noch ironische Erwähnung z.B. bei Spinoza in seinem ›Theologisch-politischen Traktat‹ (Tractatus theologico-politicus), wo es heißt, daß die sich auf übernatürliche Erleuchtung berufenden Erklärungen eigentlich gar nichts Übernatürliches enthalten und daß die Propheten, wenn sie sich auf das nur den Gläubigen verliehene übernatürliche Licht beriefen, doch in der Lage sein mußten, sich den Ungläubigen, denen sie predigten, verständlich zu machen, obwohl diesen nur das natürliche Licht zur Verfügung stand.[2] Und auch dort, wo die Glaubenswahrheiten noch im traditionellen Sinn ernst genommen werden, wie bei Leibniz, wird nun nicht mehr ein Rechtfertigungsbedarf des natürlich Erklärbaren durch Bezug auf das übernatürliche Licht gefordert, sondern es muß sich umgekehrt der Glaube vor dem natürlichen Licht der *ratio* rechtfertigen. Selbst in der Kirche beginnt sich ein Umschwung anzubahnen, den Leibniz gelegentlich erwähnt: Bereits das Laterankonzil von 1512–1517 unter Papst Leo X. hatte sich gegen die Lehre von der doppelten Wahrheit ausgesprochen.[3]

Nun lassen sich verschiedene Motivationen erkennen, die der Inanspruchnahme des natürlichen Lichts der Vernunft zugrunde liegen und im 17. Jahrhundert in den verschiedensten Schattierungen erscheinen und in den verschiedensten Begründungszusammenhängen variiert werden. Wir wollen die Hauptaspekte, die in unserem Zeitalter zur Sprache kommen, hier kurz skizzieren. Der erste Aspekt betrifft den Zusammenhang, der sich zwischen dem natürlichen Licht, auf das sich jeder berufen kann, und dem gesunden Menschenverstand gewissermaßen auf natürliche Weise herstellt. Ohne uns hier auf terminologische Fachquisquilien einzulassen, können unter diesem Gesichtspunkt nämlich „gesunder Menschenverstand“ (*bon sens, sens commun, sanus sensus, sensus communis*) und „natürliches Licht der Vernunft“ (*lumen naturale rationis, la lumière naturelle, the natural light in the mind*) als weitgehend synonym gelten.

Natürliches Licht und gesunder Menschenverstand

Als Descartes mit seinem ersten Werk, der ›Abhandlung über die Methode‹ (Discours de la Méthode), 1637 an die Öffentlichkeit trat, begann er es mit den folgenden Worten: „Der gesunde Menschenverstand (*bon sens*) ist die bestverteilte Sache der Welt; denn jeder glaubt damit so gut ausgestattet zu sein, daß selbst die, die in allen anderen Dingen am schwierigsten zufriedenzustellen sind, davon gewöhnlich nicht mehr wünschen als sie haben. Es ist unwahrscheinlich, daß sich alle hierin täuschen; vielmehr beweist dies, daß die Fähigkeit, richtig zu urteilen und das Wahre vom Falschen zu unterscheiden – die im eigentlichen Sinne das ist, was man den gesunden Menschenverstand oder die Vernunft (*raison*) nennt –, bei allen Menschen von Natur aus gleich ist; und somit, daß die Verschiedenheit unserer Meinungen nicht daher rührt, daß die einen vernünftiger sind als die anderen, sondern nur daher, daß wir unsere Gedanken auf verschiedene Wege leiten und nicht dieselben Dinge betrachten.“[4] Mit diesen Worten trifft Descartes den Kern des Denkens seiner Zeit, aber es sind auch zugleich programmatische Äußerungen, die den Neuansatz seiner Philosophie selbst kennzeichnen, wie er sie in seinem berühmtesten Werk, den ›Meditationen über die Grundlagen der Philosophie‹ (Meditationes de prima philosophia) vier Jahre später (1641) der wissenschaftlichen Öffentlichkeit ausführlich vorstellte. Mußte sich Descartes in diesem in der

Wissenschaftssprache Latein geschriebenen Werk teilweise der üblichen wissenschaftlichen Fachterminologie bedienen, besonders in der anschließenden (in Form von Einwänden und Erwiderungen sich vollziehenden) wissenschaftlichen Diskussion über seine ›Meditationen‹, so darf dies doch nicht darüber hinwegtäuschen, daß es das mit dem gesunden Menschenverstand gleichgesetzte, in allen Menschen vorhandene natürliche Licht der Vernunft ist, welches Descartes als Wahrheitsinstanz für seine Philosophie beansprucht. „Alles, was das natürliche Licht mir zeigt, ... kann keinesfalls zweifelhaft sein, da es keine andere Fähigkeit geben kann, der ich ebenso vertraue wie diesem Licht", so heißt es in der dritten Meditation.[5] Ein kleiner, vermutlich später als die ›Meditationen‹ auf französisch geschriebener Dialog, der sich in seinem Nachlaß vorfand und erst postum 1701 veröffentlicht wurde, macht diese Bezugnahme auf das natürliche Licht schon in seinem Titel deutlich: ›Die Suche nach der Wahrheit durch das natürliche Licht, welches ganz rein ohne Zuhilfenahme der Religion oder der Philosophie die Meinungen bestimmt, die ein Gebildeter haben muß, und dabei alle Dinge, die ihn beschäftigen, behandelt und bis in die Geheimnisse der mysteriösesten Wissenschaften eindringt‹ (La Recherche de la vérité par la lumière naturelle qui toute pure, et sans emprunter le secours de la religion ni de la philosophie, détermine les opinions que doit avoir un honnête homme, touchant toutes les choses qui peuvent occuper sa pensée, et pénètre jusque dans les secrets des plus curieuses sciences). Die in den ›Meditationen‹ systematisch entwickelten Grundlagen seiner Philosophie werden hier von Descartes in einem Gespräch zwischen einem Gebildeten der Zeit, einem Schulgelehrten und einem Vertreter der Cartesischen Position (Eudoxus) erörtert und dargelegt, wobei hier auch explizit die Gleichsetzung von natürlichem Licht und gesundem Menschenverstand erfolgt. „Allein durch das Licht der Vernunft und des gesunden Menschenverstandes" (*solo lumine rationis et sani sensus*) leitet Eudoxus seinen Diskussionspartner auf den Weg der Wahrheit.[6]

Ins Auge fällt zunächst, daß jeder sich auf den gesunden Menschenverstand berufen kann, weil jeder ihn besitzt, jeder an ihm prinzipiell gleichen Anteil hat: der Gelehrte wie der einfache Bürger, der Adlige wie der Bauer. So heißt es in der ›Suche nach der Wahrheit durch das natürliche Licht‹, daß jeder in sich selbst das für das Leben notwendige Wissen findet, ohne hierbei von einem anderen etwas entlehnen zu müssen. Und der cartesische Dialogpartner Eudoxus behauptet, seine Beweisführungen so überzeugend zu führen, daß ein guter Kopf, auch wenn er in der Wüste aufgewachsen wäre und nie ein anderes Licht als das natürliche zur Verfügung gehabt hätte, zu denselben Auffassungen gelangen würde.[7] Der gesunde Menschenverstand ist dabei nicht eine diffuse Fähigkeit etwa des Mutterwitzes oder der Lebensklugheit, sondern er wird von Descartes

– wie wir sahen – präzise als das Vermögen, Wahres von Falschem zu unterscheiden, definiert. Damit ist das natürliche Licht die letzte Wahrheitsinstanz, auf die sich jeder berufen muß, aber auch nur berufen kann.

Mit dieser Zugänglichkeit der Vernunft für alle wird die Vernunft der Jurisdiktion einer Elite oder einer herrschenden Gruppe – sei es Kirche, Staat oder Wissenschaft – entzogen. Jedermann kann im Prinzip zum Richter über strittige Fragen, die die Grundlagen des Wissens, der Erkenntnis, des richtigen Handelns, des gerechten Staates betreffen, werden, wenn es auch einer gewissen Übung oder Leitung bedarf. Und viele Systeme und Entwürfe gehen daher auch von diesem – wie wir heute vielleicht formulieren würden – demokratischen Prinzip der prinzipiellen geistigen Gleichheit aus. Im 13. Kapitel des 1651 zuerst auf englisch erschienenen ›Leviathan‹ behauptet so Hobbes die prinzipielle Gleichheit des Menschen im Hinblick auf seine körperlichen und geistigen Fähigkeiten, jedenfalls ist die Ungleichheit nicht so groß, daß sie nicht leicht ausgeglichen werden könnte. Insbesondere gilt dies für die geistigen Anlagen, womit Hobbes nicht das spezielle Expertentum beispielsweise des Wissenschaftlers meint, sondern das geistige Vermögen des Menschen, sein Ingenium, seine Klugheit. Denn, so heißt es dort, mag man auch jemanden für eloquenter oder gelehrter halten, so doch kaum für klüger, als man sich selbst einschätzt. Und „dies beweist, daß die Menschen in diesem Punkt eher gleich als ungleich sind. Denn es gibt gewöhnlich kein stärkeres Anzeichen für die gleiche Verteilung einer Sache, als wenn jedermann mit seinem Anteil zufrieden ist.“[8] Descartes formuliert denselben Gedanken sogar noch deutlicher, wenn er in der ›Abhandlung über die Methode‹ sagt: „… denn was die Vernunft oder den gesunden Menschenverstand betrifft (*la raison, ou le sens*), so möchte ich glauben, daß die Vernunft, zumal sie das einzige ist, was uns zu Menschen macht und von den Tieren unterscheidet, in jedem von uns vollständig vorhanden ist.“[9]

Daß diese Inanspruchnahme des natürlichen Lichts der Vernunft eine typische Zeittendenz widerspiegelt, zeigt sich daran, daß alle großen neuen philosophischen Systemschöpfer, egal welcher Richtung, sich ganz ähnlich artikulieren. Für den materialistisch eingestellten Hobbes ist die Philosophie die natürliche Vernunft, die in jedem Menschen eingeboren ist, und so leitet er in seinem systematischen Hauptwerk ›Elemente der Philosophie‹ (Elementa philosophiae), deren drei Teile ›vom Körper‹, ›vom Menschen‹, ›vom Bürger‹ (De corpore, De homine, De cive) 1655, 1658 und 1642/47 erschienen, den ersten Teil in seiner Vorrede an den Leser so ein: „Von der Philosophie, deren Elemente ich hier zu ordnen unternehme, darfst du, lieber Leser, nicht glauben, sie sei etwas, wodurch Steine der Weisen entstehen, noch das, was die metaphysischen Lehrbücher zeigen; sondern sie ist die natürliche menschliche Vernunft (*ratio humana naturalis*), die alle Dinge der Schöpfung sorgsam durchläuft und über deren Ordnung, Ursachen und Wirkungen Wahres berichtet. Die Philosophie als Tochter deines Geistes und der ganzen Welt ist also in dir selbst."[10] Auch wenn für John Locke, den empiristischen Gegenspieler Descartes', der Geist ohne alle Erfahrung nur ein weißes Papier (*white paper*) ist, so wird von ihm bei der Verarbeitung der Erfahrungen doch das Licht der natürlichen Vernunft als letzte Instanz in Anspruch genommen. In seinem 1690 erschienenen theoretischen Hauptwerk ›Versuch über den menschlichen Verstand‹ (Essay concerning Human Understanding) schreibt er: „Die (natürliche) Vernunft muß unser letzter Richter und Führer in allem sein" (*Reason must be our last judge and guide in everything*), und er führt die „Evidenz der Wahrheit irgendeiner Aussage" auf dieses wahre Licht (der natürlichen Vernunft) in unserem Geist zurück.[11] Auch bei ihm also verbürgt der gesunde, mit dem natürlichen Licht der Vernunft ausgestattete Verstand die Wahrheit unseres Wissens. Und zuvor schon beruft sich ebenfalls der Empirist Bacon, der der Erfahrung so viel Bedeutung zubilligt, zugleich auf das natürliche Licht, welches unabhängig von jeder Zeit die Wahrheit verbürgt. „Die Wahrheit verdankt man nicht dem Glück irgendeiner Zeit, welches wechselhaft ist, sondern dem Licht der Natur und Erfahrung, welches ewig ist", so heißt es in seinem ›Neuen Organon‹ (Novum Organum),[12] das als zweiter Teil seines großen, Fragment gebliebenen Werks der ›Großen Erneuerung der Wissenschaften‹ (Instauratio magna) 1620 erschien.

Auch andere wissenschaftliche Autoren – so extrem sie in ihrer weltanschaulichen Haltung auch voneinander entfernt sein mögen – führen die Vernunft oder das natürliche Licht der Vernunft im Munde. Der aus Portugal stammende, später Philosophie und Medizin in Toulouse lehrende Francisco Sánchez (1551–1623), der 1581 in seinem Buch mit dem provozierend skeptischen Titel ›Es gibt kein Wissen‹ (Quod nihil scitur) alles absolute Wissen bestreitet, beruft sich gleichwohl für die Plausibilität seiner Überlegungen auf die Vernunft und die Natur, wenn er im Vorwort an den Leser sagt: „Mit Hilfe der Vernunft werde ich allein der Natur folgen."[13] Aber auch Mersenne (1588–1648), der als gläubiger, dem Orden der Minimiten angehöriger Christ noch den transzendenten Hintergrund der Wahrheit anerkennt, versucht in seinem 1625 erschienenen Buch ›Die Wahrheit der Wissenschaften. Gegen die Skeptiker oder Pyrrhoniker‹ (La vérité des sciences. Contre les Sceptiques ou Pyrrhoniens) die Skeptiker gerade mit rationalen Argumenten zu widerlegen. Man muß den Skeptizismus aufgeben – so heißt es –, wenn man das Urteilsvermögen und die Vernunft (*le jugement, et la raison*) nicht verlieren will. Alle unsere Beweise, alle Dispute in Theologie und Philosophie, alle Argumentationen in Büchern, die wir schreiben, zielen darauf ab, „daß niemand auf der Erde des Lichtes der Wahrheit beraubt sein möge". „Unser Geist" aber – so heißt es weiter – „hat keine Freiheit, die Wahrheit zurückzuweisen, wenn sie evident ist".[14] Auch bei Mersenne also ist das Bewußtsein vorhanden, daß das Licht der Wahrheit jedem auf der Erde zugänglich ist und daß sich niemand der Wahrheit entziehen kann.

Antitraditionalismus und Vorurteilskritik

Zwischen diesen beiden Positionen – der des extremen Skeptikers, der die Vernunft als einzige Instanz zwar zu Rate zieht, ohne von ihr aber eine gesicherte Erkenntnis zu erlangen, und der des Gläubigen, der die Beweise seiner Wahrheiten ebenfalls auf eine schon säkularisierte Vernunft stützt, deren transzendenter Hintergrund jedoch noch durchscheint – bewegen sich die Haltungen der Mehrzahl der Denker dieses Jahrhunderts. Naturgemäß ist die Motivation für die Berufung auf dieses Argument von der Gleichheit der geistigen Anlagen des Menschen oder der relativ gleichen Verteilung des natürlichen Lichts des gesunden Verstandes unter den Menschen besonders dort vorhanden, wo man sich von Traditionen lösen will, wo man etwas Neues an die Stelle des alten Erstarrten setzen will, so etwa bei Hobbes mit seinem neuen antitraditionalistischen Staatsmodell oder auch bei Skeptizisten, die überhaupt gesichertes Wissen in Frage stellen.

Als Vertreter des Skeptizismus soll noch einmal Francisco Sánchez herangezogen werden, der in seinem gerade genannten Buch behauptet, daß der wahre Weg zum Wissen der sein müsse, die Dinge so zu betrachten, als ob sie von niemandem vorher behandelt worden wären, selbst wenn es ein Weg des ewigen Zweifels sein sollte. Denn die Hinwendung zu den Gelehrten der Tradition führt uns nicht zu natürlichen Dingen (*res naturales*), sondern bloß zu Fiktionen, wovon Sánchez sehr verschiedene Beispiele von tradierten philosophischen Lehrmeinungen angibt: die Atome Demokrits, die Ideen Platons, die Zahlen des Pythagoras und die Universalien sowie der tätige Verstand des Aristoteles. Insbesondere im Hinblick auf die große Autorität des Aristoteles heißt es, daß auch er nur ein Mensch war, dem neben vielen Verdiensten auch typisch menschliche Irrtümer unterlaufen sind. So wie eine Zeit auf die andere folgt, folgen aber auch verschiedene Meinungen der Menschen aufeinander, von denen jede Wahrheit beansprucht. Es hat daher keinen Sinn, Autoritäten zu folgen, denn: „Die Autorität befiehlt zu glauben, die Vernunft hingegen beweist" (*Autoritas credere iubet; ratio demonstrat*). Unsere eigene Erkenntniskraft und die Natur sollten uns vielmehr leiten, so daß wir in der Lage sind, ein freies, aber nicht unvernünftiges Urteil (*liberum iudicium, non irrationale tamen*) abzugeben. Auf eigene Faust, geleitet von der eigenen Vernunft und den eigenen Sinnen, muß die Wahrheit gesucht werden, auch wenn es ein dauerndes Suchen der Wahrheit ist, ohne sie jemals zu erlangen.[15] „Denn" – so schließt Sánchez mit einem gewissermaßen demokratisch-plebiszitären Argument, das er gleichsam als Motto ans Ende seiner Schrift setzt – „das, was gelehrt wird, erhält seine Beweiskraft nur von dem, der belehrt wird", d.h. von dessen Anerkennung.[16]

Von den Denkern nun, die sich mit neuen philosophischen Systemansätzen von der erstarrten Systematik der scholastischen Philosophie absetzen wollen, ist es wiederum Descartes, der am klarsten und umfassendsten diese Abkehr von der Tradition zum Ausdruck gebracht hat. Im ersten, biographisch orientierten Teil seiner ›Abhandlung über die Methode‹ rechnet er, der selbst seine Schulausbildung an der Jesuitenschule in La Flèche (Anjou) nordwestlich von Tours erhalten hatte, mit dem Bildungs- und Wissenschaftssystem seiner Zeit ab. Statt klare und gesicherte Erkenntnisse des für das Leben Nützlichen erhalten zu haben, sieht er sich vielmehr in Zweifel, Irrtümer und Unwissenheit verstrickt. Ohne den beschränkten Nutzen der einzelnen unterrichteten Wissenschaften zu verkennen, weist er jedoch schonungslos auch auf ihre Mängel hin, die sich u.a. im Fehlen an Aktualität, in der Unnützlichkeit ihrer Ergebnisse oder in der Unsicherheit ihrer Lehren zeigten. So verschafft uns das Studium der antiken Geschichte und Literatur keinerlei Kenntnisse über die Gegenwart, die Literatur versetzt uns zudem in eine realitätsferne Welt der bloßen Möglichkeiten. Eloquenz und Poesie sind eher Geistesgaben als Früchte eines Studiums der Rhetorik und Poetik. Die Mathematik besticht zwar als einzige Wissenschaft durch die Sicherheit und Evidenz ihrer Beweise und Begründungen, aber abgesehen von ihrer Anwendung in den technisch-mechanischen Disziplinen hat bisher auf ihrem sicheren Fundament nichts wirklich Nützliches von großer Bedeutung errichtet werden können. Umgekehrt lehrt uns die Moral zwar hehre Ziele und Tugenden, ohne aber zu zeigen, wie man zu ihnen gelangt oder sie erkennt, denn ihr System ist nur auf unsicherem Sand gebaut. Die Theologie will uns Wahrheiten vermitteln, die unsere Fassungskraft übersteigen; indem sie diese Wahrheiten der menschlichen Vernunft entzieht, macht sie sie insofern auch den Unwissenden zugänglich, und unser Wissen ist daher ungeeignet, sie zu kritisieren oder zu überprüfen. In der Philosophie schließlich – so exzellente Geister sich auch an ihr versucht haben mögen – gibt es nichts, über das nicht gestritten wird und das nicht zweifelhaft ist. Alle tradierten Wissenschaften sind also nicht in der Lage, das zu leisten, worum es Descartes geht, nämlich ein sicheres Fundament für die Wahrheit der Wissenschaften zu legen oder eine Methode aufzuzeigen, ›um richtig die Vernunft zu leiten und die Wahrheit in den Wissenschaften zu suchen‹, wie der vollständige Titel seines Werks ›Abhandlung über die Methode‹ (Discours de la méthode pour bien conduire la raison, et chercher la vérité dans les sciences) bereits anzeigt. Die Folgerung, die Descartes hieraus zieht, ist, „kein anderes Wissen mehr zu suchen, als das, welches sich in mir selbst oder auch im großen Buch der Welt finden ließe". Der biographische Hintergrund dieser Kritik am Bildungssystem seiner Zeit und seiner daraus gezogenen Folgerung wird durch Descartes' Lebenslauf bestätigt. Zwischen 1618 und 1625 befand sich Descartes auf Reisen – teilweise in militärischen Diensten – in Holland, Dänemark, Deutschland und Italien und hatte so Gelegenheit, Sitten und Gebräuche anderer Länder kennenzulernen. Die dort gesammelten Erfahrungen führten zwar auch zu keiner größeren Sicherheit in der Suche nach festen, unumstößlichen Grundsätzen; denn – so drückt sich Descartes aus – in den Lebensweisen anderer Menschen und Länder gab es „fast ebenso viele Unterschiede wie zwischen den Lehren der Philosophen". Aber es verhalf Descartes dazu, die durch Herkommen überlieferten und durch Gewohnheit angenommenen Verhaltenweisen in Frage zu stellen und sich so von Irrtümern und Vorurteilen zu befreien, „die unser natürliches Licht verdunkeln und uns unfähiger machen können, auf die Vernunft zu hören". Nach der Enttäuschung über den Wissenschaftsbetrieb seiner Zeit, die zu einer Relativierung des Wissens führte, ist auch die Lebenserfahrung, die Descartes auf seinen Reisen gesammelt hat, nur eine weitere, letzte Station auf dem Wege, Tradition und Überkommenes, Buchwissen und Lebensgewohnheiten in Zweifel zu ziehen und sich auf sich selbst, auf sein eigenes natürliches Licht der Vernunft verwiesen zu sehen. Und so endet der erste Teil der ›Abhandlung‹ gewissermaßen programmatisch mit den Worten: „Eines Tages nun faßte ich den Entschluß, auch in mir selbst zu studieren und alle Kräfte meines Geistes aufzuwenden, um den Weg zu wählen, dem ich zu folgen hätte. Was mir, so scheint es, viel besser gelang, als wenn ich niemals mich von meinem Land und meinen Büchern entfernt hätte."

Mit dieser antitraditionalistischen Position, die Descartes mit Skeptizisten wie Sánchez teilt, verbindet sich im 17. Jahrhundert eine Vorurteilskritik, die dann später im 18. Jahrhundert wiederauflebt und noch stärkere Stoßkraft entfaltet. Vorreiter dieser Bewegung und Hauptzeuge einer solchen Kritik ist Francis Bacon, der mit seiner berühmten in der ›Großen Erneuerung der Wissenschaften‹, speziell und ausführlicher in deren zweitem Teil, dem ›Neuen Organon‹ dargestellten Idolenlehre, d.h der Lehre von den *idola* oder Trugbildern, eine Systematik der Vorurteile zu entwickeln versucht hat, die unsere Erkenntnis behindern. Bacon unterscheidet vier Typen von Trugbildern, die entweder dem Geist angeboren sind oder die man erworben, d. h. sich im Laufe des Lebens angeeignet hat.[17]

Zu den angeborenen Trugbildern gehören die Trugbilder der menschlichen Gattung als solcher (die sogenannten Trugbilder des Stamms, *idola tribus*) und die auf spezifische Eigenarten der menschlichen Individuen zurückgehenden Trugbilder (die sogenannten Trugbilder der Höhle, *idola specus*). Sie sind vor allem dafür verantwortlich, daß der menschliche Geist nicht unbefangen die Erfahrungseindrücke von außen aufnehmen und verarbeiten kann – etwa im Sinne der Tabula-rasa-Theorie des englischen Empiristen John Locke, wo der sozusagen unbefleckte Geist Sinneseindrücke von außen empfängt, die er dann mittels innerer Selbstwahrnehmung weiterverarbeiten kann –, sondern daß er von vornherein, wie Bacon sich ausdrückt, „der Natur der Dinge seine eigene Natur einpflanzt oder beimischt".

Zu den für die menschliche Gattung typischen Trugbildern gehören beispielsweise das Bedürfnis des Menschen, in der Natur mehr Ordnung und Gleichförmigkeit vorauszusetzen als wirklich in ihr vorhanden ist, oder die Eigenart, das, was ihm gefällt oder an das er glaubt, eher bestätigt als widerlegt sehen zu wollen, wie sie sich z.B. im Aberglauben an Astrologie oder göttliche Vorzeichen dokumentiert, wo man gern die bestätigenden Beispiele zur Bekräftigung heranzieht, während man die falsifizierenden unbeachtet läßt oder übergeht, eine Eigenart, die sich auch in den philosophischen Lehrmeinungen zeigt, die, wenn sie einmal Anerkennung gefunden haben, alles andere infizieren und ihrer Ordnung unterwerfen. Aus Beschränktheiten und Voreingenommenheiten solcher Art folgt, daß „der menschliche Verstand kein reines Licht darstellt, sondern dem Einfluß von Willen und Affekt ausgesetzt ist", so daß der „Mensch das, was er lieber für wahr hält, auch eher glaubt". Schon aufgrund dieses grundsätzlichen Mangels des menschlichen Geistes ist es nicht selbstverständlich, daß uns das natürliche Licht der Vernunft ohne weiteres zur Verfügung steht; vielmehr muß der Geist zunächst von seinen Trugbildern befreit werden.

Ebenfalls angeboren sind zum zweiten die individuellen Trugbilder, die *idola specus*, so genannt, weil sie gewissermaßen auf die Höhle zurückgehen, die sich jeder persönlich und nur für ihn selbst zugänglich schafft, die aber – so Bacon – „das Licht der Natur bricht und verdirbt". Es handelt sich um Idiosynkrasien, die auf die persönliche seelische und körperliche Eigenart zurückgehen und die sich in persönlichen Voreingenommenheiten, Vorlieben und Neigungen, in der Vorliebe zu gewissen Büchern oder in der Bewunderung für bestimmte Autoritäten offenbaren, aber auch um die Zufälligkeiten der Lebensumstände oder die durch Erziehung und Gewohnheit angenommenen Verhaltens- und Denkweisen. Hierauf geht zurück, daß der eine mehr das Altertum bewundert, der andere mehr dem Neuen zuneigt; der eine eher die Unterschiede, der andere eher die Ähnlichkeiten unter den Dingen bemerkt. Auch von diesen trügerischen persönlichen Eigenheiten muß man sich zu befreien versuchen, um die Unparteilichkeit und Reinheit des Geistes zu gewährleisten.

Als dritten Typus führt Bacon die eher den angeeigneten Trugbildern zuzurechnenden *idola fori* an, d. h. die auf dem Verkehr, dem Handel und der Gemeinschaft der Menschen untereinander beruhenden Trugbilder des Marktes. Da sich die Menschen, wie Bacon sagt, „durch die Sprache vergesellschaften“, zeigen sich diese Trugbilder vor allem im Gebrauch der Sprache. Und da ist es nun die Verführung durch die Worte, welche zur Folge haben kann, daß die einmal eingeführten Worte „ihre Kraft gegen den Verstand richten“, obwohl die Menschen glauben, „ihre Vernunft habe die Befehlsgewalt über die Worte“: der Grund für die unfruchtbaren sophistischen Streitigkeiten in Philosophie und Wissenschaft. Da die Worte meistens jedoch nach dem Verständnis der Menge gebildet worden sind und die Dinge so einteilen, wie es der Menge am einleuchtendsten erscheint, so widerstreben sie bzw. passen nicht mehr, wenn aufgrund scharfsinnigerer Beobachtungen neue Einteilungen vorgenommen werden sollen. Daher stellen die gelehrten Disputationen oft lediglich Streitigkeiten über Worte und Namen dar, wobei es hauptsächlich zu zwei Verführungen oder Trugbildern kommt: Namen für Dinge zu wählen, die es nicht gibt (wozu etwa mit einem Seitenhieb auf Aristoteles Bacon dessen Begriff des ersten Bewegers zählt), oder verworrene, unscharfe oder unangemessen von den Dingen abstrahierte Namen zu benutzen (z. B. wenn man das Wort „feucht“ als gemeinsame Bezeichnung für verschiedene ungleichartige Eigenschaften verwendet: das sich leicht um einen Körper herum Verteilende, das in sich Unbestimmbare und Inkonsistente, das sich leicht Teilende und Zerstreuende oder das sich leicht Bindende und Vereinigende etc.).

Insbesondere aber der vierte Typus gehört zu den erworbenen Trugbildern, die sich nicht lediglich wie die *idola fori* aufgrund der Verführung durch die Sprache gewissermaßen in unseren Geist eingeschlichen haben, sondern die durch ungeprüft übernommene falsche Behauptungen und Beweise entstanden sind, die gleichsam Fabeln darstellen, die eine unwirkliche und erdichtete Theaterwelt vorspiegeln und daher von Bacon Trugbilder des Theaters (*idola theatri*) genannt werden. Für Bacon sind sie „in den Geist der Menschen aus den verschiedenen dogmatischen Lehren der Philosophien und aus den verkehrten Gesetzen der Beweisführung eingedrungen“, so daß er behaupten kann, daß es so viele Fabeln gibt wie Philosophien erfunden und angenommen worden sind oder noch werden. Aber auch die Prinzipien und eine Reihe von Axiomen der Wissenschaften fallen in diesen Bereich der Fabel. Alle solche Lehren erweisen sich insofern als Trugbilder, als sie „aufgrund von Tradition, Leichtgläubigkeit und Nachlässigkeit Geltung gefunden haben“. Und den philosophischen und wissenschaftlichen Fabulanten kommt ganz wie den Theaterdichtern zugute, „daß erfundene Theatergeschichten kunstvoller, eleganter und beliebter sind als die wahren Erzählungen der Geschichte". Gegen sie jedoch widerlegend vorzugehen, ist schon aus dem Grunde nicht möglich, weil die Menschen weder in ihren Prinzipien noch in ihren Beweisformen übereinstimmen und daher jede Argumentation aufgehoben wird.

Mit dieser Gruppe der Theatertrugbilder attackiert nun Bacon in ähnlicher Weise wie Descartes die überkommenen wissenschaftlichen, speziell die philosophischen Lehrmeinungen und widmet ihnen in seiner Schrift den breitesten Raum. Er unterscheidet drei philosophische Irrtümer, die drei Arten von Philosophen zugerechnet werden, denen allen aber derselbe grundsätzliche Fehler vorgeworfen werden muß: „auf einem allzu schmalen Fundament der Erfahrung und Naturgeschichte errichtet worden zu sein und auf der Basis zu weniger Fälle ein Urteil abzugeben". Die rationalen Philosophen entnehmen der Erfahrung zwar manches, ohne es aber hinreichend zu prüfen und sorgfältig zu erwägen, und errichten darüber ein spekulatives Denkgebäude, welches auf sophistischen Irrtümern beruht. Bacon zählt hierzu vor allem Aristoteles, „der" – wie sich Bacon ausdrückt – „die Naturphilosophie durch seine Dialektik verdarb". Die zweite Gruppe sind die empirischen Philosophen, die zwar wenige Experimente genau prüfen, aber zu schnell daraus eine Philosophie entwickeln. Ihr empiristischer Irrtum besteht darin, daß sie nicht im Lichte der gewöhnlichen Begriffe, sondern in der Dunkelheit dieser wenigen Experimente ihre phantastischen Meinungen begründen. Bacon erwähnt als Beispiel für diesen Typus von Philosophen die Alchemisten seiner Zeit. Die dritte Gruppe schließlich umfaßt die Philosophien, die durch die Vermischung von Philosophie mit Theologie und Überlieferung bzw. von Göttlichem mit Menschlichem abergläubischen Irrtümern verfallen und sich zu poetisch-phantastischen Lehrmeinungen versteigen. Pythagoras, aber auch Platon gehören hierzu. Vor dieser Art von Philosophie ist vor allem deshalb zu warnen, „weil aus der ungesunden Vermischung des Göttlichen und des Menschlichen sich nicht bloß eine phantastische Philosophie, sondern auch eine ketzerische Religion ergibt". Bacon schließt mit den Worten: „Es ist deshalb äußerst heilsam, wenn man nüchternen Geistes dem Glauben nur das gibt, was des Glaubens ist."

Naturalisierung und Rationalisierung der Religion

Erscheint die Theologie von dieser Wissenschafts- und Vorurteilskritik hier noch insoweit ausgenommen, als man ihr ihren eigenen Bereich beläßt, allenfalls ihre grenzüberschreitende Einflußnahme in Philosophie und Wissenschaft brandmarkt (so Bacon) oder wegen der Transzendenz ihrer Wahrheiten ihre Unzulänglichkeit für die Begründung menschlichen

Wissens betont (so Descartes), so bahnt sich jedoch auch hier ein Wandel an. Allmählich werden bestimmte genuin religiöse Themen aus ihrem transzendenten Umfeld gelöst und im neutralen Rahmen von Wissenschaft und Philosophie abgehandelt oder sogar als unbeantwortbare Fragen ganz eliminiert. Diese Tendenz geht teilweise so weit, daß der gesamte übernatürliche Bereich der Theologie auf den Boden einer natürlichen Religion gestellt wird, die dem natürlichen Licht der Vernunft offensteht.

Die Bewegung des Deismus, die im 17. Jahrhundert aufkommt und bis in die Zeit der Aufklärung im 18. Jahrhundert von Bedeutung ist, nimmt in dieser Hinsicht eine Vorreiterrolle ein. Seine Position ist insofern besonders radikal, als er den Gedanken der natürlichen Religion ins Spiel bringt, die allen Menschen gemeinsam ist und auch den einzelnen positiven Religionen zugrunde liegt. So hat der zu dieser Richtung zählende englische Staatsmann und Diplomat Edward Herbert von Cherbury (1583–1648) in seinem erst nach seinem Tod 1663 erschienenen Buch ›Über die Religion der Heiden und die Ursachen der Irrtümer bei ihnen‹ (De Religione Gentilium errorumque apud eos causis) die Religion der griechisch-römischen Antike von dem durch das Christentum erhobenen Vorwurf des Heidentums insoweit befreit, als es auch bei ihr einen durch den Kultus verstellten Kern religiöser Frömmigkeit gibt, der die eigentliche Substanz jedes religiösen Denkens (also auch des christlichen) ausmacht. Dieser Kern besteht aus den folgenden fünf Artikeln: „1. Es gibt einen höchsten Gott; 2. Gott muß verehrt werden; 3. Tugend und Frömmigkeit sind die wichtigsten Formen der göttlichen Verehrung; 4. Sünden müssen bereut und abgewehrt werden; 5. Aufgrund der göttlichen Güte und Gerechtigkeit gibt es Lohn und Strafe, einerseits in diesem Leben, andererseits nach diesem Leben.“[18] Schon in seinem erstmals 1624 erschienenen philosophischen Hauptwerk ›Über die Wahrheit‹ (De Veritate) hat er diese fünf dort als „Gemeinbegriffe“ (oder „Axiome“) „der Religion“ (*notiones communes circa religionem*) bezeichneten Artikel formuliert,[19] aus denen – wie er sich ausdrückt – „die wahre katholische und universale Kirche“ besteht.[20] Sie sind als Basis einer natürlichen Vernunftreligion für alle Menschen und Völker evident und gültig. Auch wenn damit die Offenbarungen des Christentums nicht abgelehnt werden, so sind sie doch nicht zum ewigen Heil notwendig. Mit dieser natürlichen Vernunftreligion wendet sich Herbert vor allem gegen die Prärogative des Glaubens gegenüber der Vernunft. Für ihn müssen vielmehr beide, Glauben und Vernunft, in Übereinstimmung gebracht werden. Dies leistet Herbert nun zwar nicht durch die Berufung auf das natürliche Licht der Vernunft, aber doch durch die Inanspruchnahme eines ganz ähnlichen Vermögens, das ebenfalls in allen Menschen vorhanden ist, nämlich des „natürlichen Instinkts“ (*instinctus naturalis*). Der natürliche Instinkt ist das höchste menschliche Erkenntnisvermögen, welches die Gemeinbegriffe (*notiones communes*) bildet, darunter eben auch die genannten fünf die natürliche Religion konstituierenden. Er ist damit die entscheidende Instanz, die für jede Wahrheit, auch die religiöse, Gültigkeit besitzt. Als letzte Wahrheitsinstanz erfährt der natürliche Instinkt durch den allgemeinen Konsens unter allen Menschen (*consensus universalis*) seine Beglaubigung.[21] Zwischen beiden herrscht eine sozusagen pragmatische Interdependenz: Der allgemeine Konsens bezüglich der Gemeinbegriffe zeigt, daß es bei allen Menschen denselben natürlichen Instinkt geben muß; aber umgekehrt verbürgt der in allen Menschen vorhandene natürliche Instinkt, der die Gemeinbegriffe bildet, daß es zum allgemeinen Konsens kommen kann. Für die Theologie, aber auch für die Philosophie bedeutet dies nun, daß sie nur dort Wahrheit beanspruchen können, wo sie sich auf die durch den Allgemeinkonsens beglaubigten Gemeinbegriffe oder Axiome des natürlichen Instinkts berufen können. Daher formuliert Herbert: „Die allgemeine Zustimmung unseres Geistes ist für die erste und höchste Theologie und Philosophie zu halten."[22]

Diese Tendenz, sich auch in theologischen Fragen auf ein bei allen Menschen vorhandenes natürliches Vermögen zu berufen, zeigt sich nun auch bei den großen philosophischen Neubegründern des 17. Jahrhunderts. Die radikalste Position in dieser Frage hat wohl Spinoza in seinem 1670 anonym veröffentlichten ›Theologisch-politischen Traktat‹ eingenommen. Hier werden einerseits die Bereiche von Philosophie und Theologie zwar strikt getrennt: Weder ist die Philosophie Magd der Theologie, noch hat die Philosophie sich in die auf die Schriftauslegung restringierte Theologie einzumischen. Beide haben nichts miteinander gemein. Andererseits aber werden die Aussagen der Heiligen Schrift auf ein Maß reduziert, welches sie dem natürlichen Licht eines jeden zugänglich macht.

Zunächst wird die Prophetie oder Offenbarung (definiert als: die sichere, von Gott dem Menschen offenbarte Erkenntnis einer Sache) als natürliche Erkenntnis interpretiert, die der normalen durch das natürliche Licht uns zugänglichen Erkenntnis gleichkommt und nicht als übernatürliche Erkenntnis verstanden werden darf.[23] Nun gehen die Offenbarungen, die die Propheten empfingen, meist auf die Vermittlung von Worten oder Bildern zurück, die ihr Vorstellungsvermögen ansprachen. Auf diese Weise aber haben sie, so drückt sich Spinoza aus, „vieles empfangen können, was über die Grenzen der Erfahrung hinausgeht; denn aus Worten und Bildern lassen sich viel mehr Ideen bilden als bloß aus den Prinzipien und Begriffen, auf denen sich unsere ganze natürliche Erkenntnis aufbaut",[24] was um so wahrscheinlicher ist, als die Propheten teilweise einfache Menschen waren, die sich mehr durch Tugendhaftigkeit als durch Intellektualität auszeichneten. Daher müssen auch solche die Grenzen der Erfahrung und

Vernunft sprengende Zeichen wie z.B. Wunder als natürliche Ereignisse interpretiert werden und dürfen nicht auf übernatürliche Kräfte oder Erkenntnisse zurückgeführt werden. Will man den Sinn der Heiligen Schrift erfahren, so muß man sich streng an die Schrift selbst halten, d.h. an das, was die Propheten selbst ausgesprochen haben, nicht jedoch an spätere, möglicherweise irregeleitete Interpreten. Dabei sind – Spinoza entwickelt im 7. Kapitel[25] einen ganzen Katalog von Kriterien der Schriftauslegung – biographische Hintergründe und Zeitumstände der Propheten, die Eigentümlichkeiten der damaligen Sprache, in der die Offenbarungen übermittelt wurden (großenteils das Hebräische), die Überlieferungsgeschichte der Texte u.ä. zu berücksichtigen, um den Sinn der Bibelstellen zu ermitteln. Diese Methode der Bibelexegese ist für Spinoza analog der Naturerklärung, die der Zusammenstellung einer Naturgeschichte die Daten entnimmt, aus denen sie die Definitionen der Naturgegenstände ableitet. Denn auch sie besteht letzten Endes in der Erstellung einer Geschichte der Heiligen Schrift, der die Daten und Prinzipien entnommen werden müssen, aus denen der Sinn der Schrift erschlossen werden kann. Insofern ist diese Art der Bibelinterpretation eine natürliche Erkenntnis, die kein anderes Licht als das natürliche erfordert und auf kein übernatürliches Licht zurückgreifen muß.

Für Spinoza zeigt sich dabei, daß sich in den einfachen Fragen der praktischen Lebensführung und Frömmigkeit bei allen Propheten übereinstimmende Aussagen ergeben, die zu einer verbindlichen Erkenntnis und Festlegung des Sinns führen. Hierzu gehören für Spinoza der Glaube an einen allmächtigen Gott, der alle liebt und der als Vorbild des wahren Lebens anzubeten und dem Gehorsam zu leisten ist, wobei dieser Gehorsam im Gebot der Nächstenliebe und Gerechtigkeit besteht. Im Bereich der Spekulation jedoch gibt es keine solche Übereinstimmung zwischen den Propheten, weil es sich hier in der Regel um unbegreifliche und bloß vorstellbare Dinge handelt, im Gegensatz zu den Dingen, die wir mit dem Verstande erfassen und von denen wir uns einen klaren Begriff machen können. Spinoza zählt hierzu etwa die eher theoretische Frage, „was Gott ist, auf welche Weise er alles sieht und für alles sorgt und ähnliches".[26] Über solche Fragen kann letzten Endes jeder denken, wie ihm beliebt. Damit reduziert er die Theologie faktisch auf eine auf das praktische Leben ausgerichtete Frömmigkeitslehre, die zwar noch monotheistisch begründet ist, aber aufgrund des unbestimmten und – wie die postum 1677 erschienene ›Ethik‹ Spinozas deutlicher zeigt – eher unpersonalen Gottesbegriffs pantheistische Züge trägt. Der Bereich der spekulativen, theoretischen Theologie, etwa die Gotteslehre, wird von der Religion ausgeschlossen. Und so kann die Theologie auch der Philosophie und den Wissenschaften keine theoretischen Vorgaben mehr machen, die sie unter ihre

Jurisdiktion stellen, da es aufgrund der Schriftauslegung keine verbindlichen Bestimmungen solcher Art gibt.

Umgekehrt aber erhalten auch nicht Philosophie oder Wissenschaft Einzug in die Theologie. Denn „weder ist die Theologie der Vernunft noch die Vernunft der Theologie dienstbar", wie es im Titel des 15. Kapitels[27] heißt. Da es der Religion nur um Sinnfragen der praktischen Lebensführung geht, wäre die theoretische Vernunft der Philosophen hier ja auch fehl am Platz. Daher sagt Spinoza: „Das Ziel der Philosophie ist nur die Wahrheit, das Ziel des Glaubens aber ... nur der Gehorsam und die Frömmigkeit ... Der Glaube läßt daher jedem die volle Freiheit zu philosophieren, so daß man über alles denken kann, wie man will, ohne daß es einem zum Verbrechen angerechnet wird, und er verdammt nur diejenigen als Ketzer und Schismatiker, die Meinungen lehren, welche zu Ungehorsam, Haß, Streit und Zorn auffordern."[28] Trotz dieser radikalen Trennung von Philosophie und Glauben, die auf dem Unterschied zwischen praktischer Lebensführung und theoretischer Reflexion beruht, bleibt aber gleichwohl das bei allen vorhandene Licht der Vernunft für die Auslegung des Sinns der religiösen Gebote entscheidend. Und so faßt Spinoza am Ende des 7. Kapitels, das von der Auslegung der Schrift handelt, seine Gedanken folgendermaßen zusammen: „Denn da die höchste Autorität der Schriftauslegung jedem einzelnen zusteht, so kann es auch für die Auslegung keine andere Norm geben als das allen gemeinsame natürliche Licht, also weder eine übernatürliche Erleuchtung noch eine äußere Autorität. Die Methode darf auch nicht so schwierig sein, daß nur die scharfsinnigsten Philosophen sie handhaben können, sondern sie muß sich nach der natürlichen, allgemeinen Denkfähigkeit der Menschen richten."[29]

Neben Spinoza gibt es eine Reihe von Philosophen, die zwar nicht so weit gehen, daß man von einer Naturalisierung (und das heißt bei Spinoza auch Säkularisierung) der Religion sprechen kann, wohl aber von einer Rationalisierung in dem Sinne, daß genuin theologische Themen entweder teilweise der Theologie entzogen oder sogar generell der rationalen Kontrolle unterworfen werden sollen. Als exemplarisch dürfen hier Descartes, Locke und Leibniz gelten.

In dem den ›Meditationen‹ vorangestellten Widmungsschreiben an die theologische Fakultät der Sorbonne läßt Descartes eine zwar vorsichtige, aber schon dezidiertere Stellungnahme zur Theologie erkennen als in der ›Abhandlung über die Methode‹, wenn er dort schreibt: „Ich bin immer der Ansicht gewesen, daß besonders die beiden Fragen über Gott und die Seele zu denen gehören, die eher mit den Mitteln der Philosophie als der Theologie zu beweisen sind: Denn obwohl es uns Gläubigen genügt, uns durch den Glauben davon zu überzeugen, daß die menschliche Seele nicht mit dem Körper untergeht und daß Gott existiert, so scheinen doch sicher

Ungläubige von keiner Religion, ja wohl nicht einmal von irgendeiner moralischen Tugend überzeugt werden zu können, wenn man ihnen nicht zuvor jene zwei Sachverhalte mit der natürlichen Vernunft beweist. ... Und obwohl es durchaus wahr ist, daß man an die Existenz Gottes glauben müsse, weil es in den heiligen Schriften gelehrt wird, und umgekehrt, daß man an die heiligen Schriften glauben müsse, weil sie von Gott stammen ..., so kann man dies Ungläubigen gegenüber nicht vorbringen, da sie es für einen Zirkelschluß halten würden. Ich habe allerdings beobachtet, nicht nur daß Ihr alle und andere Theologen behauptet, Gottes Existenz könne mit der natürlichen Vernunft bewiesen werden; sondern es läßt sich auch aus der Heiligen Schrift folgern, daß seine Erkenntnis leichter sei als viele Erkenntnisse, die wir von geschaffenen Dingen haben ..., daß sich all das, was wir von Gott wissen können, durch Gründe zeigen lasse, die wir nirgendwoher anders als unserem Geist selber entnommen haben." Trotz dieser konzilianten Formulierung entzieht Descartes hier der Theologie bestimmte theoretische, dort behandelte Fragen und weist sie der Philosophie als der eigentlich zuständigen Disziplin zu.

Locke hat vor allem in den Kapiteln 17–19 des 4. Buchs seines ›Versuchs über den menschlichen Verstand‹ zu dieser Problematik, d.h. zu der Frage der Abgrenzung von Vernunft- und Offenbarungswahrheiten bzw. zu der Frage, ob es die Vernunft übersteigende Wahrheiten gebe, Stellung genommen. Wie bei Spinoza werden auch bei ihm die Offenbarungswahrheiten auf ihren rationalen Kern reduziert bzw. der Kontrolle der Vernunft unterworfen. Er unterscheidet drei Arten von Sätzen, deren Wahrheit wir annehmen: vernunftgemäße, vernunftwidrige und vernunftübersteigende Sätze.

Vernunftgemäß sind die Sätze, deren Wahrheit wir mit Hilfe des unserer Vernunft zur Verfügung stehenden Wahrheitskriteriums entscheiden können, über die also nicht gezweifelt werden kann. Dieses Wahrheitskriterium beruht auf dem, was für die natürliche Vernunft selbst-evident ist oder daraus durch rationale Beweise folgt. Vernunftwidrige Sätze, selbst wenn sie durch Offenbarung bestätigt zu sein scheinen, müssen gänzlich abgelehnt werden, da sie dem natürlichen Licht der Vernunft widersprechen. „Zum Beispiel stimmen die Ideen eines Körpers und eines Ortes so klar überein, und der Geist nimmt ihre Übereinstimmung so offensichtlich wahr, daß wir nie einem Satz zustimmen können, der behauptet, daß ein und derselbe Körper sich zu gleicher Zeit an zwei räumlich verschiedenen Orten befinde; wir sind auch dann nicht dazu imstande, wenn dieser Satz die Autorität göttlicher Offenbarung für sich in Anspruch nimmt. ... Daher kann kein Satz als göttliche Offenbarung anerkannt werden, noch kann er die Zustimmung genießen, die allen solchen Offenbarungen gebührt, wenn er unserer klaren intuitiven Erkenntnis widerspricht."[30]

Die eigentliche Problematik ergibt sich demnach aus der Behandlung der vernunftübersteigenden Sätze. Stellen sie einen Sonderbereich der Theologie dar, der sich der Kontrolle durch die Vernunft entzieht? Locke hält es für falsch, Vernunft und Glauben in der Weise einander gegenüberzustellen, daß die vernunftübersteigenden Wahrheiten den genuinen Bereich der Theologie ausmachen würden. Vielmehr sind Vernunft und Glauben keine Gegensätze, „denn der Glauben muß durch die Vernunft geleitet werden" (*be regulated*). „Der Glauben ist nichts anderes als die feste Zustimmung (*assent*) unseres Geistes, welche, wenn sie so geregelt wird, wie es unsere Pflicht erfordert, irgendeiner Sache nur auf stichhaltige Vernunftgründe hin (*upon good reason*) erteilt werden und infolgedessen der Vernunft nicht widersprechen kann."[31] Wie sieht es aber aus, wenn die vernunftübersteigenden Sätze nicht zu einem direkten Widerspruch führen? Auch hier hat die Vernunft durch Angabe von Gründen die Kontrolle darüber zu führen, ob solche geoffenbarten Sätze, deren Wahrheit nicht auszumachen ist, angenommen werden sollen oder nicht.

Locke unterscheidet dabei zwei Fälle. Die Vernunft übersteigen können Sätze, die jenseits der Wahrscheinlichkeit liegen (*above probability*), und Sätze, die zwar wahrscheinlich gemacht werden können, aber jenseits der Gewißheit liegen (*above certainty*). Zu den letzteren zählt offensichtlich das folgende von Locke gegebene Beispiel: „Nehmen wir an, Gott würde auf übernatürliche Weise jemandem von einer Art von Geschöpfen Mitteilung machen, die etwa den Jupiter oder den Saturn bewohnten (denn die Möglichkeit, daß es dort derartige Wesen gibt, kann niemand bestreiten) und die sechs Sinne hätten, und er würde nun dem Geist des Betreffenden die Ideen einprägen, die dem Geist jener Wesen durch diesen sechsten Sinn zugeführt werden. Dann könnte doch jener Mensch die durch jenen sechsten Sinn erzeugten Ideen im Geist anderer durch Wörter nicht hervorrufen. Ja, er könnte dies ebensowenig wie jemand von uns durch den Klang von Wörtern einem Menschen die Idee irgendeiner Farbe vermitteln kann, der zwar im Vollbesitz seiner vier anderen Sinne ist, dem aber von jeher der fünfte, nämlich der optische Sinn fehlte. Hinsichtlich unserer einfachen Ideen also, die die Grundlage und das ausschließliche Material all unserer Begriffe und Erkenntnisse bilden, müssen wir uns ganz allein auf unsere Vernunft, ich meine unsere natürlichen Fähigkeiten, verlassen."[32] Solche Offenbarungen betreffen also Sachverhalte, die unsere Erkenntnisgrenzen und die Gewißheit unseres Wissens überschreiten und infolgedessen uns gar nicht mitgeteilt werden können. Mag man noch hinnehmen, daß sie einem Menschen in einer ursprünglichen Offenbarung haben mitgeteilt werden können (Locke führt Paulus' Entrückung in den dritten Himmel an), so können sie aber den Menschen nicht durch die Sprache weitervermittelt werden und sind insofern als unverständliche Offenbarungswahrheiten für uns irrelevant.

Beim ersten Fall der (jenseits der Wahrscheinlichkeit liegenden) vernunftübersteigenden Sätze handelt es sich hingegen um Offenbarungen, die sich gegen Sätze richten, die von der Vernunft nur wahrscheinlich gemacht werden können, oder die nur aufgrund von Erfahrungsanalogien gewonnene Vermutungen darstellen. Locke führt in diesem Zusammenhang die Auferstehung der Toten als Beispiel an. In solchen Fällen, gesteht Locke zu, muß die Offenbarung gegenüber der bloß wahrscheinlichen Vermutung der Vernunft die Oberhand behalten. „Denn der Geist besitzt von der Wahrheit dessen, was er nicht offensichtlich erkennt, keine Gewißheit; vielmehr läßt er sich nur durch die Wahrscheinlichkeit leiten, die dabei zutage tritt. Folglich kann er nicht umhin, seine Zustimmung zu einer Darlegung zu geben, die seiner Überzeugung nach von jemandem herrührt, der nicht irren kann und nicht trügen wird." „Gott hat sich", so gesteht Locke zu, „indem er uns das Licht der Vernunft gegeben hat, nicht die Hände gebunden; er kann uns, sofern er es für angebracht hält, bei den Dingen das Licht der Offenbarung zuteil werden lassen." Auch diese Akzeptanz einer Offenbarung ist aber insofern vernunftgeleitet, als „die Vernunft darüber zu urteilen" hat, „ob es sich wirklich um eine Offenbarung handelt und was die Worte bedeuten, in der sie überliefert ist".[33] Es ist also gleichgültig, wie die Vernunft die Offenbarung im Hinblick auf ihren Wahrheitswert beurteilt, sie hat darüber zu entscheiden, ob die angebliche Offenbarung wirklich eine Offenbarung ist. Diese Forderung ist vor allem auch gegen die religiöse Schwärmerei seiner Zeit gerichtet, die sich oft auf ein inneres Licht oder eine innere Erleuchtung durch Gott berief, ohne hinreichende Beglaubigung durch die Vernunft. „Denn ob der vermeintlich geoffenbarte Satz in sich selbst offenkundig wahr oder sehr wahrscheinlich ist oder auf dem Weg der natürlichen Erkenntnis ungewiß ist, in jedem Fall muß ein zweiter Satz begründet und erwiesen werden, nämlich daß Gott jenen ersten geoffenbart hat und daß das, was ich als Offenbarung ansehe, bestimmt von Gott in meinen Geist gesenkt wurde."[34] Um das zu zeigen, bedarf es für Locke insbesondere natürlicher, nämlich äußerer Kennzeichen, die bezeugen, daß Gott der Urheber der Offenbarung ist, wie z. B. der brennende, sich nicht verzehrende Busch, aus dem Moses eine Stimme hörte.

Trotz dieser recht vorsichtigen, wenn auch eingeschränkten Akzeptanz von über die Vernunft hinausgehenden Offenbarungswahrheiten bleibt jedoch auch hier die Vernunft die letzte Richtschnur, so daß das natürliche Licht der Vernunft die letzte Beglaubigungsinstanz für solche Offenbarungswahrheiten ist. In diesem Sinne sagt Locke zusammenfassend: „Vernunft ist natürliche Offenbarung (*Reason is natural revelation*), durch die der ewige Vater des Lichts und der Quell aller Erkenntnis den Menschen denjenigen Teil der Wahrheit vermittelt, den er ihren natürlichen Fähigkeiten zugänglich gemacht hat. Offenbarung ist natürliche Vernunft, erweitert (*revelation is natural reason enlarged*) durch eine Reihe neuer Entdeckungen, die Gott unmittelbar kundgegeben hat und für deren Wahrheit die Vernunft die Bürgschaft übernimmt, indem sie ihren göttlichen Ursprung bezeugt und beweist."[35]

Leibniz ist ebenfalls ein Vertreter der These, daß das natürliche Licht der Vernunft auch in theologischen Fragen heranzuziehen ist, ja herangezogen werden muß. „Durch das natürliche Licht steht fest" – so formuliert er –, „daß es eine vollkommenste Substanz gibt, die wir Gott nennen."[36] Er kritisiert dabei ausdrücklich Fausto Sozzini, einen der beiden Begründer der hauptsächlich in Polen verbreiteten Sekte der antitrinitarisch eingestellten Sozinianer, weil er gegen die Heilige Schrift und die katholische Kirche geleugnet habe, daß Gott „mittels des natürlichen Lichtes aus den Geschöpfen", z.B. aus der Struktur der Welt und aus der Natur des Geistes, „erkannt werden könne".[37] An anderer Stelle geht er noch weiter und sagt, „aus dem natürlichen Licht nimmt der Mensch wahr, was Gesetz und Wille Gottes ist".[38] Diese Bemerkungen beruhen auf Leibniz' Überzeugung von einer grundsätzlichen und vollständigen Übereinstimmung von Vernunft und Glauben, zu der er sich an vielen Stellen äußert, so auch in seinem berühmtesten Buch, der 1710 veröffentlichten ›Theodizee‹ (Essais de Theodicée sur la bonté de Dieu, la liberté de l'homme et l'origine du mal), der einleitend eine Abhandlung über „die Übereinstimmung des Glaubens mit der Vernunft" (*la conformité de la foy avec la raison*) vorangestellt ist. Die Heranziehung des natürlichen Lichts der Vernunft dient bei Leibniz aber nicht dazu, die Religion auf einen natürlich-rationalen Kern zu reduzieren, wie das Herbert von Cherbury oder auch Spinoza tun, oder ihr Gegenstände zu entziehen, wie man das Descartes unterstellen kann und für Spinoza mit seiner Trennung von Theologie und Philosophie behaupten darf, noch auch nur – wie Locke – die dogmatisch-prophetischen Aussagen der Bibel oder Kirche durch natürlich-rationale Argumente tendentiell zu restringieren. Vielmehr ist Leibniz bemüht, die gesamte christliche Religion, d.h. ihre Dogmen, Offenbarungen und Wunder einschließende Lehre, rational zu begründen. Leibniz, als Protestant auch dem Katholizismus gegenüber aufgeschlossen wie wenige, der selbst sich gegen Ende des Jahrhunderts an den Gesprächen über die Reunion der christlichen Konfessionen engagiert beteiligte, ist also einerseits der Kirchentradition gegenüber der konzilianteste unter den hier genannten Vertretern des natürlichen Lichts. Andererseits ist er der radikalste mit seiner Forderung einer totalen Rationalität der Theologie und Religion. „Wenn nicht der Glaube selbst uns durch seine Rationalität (*ratione*) überzeugt" – so fragt Leibniz –, „aufgrund welches anderen Vorrangs sind wir dann den Mohammedanern überlegen?" und beantwortet diese rhetorische

Frage mit den Worten: „Wenn unsere Religion keine rationalen Gründe und Argumente vorbringen könnte, wäre sie miserabel und nicht der mohammedanischen oder heidnischen Religion überlegen; dann könnte sie nämlich weder den Suchenden Gründe angeben noch den Glauben gegen die Unfrömmigkeit oder die Skrupel, die auch Fromme oft beunruhigt, verteidigen.“[39]

Leibniz hat sich in einem kleinem, vermutlich in den Jahren 1678/79 entstandenen ›Dialog zwischen einem Theologen und einem Weisheitsfeind‹ (Dialogus inter Theologum et Misosophum),[40] aus dem diese Bemerkungen stammen und der sich unter seinen nachgelassenen Papieren befindet, in folgender Weise zu dem Problem geäußert. Die Rolle des „Rationalisten“ (der die Theologie rational begründet) wird hier kennzeichnenderweise von dem Theologen, der gleichzeitig auch Philosoph sein könnte, übernommen, während der Misosoph oder Weisheitsfeind, als Widerpart eines Philosophen, die Rolle des „Fideisten“ (der die Vernunft im Bereich der Theologie für unzulänglich hält) spielt.

Der Misosoph trägt im wesentlichen zwei Argumente vor. Das erste, daß vor Gott alle menschliche Weisheit nur Torheit sei, unsere Religion sich daher ganz auf die überlieferten Offenbarungen und die Wunder stützen müsse, beantwortet der Theologe mit dem Hinweis, daß „die Offenbarungen und Wunder durch die Vernunft geprüft werden müssen“, d.h. der Glauben einer rationalen Analyse im Hinblick auf seine Geschichte und die Glaubwürdigkeit seiner Überlieferung unterzogen werden muß.

Das zweite Argument besagt: Die Einfalt des Glaubens ohne alle Gründe reicht aus und ist angemessener, denn die menschlichen Vernunftprinzipien können in göttlichen Dingen nichts Sicheres beweisen bzw. sind für diese ungeeignet. Es läuft auf das alte im Mittelalter benutzte Argument von der doppelten Wahrheit, einer menschlichen und einer göttlichen, hinaus. Der Theologe als Sprachrohr von Leibniz benutzt für seine Widerlegung folgende Differenzierung. Zwar gibt es Naturprinzipien (*principia physica*), die rein menschlich sind und von Gott, der über der Natur steht, abgeändert werden könnten. Hierzu zählen etwa, daß Eisen im Wasser nicht schwimmt, daß die Jungfrau nicht gebiert. Gott könnte aufgrund seiner absoluten Macht nämlich das Gegenteil bewirken. Auf der anderen Seite aber gibt es metaphysische und logische Prinzipien (*principia metaphysica, logica*), die für den göttlichen und menschlichen Bereich Geltung besitzen. Die metaphysischen Prinzipien handeln vom Sein im allgemeinen, das Gott und seinen Geschöpfen gemeinsam zukommt. Beispielsweise muß allgemein gelten: „Dasselbe kann nicht zugleich sein und nicht sein“, oder: „Das Ganze ist größer als sein Teil.“ Die logischen Prinzipien betreffen die allgemeinen Formen des formalen logischen Schließens, die ebenfalls für Mensch und Gott gelten.

Wenn man das sogenannte Widerspruchsprinzip der Philosophen (d.h. das Prinzip vom verbotenen Widerspruch, welches ausschließt, daß dasselbe Ding zugleich ist und nicht ist) aufheben würde, würde man nämlich zugleich die Göttlichkeit oder die Trinität zugestehen und zurückweisen können, würden wir in derselben Hinsicht zugleich Fromme wie Atheisten, Katholiken wie Arianer sein können. Das Kriterium, daß bei Gott kein Ding unmöglich ist, darf also nicht als Möglichkeit der Aufhebung dieses Widerspruchsprinzips gedeutet werden, sonst könnte Gott auch sich selbst zerstören oder sündigen, sonst würde er wahrhaftig wie unwahrhaftig sein können, was im übrigen mit seiner Vollkommenheit nicht übereinstimmen würde.

Ist es aber nicht schwierig, im Bereich der sich auf Göttliches beziehenden theologischen Aussagen Gegensätze oder Widersprüche überhaupt festzustellen? Diese Frage beantwortet der Theologe lapidar mit dem Hinweis, daß wir dazu nur Augen und Gedächtnis bzw. Bewußtsein besitzen müssen. Das Auge kann darüber entscheiden, ob wir in einem widersprüchlich formulierten Satz wirklich formal dieselben Wörter für Subjekt und Prädikat benutzen, z.B. „Gott ist nicht Gott“, das mit Bewußtsein kombinierte Gedächtnis entscheidet darüber, ob wir an beiden Stellen auch denselben Sinn mit den Wörtern verbinden. Diese knappen Bemerkungen sind gewichtiger als sie erscheinen, wenn man sich vergegenwärtigt, daß Leibniz wie kein anderer im 17. Jahrhundert ausführlichste und diffizilste Untersuchungen zu formallogischen und semantischen Fragen angestellt und ausgearbeitete logische Kalküle entworfen hat.

Schließlich wird auch noch der abschließende Einwand des Misosophen, es sei Gottes nicht würdig, der Logik soviel Bedeutung beizumessen, mit einem Hinweis auf die Grammatik zurückgewiesen, die wir zum Verständnis der biblischen Texte benötigen. Alle in Texten gegebenen Begründungen sind nämlich unvollkommene oder unvollständige Formen logischen Schließens und setzen somit Logik voraus. Wenn wir also die unvollkommenen Formen des grammatischen Schließens anerkennen, so dürfen wir a fortiori die Logik nicht verachten. Die Logik selbst aber ergibt sich mit mathematischer Sicherheit aus dem Widerspruchsprinzip.

Mit den in diesem Dialog vorgenommenen Unterscheidungen zwischen einerseits unverbrüchlichen metaphysisch-logischen Prinzipien, die für Gott und Welt, für Theologie und Wissenschaft gelten, und andererseits physikalischen Prinzipien, die nicht dieselbe Verbindlichkeit besitzen, weil sie von Gott aufgehoben werden könnten, hat nun Leibniz ein Mittel in der Hand, auch die Wunder zu erklären. In seiner 1686 entstandenen sogenannten ›Metaphysischen Abhandlung‹ (Discours de métaphysique), der ersten reifen und umfassenden Darstellung seiner Metaphysik, widmet sich Leibniz in den Abschnitten 6 und 7 näher dieser Thematik.[41] Die Tatsache, daß die physikalischen Prinzipien oder Naturprinzipien dieser Welt nicht dieselbe absolute Verbindlichkeit besitzen (weil Gott sie außer Kraft setzen könnte) wie die logisch-metaphysischen Grundprinzipien (die Gott nicht außer Kraft setzen kann), macht es zwar möglich, daß außerordentliche Naturereignisse oder Wunder auftreten können, die den Rahmen der Naturgesetze sprengen. Deshalb sind echte Wunder aber keine irrationalen Ereignisse, sondern sie unterliegen nur einem höheren Ordnungsprinzip, das die physikalischen Prinzipien oder Naturgesetze nicht in Rechnung stellen. Es geschieht nämlich nichts Irreguläres in der Welt. Gott macht nichts außerhalb der Ordnung oder nichts, was nicht einer rationalen Ordnung gemäß wäre. Wunder sind demnach in eine allgemeine, höhere Ordnung eingebettet, der auch die physikalischen Prinzipien untergeordnet sind. In theologischer Diktion bezeichnet Leibniz diese, die normale Naturordnung konstituierenden physikalischen Prinzipien als „subalterne Maximen" des göttlichen Willens. Nur im Hinblick auf diese besondere für die Kreaturen etablierte Naturordnung stellen die Wunder Ausnahmen dar, die auf „partikuläre Willensentschlüsse" – wie Leibniz sich ausdrückt – zurückgehen, während die natürlichen Ereignisse und Tätigkeiten mit der Naturordnung konform sind. Beide aber, Wunder und natürliche Ereignisse sind der höheren universellen Ordnung des Weltganzen unterstellt, die keine Ausnahmen zuläßt. So läßt sich – ein Beispiel von Leibniz an dieser Stelle – für eine beliebige, zufällig auf ein Papier geschriebene Menge von Punkten eine geometrische Kurve bestimmen, die auf einem Gesetz oder einer Regel beruht, aus der sich alle Punkte in derselben Reihenfolge, wie sie auf das Papier geschrieben wurden, ergeben. Nimmt man als Normalfall eine einfache, weniger komplexe Regel an, dann gilt gewöhnlich das, was mit ihr nicht übereinstimmt, da es einer komplexeren Regel folgt, als irregulär – so wie die Wunder. Auch hinter der universellen Weltordnung steht also ein logisch rechnender und schaffender Gott, dessen höchste Ordnungsprinzipien von uns aber nicht völlig durchschaut werden können.

Unter diesem Gesichtspunkt einer rational geordneten Welt kann nun Leibniz auch die Lockesche These über die die Vernunft überschreitenden Sachverhalte aus seiner Sicht präzisieren oder ergänzen. In seinem zwischen 1703 und 1705 entstandenen Werk ›Neue Versuche über den menschlichen Verstand‹ (Nouveaux Essais sur l'entendement humain),[42] das – Buch für Buch und Kapitel für Kapitel dem Lockeschen Werk ›Versuch über den menschlichen Verstand‹ folgt – nimmt er dazu – ansonsten Lockes Einstellung zu Offenbarung und Wundern weitgehend teilend – wie folgt Stellung. Wenn man unter „vernunftüberschreitend" nur das versteht, was wir nicht wissen oder was uns in unserem gegenwärtigen Zustand unbekannt ist, würde schon die Beantwortung der Fragen, ob ein bestimmter Fixstern größer als die Sonne ist oder wann der Vesuv wieder ausbrechen wird, unsere Vernunft überschreiten. Eigentlich handelt es sich aber nur um eine Überschreitung unserer Sinne, weil der gegenwärtige Mangel durch vollkommenere Sinnesorgane oder mehr Information über die Fakten ausgeglichen werden könnte. Wenn mit der Definition jedoch die Überschreitung des Wissens jedes möglichen Geistes gemeint ist, so dürfte das nach dem Lockeschen empiristischen Verständnis von vernünftigem Denken als äußerer und innerer Wahrnehmung (*sensation and reflection*) gar nicht möglich sein, da auf diesem Wege von Gott jede beliebige empirische Wahrheit vermittelt werden könnte und in der Tat die bezeugten Mysterien und Wunder auch vermittelt worden sind. Es geht also nicht um die Frage, ob das Bestehen einer Tatsache oder die Wahrheit eines Satzes empirisch abgeleitet werden können, sondern vielmehr um die Frage, ob wir das Wie des Zustandekommens dieser Tatsache oder den „Grund a priori" dieser Wahrheit erkennen können. Insofern müßte man das als vernunftüberschreitend bezeichnen, was wir zwar erfahren, aber nicht begreifen können, weil es jede geschaffene Vernunft, wie entwickelt sie auch sein möge, überschreitet, nicht jedoch die göttliche Vernunft, die, wie wir gesehen haben, unter höheren Ordnungsgesichtspunkten auch die Gründe der uns unbegreiflichen Tatsachen kennt.[43]

Rationalistische und empiristische Letztbegründungen durch das natürliche Licht

Hat die Berufung auf das natürliche Licht also hauptsächlich – mit Ausnahme von Leibniz – die negative Funktion, überkommene, als nicht mehr zeitgemäß empfundene oder einer Kritik nicht mehr standhaltende Positionen oder Lehren abzuwehren, so stellt sich andererseits die Frage, was hiermit positiv geleistet werden soll. Ist das natürliche Licht, das uns aus den Fesseln von Tradition, Vorurteil und Kirche befreien soll, auch in der Lage, Wahrheit positiv zu begründen und damit das Fundament unseres Wissens zu legen? Wir wollen hier exemplarisch auf zwei Begründungsformen eingehen, die dies von entgegengesetzten Standpunkten aus – einem rationalistischen und einem empiristischen – zu leisten versuchen.

Schon in seiner fragmentarisch überlieferten, etwa 1628 entstandenen methodologisch-wissenschaftstheoretischen Schrift ›Regeln zur Leitung der Erkenntniskraft‹ (Regulae ad directionem ingenii), die erst 1701 in der lateinischen Originalfassung und zuvor 1684 in einer niederländischen Übersetzung erschienen war, geht es Descartes darum, ein sicheres Fundament unseres Wissens zu legen. Und zwar ist es nicht sein Ziel zu prüfen, welches die wahren Urteile in den verschiedenen Wissenschaften sind, sondern er beabsichtigt, dic Grundlage des Wissens überhaupt zu finden. „Denn da alle Wissenschaften nichts anderes sind als die menschliche Weisheit, die immer eine und dieselbe bleibt, auf wie viele verschiedene Gegenstände sie auch angewendet sein mag, und von diesen keinen größeren Unterschied empfängt als das Sonnenlicht von der Verschiedenheit der Dinge, die es beleuchtet, so ist es nicht nötig, die Erkenntniskraft durch irgendwelche Grenzen einzuschränken. Denn die Erkenntnis einer Wahrheit entfernt uns nicht, wie die Ausübung einer Kunstfertigkeit, von der Entdeckung einer anderen, sondern hilft ihr vielmehr dabei. Und in der Tat kommt es mir merkwürdig vor, daß die meisten Menschen die Kräfte der Pflanzen, die Bewegungen der Sterne, die Umwandlungen der Metalle und die Gegenstände ähnlicher Disziplinen sorgfältig durchforschen, inzwischen aber fast niemand über den gesunden Verstand (*bona mens*) oder über diese allgemeine Weisheit (*sapientia universalis*) nachdenkt, obwohl doch alles andere nicht so sehr um seiner selbst willen, sondern insofern es zu dieser Weisheit beiträgt, wertzuschätzen ist. ... Wenn also jemand ernsthaft die Wahrheit aufspüren will, so darf er keine einzelne Wissenschaft wählen; die Wissenschaften sind nämlich alle miteinander verbunden und voneinander abhängig; sondern er denke nur daran, das natürliche Licht der Vernunft zu vermehren, nicht um diese oder jene Schulfrage zu lösen, sondern damit der Verstand in den einzelnen Lebensumständen dem Willen vorschreibe, was zu wählen sei."[44] Damit postuliert Descartes, daß die Grundlagen unseres Wissens nicht auf die einzelnen Wissenschaften verteilt sind, sondern daß es nur *eine* Wahrheit für die ganze menschliche Weisheit gibt, die auf dem natürlichen Licht unserer Vernunft beruht.

Wo oder wie aber gelangt man zu dieser Wahrheit bzw. diesem Fundament der Wahrheit? Wenn es um die Festigkeit und Unbezweifelbarkeit des Fundaments der Wahrheit geht, darf man sich nur mit den Gegenständen befassen, bei denen man sichere und unerschütterliche Urteile erwarten kann. Denn „alle Wissenschaft" – so definiert Descartes – „ist sichere und evidente Erkenntnis" (*scientia certa et evidens*).[45] Alle bloß unwahrscheinlichen oder bezweifelbaren Erkenntnisse müssen also zurückgewiesen werden. Nur das wird vollkommen erkannt, über das nicht gezweifelt werden kann. In den Wissenschaften herrscht nun allerdings nur über sehr wenige Gegenstände Einigkeit. Dies zeigt aber nur, daß in solchen Fällen keine evidenten und sicheren Gründe für die jeweiligen Meinungen vorliegen. Lägen sie nämlich auf einer Seite von zwei entgegengesetzten Meinungen vor, so würde auch der Gegner letzten Endes von dem guten Grund seines Kontrahenten überzeugt werden. Obwohl diese Suche zwar sehr schwierig ist – so meint Descartes in den ›Regeln‹ –, so handelt es sich zumindest bei Arithmetik und Geometrie um Wissenschaften, die vom Makel der Falschheit und Ungewißheit frei sind.

Die Begründung liefert Descartes mit dem Hinweis auf eine im Prinzip doppelte Zugangsmöglichkeit zur Erkenntnis, auf dem Wege über die Erfahrung (*per experientiam*) oder auf dem Wege der Deduktion (*per deductionem*). Während der Weg über die Erfahrung vielfach Täuschungen unterliegt, ist der deduktive Weg des logischen Schließens prinzipiell täuschungsfrei, wenn man von Fehlern der Unaufmerksamkeit absieht, die etwa im Überspringen von Deduktionsschritten bestehen. Täuschung beruht daher immer auf nur unzulänglich verstandenen Erfahrungen oder Experimenten und darauf gegründeten voreiligen Urteilen, nie aber auf schlechtem Schließen. Da nun Arithmetik und Geometrie mit so reinen und einfachen Objekten umgehen, daß sie nichts voraussetzen, was durch Erfahrung unsicher gemacht werden könnte, und insgesamt auf solchen vernünftig abgeleiteten Folgerungen basieren, so erweisen sie sich als die zuverlässigsten Wissenschaften, an denen sich alle anderen ein Beispiel nehmen müssen. Wer also den Weg der Wahrheit sucht, darf sich nur mit solchen Gegenständen befassen, über die er die gleiche Gewißheit gewinnen kann wie über die arithmetischen und geometrischen Beweise.

In der dritten Regel aus den ›Regeln‹ wird nun im Detail noch näher gezeigt, warum es diese Sicherheit bei den arithmetischen und geometrischen Wahrheiten gibt. Es zeigt sich nämlich, daß die mathematischen Deduktionen auf einer noch ursprünglicheren Verstandestätigkeit beruhen, die letzten Endes ihre Sicherheit verbürgt: auf der Intuition (*intuitus*). Es gibt – so sagt Descartes – nur zwei Verstandesaktionen, die sicher sind, d.h. ein sicheres Fundament für unser Wissen bieten, die Intuition und die Deduktion. Unter „Intuition" ist dabei weder das schwankende Zeugnis unserer Sinne gemeint noch das trügerische Urteil unserer Einbildungskraft oder Imagination, sondern – so Descartes – „ein so müheloses und deutliches Begreifen des reinen und aufmerksamen Geistes, daß über das, was wir erkennen, überhaupt kein Zweifel zurückbleibt". Da die so verstandene Intuition „allein aus dem Licht der Vernunft entspringt", ist sie für Descartes sogar noch sicherer als die Deduktion, die sich jedoch auf sie stützt. So erkennen wir intuitiv – dies sind die hier angeführten Beispiele von Descartes –, „daß wir existieren, daß wir denken, daß ein Dreieck von nur drei Linien, eine Kugel von nur einer Oberfläche begrenzt ist".[46] Die Deduktion demgegenüber bezieht sich auf das, was nicht selbst diese intuitive Evidenz besitzt, was jedoch aus sicher Erkanntem – und das kann nur intuitiv Evidentes sein – notwendig folgt. Die notwendige Folge oder Folgerung wiederum besteht in der „kontinuierlichen und nirgendwo unterbrochenen Bewegung des Denkens",[47] wobei das einzelne in diesen Denkschritten intuitiv erfaßt wird. Wie bei einer Kette erkennen wir hier, daß das erste mit dem letzten Glied zusammenhängt, obwohl unsere Augen nicht mit einem Blick alle Zwischenglieder überschauen, wohl aber alle einzelnen Glieder zuvor nacheinander intuitiv durchmustert haben müssen und sich des kontinuierlichen Zusammenhangs durch das Gedächtnis vergewissern können müssen. Als Beispiel gibt Descartes den Schluß an, daß aus „2 + 2“ sich dasselbe ergibt wie aus „3 + 1“, nämlich 4. Denn hier muß man nicht nur intuitiv erkennen, daß 2 + 2 = 4 ist, und ebenso, daß 3 + 1 = 4 ist, sondern zusätzlich, daß aus diesen beiden Sätzen (oder Gleichungen) der dritte „2 + 2 = 3 + 1“ folgt. Diese Art von Deduktion – hier exemplifiziert am Prinzip der sogenannten Drittengleichheit: „Sind zwei Größen einer dritten gleich, so sind sie untereinander gleich“ – unterscheidet sich also insofern von der Intuition, als ihr eine Art Bewegung oder Abfolge (*motus sive successio*) zugrunde liegt, so daß ihre Sicherheit vom Gedächtnis abhängt, was bei der Intuition nicht der Fall ist, die ihre Gewißheit allein aus der gegenwärtigen Evidenz (*praesens evidentia*) herleitet.

Diese hier vorgetragene Theorie von der letztlich auf der intuitiven Evidenz beruhenden Wahrheit wird in den später von Descartes veröffentlichten Schriften zu dieser Frage weiter radikalisiert und führt zu dem Cartesischen Verfahren des methodischen Zweifels, der als erste unumstößliche Wahrheit nur die Erkenntnis „Ich denke, also bin ich“ (*Ego cogito, ergo sum*) anerkennt. Das Verfahren des Zweifels beruht auf der Grundforderung, im Bereich des theoretischen Wissens einmal im Leben alles umzustoßen, woran auch nur der geringste Zweifel besteht, und von den Fundamenten aus neu zu beginnen. Die Radikalität dieses Ansatzes liegt darin, daß nicht nur falsche Meinungen damit ausgeräumt werden sollen, sondern daß auch das Ungewisse, Unwahrscheinliche oder nicht hinreichend Abgesicherte, ja jede Behauptung, die auch nur den allergeringsten Zweifel aufkommen läßt, bzw. jedes Wissensgebiet, in dem auch nur die geringsten Zweifel auftreten, als falsch verworfen werden. Die einzelnen Schritte dieses Verfahrens, so wie sie sich im 4. Teil der ›Abhandlung über die Methode‹[48] und in der 1. und 2. Meditation der ›Meditationen über die Grundlagen der Philosophie‹[49] darstellen, sind die folgenden:

Zunächst einmal muß alles, was mir die Sinne vermitteln, aufgrund der im Bereich der Sinneserkenntnis auftretenden Unsicherheiten und Zweifel als falsch zurückgewiesen werden. Ferne Gegenstände täuschen uns falsche Gestalten vor oder können uns zu falschen Größenannahmen verleiten. Selbst das, was unbezweifelbar zu sein scheint, wie z. B. daß ich einen Körper habe, daß ich mich gerade an diesem Ort befinde, ist nicht hinreichend abgesichert, da all dies ein Traum sein könnte, in dem ganz ähnliche Sinneswahrnehmungen auftreten.

Ist dann aber nicht wenigstens das wirklichen wie geträumten Vorstellungen zugrundeliegende Allgemeine wahr und unbezweifelbar? Die Elemente, aus denen die Traumvorstellungen oder auch die Vorstellungen von

Poeten oder Malern, die eine Sphinx oder Sirenen beschreiben, bestehen, sind doch bloß Bilder, die nach dem Muster wirklicher Dinge zusammengesetzt sind. Jedoch auch hier bleibt immer der Zweifel bestehen, daß wir nicht sicher sein können, ob wir uns in der Wirklichkeit oder in einem Traum befinden. Somit muß auch die gesamte Welt der Vorstellungen unserer Imagination oder Phantasie als unsicher aus dem Reich der Wahrheit verwiesen werden. Infolgedessen sind alle Wissenschaften wie Physik, Astronomie und Medizin, die sich auf die Zusammensetzung von sinnlich Angeschautem oder in der Phantasie Vorgestelltem beziehen, zweifelhaft und unsicher.

Schließlich geht Descartes noch einen letzten Schritt weiter und fragt, ob nicht doch gewisse allgemeinste Dinge als unbezweifelbar anzusetzen sind, die die Grundlage unseres anschaulichen Denkens überhaupt bilden, wie die Natur der Körper im allgemeinen, Ausdehnung, Gestalt, Größe und Zahl der Körper sowie Raum und Zeit. Es sind dies die Begriffe und Gegenstände, mit denen Arithmetik und Geometrie zu tun haben. Da es bei ihnen als idealen Gegenständen der Mathematik gar nicht darum geht, ob sie in der Natur vorkommen oder nicht, müssen sie allein aufgrund ihrer Durchsichtigkeit insofern etwas Sicheres und Unbezweifelbares enthalten. Denn – so Descartes – „ich mag wachen oder schlafen, so sind doch stets 2 + 3 = 5 und stets hat das Quadrat nicht mehr als vier Seiten".[50] Selbst diese unumstößlich erscheinenden Wahrheiten der Mathematik unterzieht nun Descartes einem grundsätzlichen Zweifel – und darin besteht die Radikalisierung seines Zweifels gegenüber den ›Regeln‹. Es könnte – so lautet sein Argument – ein allmächtiger Gott oder Schicksal, Zufall oder Verkettung der Umstände oder schließlich ein böser Geist bewirkt haben, daß ich mich auch in diesem allersichersten Bereich stets täusche, so daß es in Wirklichkeit gar keine ausgedehnten Körper, keine Gestalt, keine Größe, keinen Raum gibt, ja daß ich mich selbst beim Addieren von 2 und 3 und beim Zählen der Seiten des Quadrats täusche.

Damit hat Descartes den höchsten Punkt seines Zweifels erreicht, und es bleibt nun die Frage zu beantworten, ob es überhaupt noch etwas Sicheres, Unerschütterliches gibt. Eine negative Antwort würde zu einer skeptizistischen Position führen. Descartes hält diesen Weg jedoch für unplausibel. Sein hypertropher Zweifel ist nicht der Zweifel der Skeptiker, sondern er wird nur als methodisches Instrument eingesetzt, um zu einer um so unbezweifelbareren Wahrheit zu gelangen. Selbst bei der extremen Annahme eines bösen, allmächtigen Betrügers ist es unbezweifelbar, daß ich, der ich getäuscht werde, bin. Er mag mich sonst in allem täuschen, wie er will, niemals jedoch kann er bewirken, daß ich nichts bin, solange ich denke, etwas zu sein. Mag auch alles falsch sein, was ich denke, so muß doch ich, der ich dieses denke, notwendig etwas sein. Daher ist die Wahrheit „ich denke, also bin ich“ (*je pense, donc je suis*) so fest und sicher, daß sie durch kein Argument der Skeptiker erschüttert werden kann, wie sich Descartes in der ›Abhandlung‹ ausdrückt.[51] Und in den ›Meditationen‹ formuliert er diese unumstößliche Wahrheit so: „Der Satz ‚ich bin, ich existiere‘, ist, sooft ich ihn ausspreche oder in meinem Geist begreife, notwendig wahr.“[52] Schließlich wird in der ›Suche nach der Wahrheit durch das natürliche Licht‹ der Gedankengang von Eudoxus so zu Ende geführt: Bei allem Zweifel erhebt sich die Frage: „Können Sie etwa auch an Ihrem Zweifel zweifeln, und besteht etwa ein Zweifel für Sie daran, daß Sie zweifeln oder nicht? ... Da Sie also nicht leugnen können zu zweifeln, und es im Gegenteil sicher ist, daß Sie zweifeln (und zwar so sicher, daß Sie daran nicht zweifeln können), so ist es auch wahr, daß Sie, der Sie zweifeln, sind. Und dies ist so wahr, daß Sie daran nicht mehr zweifeln können.“[53]

Mit dieser ersten, unbezweifelbaren Wahrheit vom denkenden Ich ist nun die Aussage verknüpft, daß dieses Ich nur und ausschließlich im Denken besteht, da es ja aufgrund der zuvor durchgeführten Zweifelsprozedur nicht körperlich und anschaulich sein kann. Insofern verknüpft Descartes mit dieser Wahrheit die Aussage, daß das Ich ein denkendes Ding (*res cogitans*) oder eine denkende Substanz (*substantia cogitans*) ist. Unter dem Denken selber aber ist das bewußte Denken zu verstehen, d.h. alle meine geistigen Tätigkeiten, die von Bewußtsein begleitet sind. Ich mag zweifeln, erkennen, bejahen, verneinen, wollen, nicht wollen, mir etwas vorstellen oder empfinden, insofern ich dies bewußt-denkend tue, versichere ich mich meiner Existenz, gleichgültig wie es um die Inhalte meines Zweifelns, Erkennens, Vorstellens, Empfindens bestellt sein mag, die ja weiter dem Zweifel ausgesetzt bleiben.

Damit hat Descartes eine erste, und zwar eine einzige unumstößliche Wahrheit gewonnen: „Als denkendes Wesen bin ich.“ Er hat somit den archimedischen Punkt gefunden, den er braucht, um nunmehr hieraus weitere, bisher bezweifelte Wahrheiten, etwa die der Mathematik oder der Empirie (der Existenz der Außenwelt) oder auch metaphysische wie, daß Gott existiert, abzuleiten. Eine solche Ableitung aber erfordert eine Methode, deren Thematik im nächsten Kapitel zu erörtern ist. Die Grundwahrheit selbst jedoch ist noch vor aller methodisch operierenden Wissenschaft unmittelbar zugänglich durch das natürliche Licht der Vernunft, das jeder gesunde Menschenverstand besitzt. Daher kann Eudoxus in der ›Suche‹ behaupten: „All dies wurde formuliert und durchgeführt ohne Logik, ohne Regel, ohne förmlichen Beweis, allein durch das Licht der Vernunft und des gesunden Menschenverstandes, der überall, wo er allein tätig ist, Irrtümern weniger ausgesetzt ist.“ Es handelt sich bei dieser Vergewisserung des unumstößlichen Fundaments der Wahrheit also um eine Form der intuitiven Einsicht, die ihre unmittelbare Evidenz mit sich führt und keines weiteren Beweises bedarf und die Descartes daher in seiner Frühschrift auch terminologisch als *intuitus* bezeichnet hat. Das ist der Grund, warum Descartes als letztes Kriterium der Wahrheit sein berühmtes, so trivial klingendes Prinzip anführt: „Alles, was ich klar und deutlich einsehe, ist wahr" (*illud omne esse verum quod valde clare et distincte percipio*).

Mit dem Akt der intuitiven, auf dem natürlichen Licht beruhenden Erkenntnis ist nun aber kein Akt der empirischen Erkenntnis gemeint, sondern ein gewissermaßen metaphysisches Fundament, welches durch einen Akt des reinen Verstandes (*intellectus purus*) erfaßt wird. Dies ist deshalb möglich, weil es offensichtlich eingeborene Ideen gibt, d.h. Ideen, die aus mir selbst stammen und die mir einen solchen Akt des reinen Verstandes oder des reinen Denkens ermöglichen. Zu solchen eingeborenen Ideen zählt Descartes nämlich die Idee des Dings (*res*), des Denkens (*cogitatio*) und der Wahrheit (*veritas*).

Locke entwickelt gegen Ende des Jahrhunderts nun einen andersartigen Versuch, ein festes Fundament für die Wahrheit zu finden, im Gegensatz zu Descartes nun im Ausgang von empirischen Erkenntnisweisen. Sein ›Versuch über den menschlichen Verstand‹ beginnt mit einer scharfen Polemik gegen die Innatisten, d.h. die Verfechter von der Möglichkeit angeborener Ideen, weil für ihn vielmehr alle Erkenntnis, auch ihr letztes Fundament, auf Erfahrung gegründet sein muß und nicht auf irgendeine Form des reinen, d.h. erfahrungsfreien Denkens.

Für Locke besteht der Inhalt allen Denkens in den Ideen, mit denen sich der Geist beschäftigt, wobei hier „Idee" in einem sehr weiten, unspezifischen Sinn als Vorstellung, Begriff, Empfindung, Wahrnehmungsbild u.ä. verstanden werden kann. Da es für Locke keine angeborenen Ideen gibt und infolgedessen der Geist (*mind*) ursprünglich weißes, von allen Zeichen und Ideen freies Papier ist (*white paper, void of all characters, without any idea*), so müssen die Ideen von außen in den Geist hineingekommen sein, d.h. aus der Erfahrung (*experience*). Dies ist die empiristische Grundlage der Lockeschen Erkenntnistheorie. Nun weist die Erfahrung zwei Quellen auf, aus denen die Ideen als das Material unseres Denkens und unserer Erkenntnis stammen, die äußere Sinneswahrnehmung oder Sensation (*sensation*), d.h. die auf äußere Objekte gerichtete Erfahrung durch unsere fünf Sinne, und die innere Wahrnehmung oder Reflexion (*reflection*), d.h. die auf die inneren Tätigkeiten des Geistes gerichtete Erfahrung. Beide werden als innere und äußere Wahrnehmung auch unter den Oberbegriff der (bewußten) „Wahrnehmung" (*perception*) oder Beobachtung (*observation*) subsumiert und liefern uns die einfachen Ideen, die aber vom Geist weiter zu komplexen Ideen verarbeitet werden können.

Zu den einfachen Ideen zählen auf der Seite der Sinneswahrnehmung die als Eindrücke der einzelnen (fünf) Sinne aufzufassenden (sekundären) Qualitäten (z. B. gelb, laut, heiß etc.) oder die mehreren Sinnen gemeinsam zuzuordnenden (primären) Qualitäten (z. B. Raum bzw. Ausdehnung, Gestalt, Ruhe, Bewegung etc.). Auf der Seite der inneren Wahrnehmung oder Reflexion zählen zu ihnen die geistigen Tätigkeiten Wahrnehmen, Denken, Wollen (*perception, thinking, volition or willing*). Offensichtlich besitzen die Ideen der Sensation Priorität gegenüber den Ideen der Reflexion; denn der Geist kann erst dann denken oder sein Denken betrachten, wenn er Material zum Denken hat. Dies kann er aber nur auf dem Wege über die Sensation zuvor erhalten haben. Außerdem gibt es schließlich noch Ideen, die auf beiden Fähigkeiten, Sensation und Reflexion, beruhen. Locke zählt dazu die Ideen von Freude und Schmerz, oder die des Daseins oder der Einheit.

Diese einfachen Ideen, die der Geist rein passiv erhält, verarbeitet er nun aktiv weiter zu komplexen Ideen, und zwar durch Operationen wie Unterscheiden, Vergleichen, Zusammensetzen, Benennen, Abstrahieren. Einfache Ideen rühren also von den Dingen selbst her, die komplexen beruhen auf der Tätigkeit des Geistes. Locke führt drei Typen von komplexen Ideen an: von Substanzen (als selbständig bestehenden Einzeldingen), von Modi (als nicht für sich selbst bestehenden Eigenschaften von Substanzen) und von Relationen (als Vergleichung einer Idee mit einer anderen).

Auf dieser psychologisch-empiristischen Basis entwickelt Locke nun seine Auffassungen von Wissen oder Erkennen (*knowledge*). Erkenntnis ist nichts anderes als die Feststellung oder „Wahrnehmung der Verbindung und Übereinstimmung oder umgekehrt der Nichtübereinstimmung und der Unvereinbarkeit zwischen irgendwelchen von unseren Ideen“ (*the perception of the connexion of and agreement, or disagreement and repugnancy of any of our ideas*). Diese Wahrnehmung kann auf viererlei Weise erfolgen, als Feststellung (1) der Gleichheit oder Verschiedenheit bzw. Identität oder Nichtidentität zweier Ideen („blau ist nicht gelb“); (2) dieser oder jener Beziehung zwischen zwei Ideen („zwei Dreiecke mit gleicher Basis zwischen zwei Parallelen sind gleich“); (3) der Koexistenz oder der notwendigen Verbindung zweier Ideen in demselben Gegenstand („Eisen ist magnetischen Einwirkungen zugänglich“); (4) der realen Existenz („Gott ist“).[54]

Wie läßt sich nun für Locke das im Sinne dieser vier Erkenntnisarten gewonnene Wissen begründen bzw. wodurch läßt sich die Sicherheit des Wissens gewährleisten? In bezug auf diese Frage unterscheidet Locke drei Gewißheitsgrade (*degrees of evidence*), die er als intuitive, demonstrative und sensitive Erkenntnis bezeichnet (*intuitive, demonstrative, sensitive knowledge* bzw. *intuition, reasoning, sensation*). Die ersten beiden Gewißheitsgrade, die intuitive und demonstrative Erkenntnis, entsprechen ganz der Cartesischen Differenzierung von intuitiver und deduktiver Erkenntnis.[55]

„Beobachten wir unser eigenes Verhalten beim Denken, so werden wir feststellen, daß der Geist zuweilen die Übereinstimmung oder Nicht-Übereinstimmung zweier Ideen *unmittelbar durch sie selbst* wahrnimmt, ohne Vermittlung einer dritten. Wir können dies – so denke ich – als intuitive Erkenntnis bezeichnen. Hierbei braucht sich nämlich der Geist nicht die Mühe zu machen, einen Beweis zu führen oder eine Prüfung vorzunehmen; er nimmt die Wahrheit vielmehr auf wie das Auge das Licht, einfach, indem er sich ihr zuwendet. Auf diese Weise nimmt der Geist wahr, daß *weiß* nicht *schwarz* ist, daß ein *Kreis* kein *Dreieck*, daß *drei* mehr als *zwei* und gleich *eins plus zwei* ist." Bei dieser intuitiven Erkenntnis handelt es sich um den sichersten oder höchsten Grad der Erkenntnis, dessen wir fähig sind, und „von dieser Intuition hängt die Sicherheit und Evidenz unserer gesamten Erkenntnis ab" (*it is on this intuition that depends all the certainty and evidence of all our knowledge*).[56]

Dem steht als zweiter Grad die demonstrative Erkenntnis gegenüber: „Wo der Geist seine Ideen nicht in solcher Weise zusammenstellen kann, daß er durch unmittelbares Vergleichen und gewissermaßen durch ein Nebeneinanderstellen und Beziehen aufeinander ihre Übereinstimmung oder Nichtübereinstimmung erkennen kann, ist er gezwungen, *durch Vermittlung anderer Ideen* (einer oder mehrerer, wie es sich ergibt) die gesuchte Übereinstimmung oder Nichtübereinstimmung zu entdecken. Dieses Verfahren nennen wir *schlußfolgern* (*reasoning*). Nehmen wir an, der Geist will wissen, ob die drei Winkel eines Dreiecks mit zwei rechten an Größe übereinstimmen oder nicht. Das kann er nicht unmittelbar erkennen, indem er sie einfach vergleicht, denn er kann ja nicht ohne weiteres die drei Winkel eines Dreiecks mit einem oder zwei beliebigen anderen Winkeln zusammenbringen. Folglich besitzt der Geist hierüber keine unmittelbare, intuitive Erkenntnis. In diesem Fall muß der Geist andere Winkel ermitteln, denen die drei Winkel seines Dreiecks gleich sind. Wenn er dann jene gleich zwei rechten findet, so weiß er, daß auch diese gleich zwei rechten sind."[57]

Nun verbleibt die Überprüfung des Wissens in diesem Sinne weitgehend im Bereich der Ideen, d.h., der Geist beschäftigt sich mit dem in ihm vorhandenen Ideenmaterial, ohne noch die Frage nach der Realität dieser Ideen anzuschneiden. Diese Frage ist für die meisten komplexen Ideen – abgesehen von den Ideen für Substanzen –, die der menschliche Geist selbst bildet (wie z.B. die mathematische Idee des Dreiecks), allerdings irrelevant, insofern es hier nicht darum geht, die Idee im Geist mit einem

Urbild oder Archetypus – wie sich Locke ausdrückt – in der Wirklichkeit zu vergleichen. Denn für die zu den komplexen Ideen zählende mathematische Idee des Dreiecks gibt es gar kein Original oder keinen Archetypus in der Wirklichkeit. Von Bedeutung wird dies Problem aber bei den einfachen Ideen der Sinne und bei den komplexen Ideen der Substanzen, wenn wir uns fragen, ob die durch unsere Sinne empfangenen Ideen einer Farbe oder eines Tons auf wirklich existierende Einzeldinge in der Außenwelt zurückgehen, oder wenn wir uns fragen, ob die aus bestimmten einfachen Ideen zusammengesetzte komplexe Idee der Substanz tatsächlich mit dieser Struktur in der Wirklichkeit vorkommt. Es handelt sich hier vor allem um die vierte Art der oben genannten Arten des Wissens oder von Typen der Erkenntnis, bei denen es nicht mehr um die Feststellung geht, ob die Ideen untereinander übereinstimmen oder nicht, sondern darum, ob sie mit einem Außending oder Original (Archetyp) in der Wirklichkeit, von dem sie ja letzten Endes nach dem Lockeschen Erkenntnismodell abstammen sollen, übereinstimmen. Für diese Überprüfung der Übereinstimmung von Idee und Wirklichkeit setzt nun Locke den dritten Grad der Erkenntnis (im Hinblick auf deren Gewißheit) an, die sensitive Erkenntnis oder schlicht die Sinneswahrnehmung (*sensation*).

Da es sich bei der als *sensation* oder *sensitive knowledge* bezeichneten Erkenntnis um den dritten und damit schwächsten Wissensgrad handelt, scheint grundsätzlich das Wissen über die Existenz eines Dings, die auf dem Vergleich meiner Idee mit der Realität beruht, weniger gewiß zu sein als etwa mathematische Erkenntnisse, die ganz im Bereich der Ideen verbleiben, weil es von ihnen gar keine Archetypen in der Wirklichkeit gibt. Denn für diese wurde ja gerade der höhere intuitive und demonstrative Wissensgrad in Anspruch genommen. Obwohl für Locke unser Wissen letzten Endes aus der Erfahrung stammt, würden dann die eigentlichen Existenzaussagen über die Wirklichkeit nur den schwächsten Gewißheitsgrad besitzen. Nun gibt es hier allerdings eine entscheidende Ausnahme: Auch im Hinblick auf Existenzaussagen kann die intuitive und demonstrative Erkenntnis in Anspruch genommen werden, jedoch nur in bezug auf zwei Gegenstände, die Existenz meiner selbst und die Existenz Gottes. Dies ist nun ganz Cartesisch, auch in bezug auf die Hierarchie des Gewißheitsgrads: Meiner Existenz versichere ich mich durch Intuition, der Gottes durch Demonstration. So heißt es im 4. Buch zu dieser Thematik: „Was unsere eigene Existenz betrifft, so nehmen wir sie so deutlich und gewiß wahr, daß sie eines Beweises weder bedarf noch fähig ist. Denn nichts kann uns mehr einleuchten als unsere eigene Existenz. Ich denke, ich schließe, ich empfinde Freude und Schmerz: Kann etwas von diesem für mich evidenter sein als meine eigene Existenz? Wenn ich an allen anderen Dingen zweifele, so läßt mich eben dieser Zweifel meine eigene Existenz wahrnehmen und gestattet mir nicht, an dieser zu zweifeln. Denn wenn ich weiß, daß ich Schmerz empfinde, so ist es evident, daß ich eine ebenso gewisse Wahrnehmung (*perception*) meiner eigenen Existenz habe wie von der Existenz des Schmerzes, den ich fühle. Oder wenn ich weiß, daß ich zweifele, so habe ich eine ebenso gewisse Wahrnehmung des zweifelnden Dings wie des Gedankens, den ich Zweifel nenne. So überzeugt uns also die Erfahrung (*experience*), daß wir von unserer eigenen Existenz eine intuitive Erkenntnis besitzen, eine unfehlbare innere Wahrnehmung, daß wir sind. In jedem Akt der Sinneswahrnehmung (*sensation*), des Schließens (*reasoning*) oder Denkens sind wir uns unseres eigenen Daseins bewußt; und wir bleiben in diesem Punkt nicht hinter dem höchsten Grad der Gewißheit zurück."[58]

Damit haben wir bei Locke dieselbe Hierarchie bzw. Stufung des Gewißheitsgrads des Wissens wie bei Descartes. Auch bei Descartes ist die erste fundamentale Existenzaussage die meines eigenen denkenden Ichs; sie allein wird intuitiv gewonnen. Die Existenz Gottes wird dann nicht mehr intuitiv, sondern demonstrativ oder deduktiv, d.h. mittels eines Beweises erfaßt. Sie besitzt insofern einen nicht mehr nur durch Intuition gewonnenen, niedrigeren Gewißheitsgrad. Und schließlich räumt auch Descartes die Existenz der zunächst bezweifelten Außenwelt wieder ein, mit einem noch niedrigeren, abgeleiteten Gewißheitsgrad. Allerdings ist bei Locke – und darin liegt der empiristische Unterschied – das intuitive Wissen um meine eigene Existenz ein Akt oder Vorgang der Erfahrung und nicht die sozusagen vor aller Erfahrung liegende Selbstvergewisserung des reinen, bewußten Intellekts (*intellectus purus*) wie bei Descartes. Nicht das logisch-metaphysische Argument Descartes' über die Nicht-Selbstaufhebbarkeit des Zweifels ist Grundlage der intuitiven Gewißheit, sondern ein empirisch-intuitiver Selbstwahrnehmungsakt.

Blicken wir zurück auf die Rolle, die das natürliche Licht der Vernunft im intellektuellen Leben unseres Zeitalters spielt, so wird deutlich, daß sich mit diesem Leitbegriff kritische wie konstruktive Funktionen verbinden. Einerseits führt die Kritik am Bestehenden und Überkommenen vor allem zur Infragestellung wissenschaftlicher, philosophischer und religiöser Traditionen. Sie werden nicht mehr fraglos anerkannt, sondern einer kritischen Kontrolle durch die autonome Vernunft unterzogen, die jeder als natürliches Licht in sich hat. Zugleich aber wird die autonome, freie, durch keine Rücksichtnahmen mehr gefesselte Vernunft zur Begründung der letzten Sinn- und Seinsfragen herangezogen, was sich in den Versuchen einer Letztbegründung und Grundlegung des wissenschaftlichen Denkens dokumentiert. Auch wenn diese Tendenzen im vorangehenden Zeitalter der Renaissance beginnen und sich im folgenden Zeitalter der

Aufklärung weiter fortsetzen, so ist es doch charakteristisch, daß die ersten Neukonstruktionen philosophischer und wissenschaftlicher Systeme, die sich ausschließlich von der autonomen Vernunft leiten lassen, in das 17. Jahrhundert fallen. Nun ist bei diesen Neuansätzen zwar das natürliche Licht der Vernunft die Leitidee, der jeder wissenschaftliche oder philosophische Neuentwurf zu folgen hat, für die Durchführung des Entwurfs oder die Ausarbeitung des Systems aber bedarf es der Regulierung und Leitung der Vernunft. „Denn“ – so drückt sich Descartes aus – „es reicht nicht aus, einen gesunden Geist zu haben, sondern die Hauptsache ist, ihn richtig zu gebrauchen.“[59] Der richtige Gebrauch der Vernunft, die richtige Leitung unseres gesunden Menschenverstandes ist damit das Thema, das sich unmittelbar aus dem Rekurs auf das Licht der Vernunft ergibt. Neben die Jurisdiktion der Vernunft als solcher, von Bedeutung bei der Letztbegründung und Fundamentierung eines Systems, muß die Reflexion über die Methode des richtigen Vernunftgebrauchs treten, die zeigt, wie wir von den ersten Grundwahrheiten zu einem System daraus abgeleiteter Wahrheiten gelangen können. Damit stehen wir vor dem zweiten großen, beherrschenden Thema des 17. Jahrhunderts, der Frage nach der richtigen Methode und Wissenschaft.

2. Methode und Universalwissenschaft

Aus der zentralen Rolle, welche die autonome Vernunft für das Weltbild des 17. Jahrhunderts spielt und die sich darin äußert, daß sie als letzte Instanz in Zweifelsfragen gilt, ergibt sich unmittelbar die herausragende Bedeutung, aber auch die besondere Perspektive, welche die Frage nach der richtigen Methode und Wissenschaft in unserem Zeitalter erhält. Gibt es nämlich nur ein Licht der Vernunft, das allen gleichermaßen zur Verfügung steht, so ist – fragt man nach der Methode des richtigen Vernunftgebrauchs – im Prinzip auch nur ein methodisches Verfahren zu erwarten. Alle methodischen Regeln, alle Verfahrensgrundsätze müssen sich auf die eine Vernunft richten, es darf im Prinzip nur einen vernunftbezogenen Regelkanon geben.

Der erste grundlegende Aspekt der Methodendiskussion ist daher der prinzipielle Methodenmonismus, der im 17. Jahrhundert postuliert wird. Hat schon im vorausgegangenen 16. Jahrhundert der französische Calvinist Petrus Ramus (Pierre de la Ramée, 1515–1572) in seinen methodischen Schriften betont, daß es nur eine einzige Methode für die zu lehrenden Disziplinen gibt und dies in einer kleinen Schrift aus dem Jahre 1557 auch im Titel zum Ausdruck gebracht – ›Quod sit unica doctrinae instituendae methodus‹ –, so wird diese Tendenz im 17. Jahrhundert dominant. Die erwähnten Cartesischen methodischen Schriften machen bereits in ihrem Titel deutlich, daß es hier um allgemeine Regeln für den Vernunftgebrauch überhaupt geht, um die Festlegung von methodischen Regeln und Prinzipien, die für die Vernunft allgemein, unabhängig von dem Gegenstands- oder Wissensbereich, auf den sie angewandt wird, gelten sollen. Es sollen Regeln zur Leitung der Geistes- oder Erkenntniskraft, des Ingeniums, sein bzw. Regeln, die für die Leitung der Vernunft bei ihrer Suche nach der Wahrheit in den Wissenschaften generell gelten. Diese nicht von der Vielheit der Wissenschaften, sondern von der Einheit des vernunftgeleiteten Wissens bestimmte einheitliche Methode kulminiert in der Vorstellung von einer Universalwissenschaft, d. h. von einer allgemeinen, in allen Disziplinen anzuwendenden einheitlichen Wissenschaftsmethode, für die im 17. Jahrhundert Bezeichnungen wie *mathesis universalis, sapientia universalis, scientia universalis, scientia generalis* gebräuchlich werden. Man könnte in moderner Terminologie sagen, daß die so verstandene Methode eine Art Wissenschaftstheorie, d. h. Theorie für vernunftgeleitetes, methodisches Vorgehen in jeder Wissenschaft darstellt.

Mit dem einheitlichen Regelkanon der Methode ist der Gedanke eines methodisch geordneten Aufbaus aller Wissenschaften verknüpft, d.h. des systematisch-methodischen Zusammenhangs aller Wissenschaften. Eine enzyklopädische Ansammlung des Wissens, aber in methodisch geordneter Form, wird nunmehr angestrebt, weil überall, in allen Disziplinen dieselbe, auf denselben methodischen Prinzipien beruhende Vernunft tätig ist, die das Wissen zu einem einheitlichen Wissensverbund zusammenzufügen in der Lage ist. Beleg für dieses Denken ist die berühmte ›Enzyklopädie‹ des calvinistischen Herborner Philosophie- und Theologieprofessors Johann Heinrich Alsted (1588–1638) aus dem Jahre 1630.[1] In sieben Bänden werden folgende Themenbereiche behandelt, jeweils unterteilt und in ihren zentralen Begriffen definitorisch bestimmt sowie in ihren Fragestellungen erörtert: 1. die methodischen, erkenntnistheoretischen bzw. -psychologischen, pädagogischen Grundlagen, die sogenannten *praecognita disciplinarum*; 2. die philologischen Wissenschaften; 3. und 4. die theoretische und praktische Philosophie; 5. die Theologie, Jurisprudenz und Medizin; 6. die mechanischen Künste, vom Ackerbau bis zur Kriegstechnik; 7. die vermischten Disziplinen, die von den historischen Wissenschaften bis zu Kuriositäten wie Tabakskunde reichen. Und ganz charakteristisch stellt Alsted seinem Werk folgende, den methodologischen und enzyklopädischen Aspekt verbindende Definition von „Enzyklopädie" voran: „Enzyklopädie ist die methodische Zusammenfassung aller in diesem Leben für den Menschen zu lernenden Dinge" (*methodica comprehensio rerum omnium in hac vita homini discendarum*).[2] Dieselbe enzyklopädische Idee kommt auch in den panpädagogischen Bemühungen des tschechischen Pädagogen und Schülers von Alsted, Johann Amos Comenius (1592–1650), zur Geltung und in seiner Vorstellung einer *Pansophia*, die eine methodische geregelte Form des Erlernens aller Wissenschaften an die Hand geben sollte.[3] Aber dieser Geist der methodisch geregelten, enzyklopädischen Wissensüberschau verschafft sich auch Ausdruck bei anderen Philosophen. Bacon nimmt in dem 1623 erschienenen und als erster Teil seiner ›Großen Erneuerung‹ konzipierten Werk ›Über den Wert und die Vermehrung der Wisssenschaften‹ (De dignitate et augmentis scientiarum)[4] eine Einteilung des gesamten menschlichen Wissens (*partitio universalis doctrinae humanae*) gemäß den drei Geistesfähigkeiten Gedächtnis, Phantasie und Vernunft in die historischen, poetischen und philosophischen Disziplinen (wozu auch die Theologie gehört) vor.[5] Hobbes unterteilt im 9. Kapitel des ›Leviathan‹ das gesamte Gebiet der Wissenschaft oder Philosophie (als das dem Tatsachenwissen gegenübergestellte Wissen von den Folgen) gemäß seiner materialistischen Position, nach der Wissenschaft es ausschließlich mit Körpern zu tun hat, in die Naturphilosophie oder Wissenschaft von den natürlichen Körpern und in die Staatsphilosophie oder Wissenschaft von den politischen Körpern, wobei unter der Naturphilosophie das gesamte Spektrum der übrigen Wissenschaften von der Metaphysik und Mathematik bis hin zur Dichtkunst erscheint.[6] Seinen Kulminationspunkt erreicht die methodisch gelenkte enzyklopädische Ordnung der Wissenschaften dann bei Leibniz, dessen Begriffe *scientia generalis* als Methode und *encyclopaedia demonstrativa* als logisch geordnetes Wissenssystem auf den systematischen Zusammenhang und Aufbau des Wissens hinweisen, den dieses infolge seiner logischen Struktur und seiner einheitlichen methodologischen Zugänglichkeit besitzt. Der gesamte Wissensbestand, die Gesamtheit der Wissenschaften wird dabei als ein unter methodisch-rationalen Gesichtspunkten kontinuierliches Wissensganzes verstanden, das denselben wissenschaftstheoretischen Regeln unterliegt, so daß Leibniz formulieren kann: „Es ist von keinem großen Interesse, wie man die Wissenschaften einteilt; sie sind nämlich ein kontinuierlicher Körper wie der Ozean."[7]

Mit diesen Bemühungen um die einheitliche Methode und eine geordnete, enzyklopädische Darstellung des gesamten Wissensspektrums gehen einher die Bestrebungen um eine allgemeine philosophisch orientierte Universalsprache, die in der Lage sein soll, die wahren Definitionen der in den Wissenschaften verwendeten Begriffe anzugeben und so zu einer Grundlage für das wissenschaftliche Denken zu gelangen. Universalsprachliche Ansätze im 17. Jahrhundert haben teilweise auch das eher kuriose Ziel, eine für alle unmittelbar verständliche Ursprache oder Natursprache (so z.B. Jakob Böhme) zu entwickeln, die auch auf Adam zurückgeführt und dann als Adamische Sprache (*lingua Adamica*) bezeichnet wird. Die bedeutenderen Versuche verbinden damit aber das Ziel einer grundlegenden Besinnung auf die sprachlich-begrifflichen Elemente des Denkens. So versuchen z.B. die Engländer George Dalgarno und J. Wilkins in ihren 1661 und 1668 erschienenen Büchern,[8] eine auf einer universellen oder realen Zeichenschrift (*character universalis, real character*) beruhende philosophische Sprache zu entwickeln, in der die für die Dinge benutzten Begriffe in eine systematisch-philosophische Ordnung gebracht und definiert werden. Diese Gedanken hat Leibniz aufgegriffen, um grundsätzliche sprachlich-logische Untersuchungen zur Konstituierung einer wahren und allgemeinverbindlichen philosophischen Universalsprache und rationalen Grammatik anzustellen.

Wie stellt man sich nun im 17. Jahrhundert die Realisierung dieses Postulats einer einheitlichen Methode vor? Insofern die Methode den Gebrauch der Vernunft als der letzten Begründungs- bzw. Rechtfertigungsinstanz regeln soll, muß sie vor allem Gewißheit bieten, d.h., sie muß die Sicherheit der methodisch gewonnenen Ergebnisse gewährleisten. Hier erhalten nun die als besonders gewiß geltenden mathematischen Disziplinen eine besondere Bedeutung. Aufgrund der Sicherheit ihrer Ergebnisse erscheint das methodische Vorgehen der Mathematik als vorbildhaft.

Im 16. Jahrhundert hatte die an den ›Elementen‹ des Euklid orientierte geometrische Beweismethode gegenüber den bis dahin herrschenden, eher auf die ›Zweiten Analytiken‹ von Aristoteles zurückgehenden Beweismethoden an Bedeutung gewonnen, nachdem 1533 der Kommentar des spätantiken neuplatonischen Philosophen Proklos zum 1. Buch der ›Elemente‹ erstmals im Druck erschienen war. Die daraufhin einsetzende verstärkte Bezugnahme auf Euklid dokumentierte sich in einer Reihe von Neuausgaben der ›Elemente‹, u.a. von Christoph Clavius in mehreren Auflagen ab 1574 und in der Berufung auf das *mos geometricus* oder *ordo geometricus* genannte deduktiv-axiomatische Beweisverfahren Euklids. Die schnelle Entwicklung, die die Mathematik dann im 17. Jahrhundert nahm, unterstützte diese Bewegung, insbesondere weil – wie sonst in keinem anderen Zeitalter – viele der großen Philosophen kenntnisreiche (so z.B. Hobbes, Malebranche) oder sogar geniale Mathematiker (z.B. Descartes, Pascal, Leibniz) waren.

Diese Orientierung der wissenschaftlichen Methode an der Mathematik zeigt sich in den Bemühungen vieler Philosophen, die Darstellung ihres Systems in eine mathematische, axiomatisch-deduktive Form zu bringen. Auf die Aufforderung von Freunden hin entschließt sich Descartes im Anhang zu den Erwiderungen auf die zweiten Einwände zu seinen ›Meditationen‹, diesen eine axiomatische Darstellungsweise zu verleihen, und zwar unter dem bezeichnenden Titel ›Auf geometrische Weise dargestellte Gründe, die die Existenz Gottes und die Verschiedenheit von Seele und Körper beweisen‹ (Rationes Dei existentiam et animae a corpore distinctionem probantes more geometrico dispositae).[9] Spinoza versucht 1663 die beiden ersten Teile der 1644 erschienenen ›Prinzipien der Philosophie‹ von Descartes der axiomatisch-mathematischen Form gemäß darzustellen unter dem Titel ›Teil I und II der Prinzipien der Philosophie von René Descartes, nach geometrischer Methode dargestellt‹ (Renati Des Cartes Principiorum Philosophiae pars I, et II More Geometrico demonstratae).[10] Und auch seine Hauptschrift hat im Titel den Hinweis auf die mathematische Methode: ›Ethik, nach geometrischer Methode dargestellt‹ (Ethica ordine geometrico demonstrata).[11] Alle diese Werke gehen wie die ›Elemente‹ des Euklid von Definitionen und Axiomen, gegebenenfalls auch Postulaten aus und beweisen daraus ihre Theoreme oder Lehrsätze.

Der Vorbildcharakter der Mathematik für die rationale Wissenschaftsmethode wird noch unterstützt durch den wissenschaftlichen Aufbruch, der sich mit der neuen Entwicklung der Naturwissenschaften, speziell der Mechanik vollzieht. Die Mechanik ist gewissermaßen die Modellwissenschaft, die der gesamten neuen Richtung des naturwissenschaftlichen Denkens den Namen gibt. Als Mechanisten (*mechanici*) oder mechanistische Philosophen (*philosophici mechanici*) werden die modernen Wissenschaftler und Philosophen bezeichnet, die sich der neuen, in der Mechanik verwendeten rein quantitativen Methode und Betrachtungsweise anschließen. Dabei richtet sich die in der Mechanik praktizierte Denkweise vor allem gegen die mystischen und animistischen Naturvorstellungen, die im 17. Jahrhundert noch vielfach verbreitet sind, und postuliert statt dessen eine strikt quantitative Denkweise, die alle Naturphänomene durch Größe, Figur und Bewegung (also durch quantitative Bestimmungen) zu beschreiben versucht.

Die Mathematisierung oder Geometrisierung der Natur, die sich in dieser Denkweise artikuliert und die wir in den nächsten beiden Kapiteln im Rahmen der Deutungen der anorganischen und organischen Natur im einzelnen besprechen werden, wird bei der Mehrzahl der bedeutenden Naturforscher und Philosophen explizit zum Ausdruck gebracht. Nach dem berühmten Wort von Galilei aus seiner 1623 veröffentlichten Schrift ›Der Goldprüfer‹ (Il Saggiatore) ist die Philosophie, die im Buch des Universums geschrieben steht, in mathematischer Sprache geschrieben, deren Zeichen Dreiecke, Kreise und andere geometrische Figuren sind.[12] Nachdem Plutarch über Platon das Wort vom geometrisierenden Gott geprägt hatte, wird dies von Kepler wiederaufgegriffen, dessen Werke durchweg in Gott den nach mathematischen Gesetzen tätigen Baumeister erkennen lassen. Und für Erhard Weigel, den Jenaer Mathematikprofessor und Lehrer von Leibniz, ist das Sein im Sinne Platons die geometrische Spur der Gedanken Gottes.[13] Schließlich prägt Leibniz das Wort: „Wenn Gott rechnet und seinen Gedanken ausführt, entsteht die Welt“ (*Cum Deus calculat et cogitationem exercet fit mundus*).[14]

Diese quantitative, mechanistische Denkweise führt nun auch dazu, daß eine unbefangenere, von religiösen und mystischen Vorstellungen freie Untersuchung der Natur Oberhand gewinnt. Mit der unbefangenen Beobachtung der Natur, der Sammlung und dem Vergleichen von Daten gewinnen empirische Untersuchungsmethoden an Boden und führen zu einer Neubesinnung über die Regeln und Erfordernisse empirischer Verfahren.

Wir lassen im folgenden wieder exemplarisch wichtige Vertreter für die neue methodische Reflexion zu Wort kommen. Dabei gehen wir zunächst auf die sich aus der naturwissenschaftlichen Revolution ergebenden oder von ihr geförderten methodischen Verfahren ein, d. h. einerseits auf die an der Praxis orientierte empirisch-induktive Methode, andererseits auf die für die theoretische Naturbeschreibung wichtige mathematische Methode, um daran die Überlegungen anzuschließen, die diese methodischen Vorstellungen mit einem Methodenmonismus verbinden und zu einer Universalwissenschaft oder universellen Wissenschaftsmethode und zu einer Enzyklopädie des Wissens ausbauen.

Die induktive Methode

Mit der schnellen Entwicklung der Naturwissenschaften seit der Renaissance ging einher ein neues Naturverständnis, das in einer veränderten Befragung der Natur zum Ausdruck kam. Nicht mehr die in der Scholastik üblich gewordene Annahme von geheimen Kräften, okkulten Qualitäten oder substantiellen Formen auch in der unbelebten Natur, die man durch begrifflich-theoretische Überlegungen in das System der Schulphilosophie einzupassen versuchte, war der leitende Gesichtspunkt der Naturbetrachtung, sondern die unvoreingenommene, theoretisch unbelastete, auf Erfahrungen gestützte Befragung der Natur. Insbesondere Bacon ist der Protagonist für eine vorurteilsfreie, experimentell unterstützte Art der Naturuntersuchung und Naturinterpretation gewesen.

Die von Bacon propagierte empirische Methode der Wissensgewinnung hat zwei Stoßrichtungen. Sie richtet sich zum einen gegen die auch im 17. Jahrhundert noch verbreitete magisch-animistische Annahme von verborgenen in den Körpern wirkenden Kräften, die in anthropomorpher Analogie zur menschlichen Seele verstanden werden, z. B. die in einem Magneten wirkende Kraft. Zum anderen wendet sie sich gegen übereilte Verallgemeinerungen, die zustande kommen, wenn man vorschnell Erfahrungsphänomene unter theoretisch vorausgesetzte Prinzipien subsumiert, und gegen die aus solchen vorschnellen Verallgemeinerungen auf deduktive Weise gewonnenen Schlüsse. Das sind für Bacon die Gründe, warum die Naturbetrachtung seit Jahrhunderten fruchtlos geblieben ist und keine Fortschritte erzielt hat.

Demgegenüber betont Bacon im 2. Buch des ›Neuen Organon‹: „Aufgabe und Ziel der Wissenschaft ist es, die Form einer gegebenen Natur" (*forma naturae datae*) – d. h. einer natürlichen an Körpern auftretenden Eigenschaft –, „nämlich ihr wesentliches Unterscheidungsmerkmal (*differentia*) bzw. ihr Wirkungsprinzip (*natura naturans*) bzw. die Quelle ihrer Entstehung (*fons emanationis*) ... zu entdecken".[15] Dabei muß man von den einzelnen Körpern ausgehen; denn in der Natur existieren nur einzelne Körper und ihre gesetzmäßigen Wirksamkeiten. Bacon grenzt sich somit sowohl von einem Nominalismus ab, der nur das einzelne Individuum gelten läßt, wie auch von einem Platonismus, der außerhalb der Körper existierende Formen oder Ideen annimmt. Obwohl er den aristotelischen Terminus „formale Ursache" für „Form" benutzt, widerspricht er zugleich der aristotelisch-scholastischen Theorie, nach der substantielle Formen in den Körpern als Wirkungskräfte vorhanden sind. Vielmehr bedeutet die Suche nach der Form die Suche nach den Gesetzen, die die spezifische Wirksamkeit der Körper hervorbringen. Und dies läßt sich nur dadurch leisten, daß man bei den Bewegungen und Entstehungen natürlicher Körper deren verborgene Prozesse entdeckt, die von der wirkenden Materie zu der für sie jeweils spezifischen Form führt.[16] Kennen wir in diesem Sinne die Formen der körperlichen Eigenschaften von Naturphänomenen, so können wir diese auch selbst hervorbringen, d.h. unter Anwendung des erkannten formalen Gesetzes aktiv erzeugen. Diese für die Baconsche Naturbetrachtung typische Verbindung von Theorie und Praxis, d.h. von theoretischer Interpretation der Naturphänomene und praktischer Bestätigung oder Erweiterung durch aktives Hervorbringen von bekannten oder bisher unbekannten Naturphänomenen, läßt Bacons Interesse deutlich werden: durch die theoretische Erkenntnis zugleich die faktische Beherrschung der Natur zu erreichen, im Sinne des Baconschen Diktums „Wissen ist Macht".

Wie gelangt nun der Wissenschaftler zu seinem Ziel, der Bestimmung der gesetzlichen Form eines natürlichen Dings oder Phänomens? Bacon faßt die Methode, die zu diesem Ziel führt, als eine Art Logik auf, aber er setzt sie scharf von dem auf die Formen der syllogistischen Beweisführung erstarrten Verfahren der Schullogik ab. Die von Aristoteles begründete Syllogistik stellt ein logisches Verfahren dar, bei dem aus zwei vorausgesetzten allgemeinen Prämissen auf eine gewöhnlich speziellere, höchstens aber genauso allgemeine Aussage geschlossen wird. („Alle Menschen sind Lebewesen. Alle Griechen sind Menschen. Also sind alle Griechen Lebewesen.") Wendet man dieses rein deduktive Verfahren auf Naturphänomene an, so handelt es sich um das Auffinden von Argumenten, die eine Naturerscheinung aus vorausgesetzten Prinzipien ableitbar machen. Die Zulässigkeit einer solchen Deduktion ist jedoch abhängig von der Wahrheit der vorausgesetzten Prinzipien oder Prämissen, von der Adäquatheit der für die Begriffe gewählten Wörter und von der Richtigkeit der für die Begriffsbildung gemachten Abstraktionen. Die Gefahr, die hier vor allem auftritt, ist, daß man zu schnell vom Einzelnen zum Allgemeinen, zu allgemeinen Prinzipien aufsteigt, um es (das einzelne) daraus über Mittelbegriffe (im obigen Beispiel „Mensch") wieder abzuleiten und dadurch zu begründen, oder, daß man die allgemeinen Prinzipien, die der Deduktion zugrunde liegen, ungeprüft den einzelnen Wissenschaften entnommen hat.

Bacon hingegen geht es bei seiner wahren Logik um das Auffinden der Prinzipien selbst mittels eines Verfahrens, das vom Einzelnen erst allmählich zum Allgemeinsten, zum allgemeinen Prinzip gelangt über Zwischenschritte einer sukzessiven Generalisierung. Dieses Verfahren nennt Bacon Induktion, weil es die Erfahrung auflöst und zergliedert und durch Ausschließungen und Zurückweisungen zu den allgemeinen für die Einzelphänomene geltenden Gesetzen gelangt. Bacon bezeichnet eine solche Technik (*ars*) auch als Interpretation der Natur (*interpretatio naturae*). Bei dem hier vorgeschlagenen empirischen Verfahren der Induktion geht es darum, daß der Wissenschaftler bei der Untersuchung eines Naturphänomens Fallstudien zu betreiben hat. Er hat einerseits Beobachtungsdaten zu sammeln, andererseits aufgrund dieser Daten Theorieannahmen oder Hypothesenvermutungen zu treffen, um zu einer provisorischen Naturinterpretation zu gelangen. Aber alle diese Theorien, Hypothesen und Interpretationen stehen nicht fest, sondern müssen laufend an der Erfahrung durch Beobachtung neuer Fälle überprüft und gegebenenfalls abgeändert werden. Bei dieser ständigen Infragestellung der Ergebnisse wird nicht nur die Begriffsbildung des Geistes, sondern auch die Information durch die Sinne einer Kritik unterzogen. Beide können – wie sich schon aus Bacons Lehre von den *idola* ergibt – durch Trugbilder fehlgeleitet werden. Der Verstand kann sich in seiner Begrifflichkeit irreführen lassen, und unsere Sinne können uns täuschen. Unser Geist ist für Bacon eben nicht – wie später für Locke – eine *tabula rasa* oder eine Art Spiegel, der die Sinnesdaten entgegennimmt, sondern er muß erst zu einer *tabula abrasa*, d.h. zu einer von Trugbildern gereinigten Tafel gemacht werden. Dies aber soll die Methode der Induktion leisten.

Wie geht die Methode der Induktion nun vor sich, wie lassen sich die Formen, d.h. die den Naturphänomenen zugrundeliegenden Gesetzmäßigkeiten entdecken? Bei den Fallstudien, die der Wissenschaftler hierbei zu betreiben hat, müssen drei Typen von Fällen unterschieden werden.

1. Zunächst geht es um die positiven Instanzen, d.h. die positiven Fälle, in denen die zu untersuchende Eigenschaft in der Natur auftritt.[17] „Für eine gegebene Eigenschaft (*natura*) ist zunächst dem Verstand eine Übersicht aller bekannten Fälle vorzulegen, welche in der gleichen Eigenschaft übereinstimmen, auch wenn es sich um die unähnlichsten Stoffe oder Gegenstände handelt." Will man beispielsweise die Eigenschaft des Warmen untersuchen, so hat man zunächst die in der Natur vorkommenden oder von uns experimentell erfahrenen Fälle der Erzeugung von Wärme in einer Übersicht zusammenzustellen, wie z.B.: durch Sonnenstrahlen, durch Blitze, durch Vulkanausbrüche, durch Feuer, durch heiße natürliche Quellen, durch Reiben von Körpern etc.

2. Dann müssen die negativen Instanzen aufgeführt werden.[18] „Zweitens ist dem Verstand eine Übersicht der Fälle vorzulegen, in denen die betreffende Eigenschaft fehlt, da ja die Form (wie gesagt) da fehlen muß, wo die Eigenschaft nicht vorhanden ist, aber da sein muß, wo die Eigenschaft vorliegt." Diese Übersicht orientiert sich offensichtlich an der Liste der positiven Instanzen und versucht Gegenbeispiele für ähnliche Fälle zu finden. Demnach erzeugen Mondstrahlen im Gegensatz zu Sonnenstrahlen keine Wärme, ebenfalls erzeugt das Wetterleuchten keine Wärme. In den Fällen, wo negative Instanzen fehlen oder zu fehlen scheinen, wird dies angegeben. So heißt es z.B. in bezug auf die heißen Quellen: „Von

den heißen Quellen ist noch nicht genügend erforscht, bei welcher Lage und Bodenbeschaffenheit sie zu entspringen pflegen. Deshalb fehlt hier der negative Fall.“[19] Und in bezug auf den Fall der Reibung heißt es u.a., daß es kein negatives Gegenbeispiel zu geben scheint, es sei denn die aus dem Mund geblasene Luft, die eher kühlt; möglicherweise liegt das aber daran, daß die Bewegung nicht stark genug ist.

3. Schließlich müssen Gradunterscheidungen getroffen werden: „Drittens ist für den Verstand eine Übersicht der Fälle aufzustellen, in denen die zu untersuchende Eigenschaft in verschiedenen Graden auftritt“,[20] so z.B. die Erwärmung lebender Wesen durch Anstrengung oder Fieber oder die größere Hitze von glühendem Eisen gegenüber der Hitze einer Spiritusflamme.

Durch Induktion ist nun die Eigenschaft zu finden, die mit der in Frage stehenden Eigenschaft immer zugleich vorhanden ist oder zugleich fehlt (denn das ist die Baconsche Definition der Form) und mit ihr zu- oder abnimmt. Dies geschieht nun zunächst durch die Ausschließung der Eigenschaften, die trotz Vorliegens der zu untersuchenden Eigenschaft fehlen können. Solche negativen Fälle dienen dazu, sich vor vorschnellen Verallgemeinerungen zu hüten. Der zweite Schritt besteht darin, daß die nunmehr verbleibenden positiven Instanzen zu einer ersten provisorischen Interpretation des zu untersuchenden Phänomens zusammengefaßt werden, d.h., daß die Eigenschaften festgehalten werden, die immer vorhanden sein müssen, wenn das betreffende Phänomen auftritt, und nicht fehlen können. Als eine Verallgemeinerung dieser Art könnte die Bewegung gelten als die Form, in der die gesetzmäßige Wirksamkeit der natürlichen Eigenschaft der Wärme besteht. Es handelt sich hierbei um eine vorläufige Verallgemeinerung (daß bei einem bestimmten Grad von Bewegung ein bestimmter Grad von Wärme auftritt), die durch weitere Erfahrungen und empirische Kontrollen (z.B. anhand der ausgezeichneten Fälle, bei denen das Phänomen der Wärme besonders deutlich hervortritt) revidierbar bleibt.[21]

An diesem Verfahren der Induktion ist noch zu betonen, daß es sich nicht lediglich um eine auf Naturbeobachtung zurückgehende, rein passive Befragung der Natur handelt, sondern daß diese unterstützt wird durch eine rational-methodische Befragung der Natur durch aktiv veranstaltete Experimente. Durch die experimentelle Untersuchung der Natur macht sich der Mensch in gewisser Weise zum Beherrscher der Natur, weil so künstliche Effekte durch Benutzung natürlicher Gesetzmäßigkeiten hervorgerufen werden können. Damit aber kann der Mensch seine empirisch gewonnene Kenntnis über die Natur auch zum Nutzen für die Menschheit einsetzen.

Die mathematisch-deduktive Methode

Wenden wir uns nun dem zweiten durch den naturwissenschaftlichen Aufbruch der Zeit geförderten Aspekt, der Mathematik als Methode der Naturbeschreibung, zu, so ist als erster bedeutender Philosoph im 17. Jahrhundert, dessen methodologische Überlegungen ihren Ausgang von der Mathematik nehmen, wiederum Descartes zu nennen. In seiner methodologischen Frühschrift ›Regeln zur Leitung der Erkenntniskraft‹ sind die einzigen Wissenschaften, die das Postulat der sicheren, evidenten und unbezweifelbaren Wissenschaft erfüllen, Arithmetik und Geometrie. Dies liegt für ihn daran, daß sie sich mit einem so reinen und einfachen Gegenstand beschäftigen, daß nichts vorausgesetzt werden muß, das durch die Erfahrung unsicher gemacht werden könnte.[22] Ihre Beweisverfahren beruhen auf rationalen Deduktionen, in denen man allenfalls durch Unaufmerksamkeit fehlen kann. Und ihre einfachsten Aussagen sind uns sogar auf unbezweifelbare Weise durch Intuition zugänglich. Läßt man die im letzten Kapitel erörterte Frage der letzten metaphysischen Absicherung der Wahrheit durch die Selbstvergewisserung des denkenden Ich, ohne die auch die mathematischen Wahrheiten einem letzten metaphysischen oder hypertrophen Zweifel ausgesetzt wären, hier außer Betracht, so stellen die mathematischen Disziplinen das Vorbild für methodisch sicheres und unbezweifelbares Schließen dar. Deshalb kann Descartes die Forderung aufstellen, sich in Philosophie und Wissenschaft mit keinem Gegenstand zu befassen, über den man nicht die gleiche Gewißheit erlangen kann wie über die Gegenstände der Mathematik.[23]

Nun hat aber die in Arithmetik und Geometrie angewandte Methode für Descartes einen viel weiteren Anwendungsbereich als es scheint, oder – anders ausgedrückt – Arithmetik und Geometrie sind bloß Anwendungen einer allgemeineren Methode, die auch für andere Gegenstandsbereiche Gültigkeit hat, ja im Prinzip auf jeden beliebigen Gegenstand ausgedehnt werden muß. In dem autobiographischen Teil der 4. Regel berichtet Descartes, daß ihn seine Verwunderung über die Tatsache, daß in der Antike kein der Mathematik (*mathesis*) Unkundiger zur Philosophie zugelassen wurde, auf den Gedanken einer höheren Mathematik brachte, die in der Antike schon in nuce bekannt gewesen sein dürfte und die ihn annehmen ließ, es gebe eine wahre, über die Mathematik im engeren Sinne hinaus anwendbare Methode. Unter Rückgriff auf den ursprünglichen Sinn des griechischen Wortes „mathesis“, das „Erkenntnis“ oder „Lehre“ bedeutet, bezeichnet Descartes diese Methode als *mathesis universalis* oder *generalis*, also als allgemeine Erkenntnismethode, die ihre Gegenstände – welcher Art sie auch sein mögen – im Hinblick auf Ordnung oder Maß (*ordo vel mensura*) untersucht. „Indem ich“ – so berichtet Descartes –

„dies alles aufmerksamer betrachtete, wurde mir klar, daß nur all das, worin Ordnung und Maß untersucht wird, zur Mathesis gehört, gleichgültig, ob solch ein Maß in Zahlen oder Figuren oder Sternen oder Tönen oder auch einem beliebigen anderen Gegenstand zu suchen ist; und daß es daher eine allgemeine Wissenschaft (*scientia generalis*) geben müsse, die all das erklärt, was im Hinblick auf Ordnung und Maß vor aller Einschränkung auf einen speziellen Gegenstand untersucht werden kann, und daß diese Wissenschaft mit einem gar nicht weit hergeholten, sondern althergebrachten und gebräuchlichen Wort als Universalwissenschaft (*mathesis universalis*) bezeichnet wird, da in ihr alles enthalten ist, weswegen die anderen Wissenschaften auch Teile der Mathematik (*mathematica*) genannt werden."[24] Für Descartes sind die Prinzipien, auf denen diese allgemeine Wissenschaftsmethode beruht, eingeboren (*principia ingenita hujus methodi*), gleichsam „von der Natur dem menschlichen Geist eingesäte erste Samenkörner der Wahrheit",[25] und enthalten die ersten Anfangsgründe der menschlichen Vernunft (*prima rationis humanae rudimenta*).[26]

Mit dem Postulat einer allgemeinen Wissenschaftsmethode spricht Descartes hier das Programm einer Mathematisierung der Wissenschaften aus, das – wie wir gleich sehen werden – erst Leibniz später durchzuführen versucht, wenn auch nicht vollendet hat.

Auch später, so in seiner ›Abhandlung über die Methode‹ von 1637, behalten die mathematischen Disziplinen für Descartes diesen Modell- oder Vorbildcharakter für die wissenschaftliche Methode. Dies läßt sich schon daraus ersehen, daß Descartes eines der drei der ›Abhandlung‹ beigefügten Probestücke seiner Methode (*essais de cette méthode*) die ›Geometrie‹ ist, in der Descartes Ergebnisse seiner Untersuchungen zur analytischen Geometrie darstellt. Zwar kritisiert Descartes an den mathematischen Disziplinen ihren fehlenden oder geringen Nutzen, der auf die Abstraktheit ihrer Gegenstände zurückzuführen ist, speziell an der geometrischen Analyse der Antike ihre zu starke Gebundenheit an die Betrachtung von Figuren und an der modernen Algebra ihre zu starke Unterwerfung unter besondere Regeln und Zeichen, die den Geist verwirren. Aber diese Kritik zielt nicht auf das methodische Vorgehen als solches, das für Descartes jedenfalls effektiver ist als die in der Schullogik angewandten Verfahren der Syllogistik, die nur – wie Descartes abschätzig sagt – erklärt, was man schon weiß, und ebenfalls als die auf den mittelalterlichen katalanischen Philosophen Lullus (Ramón Llull) zurückgehende logische Kombinationskunst, die über das spricht, was man nicht weiß. Die wahre Methode nun soll für Descartes – so drückt er sich in der ›Abhandlung‹ aus – die Vorteile dieser drei Disziplinen (Logik, Geometrie und Algebra) verbinden, ohne jedoch ihre Mängel zu enthalten.[27] Die Prinzipien der von ihm propagierten Methode faßt er in den folgenden vier Grundregeln zusammen[28]:

1. Die erste Regel besagt: „niemals eine Sache als wahr anzunehmen, die ich nicht evidentermaßen als wahr erkenne, d. h. sorgfältig Übereilung und Voreingenommenheit zu vermeiden und nicht mehr in meinen Urteilen zu begreifen, als das, was sich so klar und so deutlich meinem Geist darstellt, daß ich keine Gelegenheit hätte, es in Zweifel zu ziehen". Diese Regel bezieht sich auf das, was Descartes in den ›Regeln‹ die auf dem Licht der Vernunft beruhende Erkenntnis durch Intuition nannte, die er dort in Regel 3 als das „deutliche Begreifen des reinen und aufmerksamen Geistes"[29] beschrieb und von der er in Regel 11 forderte, daß sie den entsprechenden Sachverhalt klar und deutlich und als Ganzes auf einmal und nicht sukzessiv erkennen müsse.[30] Gemäß dieser Regel ist die erste und sicherste aller Erkenntnisse „ich denke, also bin ich" (*ego cogito, ergo sum*).[31] Unter mathematischen Sätzen gehört hierher das in den ›Prinzipien der Philosophie‹ von 1644 erwähnte Axiom „Gleiches zu Gleichem addiert, ergibt Gleiches",[32] d. h. „Wenn $a = b$ und $c = d$, dann $a + c = b + d$".

2. Die zweite Regel lautet: „jedes Problem (*difficulté*) in so viele Teile (*parcelles*) zu teilen, wie es möglich und erforderlich ist, um es besser zu lösen". Es handelt sich hier um die analytische Regel, ein Problem, eine Schwierigkeit, einen komplexen Sachverhalt in weniger komplexe Probleme zu zerlegen, um einer Lösung näherzukommen.

3. Die dritte Regel lautet: „meine Gedanken ordnungsgemäß zu leiten, d. h. mit den einfachsten und am leichtesten zu erkennenden Gegenständen zu beginnen, um nach und nach, gleichsam über Stufen, bis zur Erkenntnis der zusammengesetzten Gegenstände aufzusteigen; und selbst Ordnung unter den Dingen anzunehmen, die natürlicherweise nicht aufeinanderfolgen". Es handelt sich um die zur zweiten komplementäre synthetische Regel, die es erlaubt, aus den einfachsten Gegenständen oder Sachverhalten durch Synthese komplexere herzuleiten.

Die zweite und dritte Regel stellen also die beiden in der Methodendiskussion des 17. Jahrhunderts wichtigen komplementären Verfahren der Analyse und Synthese dar, d. h. der Zerlegung eines Begriffs oder einer Aussage in einfachere oder der Komposition oder Zusammensetzung einfacher Begriffe oder Sätze zu komplizierteren. In den ›Regeln‹ wird unter diesem Gesichtspunkt der Komplementarität von Analyse und Synthese folgende zusammenfassende Regel 5 für die Wissenschaftsmethode angegeben: „Die ganze Methode besteht in der Ordnung und Disposition dessen, worauf man seinen Scharfsinn richten muß, um eine Wahrheit zu finden. Und zwar werden wir diese Methode exakt befolgen, wenn wir verwickelte und dunkle Sachverhalte stufenweise auf einfachere zurückführen und dann von der Intuition aller einfachsten Sachverhalte zur Erkenntnis aller anderen über dieselben Stufen hinaufzusteigen versuchen."

4. Schließlich besagt die vierte Regel: „überall so vollständige Aufzählungen und so allgemeine Übersichten durchzuführen, daß ich sicher sein könnte, nichts zu vergessen“. Diese Vollständigkeitsregel soll dafür sorgen, daß wir bei der Anordnung der Probleme oder Sachverhalte nach dem Grad ihrer Komplexität mittels Analyse und Synthese keine wesentlichen Schritte vergessen und damit unserer darauf beruhenden Deduktionen völlig sicher sein können. Mit diesem Vollständigkeitspostulat beschäftigen sich auch die Regeln 7 und 11 der ›Regeln‹. Regel 7 lautet: „Zur Vervollständigung der Wissenschaft ist es nötig, das, was zu unserem Vorhaben gehört, in kontinuierlicher und nirgendwo unterbrochener Bewegung des Denkens zu durchmustern und es in einer hinreichenden und geordneten Aufzählung zusammenzufassen.“[33] Dieses Postulat ist der schon in Regel 3 gegebenen Bestimmung der Deduktion als „kontinuierlicher und nirgendwo unterbrochener Denkbewegung“[34] gemäß, die nur dann sicher sein kann, wenn sie die bei der reinen Intuition nicht auftretende Sukzession der Beweisschritte durch den Nachweis ihrer Lückenlosigkeit oder Transitivität als zusammenhängend erkennt. „Wo jedoch auch nur das Geringfügigste übergangen ist, ist die Kette sofort zerrissen, und die ganze Sicherheit des Schlusses fällt in sich zusammen.“[35] Und im Hinblick auf die Vollständigkeit heißt es: „Außerdem ist zu beachten, daß wir unter einer hinreichenden Aufzählung oder Induktion nur die verstehen, aus der die Wahrheit sicherer geschlossen wird als durch jede andere Beweisart außer der einfachen Intuition.“[36]

Ein zweiter charakteristischer Vertreter des mathematisch-methodologischen Denkens ist Pascal. Er hat in zwei fragmentarisch gebliebenen, um 1655 entstandenen (erst im 18. Jahrhundert veröffentlichten) Schriften ›Über den geometrischen Geist‹ (De l'esprit géometrique) und ›Über die Kunst zu überzeugen‹ (De l'art de persuader), die wohl Teile einer größeren Darstellung zur Geometrie mit dem Titel ›Reflexionen über die Geometrie im allgemeinen‹ (Réflexions sur la géometrie en général)[37] sein sollten, ebenfalls die wissenschaftliche Methode am Vorbild der Geometrie ausgerichtet und dabei die Cartesischen Bestimmungen präzisiert. Die Geometrie lehrt vollkommen, gegebene Behauptungen unwiderlegbar zu beweisen;[38] denn sie beruht auf der wahren Methode, die Vernunft in allen Dingen zu leiten (*de conduire le raisonnement en toutes choses*). Daher kann der wissenschaftliche Beweis an den geometrischen Beweisen verständlich gemacht werden. Er wird verstanden als „Kunst, ... die Verknüpfung der Wahrheiten mit ihren Prinzipien ... sichtbar zu machen, vorausgesetzt, daß die Prinzipien, die man einmal zugestanden hat, fest bleiben und niemals verleugnet werden“.[39] „Diese Kunst“ – so führt nun Pascal aus –, „die ich die Kunst zu überzeugen nenne und die eigentlich nichts anderes ist als die Führung von methodischen, vollkommenen Beweisen, besteht aus drei wesentlichen Teilen: die Ausdrücke, deren man sich bedienen muß, durch klare Definitionen zu definieren; zum Beweis der Sache, um die es sich handelt, Prinzipien und evidente Axiome anzunehmen; und während des Beweises immer im Geist die Definitionen an die Stelle des Definierten zu setzen."[40] Es wäre nämlich unnütz, einen Beweis anzutreten, ohne vorher alle nicht verständlichen Ausdrücke klar definiert und ohne zuvor die beweisnotwendigen evidenten Prinzipien aufgestellt zu haben; sonst würde man das Beweisgebäude auf unsicherem Fundament bauen. Und ebenso ist es erforderlich, immer nur die gewählten Definitionen für die definierten Ausdrücke zu substituieren; sonst würde man die gewöhnliche Mehrdeutigkeit der Ausdrücke mißbrauchen können. Wenn man diese Umstände beachtet, kann ein Beweis nicht im geringsten angezweifelt werden. Pascal faßt diese Forderungen für die Methode der geometrischen Beweiskunst oder die Kunst zu überzeugen in die folgenden notwendigen Regeln zusammen, eingeteilt in drei Gruppen für Definitionen, Axiome und Beweise:

„*Notwendige Regeln für die Definitionen:*
- keinen der etwas dunklen oder mehrdeutigen Ausdrücke (*termes*) ohne Definition zuzulassen;
- in den Definitionen nur vollkommen bekannte oder schon erklärte Ausdrücke zu verwenden.

Notwendige Regeln für die Axiome:
- nur (durch sich selbst) vollkommen evidente Dinge als Axiome zu fordern.

Notwendige Regeln für die Beweise:
- alle (etwas dunklen) Behauptungen zu beweisen, indem man für ihren Beweis nur durch sich selbst sehr evidente Axiome oder schon bewiesene oder zugestandene Behauptungen verwendet;
- niemals die Mehrdeutigkeit der Ausdrücke dadurch zu mißbrauchen, daß man es unterläßt, die Definitionen, die sie einschränken und erklären, im Geist an ihre Stelle zu setzen."[41]

Pascal hatte zunächst drei weitere Regeln, je eine für Definitionen, Axiome und Beweise, vorangestellt, aber als nicht absolut notwendig verworfen. Davon sind insbesondere die beiden Regeln für Definitionen und Beweise interessant, weil sie ein Licht werfen auf die explizite Begrenzung der Pascalschen Beweistheorie, nicht alles definieren und nicht alles beweisen zu können. Sie lauten: „keines der Dinge zu definieren zu versuchen, die durch sich selbst so klar sind, daß man keine noch klareren Ausdrücke hat, um sie zu erklären". Und: „keines der Dinge zu beweisen zu versuchen, die durch sich selbst so evident sind, daß man nichts noch Klareres hat, um sie zu beweisen".[42]

Zuvor, in ›Über den geometrischen Geist‹, hatte Pascal die Geometrie mit einer noch vollkommeneren Methode kontrastiert, die darin bestünde, „alle Ausdrücke zu definieren und alle Behauptungen zu beweisen",[43] sie aber für „absolut unmöglich" für den Menschen erklärt. „Denn" – so heißt es zur Begründung – „es ist evident, daß die ersten Ausdrücke, die man definieren wollte, andere vorausgehende voraussetzen würden, die zu ihrer Erklärung dienen würden, und daß ebenso die ersten Behauptungen, die man beweisen wollte, andere voraussetzen würden, die ihnen vorausgingen; und so ist es klar, daß man niemals zu den ersten gelangen würde. Auch gelangt man, wenn man die Untersuchungen immer weitertreibt, notwendigerweise zu ursprünglichen Wörtern (*mots primitifs*), die man nicht mehr definieren kann, und zu so klaren Prinzipien, daß man keine noch klareren findet, die zu ihrem Beweis dienen könnten. Daraus erhellt, daß die Menschen in einem natürlichen und unabänderlichen Unvermögen sind, irgendeine Wissenschaft in einer absolut vollendeten Ordnung zu behandeln."[44] Da es sich hierbei um eine grundsätzliche menschliche Restriktion handelt, wird damit nicht alle Wissenschaft aufgehoben, sondern nur auf das menschenmögliche Maß zugeschnitten. Die Geometrie als Idealwissenschaft bleibt zwar – wie Pascal sich ausdrückt – im Vergleich mit der absolut vollendeten Ordnung oder Wissenschaft „weniger überzeugend" (*moins convaincant*), aber nicht weniger sicher (*moins certain*). „Sie definiert nicht alles und beweist nicht alles, und darin steht sie ihr [der vollkommenen Ordnung] nach; aber sie setzt nur durch das natürliche Licht klare und beständige Dinge voraus, und deshalb ist sie vollkommen wahr; die Natur steht ihr bei in Ermangelung der Rede (*la nature le soutenant au défaut du discours*). Diese Ordnung, die vollkommenste unter den Menschen, besteht nicht darin, alles zu definieren oder alles zu beweisen, noch auch darin, nichts zu definieren oder nichts zu beweisen, sondern darin, sich in dieser Mitte zu halten, die klaren und von allen Menschen verstandenen Dinge nicht zu definieren und alle anderen zu definieren; sowie alle den Menschen bekannten Dinge nicht zu beweisen und die anderen zu beweisen."[45] Beispielsweise werden in der Geometrie gerade die grundlegenden Begriffe wie Raum, Zeit, Bewegung, Zahl, Gleichheit nicht definiert, „weil diese Ausdrücke die Dinge, die sie bedeuten, so natürlich für die, die die Sprache verstehen, bezeichnen, daß die Erklärung, die man davon geben wollte, mehr Dunkelheit als Belehrung bringen würde".[46]

Damit wird hier für die Grundbegriffe und Grundaxiome einer Wissenschaft auf die Evidenz oder die Einsicht durch das natürliche Licht der Vernunft rekurriert, die die letzten Grundlagen einer Wissenschaft absichert und im Rahmen des dem Menschen Möglichen auch letzte Sicherheit bietet. Die zwei zunächst angesetzten methodischen Regeln weisen auf diese Notwendigkeit hin, die in infinitum laufenden Definitions- und Beweisketten dort abzubrechen, wo das natürliche Licht hinreichende und nicht weiter vermehrbare Sicherheit gewährt. Damit bringen sie aber nur eine für die Menschennatur notwendige Beschränkung explizit zum Ausdruck, also eine Selbstverständlichkeit, und können insofern vernachlässigt werden.

Sprache und Methode

Als eine besondere Form der methodologischen Reflexion muß hier das Hobbessche Verfahren genannt werden, das zwar an der Mathematik orientiert ist, aber zugleich die sprachlichen Grundlagen des Denkens mitberücksichtigt. Hobbes betitelt den 1. Teil seines ersten, ›Vom Körper‹ genannten Bandes der ›Elemente der Philosophie‹, der sich mit den methodologischen Voraussetzungen seiner Philosophie befaßt, mit „Rechnung oder Logik" (*computatio sive logica*). Entsprechend dem Aristotelischen Diktum, daß Wissen Wissen aus Ursachen bedeutet,[47] definiert er die Philosophie als „die durch die richtige rationale Überlegung (*per rectam ratiocinationem*) erworbene Erkenntnis der Wirkungen oder Phänomene aus ihren begriffenen Ursachen oder Erzeugungsweisen und umgekehrt der möglichen Erzeugungsweisen aus ihren erkannten Wirkungen".[48] Die dabei anzuwendende Methode ist also die der rationalen Überlegung oder Erkenntnis. Von ihr heißt es weiter: „Unter rationaler Erkenntnis (*ratiocinatio*) aber verstehe ich Rechnung (*computatio*). Rechnen aber ist, die Summe aus mehreren zusammengefügten Dingen zu bestimmen, oder, wenn man ein Ding vom anderen abzieht, den Rest zu erkennen. Rational erkennen ist also dasselbe wie Addieren und Subtrahieren."[49] Zugleich mit dieser Zurückführung der rational-begründenden Tätigkeit des Philosophen auf die beiden mathematischen Grundrechenarten des Addierens und Subtrahierens wird die philosophische Methode mit den beiden traditionellen, gegenläufigen Verfahren der Analyse und Synthese in Verbindung gebracht. Da Addieren und Multiplizieren (als Addieren gleicher Größen) eine Form des Zusammensetzens ist, und Subtrahieren und Dividieren (als Subtrahieren gleicher Größen) eine Form des Auflösens ist, so ist die philosophische Methode der Ursachenforschung entweder zusammensetzend (*methodus compositiva*) oder auflösend (*methodus resolutiva*), oder teils zusammensetzend, teils auflösend. „Und zwar pflegt die resolutive Methdode analytische, die kompositive aber synthetische Methode genannt zu werden."[50]

Wie stellt sich Hobbes nun die Übertragung des mathematischen Modells auf Philosophie und Wissenschaft vor? Jede Methode geht, wie Hobbes betont, vom Bekannten aus und versucht, von da aus das Unbekannte zu finden. Die philosophisch-wissenschaftliche Ursachenforschung muß demnach in der Suche nach den unbekannten Ursachen des uns Bekannten bestehen. Was aber ist das uns zunächst Bekannte? Aufgrund der Hobbesschen von der Sinneserkenntnis ausgehenden materialistischen Denkweise bestehen die Anfänge alles Wissens in den Bildern oder Vorstellungen, von Hobbes *phantasmata* genannt, die uns die Sinne und die imaginative Vorstellungskraft vermitteln. Sie machen uns bekannt mit den einzelnen Dingen. Gemäß der nominalistischen Position von Hobbes existieren in der Natur nur solche einzelnen Dinge (*singularia*). Durch die Sinneserkenntnis werden wir nun zunächst mit dem Einzelding als Ganzem bekannt, nicht mit dessen Teilen oder Besonderheiten. Das heißt, uns ist das Einzelding als Ganzes bekannter als seine Teile oder besonderen Eigenschaften. So erkennen wir zunächst einen Menschen als Ganzes, dann erst seine besonderen Eigenschaften wie: lebendig zu sein oder eine bestimmte Gestalt zu haben. Bei der sich auf solche Einzeldinge richtenden Ursachenforschung, die die Philosophie betreibt, ist die Lage nun umgekehrt. Hier haben wir eher Kenntnis von den Ursachen der Teile als von den Ursachen des Ganzen. „Denn" – so heißt es – „die Ursache des Ganzen setzt sich aus den Ursachen der Teile zusammen, das Zusammensetzende muß aber früher erkannt werden als das Zusammengesetzte."[51]

Wenn wir nun der Menge und Flüchtigkeit der Sinneseindrücke ohne Erinnerung ausgesetzt wären, würden diese Sinnesdaten uns ständig wieder entgleiten, und die Frage nach dem Warum oder nach der Ursache der einzelnen Erscheinung wäre kaum sinnvoll zu stellen oder zu ermitteln. Wir brauchen also Erinnerungszeichen (*monimenta*) für unsere einzelnen Sinneseindrücke oder *phantasmata*. Hier sieht Hobbes den Ursprung der Sprache. Ihre erste Funktion besteht darin, daß sie uns Merkzeichen (*notae* oder *marks*) liefert, an denen wir unsere Sinneseindrücke festmachen können, um uns bei ähnlichen Eindrücken an frühere erinnern oder bestimmte Folgen von Eindrücken mit anderen vergleichen zu können. Dies sind die Wörter unserer Sprache. Damit aber das auf diese Weise durch Wörter fixierbare Wissen unserer Sprache nicht mit uns untergeht, müssen diese als Merkzeichen für uns selbst verstandenen Wörter gleichzeitig auch anderen zugänglich, d. h. Zeichen sein, die auch von anderen verstanden werden. Die zweite Funktion der Sprache besteht demnach für Hobbes darin, daß die persönlichen Merkzeichen zu allgemeinen Verständigungszeichen (*signa* oder *signs*) werden. Diese Funktion erhalten sie, wenn sie nicht als einzelne Wörter benutzt werden, sondern als Elemente in einen Satz oder in eine Rede eingehen. Er nennt sie in dieser Doppelfunktion „Namen" (*nomina*).

Hobbes stellt sich den Sprachentstehungsprozeß so vor, daß zunächst Namen von Einzeldingen (John, dieser Mensch, dieser Baum) gebildet werden, also Eigennamen (*proper names*). Solche Eigennamen sind insoweit willkürlich, als sie als Wortgebilde keinerlei Ähnlichkeit haben mit dem Einzelding oder dem einzelnen Sinneseindruck. Dann werden wegen auftretender Ähnlichkeiten zwischen verschiedenen Einzeldingen oder Einzelphänomenen, d.h. aufgrund von mehreren Dingen gemeinsamen ähnlichen Eigenschaften Gattungsnamen (*nomina communia, names common to many things*) oder abstrakte Namen gebildet, die mehrere Einzeldinge zusammen umfassen (Mensch, Baum). Gattungsnamen beziehen sich auf *universalia*. Das heißt aber nicht, daß es solche *universalia* in der Wirklichkeit gibt; vielmehr gibt es in der Wirklichkeit nur Einzeldinge bzw. Einzelphänomene oder *singularia*. Gattungsnamen betrachten nur mehrere Einzeldinge zusammen. Damit gibt es in der Wirklichkeit nur Einzelnes und nichts Allgemeines, außer eben solche (Gattungs-)Namen – das ist die Nominalismus-These von Hobbes. Schließlich gibt es als dritte Stufe noch Namen z.B. von Traumvorstellungen, die mit der Wirklichkeit nichts zu tun haben, und als vierte Stufe Namen, die sich auf Sprachformen beziehen, also Namen von Namen bzw. von Sätzen darstellen, die aus Namen bestehen. Zum Beispiel ist „universal" bzw. „Gattung" die Bezeichnung oder der Name für einen bestimmten Typ von Namen (unseren zweiten Typ) oder Sätzen; ähnlich ist „Bejahung" Name für eine bestimmte Art von Aussage.

Ein Satz nun ist die Verbindung zweier Namen, z.B. „Der Mensch ist ein Lebewesen". Dies bedeutet für Hobbes, daß hier dasselbe Ding mit zwei verschiedenen Namen bezeichnet wird (hier „Mensch" und „Lebewesen"), wobei in der Regel der Subjektname als der weniger allgemeine im Prädikatnamen als dem allgemeineren enthalten ist. Die Menschen (bzw. dieser konkrete Mensch) gehören zu den Lebewesen, sind also in der Menge der Lebewesen enthalten. Der Prädikatname „Lebewesen" gibt nun die Ursache, genauer eine der Ursachen, des Subjektnamens „Mensch" bzw. „dieser Mensch" (bzw. „Peter") an. Daher bezeichnen für Hobbes abstrakte Namen die Ursachen von konkreten (oder weniger allgemeinen) Namen, d.h., sie sind Ursachen für eine solche konkrete (oder weniger allgemeine) Benennung. Die Ursache für die Benennung eines bestimmten Einzeldings als „Mensch" liegt also darin, daß dieses selbe Ding lebendig, außerdem, daß es zweibeinig, vernünftig etc. ist. Hat man alle diese Teilursachen gefunden, so hat man die Gesamtursache des Einzeldings gefunden, und man kann gewissermaßen das Einzelding aus der Gesamtheit seiner Teilursachen erzeugen. In diesem Sinne sagt Hobbes, daß die Methode, die universalen Begriffe der Dinge zu erfassen, analytisch ist, daß jedoch die Erzeugung eines Dings aus seiner Gesamtursache eine Anwendung der synthetischen Methode ist. Die letzte Ursache der Universalien selbst (denn auch bei den Universalien gibt es ja eine Steigerung nach dem Grad der Allgemeinheit) ist die Bewegung. Denn die Verschiedenheit aller Figuren entsteht aus der Verschiedenheit von Bewegungen, durch die sie erzeugt werden, und die Ursache einer Bewegung kann immer nur eine Bewegung sein. Diese letzte Ursache der Bewegung ist von Natur her bekannt und bedarf daher keines Beweises mehr. Damit hätten wir mit der Bewegung den Schlußpunkt der analytischen Zerlegung erreicht, und letzten Endes können nur aus Bewegungen auf synthetische Weise die konkreten Phänomene oder Dinge erzeugt werden.

Auf dem Wege dieser analytischen Suche nach den universellen Ursachen für ein einzelnes konkretes Phänomen oder nach den allgemeineren Ursachen für ein weniger allgemeines Phänomen erhalten wir die Definition dieses Phänomens bzw. seines Namens. So kann man den Begriff des Goldes in Festes, Sichtbares, Schweres und andere Allgemeinbegriffe oder Gattungsnamen auflösen, die noch allgemeinere Universalien darstellen als es das Gold schon ist, und erhält auf diese Weise die Definition des Goldes. Oder wenn man den Namen „Mensch" in die allgemeineren Gattungsnamen „Körper", „beseelt", „vernünftig" zerlegt, so erhält man seine Definition: „Der Mensch ist ein beseelter, vernünftiger Körper." Solche Definitionen sind die ursprünglichen Sätze oder Prinzipien, von denen jeder Beweis auszugehen hat, die aber selbst ohne Beweis angenommen werden müssen. Für Hobbes sind sie vom Erfinder der Sprache willkürlich festgesetzt worden, dem es z.B. gefallen hat, die beiden Namen „Mensch" und „lebendig" auf dasselbe zu beziehen. Nicht – so warnt Hobbes – sind damit die wirklichen Zusammenhänge der Dinge zum Ausdruck gebracht, sondern es handelt sich um menschliche Konventionen, die sich auf die menschlichen Sinneseindrücke beziehen. Das Kriterium für die Wahrheit eines Satzes besteht dann darin, daß die Namen in einem Satz so zusammengestellt sind, daß sie diesen Sprachkonventionen entsprechen. Wahrheit und Falschheit sind somit Attribute der Sprache und nicht der Dinge.

Durch das analytische Forschen nach dem Warum oder nach den Ursachen der Phänomene gelangen wir demnach zu den Definitionen, die nichts anderes als die „Erklärungen unserer einfachsten Begriffe sind".[52] Trotz aller Willkürlichkeit der Definitionen, die auf dem arbiträren Charakter der Sprachentstehung beruhen (denn welche Namen man bei der sprachlichen Begriffsbildung mit welchen Namen in Verbindung bringt, ist eigentlich beliebig), kann man sich jedoch der Adäquatheit solcher Definitionen versichern, indem man die Erzeugung der definierten Sache aus den in den Definitionen angegebenen universalen Ursachen aufzeigt. Dies ist die beweisende Leistung der synthetischen Methode der theoretischen Konstruktion des Phänomens aus seinen Ursachen. Der Beweis besteht darin, daß man zu zeigen vermag, daß aus bestimmten Ursachen das definierte Phänomen tatsächlich erzeugt werden kann, so z.B. wenn man den Kreis durch die Bewegung eines Punktes erzeugt, der von einem gegebenen festen Punkt immer den gleichen Abstand wahrt.

Die Universalwissenschaft oder *scientia generalis*

Wie kein zweiter hat Leibniz gegen Ende des Jahrhunderts die Bemühungen um die wissenschaftliche Methode ins Zentrum seines Denkens gerückt und in umfassender Weise diskutiert. Auf der einen Seite greift er alle vorhandenen Tendenzen des Zeitalters zu einer methodologischen und wissenschaftstheoretischen Begründung des wissenschaftlichen Denkens auf, auf der anderen Seite erweitert und transformiert er sie in originärer Weise. In Leibniz findet die Methodendiskussion des 17. Jahrhunderts ihren Kulminationspunkt.

Das Ziel einer *mathesis universalis*, das von Descartes angesprochen wurde, aber keine Ausarbeitung erfahren hat, wird von Leibniz unter der Bezeichnung *scientia generalis* neu in Angriff genommen und bis ins Detail erwogen. Die Mathematik, schon Modell für die methodologischen Regeln von Descartes, Pascal und Hobbes, wird bei Leibniz in einer Intensität zum Vorbild genommen, daß man zum erstenmal bei ihm von einer formalen Kalkülisierung und Axiomatisierung der Beweisschritte sprechen kann. Die Gebundenheit unseres Denkens an die Sprache, wie sie Hobbes betont hat, nimmt Leibniz zum Anlaß grundlegender sprachlogischer Untersuchungen, die er für seine Methode fruchtbar zu machen weiß. Und schließlich wird auch der enzyklopädische Gedanke, wie er in den im 17. Jahrhundert verbreiteten Versuchen einer Anordnung und Sammlung des Wissens zum Ausdruck kommt, von ihm unter den systematischen Gesichtspunkt der Wissenschaftsmethode gestellt.

Leibniz hat vor allem im Zeitraum zwischen 1676 und 1690 eine große Zahl von unveröffentlichten Papieren und Entwürfen (im Umfang von über 1000 Seiten) zur Wissenschaftsmethode hinterlassen, die erst in unseren Tagen aus seinem Nachlaß vollständig der Öffentlichkeit zugänglich gemacht werden konnten. Sie betreffen das große Projekt einer Universalwissenschaft, das er zusammen mit Mitarbeitern realisieren wollte. Auf der Suche nach Geldgebern und geeigneten Mitarbeitern ist dieses Projekt nicht zur Durchführung gekommen, und auch die Leibnizschen Überlegungen haben angesichts der Größe des Projekts nicht zum Abschluß gebracht werden können. Aber Idee, Plan, Durchführung und Ausarbeitung im Detail lassen die Leibnizschen Vorstellungen hinreichend deutlich werden.

Der leitende Gesichtspunkt der Leibnizschen Wissenschaftsmethode ist der einer Universalwissenschaft oder allgemeinen Wissenschaft (*scientia generalis*), womit er eine universelle wissenschaftliche Methode oder Wissenschaftslogik meint, die in allen überhaupt rational erfaßbaren Wissenschaften und Disziplinen Anwendung finden soll. Sie ist – wie er sich ausdrückt – „die Wissenschaft vom Denkbaren überhaupt“ (*scientia de cogitabili in universum*)[53] und soll in der Lage sein, „alle anderen Wissenschaften“ – also das gesamte Wissen – „aus hinreichenden Daten zu (er)finden (bzw. zu entdecken) und zu beweisen“.[54] Mit dieser Allgemeinheit der Methode ist zweierlei gemeint, einerseits die Universalität in inhaltlicher Hinsicht: sie soll sich auf alle rationalen Disziplinen erstrecken und eine geordnete, enzyklopädische Darstellung unseres Wissens ermöglichen; andererseits die Allgemeinheit in formaler Hinsicht: Beweise und Begründungen sollen in allen Disziplinen strukturell gleich verlaufen. Der erste Gesichtspunkt findet Ausdruck in der Forderung nach einer auf mathematische Weise zu erstellenden Enzyklopädie oder demonstrativen Enzyklopädie der Wissenschaften (*encyclopaedia more mathematico conscribenda, encyclopaedia demonstrativa*). Der zweite Gesichtspunkt artikuliert sich im Postulat einer Universalsprache bzw. rationalen oder philosophischen Sprache (*lingua universalis, lingua rationalis, lingua philosophica*),[55] die sich auf ein universelles Zeichensystem (*characteristica universalis*)[56] stützt, in dem wissenschaftliche Argumentationen nach strengen formalen und logischen Regeln durchgeführt werden sollen. Diese *characteristica universalis* stellt also das Werkzeug (*organon scientiae generalis*)[57] dar, mit dem die *scientia generalis* als allgemeine Wissenschaftsmethode operiert. Beide zusammen fungieren als rationale, gereinigte Universalsprache, deren sich der Wissenschaftler in seinen Argumentationen bedienen muß.

Leibniz hat bei dieser sich in einer formalisierten Universalsprache vollziehenden und auf eine enzyklopädische Darstellung der Wissenschaften zielenden allgemeinen Wissenschaftsmethode oder Universalwissenschaft von vornherein zwei Aspekte im Auge. Als allgemeine Wissenschaftsmethode hat sie naturgemäß zunächst einmal die Sicherheit der Wissenschaften zu gewährleisten, d. h., sie hat das bestehende Wissen zu überprüfen, die Wahrheit der aufgestellten wissenschaftlichen Aussagen und Theoreme zu beweisen. Darüber hinaus aber obliegt ihr auch die Aufgabe der Erfindung oder Entdeckung, d. h., sie hat den Weg zu neuem Wissen, zu neuen wissenschaftlichen Thesen zu zeigen. Diese beiden Funktionen der Wissenssicherung und Wissenserweiterung kommen in den beiden Bezeichnungen zum Ausdruck, mit denen Leibniz die Aufgaben der *scientia generalis* beschreibt. Sie muß sowohl Beurteilungskunst (*ars judicandi*) sein, d. h. eine Methode, bestehendes Wissen auf seine Wahrheit oder Falschheit hin zu überprüfen, wie auch Erfindungskunst (*ars inveniendi*), d. h. eine Methode, Wissenslücken aufzudecken und zu beseitigen.

In einer Leibniz kennzeichnenden Weise werden nun die beiden in diesem Zeitalter üblichen Verfahren der analytischen und synthetischen Methode von Leibniz adaptiert. Abgesehen von der komplementären Benutzung beider Methoden beim Beweisen oder Lösen einzelner Theoreme oder Probleme (Analyse von Theoremen in ihre Prinzipien, von Zielen in die es verwirklichenden Mittel; Synthese eines Theorems aus seinen Prinzipien, der Mittel zur Verwirklichung eines Ziels) übernehmen die analytische und synthetische Methode eine besondere wissenschaftstheoretische Funktion im Rahmen der *scientia generalis*. Die analytische Methode soll dafür sorgen, daß der gesamte bisherige Wissensbestand einer Analyse in seine Elemente und Prinzipien unterzogen wird. Sie ist insofern vorrangig, als durch sie zunächst einmal die Grundlagen unseres Wissens festgestellt werden müssen. Die synthetische Methode kommt demgegenüber für den geordneten und systematischen Aufbau einer Wissenschaft oder des gesamten Wissensverbundes aus seinen Prinzipien und Elementen in Frage. Sie ist unter diesem Gesichtspunkt die wesentlichere Methode, weil sie den systematisch vollständigen Aufbau der Wissenschaften gewährleisten soll.

Wie stellt sich Leibniz die Durchführung eines solchen Programms vor? Bei der Beantwortung dieser Frage ist immer an den genannten doppelten Aspekt, den inhaltlichen bzw. materialen und den formalen, zu denken, wie er sich in der Wissenschaft als Dokumentation von Wissensinhalten auf der einen Seite (der Leibnizsche Gedanke der Enzyklopädie des Wissens) und als mehr oder weniger formales Wissenssystem von Begründungszusammenhängen (der Leibnizsche Gedanke der Universalwissenschaft oder Universalmethode) darstellt. Wenden wir uns zunächst der inhaltlichen Seite des Wissens zu.

Enzyklopädie des Wissens

Leibniz geht es prinzipiell darum, den gesamten Wissensbestand, wie er uns überliefert ist, als Schatz oder Inventar des menschlichen Wissens (*aerarium scientiae humanae, cognitionis humanae, inventarium cognitionis humanae*)[58] zu sammeln und in ein geordnetes System zu bringen, so daß es durch empirische Forschung, aber zugleich durch logische Analyse (mittels der wissenschaftlichen Methode) vervollständigt und abgesichert werden kann. Leibniz hat verschiedene Übersichten vorgelegt, die deutlich machen, wie umfassend sein Vorhaben angelegt war. In einem Plan zur Enzyklopädie aus dem Jahre 1679 werden zunächst die wissenschaftstheoretisch-methodologischen Disziplinen (wie z.B. Logik und Grammatik) genannt, die also die *scientia generalis* als Wissenschaftsmethode selbst ausmachen, dann die im Sinne dieser Methode behandelten mathematischen Disziplinen. Daraufhin folgen die realwissenschaftlichen Disziplinen, seien es die (anorganischen und organischen) Naturwissenschaften oder die anthropologischen, moralisch-praktischen Wissenschaften oder die sich mit unkörperlichen Dingen befassenden Disziplinen wie die natürliche Theologie.[59] Alle diese Disziplinen sollen nun einer einheitlichen Methode unterworfen werden, die darin besteht, die Prinzipien der Wissenschaften bzw. des Wissens festzulegen und die Möglichkeiten aufzuzeigen, aus bestehendem Wissen durch Folgerungen weiteres Wissen zu erschließen. Im wesentlichen unterscheidet hier Leibniz drei Prinzipien der Methode: Definitionen der verwendeten Begriffe, allgemein anerkannte Axiome (d.h. die allgemein anerkannten ersten Sätze) und Phänomene (die durch Erfahrung bestätigten Sätze). Als zulässige Schlußweisen nennt Leibniz die Induktion, die zu aus Phänomenen gewonnenen verallgemeinerten Beobachtungen führt, und das rationale Folgern (*ratiocinatio*), welches durch Deduktion aus den Prinzipien zu Theoremen führt. Benutzt man diese wissenschaftlichen Prinzipien und Methoden, so wird sich das Wissen in mathematischer Ordnung (als *ordo mathematicus*) darstellen.

Nun geht es bei diesem Unternehmen vor allem darum, unsere in den Wissenschaften benutzten komplexen Denkinhalte in einfachere Inhalte zu zerlegen, um auf diese Weise die Strukturzusammenhänge unseres Denkens und Wissens aufzuzeigen. Daher sagt Leibniz: „Zum Entdecken und Beweisen der Wahrheiten ist eine Analyse unserer Gedanken notwendig."[60] Es handelt sich hierbei letzten Endes um die Analyse in die einfachsten Elemente unseres Denkens, d.h. um die Freilegung der Grundbegriffe und Grundaussagen einer Wissenschaft oder unserer Erkenntnis im allgemeinen. Diese Analyse unserer Gedanken soll im Idealfall zu dem führen, was Leibniz das Alphabet der menschlichen Gedanken (*alphabetum cogitationum humanarum*)[61] nennt. Stünde uns ein solches Alphabet unserer Gedanken zur Verfügung, so könnten wir – so wie sich alle Wörter einer Sprache aus den Buchstaben des Alphabets zusammensetzen – alle unsere Gedanken aus dem Gedankenalphabet zusammenfügen. Leibniz hat zahlreiche Versuche unternommen, ein solches Alphabet, sei es für eine Einzelwissenschaft (z.B. für die Geometrie oder die Jurisprudenz), sei es für die Metaphysik als Lehre vom Seienden im allgemeinen aufzustellen. In der Geometrie handelt es sich beispielsweise um Grundbegriffe wie „anschaulich Gegebenes" (*datum*), „Ausgedehntes" (*extensum*), „Position", „Punkt", „Gerade" (*positio, punctum, linea recta*) etc. oder Beziehungen wie die der Gleichheit und Kongruenz.[62] In der Jurisprudenz geht Leibniz auf Begriffe wie „Gerechtigkeit" (*justitia*), „Liebe" (*caritas*), „Wohlwollen" (*benevolentia*)[63] oder die grundlegenden Normbegriffe des Gebotenen (Gesollten), Verbotenen und Erlaubten (*debitum, illicitum, licitum*) ein.[64] Bei den allgemeinsten Denkbestimmungen gelangt er zu Begriffen wie: Etwas – Nichts, Sein, Denkbares, Mögliches – Unmögliches; Identität – Verschiedenheit, Eines – Vieles, Bedingung – Bedingtes, Ursache – Wirkung (*aliquid – nihil, ens, cogitabile, possibile – impossibile, idem – diversum, unum – plura, conditio – conditionatum, causa –*

effectus) u.ä., die er zu definieren oder umschreibend zu erklären versucht.[65] Es handelt sich dabei im Grunde um die philosophischen Kategorien, also die allgemeinsten Bestimmungen oder Aussageweisen über das Seiende, oder um allgemeinste Beziehungen zwischen den Seienden. Wenn sie uns zur Verfügung stehen – so ist nun das wissenschaftstheoretische Postulat von Leibniz –, müssen alle anderen in der Wissenschaft verwendeten Begriffe durch sie definiert werden bzw. müssen alle in der Wissenschaft verwendeten Aussagen auf mit ihrer Hilfe formulierte Aussagen (Axiome) zurückgeführt werden können.

Diese Leibnizschen Vorstellungen stellen nichts anderes als die Ausarbeitung und Präzisierung der Pascalschen Postulate dar, dunkle wissenschaftlichen Begriffe mittels bekannter Begriffe zu definieren und dunkle Aussagen durch Axiome zu beweisen. Sie stellen aber auch deren Radikalisierung dar. Denn Leibniz fordert, daß alle Begriffe definiert und alle Aussagen bewiesen werden müssen, was der vollkommenen Methode Pascals entsprechen würde, die dieser aber für unmöglich, d.h. für dem Menschen unzugänglich hielt. Leibniz hingegen glaubte in der Tat, zumindest in einigen theoretischen Disziplinen wie der Mathematik oder Metaphysik, an eine prinzipielle Realisierbarkeit seines Programms.

Die Hauptlast beim Beweisen wissenschaftlicher Aussagen liegt nun für Leibniz, ähnlich wie für Hobbes, bei den Definitionen. Eine Definition eines gegebenen Begriffs ist für Leibniz dessen Analyse in inhaltlich einfachere Begriffe, im Idealfall bis hin zu seinen letzten inhaltlichen Bestandteilen (des Gedankenalphabets). Sind mir die absoluten, einfachsten Grundbegriffe gegeben, so kann ich in synthetischer oder kompositorischer Weise daraus neue komplexe Begriffe herstellen und sie mit einem neuen abkürzenden Namen versehen. Solche Definitionen sind aber für Leibniz im Gegensatz zu Hobbes nicht willkürlich. Auch wenn die Benennung unserer Begriffe mit Namen unserer Sprache willkürlich ist, so geht diese Willkürlichkeit nicht so weit, daß die Definition des Namens einen Widerspruch enthalten darf. Das heißt, man darf nicht beliebige Begriffe zusammenfügen und zur Definition eines neuen Namens machen. Hinter dieser wichtigen wissenschaftstheoretischen Forderung von Leibniz, keine Widersprüche bei den Definitionen zuzulassen (weil aus einem Widerspruch bekanntlich Beliebiges logisch folgt), steht die zu Hobbes konträre metaphysische Auffassung, daß Beziehungen zwischen unseren Ideen tatsächlich die Ordnung der realen Beziehungen des Seienden widerspiegeln und daher widerspruchsfrei sein müssen.[66]

Liegen solche widerspruchsfreien Definitionen für die in den Wissenschaften benutzten Begriffe vor, so lassen sich alle Aussagen in den Wissenschaften dadurch beweisen, daß man zeigt, daß das in einer Aussage von einem Subjektbegriff ausgesagte Prädikat im Subjekt, d.h. in dessen

Definition enthalten ist. Definiere ich z.B. „Lebewesen“ als „körperliche und beseelte Substanz“[67], so wäre diese Definition zulässig, wenn „Körperlichkeit“, „Beseeltheit“ und „Substanz“ Grundbegriffe wären, die aufgrund ihrer Einfachheit nicht weiter erklärt werden könnten, und zwischen ihnen kein Widerspruch aufträte. Im Gegensatz dazu wäre die Definition des Kreises als „rundes Viereck“ nicht zulässig, weil zwischen „rund“ und „viereckig“ ein offensichtlicher Widerspruch besteht. Der Satz „Ein Lebewesen ist körperlich“ würde nun dadurch bewiesen werden, daß man für „Lebewesen“ seine Definition „körperliche und beseelte Substanz“ einsetzt, so daß man den Satz erhielte: „Eine körperliche und beseelte Substanz ist körperlich“, womit gezeigt wäre, daß das Prädikat im Subjekt enthalten ist, d.h. eine partielle Identität zwischen Subjekt und Prädikat vorliegt. So kann für Leibniz die Wahrheit eines Satzes durch die Analyse seiner Begriffe in Teilbegriffe bewiesen werden, indem man ihn auf eine formale Identität zurückführt. In diesem Sinne ist das Wahrheitskriterium für Leibniz der Nachweis einer solchen Inklusion des Prädikats im Subjekt, und in diesem Sinn sind die einzigen wahren Axiome für Leibniz die identischen Sätze.

Für die Grundbegriffe selbst kann es keine weitere Analyse geben, allenfalls Umschreibungen. Die Erkenntnis, die Leibniz für sie ansetzt, ist die auch von Descartes und Pascal geforderte intuitive Erkenntnis, weil man hier den Begriff sozusagen auf einen Schlag (auf einmal) überblickt.[68] Eine entsprechende Übertragung der intuitiven Erkenntnis oder des Evidenzkriteriums auf Sätze wird jedoch von Leibniz in der Weise, wie sie von Descartes vorgenommen wird, abgelehnt. Bestimmt man nämlich das als evident wahr, was „klar und distinkt erkannt werden kann“, so ist diese Cartesische Bestimmung zu unpräzise, weil sie keine Kriterien für Klarheit und Deutlichkeit angibt. Mit der Forderung, die Begriffe durch Analyse in ihre Teilbegriffe (die ja Unterscheidungsmerkmale zu anderen Begriffen darstellen) zu zerlegen und die Widerspruchsfreiheit zwischen ihnen nachzuweisen, glaubt Leibniz ein solches hinreichendes Kriterium angegeben zu haben,[69] das auch fruchtbar gemacht werden kann für die Bestimmung der Wahrheit von Sätzen: Ist ein Satz auf eine formale Identität reduziert worden, so ist die vollständige oder partielle Identität zwischen Subjekt und Prädikat nämlich unmittelbar einsichtig und insofern auch evident wahr.

Logischer Kalkül und Axiomatik

Damit stehen wir bei dem formal-syntaktischen Aspekt der Leibnizschen Methodenreflexion. Für Leibniz ist gerade dieser Aspekt von großer Wichtigkeit, weil sich herausstellt, daß bloß inhaltliche Erwägungen oft zu

Fehldeutungen und Fehlschlüssen führen. So ist der Nachweis der Widerspruchsfreiheit von Begriffen und der Identität von Aussagen nicht immer leicht zu erstellen, wenn man sich auf bloße inhaltliche Betrachtungen der Begriffe beschränkt. Wie leicht man sich etwa täuschen kann, zeigt Leibniz gern an dem Beispiel der Begriffe der größten Zahl und der größten Geschwindigkeit. Der Begriff der größten Zahl scheint widerspruchsfrei zu sein, aber er erweist sich doch als widersprüchlich, insofern man zu jeder als größte angenommenen Zahl wieder eine größere bilden kann. Und stellt man sich vor, daß sich ein Rad mit der größten Geschwindigkeit bewegt, so läßt sich leicht eine noch größere Geschwindigkeit erzeugen, wenn man aus der Radperipherie einen Nagel heraustreibt, der sich auf der längeren Umlaufbahn nun noch schneller bewegen muß als der Radumfang selbst. Um solche und ähnliche Irrtümer zu vermeiden, ist es nötig, eine Zeichensprache zu benutzen, in der solche Täuschungen ausgeschlossen werden können. Dieser zweite formale Aspekt der *scientia generalis* besteht in ihrer formalen Grundlegung durch ein Zeichensystem, die *characteristica universalis*. Die Hauptfunktion dieser Wissenschaftssprache als „philosophischer Sprache" liegt darin, daß hier Äquivokationen, Ambiguitäten, Unschärfen, Paralogismen und Sophismen vermieden werden können, weil jeder solche Fehler sofort als formaler Fehler des Kalküls (*error calculi*) zutage tritt. Wie soll eine solche Charakteristik aussehen, wie soll die Leibnizsche universelle Wissenschaftsmethode in formaler Hinsicht auf einem solchen Zeichensystem operieren?

Für Leibniz ist das wissenschaftliche und philosophische Argumentieren wie für Hobbes nichts anderes als Rechnen, ja bei ihm hat diese Auffassung einen noch buchstäblicheren Sinn. Seine Absicht ist, Wissenschaftsmethode und Wissenschaftssprache so weit zu formalisieren, daß – wie seine berühmte Formulierung lautet – alle wissenschaftlichen Streitigkeiten und Kontroversen genauso beendet werden können wie die zwischen Rechnern (*computistae*). Im Streitfall hätten die beiden Disputanten sich nur an das Rechenbrett zu setzen und zueinander zu sagen: „Laßt uns rechnen" (*calculemus*).[70]

Auch wenn die Mathematik, die mathematische Ordnung (*ordo mathematicus*) bei Leibniz damit Vorbild für methodisch strenges und stringentes Denken ist, so ist sie dies gewissermaßen nur zufällig. Das strenge Denken ist hier nur deshalb vorbildhaft durchgeführt, weil ihr Gegenstandsbereich besonders einfach und durchsichtig ist: Es werden in der Mathematik nur anschauliche Größen und ihre Verhältnisse betrachtet. Aber, daß man auch außerhalb von Größenverhältnissen logisch exakt schließen kann, läßt sich zum einen an der von Aristoteles erfundenen Syllogistik aufzeigen, zum andern an den Beweisformen der römischen Rechtsgelehrten in den Digesten (einem Teil der vom oströmischen Kaiser

Justinian I. im 6. Jahrhundert veranlaßten, als ›Corpus juris civilis‹ bekannten Sammlung des römischen Rechts), wie Leibniz' gern gewählte Beispiele lauten. Angesichts dieser Einsicht, daß streng-formales Denken und Schließen immer dann möglich ist, wenn klar definierte Begriffe, formalisierte Beweise und geregelte Schlußverfahren benutzt werden, hat Leibniz in einem noch radikaleren und fundamentaleren Sinn als Hobbes die Sprachgebundenheit, und das heißt bei ihm: Zeichengebundenheit unseres Denkens erkannt. Überall dort, wo wir unser Denken durch formale anschauliche Zeichen fixieren können, kann genauso sicher wie in der Mathematik geschlossen und argumentiert werden. „Jede menschliche rationale Überlegung (*ratiocinatio*) wird durch irgendwelche Zeichen (*signa sive characteres*) zustande gebracht",[71] so drückt sich Leibniz aus. Wir gehen nämlich nicht mit den Dingen selbst oder mit unseren Ideen von den Dingen beim Argumentieren um, da wir diese in unserem Geist nicht ständig beobachten können oder müssen, sondern vielmehr an ihrer Stelle mit den dafür vereinbarten Zeichen. Daher muß der von Leibniz postulierten Analyse der Gedanken „eine Analyse der Zeichen entsprechen, die wir zum Bezeichnen unserer Gedanken benutzen; jedem Zeichen entspricht nämlich ein bestimmter Gedanke. Dann können wir die Analyse unserer Gedanken anschaulich machen und gleichsam an einem mechanischen Faden leiten, da die Analyse der Zeichen etwas sinnlich Wahrnehmbares ist."[72] Solche Zeichen müssen nicht die Namen unserer natürlichen Sprache (wie für Hobbes) sein. Vielmehr versteht Leibniz darunter jedes Zeichen oder jede Figur, die formal (in Schrift oder Laut oder auch als haptisches Symbol) fixiert werden kann, also Wörter, Buchstaben, chemische und astronomische Figuren, chinesische und hieroglyphische Zeichen, musikalische Noten, Symbole einer Geheimschrift, arithmetische und algebraische Zeichen und vieles mehr.[73] Worauf es ankommt, ist die Formalität und Äußerlichkeit dieser Symbole, die es ermöglichen, unsere Gedanken und – über diese vermittelt – die Dinge an greifbaren Zeichen, an *notae palpabiles* – wie sich Leibniz ausdrückt – festzumachen.

Bei der Durchführung dieser Aufgabe, unsere Begriffe oder Gedanken in einem in der Anschauung kontrollierbaren Zeichensystem zum Ausdruck zu bringen, lassen sich in Leibniz' vielfältigen Untersuchungen zu dieser Problematik zwei Tendenzen oder Gesichtspunkte feststellen.

Zum einen versucht er, eine natürliche Sprache (in diesem Fall die damals übliche Wissenschaftssprache Latein) zu einer rationalen oder philosophischen Sprache umzubilden, indem ihre Zweideutigkeiten, Unschärfen und Paradoxien beseitigt werden, d.h., er versucht die natürliche Sprache durch die Erstellung einer rationalen Grammatik (*grammatica rationalis*) zu einer normierten Wissenschaftssprache zu entwickeln.[74] Dabei ist Leibniz aber bestrebt, die vielfältigen Ausdrucks- und Schlußmöglichkeiten der natürlichen Sprache nicht zu restringieren, sondern zu erhalten. Es besteht lediglich die Notwendigkeit, sie zu präzisieren und ihre Anwendung eindeutig zu machen. Gegenüber der logischen Standardmethode der Leibniz-Zeit, der traditionellen Syllogistik, die nur beschränkte Ausdrucksmöglichkeiten und Folgerungsverfahren besitzt, bietet die natürliche Sprache ein weit reicheres Instrumentarium. Daher hat Leibniz des öfteren darauf hingewiesen, daß die von ihm geforderte Logik (d.h. die für seine Universalwissenschaft propagierte Methode) bisher noch nicht entwickelt worden ist.[75] So müßte z.B. für Leibniz der einfache (inhaltliche) natürlich-sprachliche Schluß von „David ist Vater von Salomon" auf „Also ist Salomon Sohn von David" in einer rationalen Sprache und Logik so formalisiert werden, daß er sich aus der Form der sprachlichen Ausdrücke selbst ergibt.

Auf der anderen Seite geht Leibniz so vor, daß er von vornherein eine normierte Kunstsprache zugrunde legt (indem für Namen und Wörter der natürlichen Sprache künstliche Symbole, z.B. Buchstaben, Zahlen und Hilfszeichen gewählt werden). Diese Kunstsprache würde dann seinem Desiderat einer *characteristica universalis* entsprechen. In ihr müssen sich alle Argumentationsformen und Schlußweisen als Zeichenmanipulationsprozesse darstellen lassen, die streng geregelten Prozeduren unterliegen; d.h., jeder Schluß besteht nur in einem geregelten Übergang von einer Zeichenkombination zu einer anderen. Die Kunst, durch Kombinationen von Grundzeichen sprachliche Ausdrücke herzustellen und die Argumentationsweisen durch kombinatorische Umformungen darzustellen, nennt Leibniz „Kombinationskunst" (*ars combinatoria*). Sie ist daher die grundlegende, wichtigste Kunst für die Realisierung von *scientia generalis* und *characteristica universalis* im Sinne eines echten Argumentationskalküls oder *calculus ratiocinator*,[76] wie der Leibnizsche Ausdruck dafür lautet.

Fragen wir uns nun, welche wissenschaftstheoretischen Bedingungen die universelle Logik und die universelle Zeichensprache für Leibniz zu erfüllen haben. Die Aufgabe der *characteristica universalis* ist es, die Analyse der Begriffe auf die Analyse der Zeichen der Sprache zu übertragen. Es muß – in heutiger mathematischer Sprechweise – eine eineindeutige Abbildung der Begriffe auf die Zeichen der Sprache stattfinden, so daß die begrifflichen Zusammenhänge mit den entsprechenden Zusammenhängen der die Begriffe repräsentierenden Zeichen korrespondieren. Diese Aufgabe besteht in dreierlei:

Erstens müssen zunächst die passenden Zeichen für die sachhaltigen oder deskriptiven Wörter unserer Sprache (die zur Repräsentation unserer Gedanken oder Ideen dienen, die sich auf Dinge und deren Eigenschaften beziehen) gefunden werden. Es handelt sich also um die Festlegung des Zeichenapparats. Hierbei muß berücksichtigt werden, daß für

Leibniz Begriffe kombinatorische Verbindungen der inhaltlichen Bestandteile sind, in die sie durch Analyse zerlegt werden können. Eine solche Auflösung eines Begriffs in seine Bestandteile stellt seine Definition dar. Im Idealfall kann ein Begriff bis in seine letzten Bestandteile, die Grundbegriffe, zerlegt werden. Es gibt nun Versuche von Leibniz, für die nicht weiter zerlegbaren Grundbegriffe Primzahlen zu wählen, weil auch sie durch keine weitere Zahl (außer 1) teilbar sind. Dann kann man zusammengesetzte Begriffe als Multiplikationen von Primzahlen auffassen und die Analyse oder Definition eines Begriffs besteht in einer Primzahlzerlegung. In einem einfachen Beispiel wählt Leibniz für die (hier als einfach angenommenen) Begriffe „vernünftig" und „Lebewesen" die Primzahlen 2 und 3. Der Mensch, der traditionell als vernünftiges Lebewesen definiert wird, würde dann durch die Zahl 6 repräsentiert werden, so daß die Definition „Der Mensch ist ein vernünftiges Lebewesen" durch die Aussage oder Gleichung „6 = 2 × 3" wiedergegeben würde. – In der Mehrzahl der Fälle hat Leibniz jedoch – wie in der Algebra üblich – Repräsentationen der Begriffe durch Buchstaben vorgezogen. Dann würde die angeführte Definition des Menschen z. B. durch die Aussage „A = BC" wiedergegeben werden können.

Zweitens muß bestimmt werden, wie man aus den Zeichen für die Begriffe Aussagen gewinnen kann, bei denen ja allein die Wahrheitsfrage auftritt; d. h., es müssen Formationsregeln für die zulässigen Aussageformen festgelegt werden. Da die Leibnizschen Begriffe durch Analyse in ihre inhaltlichen Bestandteile zerlegt werden können bzw. umgekehrt durch Synthese wieder daraus zusammengesetzt werden können, bedeutet für Leibniz eine Aussage, die von einem Subjekt ein Prädikat aussagt, die Behauptung, daß das Prädikat im Subjekt enthalten ist. Und der Satz „Der Mensch ist vernünftig" müßte dann mit „A ist B" (oder „6 ist durch 2 teilbar") formalisiert werden, womit die Beziehung des Enthaltenseins zwischen Begriffsinhalten zum Ausdruck gebracht würde.

Drittens muß festgelegt werden, wie man Aussagen beweist; d. h., es müssen die zulässigen Beweismittel für den Beweis der Wahrheit eines Satzes vereinbart werden. Der Beweis besteht nun in der Rückführung von Sätzen (Aussagen) auf Axiome. Da nun Leibniz nur identische Sätze als die einzigen wahren Axiome zuläßt, müßte der Beweis eines beliebigen Satzes letzten Endes in dessen Rückführung auf identische Sätze bestehen. Als Beweismittel läßt Leibniz dabei allein Substitutionen zu, die auf der Analyse der beiden Begriffe des Satzes (Subjekt oder Prädikat) in seine Teilbegriffe beruhen und es gestatten, das Ergebnis der Analyse (d. i. in der Regel seine Definition) an die Stelle des analysierten Begriffs zu setzen. Dies ist deshalb gestattet, weil sich dadurch der Wahrheitswert des Satzes nicht verändert (insofern Definiens und Definiendum dasselbe sind). Leibniz nennt daher diese Beweisregel die wahrheitsbewahrende Substitution (*substitutio salva veritate*). Sie ist das einzige Beweismittel.

Der Satz „A ist B" („A enthält B") oder „6 ist teilbar durch 2" würde dann dadurch bewiesen, daß man für „A" („Mensch") „BC" („vernünftiges Lebewesen") substituiert, also „A" durch seine Definition ersetzt bzw. 6 in seine Teiler zerlegt, denn dann erhält man den Satz „BC ist B" bzw. „2 × 3 ist teilbar durch 2". Damit ist der Satz aber auf eine formale Identität zurückgeführt worden (da das Prädikat „B" mit einem Teil des Subjekts, nämlich „B" in „BC" bzw. 2 mit einem der beiden Teiler von 6 identisch ist). Er ist also bewiesen, weil er auf einen identischen Satz, das Leibnizsche Axiom, zurückgeführt werden konnte.

Die Radikalität der Leibnizschen Überlegungen besteht darin, daß hier eine echte formale Kalkülisierung und Axiomatisierung vorgenommen wird, aufgrund deren die Beweismethode strengen Regeln und das Beweisergebnis einem strengen Evidenzkriterium (der Feststellung einer formalen Identität) unterworfen werden. Das bei Descartes im psychologisch-mentalen Bereich verbleibende Evidenzkriterium des klaren und deutlichen Erkennens wird von Leibniz in ein formal-syntaktisches überführt, welches lautet: Ein Satz ist genau dann wahr, wenn sein Prädikat im Subjekt enthalten ist, d.h., wenn dies durch den Nachweis einer formalen Identitätsbeziehung zwischen Subjekt und Prädikat gezeigt werden kann. Dies ist – so die Formulierung von Leibniz – sozusagen ein „augenfälliger Beweis" (*demonstratio ocularis*), der sinnvollerweise nicht mehr bezweifelt werden kann.

Die Nicht-Trivialität und Leistungsfähigkeit seiner Universalwissenschaft besteht für Leibniz darin, daß sie uns in die Lage versetzt, selbst sogenannte Axiome, d.h. von uns in den Wissenschaften als Axiome angenommene Sätze, zu beweisen. Leibniz pflegt dies gern durch den Beweis des zweiten von Euklid (im ersten Buch seiner ›Elemente‹) als Axiom angenommenen Satzes zu zeigen: „Wenn Gleiches zu Gleichem hinzugefügt wird, ergibt sich Gleiches". In formaler Notation lautet dieses Axiom:
„Wenn $a = l$ und $b = m$, dann $a + b = l + m$".
Das heißt, es handelt sich um den Schluß aus den beiden Prämissen, nämlich
Prämisse 1: $a = l$
und Prämisse 2: $b = m$
auf die Konklusion: $a + b = l + m$.
Der Leibnizsche Beweis verläuft folgendermaßen:

(1) $a + b = a + b$ (dieser Satz ist wahr, weil er ein identischer Satz – hier als Spezialfall: ein Satz über die Gleichheit zweier Größen –, also ein Leibniz-Axiom ist).

(2) $a + b = l + b$ (Substitution des zweiten „a" in (1) durch „l" aufgrund von Prämisse 1).

(3) a + b = l + m (Substitution des zweiten „b" in (2) durch „m" aufgrund von Prämisse 2). – Die beiden Substitutionen in diesem Beweis sind zulässig aufgrund der Leibnizschen Bestimmung, daß sich dieselben Dinge (hier als Spezialfall: die gleichen Größen) für einander substituieren lassen, ohne daß sich der Wahrheitswert der betreffenden Aussage (hier als Spezialfall: der Wert der betreffenden Gleichung) ändert.[77]

Damit ist das Euklidische Axiom mit Hilfe des einzigen Leibniz-Axioms, des identischen Satzes, und der einzigen Substitutionsregel (der *substitutio salva veritate* bzw. hier als Spezialfall: der *substitutio salva magnitudine*, der größenerhaltenden Substitution) bewiesen worden. In diesem Fall handelt es sich anstelle des zuvor exemplifizierten regressiv-analytischen Verfahrens der Begriffsauflösung um ein eher synthetisch-progressives Verfahren der Deduktion. Es ist aber gleichgültig, ob man in regressiv-analytischer Weise den zu beweisenden Satz auf eine Identität zurückführt oder ob man aus einer Identität den zu beweisenden Satz auf progressiv-synthetische Weise ableitet.

Es wird nunmehr verständlich, warum Leibniz die folgenden beiden grundlegenden Prinzipien für seine Philosophie in Anspruch nimmt: das Prinzip der Identität oder des (verbotenen) Widerspruchs (*principium identitatis, contradictionis*) „Nichts kann zugleich sein und nicht sein" bzw. „Etwas Beliebiges ist oder ist nicht" und das Prinzip des zureichenden Grundes (*principium rationis sufficientis*) „Nichts ist ohne Grund".[78] Abgesehen von ihrer grundlegenden, auch ontologischen Bedeutung erhalten sie bei Leibniz nämlich eine spezielle wissenschaftstheoretische Funktion. Das Prinzip der Identität liefert die Wahrheitsgarantie für die Leibniz-Axiome, die identischen Sätze. Das Prinzip vom zureichenden Grund garantiert die Beweisbarkeit jedes wahren Satzes, d.h. postuliert, daß man jeden wahren Satz durch Substitution äquivalenter Ausdrücke auf identische Sätze reduzieren kann, deren Wahrheit durch Augenschein evident ist.

Betrachtet man die hier behandelten, am natürlichen Licht der Vernunft orientierten Methodenreflexionen, so zeigen sie alle die veränderte Erkenntnisperspektive auf: Nicht von den Dingen her, sondern von der autonomen Vernunft her wird gedacht, erkannt, begründet. Die Vielfalt der Dinge wird unter eine einheitliche vernunftgeleitete Methodenperspektive gestellt. Mit dieser Vereinheitlichung des Erkenntnisgegenstandes ist aber auch mehr oder weniger eine Begrenzung des Wissens verbunden. Die Grenzen des Wissens sind bestimmt durch die Grenzen unserer Vernunft. Diese Einsicht in die anthropologische Bedingtheit des menschlichen Wissens wird je nach Denker verschieden artikuliert. Für Bacon ist all unsere Erkenntnis an die Perspektive des Menschen gebunden und vermag nicht die der Dinge selbst oder des Universums einzunehmen (*omnes perceptiones tam sensus quam mentis sunt ex analogia hominis, non ex analogia universi*).[79] Für Hobbes besteht eine grundsätzliche durch die Konventionalität der Sprache bedingte Willkürlichkeit der menschlichen Begriffe, die deren Seinsadäquatheit offenläßt. „Wahr" und „falsch" sind daher Attribute der Sprache und nicht der Dinge (*„true" and „false" are attributes of speech, not of things*),[80] heißt es im ›Leviathan‹. Descartes, der in der 8. und 12. Regel seiner ›Regeln zur Leitung der Erkenntniskraft‹ ausdrücklich die Frage nach den Grenzen des Wissens stellt (*quid sit humana cognitio et quousque extendatur*)[81] und sie als wesentlich für die Methodenreflexion bezeichnet, weist auf die Beschränktheit der menschlichen Natur, auf die *conditio humana* hin, aufgrund deren wir uns mit Teilerkenntnissen begnügen müssen,[82] zum anderen auf den prinzipiellen Unterschied zwischen unserer Erkenntnisordnung (*ordo ad cognitionem nostram*) und der Ordnung der wirklich existierenden Dinge (*prout res singulae revera existunt*),[83] womit er den Doppelaspekt im Erkenntnisvorgang anspricht: des Erkennenden auf der einen und des Erkenntnisgegenstandes auf der anderen Seite (*nos qui cognoscimus – res ipsae cognoscendae*).[84] Für Pascal ist der Mensch aufgrund seiner Stellung zwischen dem Nichts und der Unendlichkeit nicht in der Lage, die vollkommene Methode anzuwenden und damit auch nicht, die letzte Kenntnis von den Dingen zu erhalten.[85] Und selbst Leibniz, der noch am meisten von der Analogie zwischen ontologischer und epistemologischer Ordnung überzeugt ist, erkennt eine prinzipielle Grenze der menschlichen Vernunft an: ihre Endlichkeit. Bei der Analyse der Dinge und der ihnen entsprechenden Begriffe stoßen wir auf die Schwierigkeit, daß wir ihre unendliche Komplexität (die bei den wirklich existierenden Dingen dieser Welt vorliegt) niemals völlig durchschauen und insofern die Analyse niemals zu Ende bringen können.

Diese grundsätzliche Beschränktheit der menschlichen Vernunft und Methode macht diese jedoch nicht ungeeignet für die Erkenntnis; vielmehr reduziert sie diese nur auf das menschliche Maß. Als Erkenntnismittel bleibt die rationale, an der autonomen Vernunft ausgerichtete Methode das einzige Kriterium für wissenschaftliche Erkenntnis und Wahrheit. Die Auswirkungen, die diese Einstellung für das wissenschaftliche Weltbild hat, zeigen sich, wenn Vernunft und Methode nun für die Erkenntnis eingesetzt und für die Weltdeutung herangezogen werden, nämlich bei der Interpretation der anorganischen und organischen Natur, d.h. bei der Interpretation des materiellen Universums und der in diesem vorkommenden Formen organischen Lebens. Mit diesen Themen beschäftigen sich die nächsten beiden Kapitel.

3. Materie und Universum

Das 17. Jahrhundert ist wie kein anderes vor ihm von Entdeckungen auf dem Gebiet der Physik geprägt, wofür die Namen großer Physiker wie Galilei, Kepler, Huygens und Newton bürgen. Dabei geht das Interesse an den makro- wie mikrophysikalischen Vorgängen eine Symbiose ein. Nicht nur die Fragen der Makrophysik nach der Struktur des Universums und seinen Gesetzen, sondern auch das Bedürfnis, diese auf die zugrundeliegenden mikrophysikalischen Prozesse zurückzuführen oder damit in Zusammenhang zu bringen, also Fragen nach der Struktur der Materie bestimmen das Interesse der Zeit. Das kopernikanische Weltbild, das sich in unserem Zeitalter zunächst gegen erbitterten Widerstand der Kirche durchzusetzen beginnt, führt zu neuen intensiven Untersuchungen über die astronomischen Bewegungen der Himmelskörper und die Bewegungsabläufe in der Natur. Keplers ›Neue Astronomie‹ (Astronomia nova) aus dem Jahre 1609 und Newtons ›Mathematische Prinzipien der Naturphilosophie‹ (Philosophiae naturalis principia mathematica) von 1687 sind große Zeugnisse dieser Bemühungen. Damit verknüpft ist das Bestreben, diese in einen Gesamtzusammenhang der Naturdeutung zu stellen, der die Materie als Stoff des Universums ins Zentrum rückt. Hier spielt vor allem das als Ausfluß, Strahlung oder Welle feinster Materie verstandene Licht eine besondere Rolle. ›Abhandlung über das Licht‹ (Traité de la lumière) heißt sowohl der von Descartes in den 1630er Jahren verfaßte erste physikalische Traktat wie auch die von Huygens 1690 veröffentlichte Schrift. Allgemein sind es die Bewegungsabläufe in der Natur, sei es die kleiner Materiepartikeln oder die großer Himmelskörper, die das Interesse erwecken. Und in diesem Sinne ist jede Theorie über das Universum und die Materie eine Art von Kinematik.

Das mechanistische Programm

Es liegt von hier aus nahe, daß die als Bewegungskunst verstandene Mechanik, die sich mit der Herstellung und der Funktionsweise von Maschinen befaßt, zu der Paradedisziplin wird, die Vorbildcharakter für das naturwissenschaftliche Denken gewinnt. So wie sich die Funktionsweise von Maschinen (als die fünf klassischen, seit der Antike bekannten einfachen Maschinen, aus denen sich kompliziertere zusammensetzen lassen, gelten:

Hebel, Rolle, schiefe Ebene, Keil, Schraube) aus den Bewegungen sich stoßender, drückender und ziehender Teile erklären läßt, so werden nun auch die Naturprozesse als solche maschinellen Vorgänge von sich bewegenden Teilchen interpretiert. Die modernen Naturinterpreten des Zeitalters – darauf wiesen wir schon im letzten Kapitel hin – werden daher kurz die Mechaniker oder die mechanistischen Philosophen genannt.

Mit der mechanistischen Einstellung verbindet sich im 17. Jahrhundert ein ganz bestimmtes Wissenschaftsprogramm, das sich in der stereotyp wiederholten Forderung ausdrückt, alles müsse mit Hilfe von Größe, Figur, Lage und Bewegung erklärt werden, oder – leicht variiert, unter Bezugnahme auf das Bibelwort aus dem ›Buch der Weisheit‹ – Gott habe alles nach Maß, Zahl und Gewicht geschaffen. Wie die Räder, Federn und anderen Teile einer Maschine sind auch die Körper in der Natur aus Teilchen bestimmter Größe und Figur, die sich in einer bestimmten Anordnung befinden und auf gewisse Weise (variabel nach Richtung und Geschwindigkeit) bewegen, zusammengesetzt. Programm ist dieses Erklärungspostulat deshalb, weil sich damit die weltanschauliche Position verbindet, prinzipiell alles solle so erklärbar sein, nicht nur die beobachtbaren Phänomene im normalen Erfahrungsbereich, sondern auch die nicht mehr beobachtbaren Phänomene, die den menschlichen Sinnen entzogen sind, seien es ferne Sternenwelten oder mikroskopisch kleine chemische Vorgänge. Typisch hierfür ist die Äußerung von Descartes gegen Ende seiner ›Prinzipien der Philosophie‹, wo er auf die dem Leser unterstellte Frage, wie er – Descartes – dazu komme, auch den nicht wahrnehmbaren Partikeln der Körper bestimmte Figuren, Größen und Bewegungen zuzusprechen, als ob er sie gesehen hätte, entgegnet: „So wie die im Betrachten von Automaten Geübten, wenn sie den Gebrauch irgendeiner Maschine kennen und sich einige ihrer Teile ansehen, leicht daraus entnehmen, wie die anderen Teile gemacht sind, so habe auch ich versucht, aus den wahrnehmbaren Wirkungen und Teilen der natürlichen Körper zu erforschen, welches ihre nicht wahrnehmbaren Ursachen und Partikeln sind.“[1] Zunächst – und das ist das Thema dieses Kapitels – wird dieses Mechanismus-Postulat nur auf die anorganischen, also nicht-lebendigen Vorgänge und Körper bezogen, aber – wie das nächste Kapitel zeigt – es wird dann auch auf organische, lebendige Prozesse und Wesen in der Natur übertragen, die – je nach Einstellung – teilweise oder vollständig als Mechanismen verstanden werden.

Mit dieser Mechanisierung des Weltbildes geht eine Mathematisierung des Denkens konform. Sind die zu berücksichtigenden Partikeln der Materie nur im Hinblick auf ihre Größe, Figur, Lage und Bewegung variabel, so lassen sich die Phänomene im Universum vollständig mathematisch erfassen und beschreiben. So verbinden sich – wie schon bemerkt – auf eine natürliche Weise mechanistisches und mathematisches Denken. Die beobachteten Körper und Partikeln im Universum lassen sich alle aufgrund ihrer mechanischen Eigenschaften mathematisch beschreiben, ihre Zusammenhänge müssen daher mathematischen Gesetzmäßigkeiten unterliegen.

Das mechanistische Programm führt nun dazu, daß die naive, unmittelbare Beobachtung mittels unserer Sinne durch eine sozusagen mathematisch normierte, rein quantitative Form der Beobachtung ersetzt wird. Nur was quantifizierbar ist, ist für die Erklärung physikalischer Prozesse zu berücksichtigen. Diese bei den Naturwissenschaftlern geläufige Forderung findet Eingang auch in die philosophischen Betrachtungen bei den dem Modernen aufgeschlossenen Philosophen. In der philosophischen Reflexion wird diese Einstellung durch das Postulat zum Ausdruck gebracht, die sogenannten sekundären Sinnesqualitäten durch die primären zu ersetzen. Unter den sekundären Qualitäten sind die durch unsere fünf äußeren Sinne wahrnehmbaren Qualitäten wie rot, laut, süß, weich, trocken u. ä. zu verstehen. Ihnen zugrunde liegen die primären Sinnesqualitäten wie Größe, Figur, Lage und Bewegung, also die genannten mechanischen, quantifizierbaren Bestimmungen. Die sekundären Qualitäten gelten als die bloß subjektiven Empfindungen, die wir beim Wahrnehmen von Objekten haben, während die primären Qualitäten als die objektiven, den Dingen selbst zukommenden Beschaffenheiten verstanden werden. Von hier aus erheben die Mechaniker oder Mechanisten den Anspruch, die Dinge so zu erklären, wie sie an sich sind.

Descartes beispielsweise beginnt seine gerade genannte ›Abhandlung über das Licht‹ mit dem Hinweis auf den Unterschied zwischen der Empfindung oder Idee, die wir mittels unserer Augen in der Einbildungskraft vom Licht gewinnen, und dem, was im Gegenstand (etwa einer Flamme oder der Sonne) selbst ist und unsere Empfindung hervorruft. Zwischen beiden muß es keine Ähnlichkeit geben, genausowenig wie eine Ähnlichkeit eines Wortes mit dem von ihm bezeichneten Gegenstand bestehen muß. Ein anderes Beispiel aus dem sinnlichen Wahrnehmungsbereich macht dies deutlich: Berührt man mit einer Feder die Lippen, so ist die auf diese Weise hervorgerufene Empfindung des Kitzels in keiner Weise ähnlich mit der von der Feder vollführten Bewegung. „Daher“ – so Descartes – „sehe ich keinen Grund, der uns verpflichtet zu glauben, daß das, was sich in den Gegenständen befindet, von denen unsere Lichtempfindung herrührt, dieser Empfindung ähnlicher sei als die Bewegungen der Feder … dem Kitzelgefühl.“[2] Letzten Endes beruht die Empfindung des Lichts oder der Wärme, die etwa durch eine Flamme hervorgerufen wird, auf der Bewegung kleiner Materieteilchen, die voneinander getrennt werden, wie man das beim Verbrennen von Holz feststellen kann. Diese mechanischen Prozesse sind die Ursache für die in uns hervorgerufenen Empfindungen, die wir, je nach den erzielten Wirkungen, „Wärme" oder „Licht" nennen, welche aber nur in unserer Vorstellung oder in unserem Empfinden sind, ohne Ähnlichkeit mit den Vorgängen im Objekt zu haben.[3]

Locke hat 1690 im zweiten Buch seines ›Versuchs über den menschlichen Verstand‹ für diese Unterscheidung zwischen subjektiver Sinnesempfindung und objektiver, physischer Ursache die – in Galileis ›Goldprüfer‹ (Il Saggiatore) von 1623 und in Boyles Schrift ›Der Ursprung der Formen und Qualitäten nach der Korpuskularphilosophie‹ (The Origin of Formes and Qualities, according to the Corpuscular Philosophy) von 1666 schon benutzte, jedenfalls seit Locke gebräuchlich gewordene – Terminologie „primäre – sekundäre Sinnesqualitäten" (*original, primary qualities – secondary qualities*) eingeführt. Locke unterscheidet nämlich in folgender Weise zwei Qualitäten der Körper: „*Erstens* solche, die vom Körper, in welchem Zustand er auch sein möge, völlig untrennbar sind, die er bei allen Veränderungen und Verwandlungen, die er erfährt, bei aller Gewalt, die auf ihn ausgeübt wird, dauernd beibehält, die die Sinne stets in jeder Partikel der Materie entdecken, die groß genug ist, um wahrgenommen zu werden, und die auch der Geist mit jeder Partikel untrennbar verbunden findet, mag letztere auch zu klein sein, um für sich allein von unseren Sinnen wahrgenommen zu werden. ... Diese nenne ich ursprüngliche oder primäre Qualitäten der Körper, ... nämlich Festigkeit, Ausdehnung, Gestalt, Bewegung oder Ruhe und Zahl (*solidity, extension, figures motion or rest, and number*). *Zweitens* solche Qualitäten, die in Wahrheit in den Objekten selbst nichts sind als die Kräfte, um mittels ihrer primären Qualitäten, d.h. der Größe, Gestalt, Struktur und Bewegung (*bulk, figures, texture, and motion*) ihrer sinnlich nicht wahrgenommenen Teilchen verschiedenartige Empfindungen (*sensations*) in uns zu erzeugen, wie z.B. Farben, Töne, Geschmacksarten usw. Diese nenne ich sekundäre Qualitäten."[4]

Die Berufung auf diese primären, mechanischen Qualitäten, um die es jetzt ausschließlich bei der Naturbetrachtung geht, ist gegen die traditionelle aristotelisch-scholastische Schulphilosophie der Zeit gerichtet, die überall, auch in den anorganischen Körpern, geheime Kräfte am Werke sah, die für die Wirksamkeit der Körper verantwortlich gemacht und als geheime oder „okkulte Qualitäten" bezeichnet wurden. Diese mit dem aristotelisch-scholastischen Begriff der substantiellen Form, die erst der ungeformten Materie ihre jeweilige individuelle Form und Wirksamkeit verleiht, in Verbindung gebrachte Qualität konnte in keiner Weise erklären, wie aus ihr die jeweiligen beobachteten Phänomene entstehen, entzog sich also einer mechanistischen Betrachtungsweise. Das als Cartesianisch geltende, zuerst 1692 erschienene ›Lexicon philosophicum‹ von Chauvin bestimmt und kritisiert daher die okkulte Qualität wie folgt: „Die okkulte Qualität ist eine versteckte oder verborgene Fähigkeit, aufgrund deren die natürlichen Dinge etwas tun oder erleiden, deren apriorischer Grund aber, wie sie nämlich aus der substantiellen Form unmittelbar hervorgeht, nicht angegeben werden kann. Sie wird auch als den Sinnen nicht zugängliche Fähigkeit, die nur durch ihre Wirkungen erfaßt wird, bezeichnet. Was aber die Aristoteliker durch diese Definitionen leisten wollen, und ob dadurch irgendein formaler Unterschied zwischen okkulten und manifesten Qualitäten konstituiert wird, wird zu Recht bezweifelt.“[5] Ebenso richtete sich das mechanistische Denken gegen die Annahme anderer animistischer oder spiritualistischer Formen oder Kräfte in der anorganischen Materie, wie sie eher aus platonistischem Umkreis kam. Als Beispiele mögen die sogenannten plastischen Kräfte (*vires plasticae*) gelten, die Ralph Cudworth in seinem 1678 erschienenen Buch ›Das wahre intellektuelle System des Universums‹ (The true intellectual system of the universe) für die Materie in Anspruch nahm, oder das die Materie als „Geist der Natur“ durchdringende hylarchische Prinzip (*principium hylarchicum sive spiritus naturae*), das Henry More in seinem ›Metaphysischen Handbuch‹ (Enchiridion Metaphysicum) 1671 postulierte. Beide Denker gehören zum englischen, sogenannten Cambridger Platonismus.

Natur ohne Zwecke

Mit der Ablehnung substantieller Formen oder animistischer Kräfte in der unbelebten Natur durch die Mechanisten bricht sich eine andere Kausalvorstellung Bahn. Hatte man in der traditionellen Philosophie weitgehend Substanzen oder substanzähnliche Kräfte als Ursachen im Sinne von Urhebern verstanden, deren Wirkungen Tätigkeiten oder andere Substanzen waren, so werden jetzt beide, Ursache wie Wirkungen, als Zustände oder Bewegungen aufgefaßt. Naturwissenschaftlich interessant ist nur, wie ein Zustand (eines Körpers) in einen anderen übergeht, wie eine Bewegung aus einer anderen hervorgeht. Das Kausalverhältnis bezieht sich auf Zustandsfolgen, auf den Übergang eines Zustandes in einen anderen, besteht also (insofern jede Änderung eines Zustandes nicht ohne Bewegung zustande kommt) in der durch Bewegung erfolgenden Veränderung des Zustandes eines oder mehrerer Körper. Ob und inwieweit diese Zustände und Bewegungen bestimmten Substanzen als Urhebern zugeordnet werden können, ist zweitrangig. Entscheidend für die Kausalbeziehung ist die Notwendigkeit des Übergangs als solchen. Ist von diesem neuen Kausalverständnis schon die wirkursächliche Beziehung selbst betroffen, insofern es hier nur um die kausale Erklärung von Naturprozessen geht, nicht mehr um möglicherweise dahinterstehende Träger oder Substanzen, die dafür verantwortlich sind, so führt diese Einstellung a fortiori zu einer Ablehnung derjenigen Ursachen, die ohne Zuordnung zu einer Substanz (ja sogar gewöhnlich zu einer intelligenten Substanz) gar nicht verständlich sind, d. h. zu einer Ablehnung der Zweckursachen.

Damit kommen wir zu dem zweiten, sich ebenso stereoty durch das mechanistische Denken ziehenden Aspekt. Die strikten Mechanisten und mechanistischen Philosophen schließen die Final- oder Zweckursachen für die Erklärung der anorganischen Natur aus. Die Gegenüberstellung von effizienten und finalen Ursachen (oder Wirk- und Zweckursachen) geht auf Aristoteles zurück, wo sie in einer Vier-Ursachen-Lehre mit dem anderen Begriffspaar der formalen und materiellen Ursache verknüpft war. Die Wirkursache oder *causa efficiens* beschreibt die Beziehung zwischen einer Ursache und der Wirkung, die sie hervorbringt oder produziert. Dies sind die „normalen" Ursachen in der (unbelebten) Natur. Im Sinne dieser Wirkursache verursacht ein Stein, der auf den Kopf eines Menschen fällt, dessen Tod, und ein Meteoreinschlag verursacht einen Krater im Erdreich. Die Zweckursache ist hingegen an einem intelligenten Handelnden (z. B. am Menschen oder an Gott) orientiert, der mit seinem Willen Absichten oder Zwecke verwirklichen will. Die Absicht, der Zweck (den sich der Handelnde vornimmt) ist hier die Ursache dafür, daß ein bestimmtes Ereignis eintritt, eine Zustandsänderung erfolgt, eine Tätigkeit in Angriff genommen wird. Im Sinne der Zweckursache ist beispielsweise mein Wunsch, einen Menschen wiederzusehen, Ursache dafür, daß ich eine Reise antrete. Diese in der Sphäre lebendiger und intelligenter Handelnder sinnvolle Zweckursache war nun in der Tradition vielfach auch auf die unbelebte Natur übertragen worden, insbesondere dort, wo man zu animistischen, spiritualistischen oder auch theologischen Naturdeutungen neigte. Naturkatastrophen werden dann als Strafaktionen Gottes oder einer mystisch vergeistigten Natur verstanden. Gott hat zur Strafe den Stein auf den Kopf des Menschen fallen lassen. Die Mechanisten sehen hierin eine unzulässige Anthropomorphisierung der Natur und lehnen daher für ihre postulierten naturwissenschaftlich-mechanistischen Erklärungen von Naturereignissen alle von Zwecken abgeleiteten Ursachen ab, insbesondere auch die von den Zwecken, die Gott bei der Schöpfung unterstellt werden. Abgesehen davon, daß eine durchgängige Belebung der Natur in ihren Augen spekulativ ist, widerspricht die Heranziehung von Zweckursachen bei der Erklärung der anorganischen Natur dem mechanischen Grundprinzip, alles auf die mathematischen Begriffe von Größe, Figur und Bewegung zu reduzieren, denn Zweckursachen sind nicht quantifizierbar. Der gemeinsame Tenor aller mechanistisch eingestellten Philosophen und Wissenschaftler ist daher: Bei der wissenschaftlichen Erklärung der physischen Natur, des Universums dürfen keine Zweck- oder Finalursachen benutzt werden.

Bei Descartes wird dieser Anti-Finalismus im Hinblick auf eine theologische Naturinterpretation in der 4. Meditation der ›Meditationen‹ durch den Hinweis auf die Unermeßlichkeit und Unbegreiflichkeit Gottes zum Ausdruck gebracht, deren Zwecke wir nicht kennen. „Allein aus diesem Grunde" – so Descartes – „glaube ich, daß die ganze Gattung von Ursachen, die vom Zweck her abgeleitet sind, im Bereich der physischen Dinge keinen Nutzen haben."[6] Im 1648 mit Burman geführten Gespräch über seine ›Meditationen‹ führt Descartes zu dieser Stelle näher aus: „Zu Recht muß dies beachtet werden, daß wir niemals vom Zweck her argumentieren sollen. Denn erstens führt uns die Erkenntnis des Zwecks nicht zur Erkenntnis der Sache selbst, vielmehr bleibt uns deren Natur nichtsdestoweniger verborgen. Und dies ist der größte Fehler des Aristoteles, daß er immer vom Zweck her argumentiert. Zweitens sind uns alle Ziele Gottes verborgen, und es ist voreilig, in sie eindringen zu wollen. Ich spreche hier nicht von den geoffenbarten Zielen, sondern wie ich sie als Philosoph allein betrachte. Aber hier irren wir besonders. Wir begreifen Gott gleichsam wie einen großen Menschen, der sich das und das vornimmt und durch die und die Mittel zu erreichen versucht, was sicher Gottes sehr unwürdig ist."[7] Im ersten Teil der ›Prinzipien der Philosophie‹ heißt es in § 28 unter dem Titel „Nicht die finalen, sondern die effizienten Ursachen der geschaffenen Dinge sind zu erforschen": „Wir leiten deshalb bei den natürlichen Dingen nie irgendwelche Gründe aus dem Zweck ab, den Gott oder die Natur bei ihrer Erschaffung sich vorgenommen haben – ‚und wir wollen die Untersuchung der Zweckursachen vollständig aus unserer Philosophie ausschließen', so ergänzt noch deutlicher die französische Übersetzung von 1647 –; da wir uns nicht anmaßen dürfen, zu glauben, wir seien seiner Pläne teilhaftig; vielmehr werden wir, wenn wir ihn als die wirkende Ursache aller Dinge betrachten, sehen, was uns das uns eingegebene natürliche Licht aus seinen Eigenschaften, von denen er uns einige Kenntnis vermittelte, im Hinblick auf jene seine Wirkungen, die unseren Sinnen erscheinen, zu schließen gestattet."[8]

Ebenso weist Spinoza im Anhang zum ersten Teil seiner ›Ethik‹ auf die Vorurteile hin, die einer richtigen Auffassung von Gott und der Natur im Wege stehen und die alle „von diesem einen abhängen, daß die Menschen gewöhnlich annehmen, Dinge in der Natur handelten, wie sie selbst, um eines Zweckes willen; ja sogar als sicher feststellen, daß Gott selbst alles zu irgendeinem bestimmten Zweck leite: Sie sagen nämlich, Gott habe alles um des Menschen willen gemacht, den Menschen aber, damit er ihn verehre."[9] Dieses Zweckdenken ist für Spinoza in der Anlage der Menschen begründet, alles um des Nutzens willen zu tun, den sie erstreben. Beobachtungen über bestimmte Organe und Mittel, die zum Erreichen ihres Nutzens beitragen, „die Augen zum Sehen, die Zähne zum Kauen, Pflanzen und Tiere zur Nahrung, die Sonne zum Leuchten, das Meer zum Ernähren der Fische" bringen die Menschen überdies dazu, „alles in der Natur als Mittel zu ihrem eigenen Nutzen zu betrachten" (*ut omnia naturalia, tanquam ad suum utile media, considerent*) und anzunehmen, da sie diese Mittel nicht selbst gemacht haben, daß ein Lenker der Natur dies alles für sie besorgt und zu ihrem Nutzen geschaffen habe. Hieraus entsteht das Bemühen der Menschen, die Zweckursachen aller Dinge (*omnium rerum causae finales*) erkennen und erklären zu wollen. „Aber" – so wendet Spinoza ironisch ein – „während sie zu zeigen versuchten, daß die Natur nichts vergebens (d. h. ohne Nutzen für den Menschen) tue, haben sie, wie mir scheint, nichts anderes gezeigt, als daß die Natur samt den Göttern ebenso wahnsinnig ist wie die Menschen. ... Unter so vielem Nützlichen in der Natur mußten sie nicht wenig Schädliches bemerken, Unwetter nämlich, Erdbeben, Krankheiten etc."[10] Der Versuch, solche Schäden zu erklären, zeigt jedoch nur ihre Unwissenheit auf. „Wenn z. B. ein Stein von einem Dach auf den Kopf eines Menschen gefallen ist und ihn getötet hat, so beweisen sie auf diese Weise, daß der Stein heruntergefallen sei, um den Menschen zu töten: Wäre der Stein nämlich nicht zu eben diesem Zweck nach dem Willen Gottes heruntergefallen, wie hätten da so viele Umstände (oft treffen nämlich viele zugleich zusammen) durch Zufall zusammentreffen können? Antwortet man vielleicht, es sei so gekommen, weil der Wind wehte und weil der Mensch gerade dort vorbeiging, so werden sie antworten: Warum hat der Wind gerade zu dieser Zeit geweht? Warum ist der Mensch zu derselben Zeit gerade dort vorbeigegangen? Erwidert man darauf: Der Wind fing damals zu wehen an, weil das Meer tags zuvor bei noch ruhigem Wetter in Bewegung kam, und der Mensch von einem Freunde eingeladen war, so werden sie, da das Fragen kein Ende hat, abermals einwenden: Warum aber kam das Meer in Bewegung? Warum war der Mensch zu dieser Zeit eingeladen? Und so werden sie weiter nach den Ursachen der Ursachen fragen, bis man zum Willen Gottes seine Zuflucht nimmt, d. h. zum Asyl der Unwissenheit."[11] Aus all diesen Argumenten ergibt sich für Spinoza klar, „daß die Natur sich keinen Zweck vorgesetzt hat, und daß alle Zweckursachen nichts als menschliche Einbildungen sind".[12]

Wenn wir uns im folgenden exemplarischen Deutungen der anorganischen Natur in der philosophischen Reflexion zuwenden, so wird sich zwar zeigen, daß die Postulate des mechanistischen Programms überall Berücksichtigung finden, daß aber die damit zunächst verbundene Zurückweisung geistig-spiritueller Formen und Qualitäten durchaus nicht überall anerkannt wird. Man kann fast sagen, daß sich allmählich auf mechanistischer Basis eine neue Spiritualisierung der Materie und des Universums durchsetzt, die aber nun nichts Okkultes mehr an sich hat oder an sich zu haben vorgibt. Während in der ersten Hälfte des 17. Jahrhunderts Descartes am radikalsten das mechanistische Programm vertritt, stehen am Ende des Jahrhunderts Leibniz und Newton, die – jeder auf seine Weise – die mechanischen Prozesse in der Natur auf ein neues geistiges Fundament stellen: Newton mit der vorsichtigen Zurückhaltung des Physikers, Leibniz mit der Überzeugung des Metaphysikers. Begleitet wird diese Entwicklung von der allmählich stärkeren Berücksichtigung dynamischer Aspekte in der Materie, die von der als Kinematik verstandenen Mechanik zur Dynamik der Kräfte als Ursachen von Bewegungen führt.

Das geometrische Universum

Descartes' zwischen 1630 und 1633 entstandene, fragmentarisch überlieferte Schrift ›Die Welt‹ (Le Monde) enthielt in einem ersten ›Abhandlung über das Licht‹ genannten Teil seine physikalischen Vorstellungen über das Universum und die Materie, dem sich in einem zweiten Teil ›Über den Menschen‹ (De l'homme) seine physiologischen Vorstellungen über den Menschen anschlossen. Diese von Descartes selbst aufgrund der Verurteilung Galileis durch die Inquisition 1633 nicht veröffentlichten Schriften erschienen separat erstmals 1664 in der Originalsprache; sie fanden aber zuvor teilweise Eingang in die von Descartes publizierten Schriften, nämlich in gedrängter Paraphrase in den 5. Teil der ›Abhandlung über die Methode‹ von 1637 und ausführlicher in die Teile II bis IV des systematischen Hauptwerks von Descartes, der ›Prinzipien der Philosophie‹ von 1644.

Descartes ist der erste der bedeutenden Philosophen, der mit der Mechanisierung der Naturdeutung radikal ernst macht und nur mechanische Prinzipien für die Erklärung von Universum und Materie heranzieht. In einer für ihn charakteristischen Weise ist diese Mechanisierung zugleich mit einer Mathematisierung oder besser: Geometrisierung verbunden.

Sein wesentlicher Ausgangspunkt ist die vollständige Identifizierung der Materie oder des Körpers mit der Ausdehnung oder mit dem dreidimensionalen Raum. Das bedeutet nicht nur, daß jeder Körper ausgedehnt ist, sondern wesentlich nichts anderes als Ausdehnung ist. Mögen alle anderen Eigenschaften an ihm fehlen (wie z. B. Farbe, Härte, Schwere), die der Ausdehnung kann ihm nicht entzogen werden. Umgekehrt gibt es keinen Raum, keinen Raumteil, der nicht Materie enthält. Beide – Raum und Körper – unterscheiden sich nur im Hinblick auf die verschiedene Betrachtungsweise desselben zugrundeliegenden Sachverhalts. Wir können einen Körper auf der einen Seite so betrachten, daß wir seine Ausdehnung als etwas Singuläres und von ihm Untrennbares annehmen, die sozusagen die Ortsveränderung des Körpers mitmacht, als ob der Körper beim Einnehmen einer anderen Raumstelle seine spezifische Ausdehnung mit sich führt. Auf der anderen Seite können wir den Raum als gattungsmäßige Einheit betrachten, so daß eine bestimmte ausgedehnte von einem Körper eingenommene Raumstelle dieselbe bleibt, gleichgültig, ob ein bestimmter Körper sie verläßt und ein anderer an seine Stelle tritt. Im Hinblick auf die Größe ihrer Ausdehnung sind jedoch beide, der einen Raum einnehmende Körper und der vom Körper eingenommene Raumausschnitt (den Descartes auch den inneren Ort nennt), völlig gleich. Berücksichtigt man jedoch die Lage eines Körpers zu den ihn umgebenden Körpern (die Descartes auch den äußeren Ort nennt und als die den Körper von den ihn umgebenden Körpern abgrenzende Oberfläche definiert), so ist diese nur ein Zustand, der sich ändern kann, der also den Körper nicht wesensmäßig bestimmt.[13]

Aus dieser strikten Definition des Körpers als ausgedehnte Sache oder Substanz (*res extensa*) ergibt sich, daß alle Raumteile körperliche Substanzen sein müssen. Daher kann es im Raum kein Vakuum geben. Gäbe es nämlich ein Vakuum, so gäbe es einen Raumteil, der nicht mit einem Körper gleichzusetzen wäre, im Widerspruch zu der Cartesischen Definition. „Das Nichts kann" aber – so drückt sich Descartes aus – „keine Ausdehnung haben" (*nihili nulla potest esse extensio*).[14] Für die Cartesische Deutung der Welt bedeutet dies, daß das Universum dicht, d.h. vollständig ohne Vakua mit Materie angefüllt ist. Es gibt keinen leeren Raum. Wäre es etwa möglich – so ein Beispiel von Descartes –, aus einem Gefäß alle Materie zu entfernen, so müßten sich die Wände des Gefäßes sozusagen aneinander annähern und berühren, d.h., der Hohlraum des Gefäßes würde verschwinden.[15]

Wird der Körper mit seiner Ausdehnung identifiziert, so hat das auch zur Folge, daß er immer seine spezifische Ausdehnung behält und sie nicht verändert, d.h. weder eine größere noch eine kleinere Ausdehnung erhalten kann. Wie verhält es sich dann aber mit Expansions- bzw. Rarefaktions- (Verdünnungs-) oder Kondensations- bzw. Kompressionsvorgängen in der Natur? Dehnt sich etwa eine Flüssigkeit aus (z.B. Kaffee durch Einstreuen von Zucker), so bedeutet dies für Descartes, daß die Kaffeemenge nicht vergrößert wird, vielmehr die Ausdehnung der Kaffeeflüssigkeit gleich bleibt, allerdings treten in die Flüssigkeit nun Zuckerpartikeln ein, die den Flüssigkeitspegel zwar ansteigen lassen, deren Ausdehnung aber nicht der Kaffeeflüssigkeit zugerechnet werden darf. Bei Kompressionsprozessen ist das Gegenteil der Fall. Wird ein bestimmter Körper komprimiert, so wird die bisher in ihm vorhandene und von ihm verschiedene

Materie nur herausgedrückt, so wie bei einem mit Wasser getränkten Schwamm, den man zusammendrückt. Das – modern gesprochen – Volumen oder die Ausdehnung der Materie des Schwamms aber bleiben vorher und nachher gleich.[16]

Aus der alleinigen Bestimmung der Materie durch das Merkmal der Raumausfüllung oder Ausdehnung folgt nun für Descartes ihre beliebige Teilbarkeit, d.h. indefinit weite oder grenzenlose Teilbarkeit. Es gibt kein noch so kleines Materieteilchen, da es ja ausgedehnt sein muß, welches nicht weiter teilbar wäre. Infolgedessen sind Atome (*átomos* = unteilbar) für Descartes ausgeschlossen. Beliebige Teilbarkeit bedeutet hierbei nicht nur die endlose Teilbarkeit, sondern auch die Teilbarkeit in beliebige Figuren, so daß es im Cartesischen Universum Materieteile von beliebiger Größe und beliebiger Figur gibt. Damit ist die gesamte Materie des Universums also gleichartig, insofern sie allein durch die Eigenschaft der Ausdehnung bestimmt wird. Die spezifischen Unterscheidungsmerkmale einzelner Körper können sich dann nur aus der Spezifikation der Ausdehnung ergeben, d.h. aus der verschiedenen Größe oder Figur.[17]

Hinzu kommt allerdings eine weitere Bestimmung, die dafür sorgt, daß eine Veränderung im Universum überhaupt stattfinden kann: die Bewegung bzw. Beweglichkeit der Materieteile oder Körper. Descartes nimmt an, daß die Bewegungen mit dem Weltanfang begonnen haben und nunmehr ewig andauern, so daß keine Bewegungsquantität verlorengeht. Da die Welt nach Descartes' Annahme ein vollbesetzter Raum ohne irgendein Vakuum ist, in dem keine Materie durch Kompression ein Vakuum hinterläßt oder durch Rarefaktion ein bisheriges Vakuum ausfüllt, so kann die Bewegung eines Körpers nur als Verdrängung eines anderen Körpers aufgefaßt werden. Insgesamt muß dieser Verdrängungsprozeß zirkulär verlaufen, indem der erste Körper, der einen benachbarten Körper verdrängt, diesen zur Verdrängung eines weiteren veranlaßt etc., bis schließlich ein letzter Körper an die vom ersten Körper freigegebene Raumstelle tritt. Dieser sozusagen verkettete Verschiebevorgang findet gleichzeitig statt; d.h., in dem Augenblick, in dem der erste Körper seinen bisherigen Ort verläßt, tritt der letzte Körper an die von ihm freigegebene Stelle (dasselbe gilt natürlich auch für alle dazwischenliegenden Körper). Durch solche als Verschiebeprozesse gedeutete Bewegungen finden nun auch Teilungen von Körpern statt, wenn z.B. nur ein Teil eines Körpers von seinem Platz verdrängt wird, während der übrige Teil an seiner bisherigen Stelle verharrt. Die Bewegungen, die die Weltmaterie zu Anfang erhalten hat, sind somit verantwortlich für alle Veränderung in der Welt, die nichts als eine Lageveränderung der Körper untereinander darstellt, gegebenenfalls verbunden mit einer Zerteilung von Körpern oder Zusammenfügung von bisher getrennten Materieteilen.[18]

Im Sinne dieses Verdrängungs- oder Verschiebeprozesses wird die Bewegung eines Körpers von Descartes als eine reine, geometrisch beschreibbare Überführung (*translatio*) aus der Nachbarschaft bestimmter (ihn umgebender und berührender und zu ihm relativ in Ruhe befindlicher) Körper in die Nachbarschaft anderer Körper aufgefaßt, ohne daß hierbei das Moment der Aktion, die zur Bewegung führt, oder die Kraft, die eine Bewegung veranlaßt, Berücksichtigung findet. Insofern ist die Bewegung ein Zustand des bewegten Körpers genauso wie die Ruhe (als Gegenteil der Bewegung) ein Zustand des ruhenden Körpers ist. Sie befindet sich also im Bewegten und nicht im Bewegenden; sie ist ein Modus der bewegten Sache und nicht eine für sich bestehende Sache (*res subsistens*).[19]

Die allgemeine Ursache dieser Bewegung, die mit dem Weltanfang begonnen hat, ist nun für Descartes niemand anderer als Gott, „der die Materie zugleich mit Bewegung und Ruhe zu Anfang geschaffen hat, und der allein durch seinen gewöhnlichen Beistand in ihr insgesamt so viel Bewegung und Ruhe erhält, wie er damals erschaffen hatte. Denn obwohl diese Bewegung nichts anderes als ein Modus in der bewegten Materie ist, so hat sie doch eine bestimmte Quantität, die in der ganzen Welt – wie wir leicht erkennen – immer dieselbe sein kann, obwohl sie sich in einzelnen ihrer Teile verändert. So glauben wir, wenn ein Materieteil doppelt so schnell bewegt wird wie ein anderer, und dieser andere doppelt so groß ist wie der erste, daß ebenso viel Bewegung in dem kleineren wie im größeren ist; und daß, um wieviel langsamer die Bewegung eines Teils wird, um soviel schneller die Bewegung eines anderen ihm gleichen Teils werden muß.“ Gott erhält also immer dieselbe anfangs erschaffene Quantität der Bewegung in der Welt. Aus diesem allgemeinen Bewegungserhaltungsgesetz lassen sich nun drei Naturgesetze ableiten, die die Ursachen für die speziellen im Universum auftretenden Bewegungen der einzelnen Körper darstellen.[20]

In seiner ›Abhandlung über das Licht‹ kleidet Descartes seine physikalischen Vorstellungen über das Universum vorsichtig in die Fiktion einer Kosmogonie, die aber als Modell für die Erklärung der realen Strukturen dieser Welt gelten soll. In dieser fiktiven Weltentstehungslehre geht Descartes von einem von Gott erschaffenen chaotischen Anfangszustand einer unbestimmt weit ausgedehnten und dicht, d.h. ohne Vakua, mit Materie angefüllten Welt aus. Diese Materie besitzt nichts, was nicht so vollständig wie möglich erkannt werden kann. Daher besitzt sie weder bestimmte Formen (seien es allgemeine, elementartige wie Feuer, Erde, Luft oder speziellere wie Holz, Stein oder Metall) noch bestimmte Qualitäten (wie: warm oder kalt, trocken oder feucht, leicht oder schwer bzw. irgendeine sonstige Geschmacks-, Geruchs-, Klang-, Farb- oder Lichtqualität).

Im Gegensatz zu der auf Aristoteles zurückgehenden, sogenannten ersten Materie (*materia prima*) der Philosophen, die aller Eigenschaften entkleidet ist, so daß – wie Descartes polemisiert – nichts übrigbleibt, hat seine Grundmaterie des Universums doch eine wesentliche Eigenschaft, nämlich die, einen wirklichen, festen Körper darzustellen, der den Raum in der Weise dicht ausfüllt, daß er weder auf einen kleineren Raum komprimiert noch auf einen größeren ausgedehnt noch schließlich aus seiner Raumstelle während der Zeit, wo er diese einnimmt, durch einen anderen Körper verdrängt werden kann. Mit dieser Grundeigenschaft der Materie verbindet sich deren Fähigkeit, in alle überhaupt möglichen oder vorstellbaren Teile geteilt werden zu können, welche jede überhaupt mögliche oder vorstellbare Bewegung annehmen können. Nun hat Gott – so nimmt Descartes an – tatsächlich diese Materie in Teile verschiedener Größe und Gestalt geteilt und mit verschiedenen Bewegungen verschiedener Richtungen versehen. Hierbei entstehen aber keine leeren Stellen im Raum, sondern alle Körper hängen zusammen, so daß sich zwischen ihnen kein Vakuum bilden kann. Dieser Urzustand des Universums stellt insofern ein Chaos dar, als sich hier verschieden gestaltete Materieteilchen verschiedener Größe und mit verschiedenen Bewegungen in einem noch ungeordneten Zusammenhang befinden, der sich zwar ständig verändert, aber chaotisch ist.[21]

Nun würde das Universum in solchen sich verändernden, aber chaotischen Zuständen tatsächlich verbleiben, wenn nicht Gott gleichzeitig mit der Schöpfung der Natur gewisse Gesetzmäßigkeiten auferlegt hätte, die dazu führen, daß sich das Universum aus der Verwirrung des ursprünglichen Chaos zu einer geordneten Welt entwickelt. Mit der Formulierung, daß Gott die Welt in derselben Weise erhält, wie er sie erschaffen hat, will Descartes deutlich machen, daß diese Entwicklung nunmehr selbsttätig, gewissermaßen maschinenartig (ohne weiteren Beistand Gottes) verläuft. Die Gesetze, die die Natur in die Lage versetzen, aus dem chaotischen Urzustand einen geordneten Kosmos herzustellen, nennt er daher Naturgesetze (*loix de la Nature*). Descartes unterscheidet drei Naturgesetze.

1. Jeder einzelne Teil der Materie verharrt so lange immer in demselben Zustand, wie ihn der Zusammenstoß mit anderen Teilen nicht zwingt, diesen Zustand zu ändern. Dies gilt im Hinblick auf seine Größe, Gestalt, Lage und Bewegung. Ein Materieteil von bestimmter Größe wird nur kleiner, wenn andere ihn teilen; er verändert seine runde oder viereckige Figur nur, wenn andere ihn dazu zwingen; er verläßt die Stelle, an der er angehalten worden ist, nicht, wenn ihn nicht andere daraus vertreiben; und er behält seine Geschwindigkeit bei, wenn ihn nicht andere anhalten oder seine Geschwindigkeit verzögern.[22]

2. Ein Körper, der gegen einen anderen stößt, kann diesem nur genausoviel Bewegung übertragen, wie er selbst verliert, bzw. diesem nur genausoviel Bewegung entziehen, wie er selbst gewinnt. Daher würde ein geworfener Stein seine einmal erhaltene Bewegung fortsetzen, wenn er nicht durch den Luftwiderstand daran gehindert würde.[23]
3. Obwohl sich die Bewegung eines Körpers meist in gekrümmter Linie vollzieht und alle Bewegung letzten Endes kreisförmig ist, so strebt jeder der Teile des Körpers für sich immer danach, seine Bewegung geradlinig fortzusetzen. Hiermit unterscheidet Descartes die Aktion, d.h. die Neigung oder Tendenz, die ein Teil hat, sich zu bewegen (die immer geradlinig ist), von der tatsächlichen Bewegung (die immer kreisförmig ist). Beispielsweise fliegen die Teile, die sich von der Peripherie eines sich drehenden Rades lösen, oder auch der Stein, der die Schleuder verläßt, geradlinig fort.[24]

Nach der Kosmogonie Descartes' entwickelt sich nun aufgrund dieser drei Naturgesetze aus dem chaotischen Urzustand die uns bekannte Ordnung des Universums, in der Descartes drei Elemente derselben Grundmaterie unterscheidet. Die Materie stellte, bevor Gott ihr Bewegung verlieh, zunächst den härtesten und festesten Körper dar, den es geben kann. Als Gott die Materie in Teile zerlegte und den Materieteilen verschiedene Bewegungen (d.h. die Fähigkeit oder Tendenz, sich geradlinig in bestimmter Richtung fortzubewegen) verlieh, wurden – da es kein Vakuum gab – aus den geradlinigen Bewegungen durch Ablenkung beim Zusammenstoß allmählich kreisförmige Bewegungen, so daß sich verschiedene Materieteile um verschiedene Zentren zu bewegen begannen.[25]

Beim Aufeinanderprallen wurden nun die meisten Materieteile weiter geteilt bzw. wurden ihre Kanten und Ecken abgeschliffen, bis sie eine annähernd runde Form annahmen. Dies ist die Materie des sogenannten zweiten Elements, welche für Descartes die sogenannten Himmel (*cieux*) sind, d.h. interstellare Materie im Weltraum, die er sich als Materiewirbel vorstellt, welche die Zentren, die sich herausgebildet haben, umkreisen.

Die größeren, unregelmäßigeren und sperrigeren Materieteile ließen sich nicht so leicht weiter teilen und abschleifen, sondern ballten sich zu größeren Einheiten zusammen. Für Descartes sind dies die Planeten und Kometen des sogenannten dritten Elements.

Aus den Abschleifungen und Abspaltungen der zu runden Körpern geformten Materieteile des zweiten Elements wurden weitere Materieteile gebildet, die besonders leicht teilbar waren, deren Figur sich also besonders leicht ändern ließ, und die eine besonders schnelle Geschwindigkeit erhielten. Sie zogen sich größtenteils, insoweit sie sich nicht in die Himmelsmaterie einlagerten, zu den Mittelpunkten zurück, um die die Himmelsmaterie kreist, und bildeten dort besonders flüssige und feine

Körper. Es handelt sich um die Fixsterne und Sonnen des Universums, gebildet aus der Materie des sogenannten ersten Elements.

Die massiveren Teile des dritten Elements, die sich zu großen Kugeln formierten, werden nun für Descartes von der Wirbelbewegung der Himmelsmaterie mitgerissen, wobei die größeren Teile zur Peripherie, die kleineren zum Zentrum des Wirbels abgelenkt werden. Die größeren bzw. kräftigeren sind die Kometen, die, wenn sie an die Peripherie gelangen, wo zwei Himmelswirbel zusammenstoßen, in einen anderen Himmelswirbel eindringen bzw. überwechseln können. Die kleineren bzw. schwächeren sind die Planeten, welche sich, wenn sie zum Zentrum gelenkt werden, schließlich auf einer bestimmten Bahn stabilisieren. Durch die schnellere Bewegung der sie umgebenden Materieteilchen der Himmelswirbel werden sie zusätzlich in eine Rotation um das eigene Zentrum versetzt, was zur Herausbildung eines eigenen kleineren Materiewirbels um diesen Planeten führt.

So formiert sich für Descartes ein Universum, in dem verschiedene Himmelswirbel um Fixsterne oder Sonnen kreisen, die die Planeten mit sich reißen und in eine Umlaufbahn um die Sonnen und zugleich zur Rotation um die eigene Achse zwingen. Der um die Planeten herum entstandene spezielle Materiewirbel führt beim Zusammenstoß zweier Planeten dazu, daß der kleinere in den Wirbel des größeren hineingezogen wird und nunmehr als Mond oder Satellit um den größeren Planeten kreist. Die von den um die Sonnen kreisenden Himmelswirbeln nach außen hin abgelenkten Kometen können, wenn sie an die Peripherie gelangen, in einen anderen Himmelswirbel oder in ein anderes Sonnensystem eindringen.[26]

So spekulativ diese Weltentstehungstheorie und die damit verbundene Deutung des Universums auch ist, so zeigt sie doch in besonders markanter Weise, wie hier der Versuch gemacht wird, nur mechanistische und geometrische Erklärungshypothesen zu benutzen. Es handelt sich um eine Beschreibung des Universums und der Materie mit Hilfe der Begriffe von Größe, Figur und Bewegung par excellence. Die gesamte Ordnung des Kosmos läßt sich auf ein geometrisches Modell abbilden, das es ermöglicht, die Veränderung des Kosmos und der in ihm befindlichen Körper durch die Überführung einer geometrischen Beschreibung in eine andere darzustellen. Alle anderen Qualitäten, die wir an Körpern wahrnehmen wie Härte oder Wärme oder in ihnen vermuten wie geheime Kräfte (etwa des Magneten), werden als Erklärungskriterien ausgeschlossen. So heißt es im 5. Kapitel der ›Abhandlung über das Licht‹: „Wenn Sie es aber seltsam finden, daß ich mich zur Erklärung dieser Elemente nicht – wie es die Philosophen tun – der Qualitäten bediene, die man Wärme, Kälte, Feuchtigkeit und Trockenheit nennt: so sage ich Ihnen, daß mir diese Qualitäten selbst erklärungsbedürftig erscheinen; und, falls ich mich nicht täusche, können nicht nur diese vier Qualitäten, sondern auch alle anderen und sogar auch alle Formen der unbelebten Körper erklärt werden, ohne daß man deswegen in ihrer Materie irgend etwas anderes annehmen muß als die Bewegung, die Größe, die Figur und die Anordnung ihrer Teile."[27] Und am Ende des zweiten Teils der ›Prinzipien der Philosophie‹ heißt es: „Denn ich gestehe offen, daß ich keine andere Materie der körperlichen Dinge anerkenne als die in jeder Weise teilbare, gestaltbare und bewegliche, welche die Geometer als Quantität bezeichnen und als Gegenstand ihrer Beweise annehmen."[28]

Dynamische Aspekte in der Bewegung und im Atom

Descartes' geometrische Deutung von Materie und Universum ist gekennzeichnet durch eine auffällige Vernachlässigung der Zeit. Dies wird besonders deutlich an Descartes' Interpretation der Bewegung als Translation, d. h. Veränderung der Lagebeziehungen der Körper zueinander. Obgleich auch für Descartes Bewegung natürlich ein in der Zeit ablaufender Prozeß ist, so erscheint die dabei stattfindende Translation gleichsam atemporal. Während des als instantane (zum selben Zeitpunkt stattfindende) Lageveränderung aller beteiligten Körper gedeuteten Bewegungsvorgangs geht quasi ein Lagezustand abrupt in den folgenden über, ohne daß hier das Kontinuierliche des Bewegungsprozesses in Rechnung gestellt wird. Typisch hierfür ist die Cartesische Auffassung der Zeit als eine Folge von diskreten, d. h. unabhängig und separat aufeinanderfolgenden Zeitmomenten. Die Teile der Zeit „hängen nicht voneinander ab und existieren niemals zugleich; und deshalb folgt daraus, daß wir jetzt sind, nicht, daß wir im nächstfolgenden Zeitpunkt auch sein werden, wenn uns nicht eine Ursache, nämlich die, die uns zuerst hervorgebracht hat, auch fortwährend gleichsam wieder hervorbringt, d. h. erhält".[29] Diese Ursache ist Gott, der uns in unserem Sein erhält, d. h., der dafür sorgt, daß unsere momentane Existenz (deren wir uns ja durch unser bewußtes Denken versichern können) in der Zeit fortbesteht. Aufgrund dieses diskreten Charakters der Zeit müssen auch die Körperzustände, sei es der Zustand der Ruhe oder der der Bewegung, von Gott in der Zeit erhalten werden. Das heißt, das erste Naturgesetz, das im Hinblick auf den Zustand eines bewegten Körpers bedeutet, daß er in demselben gleichförmig bewegten Zustand verharrt, wenn er nicht von anderen Körpern daran gehindert wird, kann nur Gültigkeit haben aufgrund der immerwährenden Erhaltung dieses Bewegungszustandes durch Gott in den einzelnen Zeitmomenten. Der kontinuierliche Bewegungsvorgang zerfällt also für Descartes gewissermaßen in eine Folge von statischen Lagezuständen (gleichsam geometrischen Bildern), deren Übergänge abrupt, diskret erfolgen, metaphysisch abgesichert durch Gottes ständige Reproduktion.

An diesem Punkt setzt nun die Materiedeutung von Hobbes an, der ansonsten in vielen Punkten dem Cartesischen Modell folgt und eine ähnliche Geometrisierung vornimmt. Obwohl auch Hobbes den Körper mit Ausdehnung oder Größe des realen Raums gleichsetzt, die sich nie ändert, ist in einem besonderen Sinne die Bewegung als kontinuierlicher Prozeß für den Körper konstitutiv. Die Berücksichtigung des kontinuierlichen Zeitablaufs erreicht Hobbes durch die Einführung des Begriffs der Bewegung im unendlich kleinen Zeitintervall, das er lateinisch *conatus* oder englisch *endeavour* nennt.

Im zweiten Teil von ›Vom Körper‹, in dem Hobbes die Grundlagen für seine Materiedeutung entwickelt, geht er aus von der Unterscheidung zwischen den Dingen außer uns und ihren Erscheinungen oder Phantasmen in uns. Er verdeutlicht das anhand der Fiktion einer Weltvernichtung, wobei allein ein Mensch als bisheriger Weltbeobachter übrigbleibt. Dann würden in diesem Menschen (als ehemaligem Beobachter) nur Erinnerungen und Vorstellungen von Größen, Bewegungen, Farben, Tönen etc. zurückbleiben, also bloße Phantasmen. Diese bloß inneren Vorstellungen würden uns aber als gleichsam äußerlich und unabhängig von uns erscheinen, d.h. als Bilder von Dingen, die zwar nicht existieren, aber außer uns zu existieren scheinen. Erinnern wir uns nun an ein Ding, das vor der angenommenen Weltvernichtung existierte, und achten dabei auf keine seiner Beschaffenheiten, lediglich darauf, daß es außerhalb von uns war, so gewinnen wir die Vorstellung des Raumes, und zwar des imaginären Raumes (*spatium imaginarium*), weil er bloß als Phantasma in uns ist. Hobbes definiert daher den imaginären Raum als „Phantasma eines existierenden Dings, insofern es existiert, d.h. ohne Berücksichtigung irgendeines anderen Akzidens dieses Dings als bloß jenes, daß es außerhalb des Vorstellenden erscheint“.[30] Da die qualitätslose Existenz noch nicht die Existenz eines wirklichen Dinges mit Eigenschaften ist, so ist der imaginäre Raum für Hobbes also das imaginäre leere Gefäß, das mit Vorstellungen wirklicher Dinge angefüllt werden kann, die in diesem Raum verschiedene Stellen einnehmen können. Als Phantasma ist er also etwas in uns und nicht in den oder an den Dingen.

Analog wird nun die Zeit als Phantasma, das ein bewegter Körper von seiner Bewegung im Geist zurückläßt, erklärt, d.h. als Idee eines sich kontinuierlich durch verschiedene Räume bewegenden Körpers. Ihre Definition lautet: „Die Zeit ist das Phantasma der Bewegung, insofern wir in der Bewegung das Früher und Später oder die Aufeinanderfolge (*successio*) betrachten.“[31] Auch die Zeit ist demnach ein Phantasma, eine Vorstellung in uns und nicht etwas in den Dingen selbst.

Hobbes definiert nun den Körper, der ja sozusagen das abstrakte Bild seiner Existenz als Phantasma des imaginären Raums hinterlassen hat, folgendermaßen: „Körper ist das, was als von unserem Denken Unabhängiges mit irgendeinem Teil des Raumes zusammenfällt oder koextensiv ist.“[32]

Dieser Bestimmung liegt die Differenzierung von imaginärem und realem Raum zugrunde. Hobbes bezeichnet nämlich die Ausdehnung (*extensio*) des Körpers als dessen Größe (*magnitudo*) oder dessen realen Raum (*spatium reale*). Die Größe oder der reale Raum hängt nicht von unserem Denken ab, wohl aber der imaginäre Raum. Der imaginäre Raum ist nämlich die Wirkung der Größe oder des realen Raums. Der imaginäre Raum ist eine Eigenschaft (*accidens*) des Geistes, die Größe oder der reale Raum ist eine Eigenschaft des außerhalb des Geistes existierenden Körpers.[33] Das bedeutet nun – nimmt man das Gedankenexperiment einer Weltvernichtung wieder auf –, daß die ursprünglich real existierenden Dinge als ausgedehnte Größen im zurückbleibenden Weltbeobachter die Vorstellung oder das Phantasma eines imaginären Raumes erzeugt haben. Der imaginäre Raum ist sozusagen die von den real existierenden Dingen abstrahierte, im Beobachter zurückbleibende bloße Vorstellung der Möglichkeit von existierenden Dingen. Ihm zugrunde liegen aber die real existierenden Dinge, die zuvor existiert haben und in ihm das Phantasma des imaginären Raumes hervorgerufen haben.

Der mit der Größe irgendeines Körpers koinzidierende imaginäre Raum wird von Hobbes auch Stelle oder Ort (*locus*) genannt, der Körper selbst aber das einen Ort Einnehmende (*locatum*). Während seine Größe immer dieselbe bleibt, kann er seinen Ort (im Sinne der Koinzidenz mit einem beliebigen Teil des imaginären Raums) wechseln. Wesentliche Eigenschaft eines Körpers ist also seine reale Ausdehnung (d.h. das reale Ausgedehntsein) oder seine Größe, nicht die Einnahme einer bestimmten Raumstelle im imaginären Raum meiner Vorstellung.[34]

Diese Differenzierungen stimmen weitgehend mit der Cartesischen Unterscheidung zwischen der durch ihren inneren Ort definierten *res extensa* und dem äußeren Ort, d.h. der zufällig von ihr eingenommenen Stelle oder Lage zu den anderen Dingen überein. Auch für Hobbes wird demnach der Körper mit dem realen Raum oder der Ausdehnung identifiziert. Die realen Dinge sind sozusagen die Realisierungen der bloß imaginären Raumvorstellung. Und daher ist auch die Welt voll besetzt mit real ausgedehnten Körpern, zwischen denen es keine Vakua gibt.[35] Hobbes nimmt an, daß der ungeheure Raum, den wir Welt nennen (*spatium immensum, quem vocamus mundum*), „ein Aggregat aus Körpern ist, aus festen und sichtbaren wie die Erde und die Sterne, aus unsichtbaren und kleinsten Atomen, die in den Zwischenräumen zwischen Erde und Sternen zerstreut sind, und schließlich aus dem flüssigsten Äther, der alle übrigen Orte, die es im Universum gibt, so ausfüllt, daß kein leerer Raum zurückbleibt".[36] Im imaginären Raum hingegen kann man sich ein Vakuum vorstellen,[37] ja der imaginäre Raum insgesamt ist gewissermaßen ein Raumvakuum, das erst mit Körpern angefüllt werden kann,[38] d.h. seine Realität erst durch die Koinzidenzbeziehungen der real existierenden Dinge zu imaginären Raumstellen erhält. Diese widersprüchlich erscheinende oder unnötige zusätzliche Annahme eines imaginären Raumes erhält ihre Rechtfertigung aus der Funktion, die sie im Rahmen der Erklärung kontinuierlicher Prozesse bekommt, und das heißt, wo neben dem Raumaspekt auch der Zeitaspekt seine Berücksichtigung findet.

So wie die mit real ausgedehnten Raumgrößen gleichgesetzten Körper das reale Korrelat zu bloß idealen oder mentalen imaginären Raumstellen sind (sozusagen als Realisierungen eines bloßen Phantasmas), so wird analog die Bewegung als Realisierung der (ebenfalls imaginär als Phantasma verstandenen) Zeit aufgefaßt. Genauso nämlich wie die Größe des real existierenden Körpers im Geist des Beobachters nach der Weltvernichtung das Phantasma eines imaginären Raums zurückläßt, so läßt die Bewegung, d.h. der stetig seinen Ort verändernde real existierende Körper, im Geist des Beobachters das Phantasma der Zeit zurück. „Die Zeit ist also ein Phantasma; aber ein Phantasma der Bewegung" (*Est igitur tempus phantasma; sed phantasma motus*).[39] Um nämlich das Dahinfließen der Zeit zu erkennen, nehmen wir irgendeine Bewegung wie die der Sonne, einer Maschine, eines Stundenglases zu Hilfe, an der wir das Früher und Später, d.h. die Sukzession der Bewegung beobachten. Daher wurde die Zeit oben definiert als „das Phantasma der Bewegung, insofern wir in der Bewegung das Früher oder Später oder die Aufeinanderfolge betrachten" (*phantasma motus, quatenus in motu imaginamur prius et posterius, sive successionem*).[40] Auch wenn Hobbes nicht die entsprechende terminologische Unterscheidung zwischen imaginärer und realer Zeit macht wie im Falle des Raums, so läßt sich sagen, daß die Zeit von ihm grundsätzlich imaginär (als Phantasma) verstanden wird, während als ihr reales Analogon die sukzessive Bewegung (durch die sie gemessen wird) gilt.

Die Bewegung nun – und das ist das Entscheidende – wird von Hobbes als stetige Ortsveränderung aufgefaßt, d.h. als das kontinuierliche Verlassen eines und Erreichen eines anderen Ortes (im imaginären Raum). Voraussetzung hierfür ist die Annahme, daß Raum und Zeit als imaginäre Phantasmen ins Unendliche geteilt werden können. Dies bedeutet nicht eine faktisch bis ins Unendliche durchgeführte Teilung, sondern die potentielle Fortsetzbarkeit der Teilung ohne Ende. Es gibt also keinen kleinsten Körper, kein Atom im echten Sinne. Für eine beliebige räumliche oder zeitliche Größe – wie klein sie auch immer sei – kann immer eine noch kleinere angegeben werden.[41] Das, was Descartes für Körper bzw. Raum ebenfalls annimmt, wird von Hobbes nun auch auf die Zeit übertragen.

Für die Bewegung als sukzessive und stetige Ortsveränderung hat dies nun zur Folge, daß sich das, was sich bewegt, niemals genau an einem bestimmten Ort, d.h. sich immer an zwei Örtern zugleich befindet. Der bewegte Körper kann sich also nicht sozusagen in Sprüngen von einem Ort zu dem ihm unmittelbar benachbarten Ort bewegen, sondern muß dies über beliebig kleine Zwischenstationen tun, die aber nicht als Folge von diskreten Schritten verstanden werden dürfen, sondern als Fließbewegung in einem Raum-Zeit-Kontinuum. Dies wird verständlich, wenn man die beiden Bestimmungen von Kontiguität und Kontinuität, die Hobbes gibt, heranzieht. Als unmittelbar benachbart (*contigua*) gelten für Hobbes zwei Körper, wenn zwischen ihnen kein imaginärer Raum liegt, d.h., wenn zwischen ihnen kein Raum vorgestellt werden kann, der einen Körper aufnehmen könnte. Mag also zwischen zwei Körpern sich kein anderer befinden oder kein anderer vorgestellt werden, d.h. keine Größe oder kein realer Raum, bleibt dies aber dennoch möglich, d.h., läßt sich ein weiterer Körper zwischen beide setzen oder zwischen beiden vorstellen, so sind die Körper nicht mehr benachbart. Die Nicht-Kontiguität oder das Nicht-Benachbartsein wird also von Hobbes durch die Annahme eines imaginären Vakuums (das es in der realen Welt nicht gibt) erklärt. Kontinuierlich (*continua*) sind demgegenüber zwei Körper, die einen gemeinsamen Teil haben.[42]

Nunmehr stellt sich die kontinuierliche Bewegung so dar: Kein noch so kleiner Körper (der ja immer noch ausgedehnt sein muß, da er weiter geteilt werden könnte) kann als Ganzer von seinem Ort in den ihm benachbarten Ort auf einmal überwechseln, sondern er muß dies über beliebig kleine Zwischenstufen in der Weise tun, daß zu jedem beliebigen Zeitpunkt ein Teil von ihm sich sowohl noch am alten, verlassenen Ort, aber zugleich auch schon im neuen, jeweils erreichten Ort befindet. Man hat sich das so vorzustellen, daß der Körper als Ganzer (wenn auch noch so klein) keinen Raumpunkt, sondern ein ausgedehntes Raumstück (z.B. A) einnimmt. Der zu ihm benachbarte Ort ist dann das Raumstück (z.B. B), das an das bisher vom Körper als Ganzem eingenommene Raumstück angrenzt. Bei einer Rechtsbewegung von A nach B muß die Bewegung des Körpers über unendlich viele Zwischenraumstücke verlaufen (die also weder mit dem alten verlassenen Raumstück A noch mit dem neuen zu erreichenden Raumstück B identisch sind), so daß immer ein Teil des Körpers, nämlich der linke, sich noch im alten Raumstück A, aber auch schon im neuen gerade erreichten Raumstück befindet, und daß entsprechend der rechte Teil sich im gerade erreichten Raumstück, aber auch schon im insgesamt noch zu erreichenden, benachbarten Raumstück B befindet.[43]

Der hinter dieser Überlegung stehende Gedanke von beliebig kleinen Bewegungen, die auf der Kontinuität von Raum und Zeit beruhen, deutet zumindest schon den infinitesimalen Grenzbegriff der Bewegung an, wie ihn später Leibniz entwickelt hat. Bei Hobbes ist es noch nicht die infinitesimale Größe als solche, jedoch der beliebig kleine Bewegungsabschnitt, den er „Streben", d.h. *conatus* oder *endeavour* nennt. Er definiert ihn folgendermaßen: „Streben ist die Bewegung durch einen Raum und eine Zeit, die kleiner ist als eine, die gegeben ist, d.h. dargestellt oder durch Zahlen bezeichnet wird, also die Bewegung durch einen Punkt. Zur Erklärung dieser Definition muß man sich erinnern, daß unter ‚Punkt' nicht das verstanden wird, was keine Quantität hat, oder das auf keine Weise geteilt werden kann (so etwas gibt es nämlich nicht in der Natur), sondern das, dessen Größe oder Teile beim Beweis nicht in Rechnung gezogen werden; so daß Punkt nicht für etwas Unteilbares, sondern für etwas Ungeteiltes zu halten ist. Ebenso ist der Augenblick für ein ungeteiltes, nicht jedoch für ein unteilbares Zeitmoment zu nehmen."[44] Trotz der Deutung von *conatus* als unendlich kleiner Bewegung weist der Ausdruck selbst schon auf die Bewegungstendenz hin, aus der als Grenzbegriff der Bewegung sich die Bewegung selbst ergibt.

Mit der Deutung der Bewegung als realer Grundlage der imaginären Zeitvorstellung und der Annahme eines kontinuierlichen Bewegungsprozesses werden die Cartesischen zeitlich diskreten Zustandsänderungen der statisch erscheinenden Lagebeziehungen zwischen den Körpern nunmehr in eine stetige Zeitfolge gebracht, die sie auch als zeitlich kontinuierliche Übergänge verständlich macht, ohne göttliche Reproduktion. Der Prozeß der Lageveränderungen der Körper wird somit zeitlich dynamisiert. Mit der Einführung von weiteren Begriffen wie Impetus (definiert als „Größe oder Geschwindigkeit des *conatus* selbst", also gewissermaßen als Momentangeschwindigkeit) und Widerstand (verstanden als die entgegengesetzt aufeinander einwirkenden *conatus* zweier sich berührender Körper) wird bei Hobbes zumindest der Gedanke einer Wirkungsfähigkeit angedeutet, die sich als im Körper steckende Fähigkeit, eine Bewegung zu beginnen oder einer gegenläufigen Bewegung Widerstand zu leisten, äußert. Allerdings bleibt Hobbes eher kinematisch orientiert. Jeder Körper wird auch bei ihm wie bei Descartes nur von einem anderen in Bewegung gesetzt und besitzt noch keine Eigenfähigkeit der Bewegung.

Pierre Gassendi (1592–1655), der als einer der schärfsten und intensivsten Einwender gegen die Cartesischen ›Meditationen‹ bekannt ist, hat einen weiteren Schritt auf dem Wege zu einer Dynamisierung der Materie gemacht, allerdings von einer anderen naturphilosophischen, nämlich atomistischen Position aus. Gassendi hat vor allem unter Rückgriff auf den griechischen Philosophen Epikur (341–271 v.Chr.) die antike Atomistik wiederzubeleben versucht. Nach einem Werk von 1647, das sich dem Leben Epikurs widmet, sind es vor allem seine 1649 erschienenen ›Bemerkungen zum 10. Buch des Diogenes Laertios, über Leben, Charakter und Meinungen des Epikur‹ (Animadversiones in decimum librum Diogenis Laertii, qui est de vita, moribus placitisque Epicuri), in denen er das Epikureische System, überliefert vor allem durch die Darstellung in dem Werk ›Leben und Meinungen berühmter Philosophen‹ des spätantiken Autors Diogenes Laertios, ausführlich darlegt und würdigt. Die atomistische Einstellung übernimmt Gassendi aus der Antike von Demokrit und Epikur und verbindet sie mit der modernen mechanistischen Naturinterpretation. Seine eigene atomistische Lehre hat er im 2. Teil (der ›Physik‹, vor allem in deren 1. Sektion) seines umfangreichen, erst 1658 nach seinem Tod veröffentlichten philosophisch-systematischen Hauptwerks ›Philosophische Sammlung‹ (Syntagma philosophicum) niedergelegt.

Gassendi geht aus von einem unendlichen leeren Raum,[45] der außerhalb der Welt bzw. vor der Weltschöpfung als *spatium inane* (bzw. *vacuum*) *separatum* existiert. In diesen leeren, ultramundanen Raum hat Gott sozusagen die Welt hineingeschaffen. Dieser Raum würde auch bestehen bleiben, wenn Gott die Welt wieder vernichten würde.[46] Analoges gilt von der Zeit.[47] Auch die Zeit ist unendlich und hängt nicht von der Welt bzw. von der in der Welt stattfindenden Bewegung ab. Vielmehr wird innerhalb der unendlichen und sozusagen leeren Zeit die Welt (als Teil) geschaffen. „Wie aus dem Ort oder unermeßlichen Raum ein Teil genommen worden ist, in den die Welt gesetzt wurde; so ist aus der unendlichen Zeit ein Teil ausgewählt worden, in welchem die Welt existieren sollte“ (*ut ex Loco, Spatiove immenso, accepta est portio, in qua Mundus collocaretur; sic ex Tempore infinito delecta est pars, in qua Mundus exsisteret*).[48] Raum und Zeit sind damit weder Akzidentien der Dinge noch des Erkennenden (wie bei Hobbes als imaginäre Vorstellungen), noch sind sie Substanzen; gleichwohl aber sind sie reale Entitäten. Der Raum und die Zeit existieren real und haben die Eigenschaft, Körper und Bewegungen (als Maß der Zeit) aufzunehmen.

Gott als Autor und erste Ursache hat also in diesem leeren Raum bzw. in dieser leeren Zeit die endliche Welt erschaffen. Außerhalb dieser Welt (bzw. jenseits der Weltzeit) bleibt der Raum leer. Nun fordert Gassendi aber zweitens auch leeren Raum in dieser geschaffenen Welt selbst. Und zwar existiert das Leere in der Welt in Form von kleinen Leerräumen oder leeren Stellen in den Gängen und Poren der Körper (z. B. zwischen den Körnern eines Weizenhaufens). Ein Vakuum dieser Art bezeichnet Gassendi als *vacuum* oder *inane disseminatum*,[49] also als dazwischengesäte Leere. Außerdem gibt es die Möglichkeit von größeren Leerräumen, die nicht natürlich sind, sondern auf künstliche Weise erzeugt werden können.

Man denke an die von Torricelli 1643 in Florenz veranlaßten Versuche zu den Luftdruckverhältnissen im Quecksilberbarometer, die Gassendi in diesem Zusammenhang diskutiert, und an andere in dieser Zeit durchgeführte Experimente, um ein Vakuum herzustellen. Gassendi bezeichnet einen experimentell hergestellten Leerraum dieser Art als *vacuum* bzw. *inane coacervatum*, also als angehäufte Leere.[50] Entgegen der Cartesischen und Hobbesschen Verdrängungstheorie der Bewegung, bei der Bewegung nur durch gleichzeitige Lageveränderung mehrerer, kettenartig verbundener Körper erklärt werden kann, benutzt Gassendi gerade die Leere als Bedingung für die Möglichkeit von Bewegung. Ohne leeren Raum in der Welt wäre eine Bewegung von Teilchen gar nicht möglich; wäre die Welt voll, könnte eine Bewegung von Körpern oder Teilchen nie beginnen. Auch Verdichtungs- oder Verdünnungsprozesse wären (entgegen der Cartesischen Interpretation) ohne leeren Raum nicht erklärbar. Ein Körper z. B. könnte gar nicht komprimiert werden, wenn es zwischen seinen Poren keine Vakua gäbe. Wäre nämlich andersartige Materie in den Poren eines Körpers vorhanden, so gäbe es für diese Materie keinen leeren Raum, in die sie bei einer Kompression des Körpers ausweichen könnte. Analoges gilt für die Rarefaktion.[51]

Die unendliche Teilbarkeit der Materie lehnt Gassendi ab, d. h., es gibt in der Welt physikalisch kleinste Körper, die Atome. Sie stellen das materielle Prinzip aller Dinge dar, sie sind die eigentliche *prima materia*, die für alle Körper konstitutiv ist. Alle Körper sind also aus Atomen zusammengesetzt, zwischen denen kleine Vakua oder Leerstellen eingestreut sind. Diese letzten Elemente der Materie sind als Atome unveränderlich und einfach und liegen unterhalb der Wahrnehmungsgrenze. Im Gegensatz zur mathematischen Teilung oder Teilbarkeit ohne Ende muß die physische Teilung ein Ende in den Atomen haben. Die Atome sind daher das absolut Volle, das dem absolut Leeren entgegengesetzt ist. Sie sind absolut voll, weil sie jedem Eindringen unzugänglich und damit unzerstörbar sind.[52]

In bezug auf ihre Festigkeit oder absolute Undurchdringlichkeit sind alle Atome gleich. Sie unterscheiden sich hingegen im Hinblick auf drei Charakteristika, die ihre wesentlichen Eigenschaften darstellen: Größe (*magnitudo, quantitas*), Figur (*figura*) und Schwere oder Gewicht (*gravitas* bzw. *pondus*).[53] Größe und Figur sind die typischen Beschreibungsqualitäten einer mechanistischen Betrachtungsweise, die auch Descartes und Hobbes zugrunde legten. Auf der dritten Eigenschaft der Schwere oder des Gewichts beruht für Gassendi die Fähigkeit der Atome, sich selbst zu bewegen. Damit hat Gassendi die dritte (auch von Descartes und Hobbes angenommene) mechanistische Qualität, die Bewegung oder Beweglichkeit, auf eine grundlegendere Qualität zurückgeführt. Das Entscheidende dieses Ansatzes ist, daß damit den Atomen die Fähigkeit zugesprochen wird, sich selbst zu bewegen und nicht bloß, von anderen in Bewegung gesetzt zu werden. Die Atome besitzen also einen Eigenantrieb, einen Andrang von innen her, der nichts anderes ist als die ihnen von Gott mitgegebene Kraft. Dieser innere Bewegungsantrieb, den Gassendi auch *impetus* oder *vis motrix*[54] nennt, ist nun für Gassendi als wesentliches Merkmal immer in den Atomen vorhanden und bleibt immer gleich; er kann nur gehemmt sein, wenn sie sich in Ruhe befinden.

Mit dieser natürlichen, inneren Fähigkeit oder Kraft der Atome, sich durch sich selbst zu bewegen, die auf ihrer Schwere beruht und entsprechend der Schwere variabel ist (*Gravitas nimirum, seu Pondus; quod ... nihil sit aliud, quam naturalis, internaque facultas seu vis, qua se per seipsam ciere, movereque potest Atomus*),[55] stellt sich Gassendi in ausdrücklichen Gegensatz zu Descartes, der angenommen hatte, daß die Bewegung eines Körpers, nachdem Gott als sozusagen „erster Beweger" die Weltmaterie einmal bei der Schöpfung in Bewegung gesetzt hat, nun nur noch durch Anstoß eines anderen Körpers erfolgen kann, wenn er ruht, oder verändert werden kann, wenn er schon bewegt ist. Hobbes hatte ja ebenfalls angenommen, daß jeder Körper nur durch einen anderen in Bewegung gesetzt werden kann, wenn auch bei ihm der *conatus* als Anfang der Bewegung im unendlich kleinen Zeitintervall schon einen Hinweis auf das Bewegungsstreben oder den inneren Antrieb, der die Bewegung ermöglicht, gibt. Für Gassendi jedoch hat jedes Atom seinen ihm eigenen Antrieb, den es niemals verliert, d.h. der als Eigenimpuls, als innerer Impetus immer im Atom erhalten bleibt, auch wenn die aus ihm hervorgehende aktuale Bewegung bei einem Zusammenprall abgeändert werden oder vorübergehend zum Stillstand kommen kann. Damit liegt das Bewegungsprinzip in den Atomen selbst; sie sind abgesehen von Gott die erste Ursache, sie sind Ursprung und Prinzip aller Bewegungen.[56] Die Materie besitzt somit für Gassendi aufgrund ihrer kleinsten Bausteine, der Atome, nicht bloß Trägheit (*inertia*), Widerstandsfähigkeit (*resistentia*) und Undurchdringlichkeit (*impenetrabilitas*),[57] sondern auch Aktivität.[58]

Vitale und spirituelle Aspekte der Materie: die Kraft in der Monade

Mit Leibniz, dem wir uns nun zuwenden, erreicht die Dynamisierung der Materie einerseits ihren Höhepunkt, andererseits auch einen speziellen Zuschnitt, der mit der Einbettung der Leibnizschen Physik in die Metaphysik zu tun hat. Leibniz ist wie auch eine große Zahl der Philosophen seiner Zeit dem neuen naturwissenschaftlichen Denken gegenüber aufgeschlossen, auch für ihn ist in der Natur alles mit Hilfe der mechanistischen Begriffe „Größe“, „Figur“ und „Bewegung“ zu beschreiben und zu erklären. Aber er betont – und das ist der wichtige Zusatz –, daß die Fundamente der mechanistisch gedeuteten Physik selbst metaphysisch sind: „Die mechanischen Prinzipien sind selbst metaphysisch“ (*principia mechanica ipsa esse Metaphysica*),[59] die mechanischen Gesetze selbst fließen nicht aus geometrischen, sondern aus metaphysischen Prinzipien“ (*ipsas Mechanicae leges non ex Geometricis sed Metaphysicis principiis fluere*),[60] „die mechanischen Gesetze müssen schließlich in metaphysische Gründe aufgelöst werden“ (*ipsas leges mechanicas denique resolvi in rationes metaphysicas*),[61] und wie immer wieder ähnliche Formulierungen seit Ende der 1670er Jahre lauten.

Mit dieser metaphysischen Grundlegung der mechanischen Naturprozesse verbindet sich zugleich eine animistische Interpretation der anorganischen Natur, die Leibniz unter Rückgriff auf den aristotelisch-scholastischen Begriff der substantiellen Form in neuartiger Weise vornimmt. Das der Materie zugrundeliegende Handlungsprinzip kann letzten Endes nicht mehr rein materiell begründet werden, sondern muß als geistig-spirituelles Prinzip verstanden werden. Auch der anorganischen Materie liegen seelen- oder substanzartige Formen oder Kräfte zugrunde, die ihre Aktivität begründen.

Beide Perspektiven, die physikalische wie die metaphysische, stehen bei den Überlegungen von Leibniz immer im Zusammenhang, und er ist bemüht, diese Zusammengehörigkeit auch bei seinen Veröffentlichungen zu diesem Thema zu dokumentieren, wie sich an den beiden wichtigen im Jahre 1695 veröffentlichten Schriften zu dieser Thematik zeigt. Im Pariser ›Journal des Savants‹ erscheint 1695 seine Schrift ›Neues System der Natur und der Gemeinschaft der Substanzen, sowie der Verbindung, die es zwischen Seele und Körper gibt‹ (Système nouveau de la nature et de la communication des substances, aussi bien que de l'union qu'il y a entre l'âme et le corps), in der Leibniz unter Rückgriff auf seine etwa 10 Jahre früher verfaßte, aber nicht veröffentlichte ›Metaphysische Abhandlung‹ seine metaphysische Theorie der Substanz entwickelt. Gleichzeitig veröffentlicht er in der in Leipzig erscheinenden Gelehrtenzeitschrift ›Acta Eruditorum‹ im Jahre 1695 den ersten Teil seiner Schrift ›Dynamischer Versuch zur Aufdeckung der bewundernswerten Gesetze der Natur bezüglich der Kräfte und wechselseitigen Aktionen der Körper und zu deren Rückführung auf ihre Ursachen‹ (Specimen Dynamicum pro admirandis Naturae Legibus circa corporum vires et mutuas Actiones detegendis et ad suas causas revocandis), welche die physikalische Theorie von der Materie und den in ihr wirkenden Kräften darlegt. Die von Leibniz hier neu begründete und neu benannte Wissenschaft von der Dynamik (*scientia dynamica*) soll schon terminologisch den Gegensatz zur Mechanik und deren einseitig geometrisch-kinematischer Deutung der Materie zum Ausdruck bringen. In derselben Zeitschrift hatte Leibniz ein Jahr zuvor eine entsprechende metaphysische Begründung unter dem Titel ›Über die Verbesserung der Ersten Philosophie und den Begriff der Substanz‹ (De primae philosophiae emendatione et de notione substantiae) vorausgehen lassen, auf die er sich am Anfang des ›Dynamischen Versuchs‹ explizit bezieht.

Nun sind es aber nicht ohne Prüfung vorausgesetzte metaphysische Prinzipien, die Leibniz den Naturerscheinungen unterlegt; vielmehr ist es die unvoreingenommene Betrachtung der Materie und der Naturphänomene selbst, die ihn zu seiner Materiedeutung bewegen. Dabei greift er einerseits den *conatus*-Begriff von Hobbes wieder auf und entwickelt ihn weiter, andererseits formt er das Moment des Eigenantriebs und der Eigenaktivität, das von Gassendi für die einzelnen Atome angesetzt war, nunmehr in charakteristischer Weise um und interpretiert es in nicht-atomistischer Weise. Leibniz, der in seiner Jugend selbst kurze Zeit Atomist war, hat seine neue Auffassung von der Materie erst allmählich seit den 1670er Jahren (im Zusammenhang mit der Entwicklung seines Substanzbegriffs) gewonnen, indem er den Begriff des Körpers und die für ihn in Anspruch genommenen Merkmale einer systematischen Analyse unterzog. Versteht man nämlich den Körper gemäß der modernen mechanistischen Denkweise als etwas Ausgedehntes (von bestimmter Größe und Figur) und Bewegliches (das seine Lagebeziehungen zu seiner Umgebung ständig ändert), so treten für Leibniz im wesentlichen zwei unter mechanistischen Gesichtspunkten unlösbare Probleme auf.

Das *erste Problem* ist das der Phänomenalität der Bewegung, die sich in deren Relativität oder Respektivität zeigt. Bewegung als solche ist für Leibniz etwas Respektives in dem Sinne, daß nicht unterschieden werden kann, welcher von mehreren relativ zueinander ihre Lagebeziehung verändernden Körpern bewegt wird und welcher nicht. Nehmen wir beispielsweise in einem idealisierten Fall drei Körper A, B und C im Universum an, wobei sich A von den beiden anderen ruhenden Körpern B und C fortbewegt, so läßt sich die auf diese Weise erfolgende Veränderung der Lagebeziehungen zwischen den drei Körpern auch so beschreiben, als ob A ruht, während B und C (die untereinander in festem Abstand verbleiben) sich von A fortbewegen. Betrachtet man also bei der Bewegung nur den Aspekt der Lageveränderung von Körpern zueinander, so läßt sich keinem einzelnen Körper das Merkmal der Bewegung (also in Bewegung zu sein) zusprechen, allenfalls dem gesamten Universum.

In einem absoluten Sinn kann man selbst dann, wenn man Lageveränderung als Bewegung interpretiert, nicht exakt sagen, ob ein Körper in Bewegung ist oder nicht. Fährt ein Schiff – so ein Beispiel von Leibniz – flußabwärts, und ein Mensch auf Deck bewegt sich mit gleicher Geschwindigkeit in die Gegenrichtung (also vom Bug zum Heck), so erscheint er in bezug auf einen Fixpunkt am Ufer, etwa einen Baum, als unbewegt, weil sich seine Lagebeziehung zu ihm und zum Ufer nicht ändert.[62] Und doch bewegt sich der Mensch auf dem Schiff vom Bug zum Heck.

Das Problem der Relativität oder Respektivität läßt sich nur dann lösen, wenn man bloß einen der im Bewegungsvorgang betrachteten Körper als Ursache für die Gesamtbewegung auffassen kann. Die Cartesische Bewegungsinterpretation liefert hier keine Lösung. Denn auch im Cartesischen Universum kann man nur von einer solchen Relativbewegung sprechen. Kein Körper besitzt für Descartes die Fähigkeit, sich selbst zu bewegen, d.h. sich selbst in Bewegung zu setzen. Vielmehr haben die Körper ihre Bewegung bei der Schöpfung von Gott erhalten, nicht jedoch damit zugleich die Fähigkeit, eine Bewegung von selbst anzufangen. Im weiteren Weltverlauf führen die einmal erhaltenen Bewegungen dann nur noch zu Änderungen in den einzelnen Bewegungsabläufen, wenn sich die Körper im vollbesetzten Universum wechselseitig stören, indem sie ihre Bewegungen gegenseitig hemmen, beschleunigen oder in andere Richtungen lenken. Ein Körper, der einmal ruht, kann daher nur durch einen anderen Körper wieder in Bewegung gesetzt werden, indem dieser seine Bewegung oder einen Teil davon auf ihn überträgt. Als ursprüngliche Ursache für das In-Bewegung-Setzen des zuvor ruhenden Körpers kann dieser andere Körper aber nicht angesehen werden, weil auch für seine Bewegung eine Ursache gesucht werden müßte, die nur in einem anderen Körper zu finden wäre, so daß sich letzten Endes ein unendlicher Regreß ergäbe. Auch andere Möglichkeiten, die Ursache für die Bewegung anzugeben, die Leibniz versuchsweise erwägt, führen zu keinem Ergebnis. Würde man z.B. die Kontaktaufnahme eines Körpers als Verursachung deuten (z.B. wenn man das Feuer, welches ein zweites entzündet, als Ursache für dieses zweite Feuer hielte), so ergäbe sich auch hier ein regressus in infinitum, der keine Ursache im echten Sinne liefern würde.[63]

Der Leibnizsche Versuch, die Frage nach der Verursachung der Bewegung zu lösen, durchläuft mehrere Stufen. Einen ersten Schritt stellt die Umdeutung des von Hobbes übernommenen Begriffs des *conatus* dar, den Hobbes noch als unmerklich kleine und deshalb nicht zu berücksichtigende Bewegung gedeutet hatte, den Leibniz nun als infinitesimale Größe deutet, d.h. als infinitesimalen Grenzbegriff des Bewegungsanfangs (oder auch Bewegungsendes), der aber selbst noch keine Bewegung ist. Was ist er dann? Zunächst läßt sich nur sagen, daß er als Bewegungstendenz verstanden wird, die noch keine tatsächliche Bewegung ist. Mit dieser Betonung des Bewegungsinitiationsmoments im *conatus* ist aber so lange noch kein wesentlicher Fortschritt erzielt, wie man nicht ein dahinterstehendes

Agens berücksichtigt und wie man nicht den *conatus* als Äußerung einer zugrundeliegenden Kraft versteht, die die Tendenz in tatsächliche Bewegung überführt. Deswegen darf der *conatus* nicht allein als Bewegungstendenz oder Disposition zu einer rein geometrisch-kinematischen Lageveränderung verstanden werden, sondern an ihm muß zugleich das dynamische Moment des faktischen Hervorbringens von Bewegung und damit verbundener Lageveränderung in Rechnung gestellt werden. Ohne diesen Gesichtspunkt wäre man noch nicht über den Cartesischen Ansatz hinaus. Denn auch Descartes spricht schon von solch einer Tendenz oder Disposition (ohne allerdings den infinitesimalen Aspekt zu berücksichtigen), die er von der wirklichen Bewegung unterscheidet. Und ohne diesen Gesichtspunkt würde sich auch nicht die folgende absurde Folgerung vermeiden lassen: Im Falle harter Körper wäre es nämlich dann möglich, daß jeder Körper (wie klein auch immer) jeden anderen ruhenden, also bewegungsindifferenten Körper (wie groß auch immer), der ihm im Wege stünde, mit sich in gleicher Geschwindigkeit fortreißen würde. Diese von Leibniz selbst in seiner Frühschrift ›Theorie der abstrakten Bewegung‹ (Theoria motus abstracti) aus dem Jahre 1671 vertretene These[64] führt aber – wie er später erkennt – zu der Absurdität: mit kleinstem Einsatz eine größte Wirkung erzielen zu können.[65]

Wird der *conatus* somit nicht bloß als Anfang einer Bewegung, sondern zugleich als Anfang einer Aktion verstanden – im Sinne der Äußerung einer zugrundeliegenden Kraft –, so wird damit in die Materie die Fähigkeit gelegt, spontan mit einer sich als Bewegung zeigenden Aktion zu beginnen. Diese Eigenschaft kann sie aber nur besitzen, wenn der materielle Körper mehr als bloße Ausdehnung ist. Die bloße Ausdehnung (*extensio*), Raumausfüllung *(impletio spatii)* oder sogar Undurchdringlichkeit (*impenetrabilitas*) der Körper sowie deren Beweglichkeit im Sinne der Möglichkeit, ihre Lagebeziehungen zu verändern, weist nirgendwo auf das Moment der Kraft oder des spontanen Bewegungsbeginns hin. In der Natur aber lassen sich solche spontanen Anfänge von Bewegung und Aktion feststellen. Leibniz weist zum einen auf Fälle hin, wo ein Körper aufgrund eines Hindernisses seine Bewegung nicht fortsetzen kann, sie aber nach Entfernung des Hindernisses sofort wiederaufnimmt,[66] beispielsweise ein fallender Körper, dem seine Unterlage (auf die er gefallen ist) entzogen wird, oder auch ein gespannter Bogen, dessen Sehne beim Loslassen in die Ausgangsstellung zurückschnellt. Des weiteren zeigt sie sich am Phänomen der Elastizität. Leibniz erwähnt als Beispiel die in einem Behälter komprimierte Luft, die sich spontan wieder ausdehnt, wenn man den Behälter öffnet.[67] Auch in dem angeführten Beispiel des sich gegen die Fahrtrichtung auf dem Schiff bewegenden Menschen, der relativ zu einem Bezugspunkt am Ufer seine Lage nicht verändert, also unbewegt ist, kann z.B. aus der Ermüdung des Menschen geschlossen werden, daß er sich gleichwohl bewegt, wobei diese Ermüdung als Folge einer Kraftanstrengung verstanden werden muß, d.h. als eine Äußerung einer im Menschen vorhandenen Kraft, eine Bewegung spontan hervorzubringen.

Diese Kraft wird nun nicht als bloße Möglichkeit begriffen, mit einer Bewegung oder Aktion zu beginnen, die aber noch einer äußeren Anregung bedarf, um aktualisiert zu werden; vielmehr handelt es sich um eine aktive Kraft, die spontan Aktion oder Bewegung herbeiführt, also die Aktualisierung einschließt. Damit geht Leibniz über die in der Scholastik übliche Vorstellung einer bloßen Möglichkeit oder Fähigkeit, tätig zu werden, hinaus und auf den ursprünglicheren Begriff der Seele des Aristoteles zurück, der sie als die wirksame Vollendung oder Erfüllung (Entelechie) eines natürlichen organischen Körpers verstand. So heißt es in der Schrift ›Über die Verbesserung der Ersten Philosophie‹: „Aber die aktive Kraft (*vis activa*) enthält eine gewisse Wirksamkeit (*actus*) oder Entelechie und ist etwas Mittleres zwischen der Fähigkeit des Wirkens und der Aktion selbst und enthält ein Streben oder einen Drang (*conatus*). So wird sie durch sich selbst zur Tätigeit (*operatio*) geführt und bedarf keiner Hilfen, lediglich der Beseitigung von Hindernissen. Dies kann durch die Beispiele eines Seiles, das eine Last trägt, oder eines gespannten Bogens illustriert werden. Auch wenn nämlich die Schwerkraft oder die elastische Kraft aus der Bewegung des Äthers mechanisch erklärt werden können und müssen, so ist doch der letzte Grund für die Bewegung in der Materie die ihr bei der Schöpfung eingeprägte Kraft, die in jedem Körper vorhanden ist, die aber durch das Zusammentreffen der Körper auf verschiedene Weise beschränkt und gehemmt wird.“[68]

Spontane Äußerungen einer im Körper verborgenen Kraft sind aber nicht nur Aktionen, sondern auch Reaktionen, die sich etwa als Widerstand gegen eine Einwirkung von außen zeigen. Die Fähigkeit eines Körpers, Widerstand zu leisten, kann wiederum nicht aus seinem bloßen Ausgedehntsein erklärt werden, sondern sie läßt sich aus seiner Masse (*moles*) und ihrer Trägheit (*inertia*) ableiten. Wird die Masse eines bewegten Körpers vergrößert, so verringert sich seine Geschwindigkeit, wie Leibniz an dem einen Fluß hinabgleitenden Schiff exemplifiziert, das um so langsamer fährt, je mehr es beladen wird.[69]

Das Moment der Eigentätigkeit der Materie wird von Leibniz also in doppeltem Sinne eingeführt: als Fähigkeit der Körper, mit einer Tätigkeit, d.h. Bewegung spontan zu beginnen, und als Fähigkeit, gegen Einwirkung von außen Widerstand zu leisten. Beides ist Kraft, die sich einmal mehr aktiv, das andere Mal mehr passiv äußert. Leibniz unterscheidet deshalb auch zwei Formen von den Körpern innewohnenden Kräften: die Kraft, zu handeln oder tätig zu werden (*vis activa, vis agendi, vis motrix*), und die

Kraft, zu leiden oder Widerstand zu leisten (*vis passiva, vis patiendi, vis resistendi*). In diesem Sinne führt er beide Kräfte im ›Dynamischen Versuch‹ ein, wobei er beide nochmals jeweils in eine ursprüngliche und abgeleitete unterteilt. „Doppelt aber ist die aktive Kraft (*vis activa*) (die man mit einigen nicht schlecht Wirksamkeit (*virtus*) nennen mag), nämlich entweder ursprünglich (*primitiva*), die jeder körperlichen Substanz an sich innewohnt (weil ich glaube, daß ein gänzlich ruhender Körper mit der Natur der Dinge unverträglich ist), oder abgeleitet (*derivativa*), die aus der Begrenzung der ursprünglichen durch die Zusammenstöße der Körper untereinander hervorgeht und auf verschiedene Weise ausgeübt wird. Die ursprüngliche freilich (die nichts anderes ist als die erste Entelechie [ἐντελέχεια ἡ πρώτη]) entspricht der Seele oder substantiellen Form. Aber gerade deshalb gehört sie nur zu den allgemeinen Ursachen, die nicht genügen, um die Phänomene zu erklären. Deshalb stimmen wir denen zu, die ablehnen, bei der Angabe der eigentümlichen und besonderen Ursachen der wahrnehmbaren Dinge Formen anzuwenden. ... Indessen ist deren Kenntnis notwendig zum richtigen Philosophieren, und niemand glaube, er erfasse die Natur des Körpers richtig, wenn er nicht auf solche [Formen] achtgegeben hat. ... Auf ähnliche Weise ist auch die passive Kraft (*vis passiva*) doppelt, entweder ursprünglich oder abgeleitet. Und zwar macht die ursprüngliche Kraft zu leiden oder zu widerstehen (*vis primitiva patiendi vel resistendi*) das aus, was in der Schulphilosophie erste Materie (*materia prima*) genannt wird, wenn man richtig interpretiert. Durch sie geschieht es nämlich, daß ein Körper von einem anderen nicht durchdrungen wird, sondern für ihn ein Hindernis bildet, und zugleich sozusagen mit einer gewissen Trägheit (*ignavia*), d. h. Widerstand gegen die Bewegung ausgestattet ist, und daher nur dann duldet, fortgetrieben zu werden, wenn die Kraft des agierenden Körpers etwas geschwächt wird. Daran zeigt sich später auf verschiedene Weise in der zweiten Materie (*materia secunda*) die abgeleitete Kraft zu leiden (*vis derivativa patiendi*). ... Unter der abgeleiteten Kraft also, wodurch Körper wirklich (*actu*) gegenseitig aufeinander einwirken oder wechselseitig voneinander etwas erleiden, verstehen wir hier keine andere als die, welche mit der Bewegung (nämlich der örtlichen) zusammenhängt und wiederum dazu tendiert, örtliche Bewegung weiter zu erzeugen.“[70]

Das *zweite Problem*, das sich für Leibniz aus mechanistischer Perspektive nicht lösen läßt, ist das Problem der Einheit. Gibt es ein einheitliches Agens, das für die Aktion verantwortlich ist bzw. worauf sich die Kraft beziehen muß? Leibniz betont – ganz wie Gassendi – den inneren Eigenantrieb, die spontane Eigentätigkeit der Materie, die sich im spontanen In-Bewegung-Setzen und Widerstand-Leisten dokumentiert. In der Materie muß eine Fähigkeit im Sinne einer Kraft verborgen sein, die sie in die Lage versetzt, eine Bewegung, eine Aktion spontan von selbst anzufangen. Bei Gassendi wird nun dieser innere Impetus oder Antrieb in die Atome verlegt. Auf welchen Träger bezieht sie Leibniz?

Dieses Problem stellt sich nicht nur für den Bewegungsanfang, sondern für den gesamten Bewegungsverlauf. Denn auch unabhängig von ihrer Respektivität (d.h. der Relativität der Zuordnung der Bewegungsursache zu einem Agens oder Träger) ist die Bewegung als in der Zeit verlaufender Prozeß bloß phänomenal. Leibniz macht dies am Anfang des ›Dynamischen Versuchs‹ so deutlich: Zieht man die Bewegung als einen zeitlichen Prozeß in Betracht, so existiert sie im strengen Sinne überhaupt nicht, und zwar deshalb nicht, weil sie niemals als Ganzes existiert, insofern sie nämlich keine koexistierenden Teile hat (*motus ... nunquam existit, ... quia nunquam totus existit, quando partes coexistentes non habet*). Das einzig Reale in der Bewegung ist jenes Momentane, das in der zur Veränderung drängenden Kraft bestehen muß (*momentaneum illud, quod in vi ad mutationem nitente constitui debet*).[71] Mit der Frage nach dem Träger der Tätigkeit bzw. Kraft verknüpft sich also die Frage nach dem einheitlichen Bezugspunkt oder realen Fundament des Bewegungsprozesses.

Worauf also muß diese Kraft, die den Beginn einer Aktion verursacht und die die reale Grundlage der sich in der Zeit verflüchtigenden Bewegung darstellt, bezogen werden: auf den Körper als Ganzes, auf die Atome des Körpers (wie bei Gassendi) oder worauf? An diesem Punkt setzt die eigentliche metaphysische Fundierung der Leibnizschen Physik an, die zu einer durchgängigen Spiritualisierung der Materie führt und auch die anorganischen Körper vitalisiert.

Zunächst einmal zeigt sich für Leibniz, daß von einer einheitlichen Bewegung oder Aktion nur gesprochen werden kann, wenn man sie auf einen als wahre Einheit verstandenen Körper bezieht. Jeder anorganische Körper besitzt nun zwar eine gewisse Einheit, z.B. aufgrund seiner Kohäsion oder Kohärenz. Eine solche Kohäsion läßt sich beispielsweise zurückführen auf die spezifisch geordnete, aufeinander abgestimmte Bewegung seiner Teile, die sie letzten Endes durch die Gesamtbewegung des sie umgebenden Universums erlangt haben[72] (etwa im Sinne der Entstehung der Cartesischen Fixsterne oder Sonnen), oder aber auf den direkten Kontakt der Teile untereinander, die – durch welchen Mechanismus auch immer – aneinander haften. Auf diese Weise erhalten die Körper zwar eine gewisse Art von Kohärenz, so daß sie nur mit Kraftaufwand voneinander getrennt werden können. Aber für Leibniz unterscheidet sich diese Einheit im Prinzip nicht von der Einheit eines Holzbündels oder Steinhaufens. In beiden Fällen handelt es sich nämlich bloß um ein Aggregat von Elementen oder Teilen, die eine bloß relative, wieder auflösbare Einheit darstellen. Die wahre Einheit eines Körpers hängt also nicht davon ab – so betont Leibniz explizit –, ob die Distanz der Teile des Körpers klein oder groß ist, ob die Anordnung der Teile wohlgeordnet ist oder nicht, ob die Bewegungen der Teile koordiniert sind oder nicht.[73] In keinem Fall läßt sich eine absolute, prinzipiell nicht aufhebbare Einheit erreichen.

Findet man somit die Einheit nicht in einer wie immer organisierten Masse, so bleibt noch der Weg übrig, sie im Einfachsten zu suchen, indem man die Materie in ihre einfachsten Teile oder Elemente zerlegt. Gäbe es solche einfachsten Teile oder Elemente, so hätten wir in der Tat die physischen Atome Demokrits oder Gassendis als letzte Einheiten oder Konstituenten der Materie anzunehmen, auf die alle Bewegungen und Aktionen in und zwischen den Körpern zurückzuführen wären. Eine Annahme von materiellen Atomen hält Leibniz jedoch für widervernünftig. Denn aufgrund ihrer, wenn auch nur minimalen, Ausgedehntheit müssen sie weiter teilbar und damit in weitere Elemente zerlegbar sein. Selbst wenn man (wie das z.B. Gassendi tut) von einer absoluten Festigkeit oder Härte und damit physischen Unzerstörbarkeit der Atome ausginge, würde diese in der unüberwindlichen Verbindung der Konstituentien oder Teile des Atoms bestehen, die damit nach wie vor unterscheidbar blieben und einer absoluten Einfachheit im Wege stünden.[74] Im übrigen würde dasselbe Kohärenzproblem wie bei großen Körpern auftreten. Die absolut feste Verbindung der Atomteile wäre nicht erklärbar. Leibniz nimmt daher – wie auch Descartes und Hobbes – an, daß die Materie wirklich, aktual ins Unendliche geteilt ist, daß es keine kleinsten materiellen Körper und daß es zwischen den Körpern keine Vakua gibt.

Zerfällt die Materie und jeder Körper somit in ein Aggregat von unendlich vielen Teilen, so kommen als einfachste Elemente nur noch echte Punkte in Frage. Solche Punkte aber sind bloße infinitesimale Größen, d.h. Grenzbegriffe der Geometrie und Arithmetik, die es in der Natur nicht gibt. So wie der *conatus* im Sinne des tatsächlichen Drangs zur Bewegung als „momentane Initialbewegung in einem Punkt" bezeichnet werden könnte, die aber als solche in der Natur nicht vorkommt und daher auch selbst eigentlich keine Bewegung ist, so gibt es auch weder den Zeitmoment als instantanen Augenblick im Zeitkontinuum noch den Raumpunkt als kleinste Wegstrecke im Raumkontinuum. Dies hängt mit der Leibnizschen Auffassung von der Phänomenalität oder Idealität von Raum und Zeit zusammen. So wie Raum und Zeit nur modale oder ideale Ordnungsgefüge sind (der Raum als Ordnung der koexistierenden und die Zeit als Ordnung der sukzessiv existierenden Dinge), so stellen auch Raum- und Zeitpunkte bloß infinitesimale Grenzbegriffe dar, die kein reales, sondern nur ein modales oder ideales Sein besitzen und daher nicht die Zusammensetzung der konkreten, in der Natur vorkommenden Dinge betreffen. Eine Gerade ist demnach nicht aus Punkten, eine Zeitperiode ist nicht aus Momenten zusammengesetzt. So führt Leibniz in seiner Antwort auf Einwände von Simon Foucher gegen sein ›Neues System‹ zu diesem Punkt folgendes aus: Die geometrischen Begriffe wie Punkt, Linie, Fläche stellen nur abstrakte Ordnungsbeziehungen (*rapports d'ordre*) dar, jedoch sind sie keine Kompositionsprinzipien. Zusammensetzung gibt es nämlich nur im Bereich der wirklichen, konkreten Dinge, nicht im Bereich abstrakter mathematischer Gebilde wie Linien oder Zahlen. Der Bruch 1/2 stellt nicht ein Ganzes dar, das man sich etwa als Ansammlung von 2/4 oder 4/8 etc. in infinitum vorstellen darf, sondern er drückt bloß eine abstrakte Beziehung oder Proportion (*rapport*) aus, die man jeweils weiter in kleinere Ordnungsgrößen unterteilen darf. Insofern geht hier die Gesamtproportion (1/2) der Teilproportion (1/4) vorher, ähnlich wie in einer Linie das Ganze den Teilen, welche nur mögliche oder ideale Teile oder Teilungen darstellen, vorhergeht. In der Realität ist es jedoch umgekehrt: Hier stellt das Ganze nur eine Ansammlung (*assemblage*) oder ein Resultat seiner aktuell durchgeführten Teilungen dar. Die letzten Einheiten besitzen hier also Priorität vor dem Ganzen, sie begründen die Realität des Ganzen.[75] Als solche letzten Elemente und Einheiten müssen sie demnach zum einen absolut einfach sein, zum anderen real sein, um die Realität zusammengesetzter Dinge begründen zu können.

Diese Überlegungen führen nun Leibniz zu der einzig noch verbleibenden Möglichkeit: als letzte Einheiten für die Körper substantielle oder formale, d.h. nicht-physische Atome (*atome de substance, atome formel*) anzunehmen, die er auch metaphysische Punkte (*points métaphysiques*) – im Vergleich zu den physischen und mathematischen Punkten – nennt. Im Gegensatz zu den angeblichen physischen Punkten oder Atomen, die es gar nicht gibt, sind die metaphysischen Punkte wirklich unteilbar und damit unausgedehnt. Im Gegensatz zu den mathematischen Punkten, die als infinitesimale Grenzwerte zwar ebenfalls unteilbar sind, aber bloß modal-ideale Abstraktionen darstellen, sind die metaphysischen Punkte tatsächlich real. Worin aber besteht ihre Realität? Erinnern wir uns an den Verlauf der hier wiedergegebenen Leibnizschen Argumentation, der es darum ging, die Unzulänglichkeit einer strikt mechanistischen Materiedeutung aufzuzeigen, so muß die von Leibniz geforderte Begründung der Realität der Körperwelt zwei Funktionen erfüllen: erstens die reale Ursache für die Bewegungen der Körper anzugeben, und zweitens die reale Einheit eines materiellen Körpers aus seinen ihn konstituierenden letzten Elementen aufzuzeigen. Beides ist für Leibniz mit der Einführung der als metaphysische Punkte verstandenen substantiellen Atome erreicht, für die er kurz nach dem Erscheinen des ›Neuen Systems‹, erstmals in einem Brief an den französischen Mathematiker de l'Hospital vom 22. Juli 1695, die Bezeichnung „Monade“ oder „Monas“ wählt.[76] In seiner Spätschrift aus dem Jahre 1714, der für einen Pariser Freundeskreis bestimmten, sogenannten ›Monadologie‹ werden diese Monaden daher entsprechend als „die wahren Atome der Natur und Elemente der Dinge“ bezeichnet (*Et ces Monades sont les véritables Atomes de la Nature et en un mot les Elemens des choses*).[77]

Berücksichtigt man diese Leibnizschen Argumentationen, so müssen die formalen Substanz-Atome oder Monaden also das Merkmal der Aktivität besitzen, d.h. die Fähigkeit, eine Bewegung spontan, von selbst zu beginnen. Sie sind also im echten Sinne – obwohl unausgedehnt – Verursacher oder Urheber der Körper-Aktionen. Sie sind die eigentlichen Träger der Kraft, die die körperlichen Tätigkeiten im Sinne von Aktion und Reaktion verursacht. Man kann sie somit als Kraftzentren oder Aktionszentralen des jeweiligen Körpers bezeichnen, für die sie zuständig sind. Außerdem bilden sie als unausgedehnte formale (d.h. nicht-physische) Atome das reale Fundament der körperlichen Tätigkeit und Einheit. Denn würde sich der ausgedehnte Körper nicht aus ihnen als realen Einheiten konstituieren, so würde er sich als Aggregat unendlich vieler ausgedehnter Teile gewissermaßen verflüchtigen und ein bloßes Phänomen darstellen. So aber ist er – wie Leibniz sich ausdrückt – ein wohlbegründetes Phänomen (*phaenomenon bene fundatum*). Gleichermaßen würde sich die zeitlich-prozessuale körperliche Bewegung nie als eine (d.h. als ganzheitliche) Tätigkeit verstehen lassen, könnte man sie nicht auf das substantielle Atom oder die substantielle Form des Körpers als seine Aktionszentrale bzw. sein Kraft- oder Tätigkeitszentrum zurückbeziehen.

Über den Begriff des materiellen Körpers als einer bloßen *res extensa* oder *res mobilis* oder *res impenetrabilis* hinaus hat Leibniz damit die materielle Welt auf ein tieferliegendes, eben metaphysisches Fundament gestellt. Über die Dynamisierung der Materie bei Gassendi hinaus wird die Materie vitalisiert und spiritualisiert. Für Leibniz haben nämlich – so drückt er sich explizit aus – die realen substantiellen Einheiten der Körper etwas Vitales (*quelque chose de vital*) an sich und eine Art erkenntnisanaloge Wahrnehmungs-, Empfindungs- oder Aufnahmefähigkeit (*une espece de perception*).[78]

Mit dieser Vitalisierung bzw. Spiritualisierung der materiellen Welt verbindet Leibniz nun – wie das oben wiedergegebene Zitat aus dem ›Dynamischen Versuch‹ belegt – einen ausdrücklichen Rückbezug auf die aristotelisch-scholastische Schulphilosophie, die – auch wenn sie damals in allen Ländern Europas an den Universitäten und Schulen noch weitenteils dominierte – von den modernen mechanistischen Philosophen verfemt wurde. Ohne sie wieder in alter Form einführen oder bestätigen zu wollen – denn auch Leibniz ist der Meinung, daß für die Erklärung der beobachtbaren Einzelphänomene in der Natur nur die mechanistische Erklärungsweise in Frage kommt –, unternimmt er doch den Versuch einer metaphysischen Grundlegung der materiellen Welt, den er in den Zusammenhang der alten philosophischen Schultradition stellt. In der bekannten biographischen Reminiszenz im ›Neuen System‹ heißt es: „Anfangs, als ich mich vom Joch des Aristoteles befreit hatte, war ich auf das Leere und die Atome verfallen, denn dies stellt die Einbildungskraft am meisten zufrieden. Als ich davon, nach vielen Überlegungen, wieder abgekommen war, bemerkte ich, daß es unmöglich ist, die Prinzipien einer wahrhaften Einheit in der Materie allein zu finden oder in dem, was nur passiv ist, weil hier alles nur eine Ansammlung oder Anhäufung von Teilen bis ins Unendliche ist. Nun kann aber die Vielheit ihre Realität nur von wahrhafen Einheiten haben, die anderswoher kommen und etwas ganz anderes sind als die Punkte, von denen feststeht, daß aus ihnen das Kontinuum nicht zusammengesetzt sein kann: Daher war ich, um diese realen Einheiten zu finden, genötigt, auf ein formales Atom zurückzugreifen, da ein materielles Sein nicht gleichzeitig materiell und vollkommen unteilbar bzw. mit einer wahrhaften Einheit ausgestattet sein kann. Ich mußte also die substantiellen Formen, die heute so verschrien sind, zurückrufen und gleichsam rehabilitieren, aber auf eine Weise, die sie verständlich machte und den Gebrauch, den man von ihnen machen soll, von dem Mißbrauch, den man mit ihnen getrieben hat, unterschied. So fand ich, daß ihre Natur in der Kraft besteht, und daß daraus etwas dem Empfinden (*sentiment*) und Begehren (*appétit*) Analoges folgt, und daß man sie daher in Analogie zum Begriff, den wir von den Seelen haben, verstehen müsse. Wie man die Seele aber nicht dazu benutzen darf, um über die Einzelheiten des Körperbaus der Lebewesen Rechenschaft zu geben, so urteilte ich gleichfalls, daß man diese Formen nicht dazu verwenden dürfe, um die besonderen Probleme der Natur zu erklären, obwohl sie notwendig sind, um wahre allgemeine Prinzipien aufzustellen. Aristoteles nennt sie erste Entelechien, ich nenne sie vielleicht verständlicher primitive Kräfte, die nicht nur den Akt oder die Ergänzung (Erfüllung) der Möglichkeit, sondern dazu noch eine ursprüngliche Aktivität enthalten.“[79]

Die Kräfte im Universum und ihre mathematische Deutung

Wir wenden uns nun Newton, dem für die weitere Entwicklung wohl einflußreichsten Physiker des 17. Jahrhunderts, zu. Denn in seinem berühmten 1687 veröffentlichten Buch ›Mathematische Prinzipien der Naturphilosophie‹ (Philosophiae Naturalis Principia Mathematica), das in der Folgezeit das Standardwerk der Physik werden sollte, verbindet auch er von vornherein den mechanischen mit dem dynamischen Aspekt: Den Bewegungen im Universum liegen Kräfte zugrunde. Zum einen geht es ihm zwar nur um eine mathematische Beschreibung und Bestimmung der mechanischen Gesetzmäßigkeiten, wobei er sich auf empirische Beobachtungen und daraus gewonnene Induktionen stützt, ohne Vermutungen über die Natur der Kräfte selbst anzustellen. Zum andern aber neigt er doch dazu, eine darüber hinausgehende philosophische Interpretation der Kräfte vorzunehmen, die eine antimaterialistische, spiritualistische Tendenz aufweist.

Newtons Werk verfolgt die Absicht, ein für alle Naturphänomene gemeinsames Prinzip zu entwickeln, aus dem diese erklärbar werden, das also Phänomene wie das Fallgesetz Galileis und die Gesetze über die Planetenbahnen von Kepler gleichermaßen erklärt. Bei diesem gemeinsamen Prinzip handelt es sich um den dynamischen Gesichtspunkt, daß die Bewegungen in der Natur durchweg von Kräften verursacht werden. So ist – wie Newton in der Vorrede an den Leser sagt – „die rationale Mechanik die Wissenschaft von den Bewegungen, die aus gewissen Kräften hervorgehen, und von den Kräften, die für gewisse Bewegungen erforderlich sind“ (*scientia motuum, qui ex viribus quibuscunque resultant, et virium quae ad motus quoscunque requiruntur*). Die „Schwierigkeit der Philosophie“, d.h. in diesem Fall der Naturbetrachtung, besteht für Newton darin, „von den Phänomenen der Bewegungen her die Kräfte der Natur zu untersuchen, und dann von den Kräften her die übrigen Phänomene zu beweisen“, eine Aufgabe, die die ersten beiden Bücher (›Über die Bewegung der Körper‹ überschrieben) seines Werks erfüllen sollen, während das dritte Buch (›Über das Weltsystem‹) die gewonnenen Ergebnisse für die Erklärung der Phänomene im Universum heranzieht. So kann Newton folgende verallgemeinernde These aussprechen: „Vieles bewegt mich zu der Vermutung, daß alle Erscheinungen der Natur von gewissen Kräften abhängen können, wodurch die Partikeln der Körper aus noch nicht bekannten Ursachen entweder gegeneinandergetrieben werden und als regelmäßige Figuren zusammenhängen oder wechselseitig voreinander fliehen und zurückweichen.“[80]

In den dem dritten Teil vorangestellten Regeln der Naturbetrachtung (*regulae philosophandi*) faßt Newton seine Auffassungen über die Naturphänomene zusammen und entwickelt die grundlegenden Eigenschaften der Körper.[81] Besonders die dritte Regel ist hier von Bedeutung, die lautet: „Die Qualitäten der Körper, die weder intensiviert noch (gradmäßig) geschwächt werden können, und die allen Körpern zukommen, an denen man Experimente anstellen kann, hat man für die allgemeinen Qualitäten aller Körper zu halten.“[82] Da wir nämlich – so führt Newton weiter aus – die Körperqualitäten nur durch Experimente kennen, kann man nur diejenigen als allgemeine Qualitäten aufstellen, die mit den Experimenten übereinstimmen. Außerdem können die Qualitäten, die nicht vermindert werden können, auch nicht aufgehoben werden. So müssen wir etwa die Ausdehnung als solch eine allgemeine Eigenschaft auffassen. Denn die Ausdehnung der Körper ist uns nur durch unsere Sinne bekannt, man nimmt sie jedoch nicht bei allen wahr. Da sie jedoch den wahrnehmbaren Körpern zukommt, so nimmt man sie auch für alle Körper überhaupt an. Ebenso erfahren wir, daß mehrere Körper hart sind. Da sich nun aber die Härte eines Körpers aus der Härte seiner Teile ergibt, so müssen wir schließen, daß nicht nur die wahrnehmbaren, sondern auch die nicht mehr wahrnehmbaren, ungeteilten Partikeln aller anderen Körper hart sind. Das gleiche gilt für die Undurchdringlichkeit, die Beweglichkeit und die Eigenschaft der Körper, aufgrund von Trägheitskräften in Bewegung oder Ruhe zu verharren. Denn diese Qualitäten haben wir an den Körpern beobachtet und dürfen sie nun auch auf die nicht beobachtbaren Körperteilchen übertragen. „Ausdehnung, Härte, Undurchdringlichkeit, Beweglichkeit und die Kraft der Trägheit des Ganzen“ – so faßt Newton zusammen – „entstehen aus der Ausdehnung, Härte, Undurchdringlichkeit, Beweglichkeit und den Trägheitskräften der Teile: und daraus schließen wir, daß die kleinsten Teile aller Körper ebenfalls ausgedehnt, hart, undurchdringlich, beweglich und mit Trägheitskräften begabt sein müssen. Und dies ist das Fundament der ganzen Philosophie.“[83] Es handelt sich hierbei also um Eigenschaften, die aus beobachteten Fällen durch induktive Verallgemeinerung gewonnen und auf nicht beobachtbare oder noch nicht beobachtete Fälle übertragen werden und die man so lange allgemein für wahr halten muß, als sie nicht aufgrund anderer Phänomene präzisiert oder Ausnahmen unterworfen werden müssen. Dies formuliert ausdrücklich die vierte Regel.[84]

Bezüglich zweier weiterer Phänomene, nämlich der Teilbarkeit der Materie und der Schwere der Körper, äußert sich Newton vorsichtiger.

Wir erfahren zwar, daß geteilte, aber benachbarte Teile der Körper getrennt werden können, und aus der Mathematik wissen wir, daß die ungeteilt bleibenden Partikeln gedanklich weiter zerlegt oder voneinander unterschieden (*distingui*) werden können. Ob diese gedanklich unterschiedenen Teile auch wirklich durch die Kräfte der Natur zerteilt und voneinander getrennt werden können, ist jedoch ungewiß. Würde sich nun durch ein Experiment herausstellen, daß diese bisher ungeteilten Partikeln wirklich eine weitere Teilung erführen, so könnte man daraus schließen, daß nicht nur die bisher geteilten Partikeln voneinander getrennt, sondern auch die bisher ungeteilten Partikeln ins Unendliche weiter geteilt werden könnten. In diesem Falle gäbe es also keine Atome.[85]

Was die Schwere oder Schwerkraft (*gravitas*) betrifft, so sind alle Körper in der Umgebung der Erde gegen die Erde schwer, und zwar je nach ihrer Materiemenge oder Masse (die in der ersten Definition erklärt wird als Produkt aus Dichte und Volumen oder Raumausfüllung);[86] der Mond gegen die Erde, das Meer gegen den Mond, die Planeten sind schwer gegeneinander, die Kometen schwer gegen die Sonne. Aus diesen Experimenten und astronomischen Beobachtungen ergibt sich allgemein, daß alle Körper wechselseitig gegeneinander schwer sind. Trotz dieses Arguments, das Newton sogar für stärker hält als das für die Undurchdringlichkeit der Körper (weil im letzteren Fall keine Experimente für die Himmelskörper vorliegen), ist für ihn die Schwere (*gravitas*) gleichwohl keine wesentliche Eigenschaft der Körper. Vielmehr erkennt er allein die Trägheitskraft (*vis inertiae*) als die einem Körper innewohnende Kraft (*vis insita*) an, während die Schwere mit der Entfernung von der Erde abnimmt.[87] Offensichtlich ist es diese Variabilität der Schwere, unabhängig von einer Veränderung des Körpers, die es Newton nicht erlaubt, die Schwere als eine allgemeine, wesentliche Eigenschaft oder Kraft dem Körper zuzusprechen. Für die Schwere, insofern sie auch als Kraft verstanden werden kann, die Körper aufeinander ausüben, ergibt sich also eine Besonderheit, weil sie nicht wie die dem Körper innewohnende *vis inertiae* unmittelbar als allgemeine Qualität des Körpers verstanden werden kann. Es ist daher zu fragen, was Newton unter Kräften überhaupt versteht, zumal ja Kräfte die wichtigste Rolle in seinem Universum spielen. Kräfte verursachen – wie wir sahen – alle Naturphänomene und alle Bewegungen von Körpern. Die dem Werk vorangestellten Definitionen, in denen grundlegende Begriffe der Physik erklärt werden, gehen vor allem auf die verschiedenen Arten von Kräften ein, die im Universum vorkommen. Newton unterscheidet drei Arten von Kräften: die Trägheitskraft, die eingeprägte oder von einem anderen Körper übertragene Kraft und die Zentripetalkraft.

Newton geht zunächst davon aus, daß in die Materie eine Kraft hineingelegt ist (die daher auch *vis insita* heißt), die in der Fähigkeit besteht, Widerstand zu leisten (*potentia resistendi*). Aufgrund dieser Fähigkeit verharrt jeder Körper im Zustand der Ruhe oder gleichförmigen geradlinigen Bewegung, soweit es ihn betrifft, d.h., insoweit er nicht von außen gestört wird. Diese Kraft ist dem Körper, d.h. seiner Masse proportional und entspricht der Trägheit der Masse (*inertia massae*), die bewirkt, daß jeder Körper von seinem Zustand der Ruhe oder Bewegung nur schwer abgebracht werden kann. Daher nennt sie Newton auch „Trägheitskraft" (*vis inertiae*). Ein Körper übt diese Kraft nur dann aus, wenn sein Zustand durch eine andere auf ihn (von außen) einwirkende oder ihm eingeprägte Kraft (*vis impressa*) geändert werden soll, und zwar in zweifacher Hinsicht: 1. als Widerstand (*resistentia*), insofern der Körper, um seinen Zustand zu erhalten, der eingeprägten Kraft widerstrebt; 2. als Antrieb bzw. Drang (*impetus*), insofern derselbe Körper, indem er der Kraft des entgegenstehenden Hindernisses nur schwer nachgibt, den Zustand dieses Hindernisses zu ändern strebt.[88]

Die zweite Kraft ist die gerade genannte (von außen) einem Körper eingeprägte, auf ihn übertragene oder gegen ihn angewandte Kraft (*vis impressa*), die die gegen diesen Körper ausgeübte Aktion darstellt, um dessen Zustand (der Ruhe oder gleichförmigen geradlinigen Bewegung) zu ändern. Sie besteht allein in dieser Aktion oder Tätigkeit und verbleibt nach Abschluß der Aktion nicht im Körper. Der Körper verharrt nämlich auch in jedem neuen Zustand allein vermöge seiner Trägheitskraft. Diese eingeprägte Kraft kann durch Stoß, Druck oder durch die Zentripetalkraft entstehen.[89] Im Cartesischen Universum gibt es nur solche durch Stoß oder Druck eingeprägten, d.h. von einem auf einen anderen Körper übertragenen Bewegungsaktionen, und damit werden Kräfte nur in diesem Sinne zugelassen. Die beiden anderen Kräfte, die Trägheitskraft und die jetzt zu erörternde Zentripetalkraft, ja sogar auch nur die durch eine Zentripetalkraft hervorgerufene eingeprägte Kraft, werden von Descartes nicht als besondere Arten von Kräften berücksichtigt.

Die dritte Kraft Newtons ist also die Zentripetalkraft (*vis centripeta*), wodurch Körper gegen einen Punkt, gleichsam als Zentrum, von allen Seiten gezogen werden, getrieben werden oder wie auch immer streben. Beispiele für diese Zentripetalkraft sind die Schwerkraft (*gravitas*), wodurch Körper zum Mittelpunkt der Erde streben, die magnetische Kraft (*vis magnetica*), wodurch Eisen zum Magneten strebt, und jene Kraft, welche es auch immer sei, wodurch die Planeten ständig von geradlinigen Bewegungen abgezogen werden und auf Kurvenbahnen sich zu bewegen gezwungen werden. Diese Zentripetalkraft macht sich auch bei der von einer Hand im Kreis gedrehten Steinschleuder bemerkbar. Der Stein hat das Bestreben, sich von der Hand, die ihn herumschwingt, zentrifugal zu entfernen, was sich an der Spannung der Schleuder zeigt und daran, daß er wegfliegt, wenn man ihn losläßt. Die diesem Bestreben entgegengesetzte Kraft, wodurch die Schleuder den Stein ständig zur Hand zurückzieht und in der Kreisbewegung hält, ist hier die Zentripetalkraft. Alle Körper, die im Kreis herumgeführt werden, haben die Tendenz, sich von den Zentren ihrer Bahnen zu entfernen und auf einer geraden Linie in gleichförmiger Bewegung fortzubewegen, wenn sie nicht durch solch eine Zentripetalkraft gebunden und in ihren Kreisen gehalten würden. Als Schwerkraft macht sich die Zentripetalkraft bei einem geradlinig abgeschossenen Projektil bemerkbar, das in den Weltraum fortfliegen würde, wenn es nicht durch die Schwerkraft zur Erde abgelenkt würde. Wäre die Projektilgeschwindigkeit groß genug im Verhältnis zur Schwerkraft, so könnte das Projektil in eine Kreisbahn um die Erde gelenkt werden, wäre sie zu groß, so würde das Projektil die Kreisbahn verlassen und in den Weltraum hinausfliegen. Auch der Mond wird – wie Newton sich ausdrückt – „durch die Schwerkraft, wenn er nur schwer ist, oder durch irgendeine andere Kraft, wodurch er gegen die Erde getrieben wird (*vi gravitatis, si modo gravis sit, vel alia quacunque vi, qua in terram urgeatur*), immer zurückgezogen von seiner geradlinigen Bewegung zur Erde und in eine Kreisbahn gelenkt“.[90]

Während die Trägheitskraft eindeutig der Körpermasse zugeschrieben werden kann und die *vis impressa* eindeutig dem Körper, der seine Kraft auf einen anderen überträgt oder sie ihm einprägt (bzw. umgekehrt dem Körper, der sie erhält oder dem sie eingeprägt wird), ist der Sachverhalt in bezug auf die Zuordnung bei der Zentripetalkraft problematischer. Für Newton gibt es hier drei Aspekte, die man im Hinblick auf die Größenbestimmung der *vis centripeta* zu berücksichtigen hat: die *vis centripeta* als absolute Größe, als Beschleunigungsgröße und als Bewegungsgröße.

Die absolute Größe (*quantitas absoluta*) der Zentripetalkraft bemißt sich nach der „Wirksamkeit (*efficacia*) der sie (die Zentripetalkraft) vom Zentrum zum umgebenden Raum hin verbreitenden Ursache“. Hierbei wird die *vis centripeta* auf das Zentrum (gewissermaßen als Kraftzentrum) bezogen, welches gleichsam mit einer Ursache versehen ist, ohne welche die Bewegungskräfte (d.h. die Auswirkungen der Zentripetalkraft als einer andere Körper bewegenden Größe) sich nicht durch den umgebenden Raum verbreiten könnten. Diese Ursache kann als ein Zentralkörper (wie der Magnet im Zentrum der magnetischen Kraft oder die Erde im Zentrum der Gravitationskraft) verstanden werden oder als „irgendeine andere Ursache, die nicht erscheint“. Die *vis centripeta* als *vis absoluta* oder als absolute Größe wird hier also als die einem Zentralkörper zugeordnete Anziehungskraft verstanden, welche die diesen Zentralkörper umgebenden Körper an sich heranzieht.

Die Beschleunigungsgröße (*quantitas acceleratrix*) der Zentripetalkraft ist „der Geschwindigkeit proportional, die sie in einer gegebenen Zeit erzeugt“. Im Hinblick auf diese Beschleunigungsgröße ist die *vis centripeta* größer in kleinerer Distanz vom Zentrum und kleiner in größerer Distanz (z.B. vom Magneten oder vom Erdzentrum). Zum Beispiel ist sie in Tälern größer, d.h., sie macht dort die Dinge schwerer als auf hohen Berggipfeln. In diesem Fall wird die *vis centripeta* auf den Ort des Körpers (auf den sie wirkt) bezogen und gleichsam als Wirksamkeit verstanden, die vom Zentrum her durch die einzelnen Orte in der Umgebung verbreitet ist und dafür sorgt, daß Körper, die sich an diesen Orten befinden, bewegt werden. Das heißt, sie wird von dem Effekt (der Beschleunigung) her, den sie auf die Körper der Umgebung ausübt und der in gleicher Distanz vom Gravitationszentrum bei allen Körpern gleich ist, bestimmt oder betrachtet.

Die Bewegungsgröße (*quantitas motrix*) der Zentripetalkraft schließlich ist „der Bewegung proportional, die sie in einer gegebenen Zeit erzeugt". Hier wird die *vis centripeta* auf die in der Umgebung befindlichen Körper selbst bezogen, als ob sie ein Streben (*conatus* bzw. *propensio*) zum Zentrum hin besäßen.[91]

Auch wenn Newton hier betont, daß es ihm nur um die mathematische Betrachtung der Verhältnisse gehe und nicht um die physischen Ursachen und Sitze der Kräfte und daß er infolgedessen *attractio, impulsus, propensio* im neutralen Sinne verwende (ohne über die Art der Aktion oder die physische Ursache irgend etwas aussagen zu wollen), so geben die drei Aspekte doch zu drei verschiedenen Deutungen Anlaß: Entweder kann man die *vis centripeta* als absolute Schwerkraft in einen Zentralkörper wie die Erde legen, die die sie umgebenden Körper anzieht. Oder man kann sie umgekehrt als Bewegungskraft in die einen Zentralkörper umgebenden Körper legen, die gleichsam von sich aus (aufgrund ihrer Schwere oder ihres Gewichts) zum Zentralkörper (als Gravitationszentrum) hinstreben. Schließlich kann man die *vis centripeta* – modern gesprochen – als das einen Zentralkörper umgebende Kraftfeld verstehen, dessen Stärke von der Beschleunigungswirkung her, die es auf in ihm befindliche Körper ausübt, geschätzt werden kann. Da im strengen Sinne beide Körper gegeneinander gravitieren oder schwer sind, handelt es sich eigentlich um ein Kraftfeld zwischen beiden Körpern (dem größeren und dem kleineren) mit einem gemeinsamen Zentrum.[92]

Besonders im ersten und im letzten Fall (der Deutung als zentrale Anziehungskraft oder als Beschleunigungskraft) tritt nun das Problem der Fernwirkung auf, das bei den beiden anderen Kräften neben der *vis centripeta*, der Trägheitskraft und der eingeprägten Kraft nicht auftritt, weil es sich hier um Nahewirkungskräfte handelt. Inwiefern Newton – zumindest in diesen beiden Fällen – die *vis centripeta* als Fernwirkungskraft versteht, wird deutlicher, wenn wir die dahinterstehende Raum- und Zeitvorstellung betrachten.

Newton geht aus von einem sogenannten absoluten Raum (*spatium absolutum*), der etwas völlig Gleichartiges und Unbewegliches (*similare et immobile*) darstellt, was ohne Beziehung zu etwas Äußerem ist (*sine relatione ad externum*). Entsprechendes gilt von der absoluten, wahren, mathematischen Zeit, die ihrer Natur nach ohne Beziehung zu etwas Äußerem gleichförmig dahinfließt (*aequabiliter fluit*).

Der relative Raum demgegenüber ist ein bewegliches Maß (*mensura*) oder eine bewegliche Ausmessung (*dimensio*) des absoluten Raums, das bzw. die durch seine bzw. ihre Lage zu Körpern definiert ist, wie z.B. ein

Luftraum definiert ist durch seine Lagebeziehung zur Erde. Und entsprechend ist die relative Zeit irgendein wahrnehmbares äußeres Maß der Dauer durch die Bewegung, wie z.B. Stunde, Tag, Monat, Jahr.[93]

Im dem absoluten bzw. relativen Raum befinden sich die Körper des Universums sozusagen wie in einem Gefäß. Die Bezugnahme auf den absoluten Raum liefert für die Bewegungen der Körper einen absoluten Bezugspunkt, so daß das Leibnizsche Problem der Relativität der Bewegung bei Newton gar nicht auftreten kann.

Nun ist der Raum aber nicht gleichmäßig mit Materie angefüllt, d.h., es gibt dünner und dichter mit Materie angefüllte Raumgegenden, was darauf schließen läßt, daß es Vakua im Raum gibt. Offensichtlich wirkt die Zentripetalkraft eines massereichen Körpers als Gravitations- oder Beschleunigungskraft durch den leeren oder teilweise leeren Raum in die Ferne auf masseärmere Körper ein. Damit stellt sich hier die Frage, wie sich eine in einen massereichen Körper gelegte Zentripetalkraft unvermittelt auf entfernte masseärmere Gegenstände in seiner Umgebung als Attraktion oder Beschleunigungskraft auswirken kann. Eine strikt mechanistische Theorie, die alle Bewegungen durch Druck und Stoß erklärt, kann nur Nahewirkungskräfte zulassen. Daher erklären auch die meisten Naturwissenschaftler wie z.B. der holländische Physiker Christiaan Huygens in seiner 1690 erschienenen ›Abhandlung über die Ursache der Schwerkraft‹ (Discours de la cause de la pesanteur)[94] und alle hier behandelten Philosophen die Gravitation durch ein zwischen anziehendem und angezogenem Körper vermittelndes Medium (sei es eine Art von subtiler Materie oder Äther bei Descartes,[95] Huygens und Leibniz[96] oder die Luft bei Hobbes[97] oder seien es im Falle des Atomisten Gassendi[98] vom anziehenden Körper ausgehende Korpuskelstrahlen), welches es gestattet, die scheinbare Fernwirkung (*actio in distans*) auf mechanische Nahewirkungsaktionen von Partikeln dieses Mediums zurückzuführen. Newton versucht in dieser Frage eine neutrale Position einzunehmen, die es vermeidet, Hypothesen aufzustellen, die kein Fundament in den experimentellen Beobachtungsbefunden haben. Sein berühmtes Diktum am Ende der ›Mathematischen Prinzipien der Naturphilosophie‹ „Ich stelle keine Hypothesen auf" (*hypotheses non fingo*) plädiert für eine rein mathematische Betrachtung der quantitativen Gesetzmäßigkeiten bei Attraktionsvorgängen, die sich jeglicher metaphysischer und auch physikalischer Hypothesen darüber, was die Gravität ist, enthält. Newton sagt dort:

„Ich habe bisher die Erscheinungen der Himmelskörper und unseres Meeres durch die Schwerkraft (*vis gravitatis*) erklärt, aber ich habe noch nicht die Ursache der Schwerkraft angegeben. Diese Kraft entsteht jedenfalls von irgendeiner Ursache, welche bis zu den Zentren der Sonne und der Planeten dringt, ohne Verminderung ihrer Wirksamkeit (*virtus*); und welche nicht im Verhältnis zur Größe der Oberfläche der Partikeln wirkt, auf die sie einwirkt (wie es die mechanischen Ursachen zu tun pflegen), sondern im Verhältnis zur festen Materie (*pro quantitate materiae solidae*). Und ihre Wirkung (*actio*) erstreckt sich nach allen Seiten in ungeheure Entfernungen, wobei sie im doppelten Verhältnis der Abstände [d.h. im Verhältnis der Quadrate der Abstände] abnimmt. Die Schwere gegen die Sonne setzt sich aus der Schwere gegen die einzelnen Partikeln der Sonne zusammen und nimmt mit der Entfernung von der Sonne genau im doppelten Verhältnis der Abstände ab, bis hin zur Bahn des Saturns ... Den Grund aber dieser Eigenschaften der Schwere habe ich noch nicht aus den Phänomenen ableiten können, und Hypothesen stelle ich nicht auf. Alles was nämlich nicht aus den Phänomenen abgeleitet wird, muß man eine Hypothese nennen; und Hypothesen, seien es metaphysische oder physische, seien es die von verborgenen Qualitäten oder mechanische, haben keinen Platz in der Experimentalphilosophie. In dieser Philosophie werden Sätze aus Phänomenen abgeleitet und durch Induktion verallgemeinert. Auf diese Weise haben wir die Undurchdringlichkeit, Beweglichkeit und den Antrieb (*impetus*) der Körper sowie die Gesetze der Bewegungen und der Schwere kennengelernt. Es genügt, daß die Schwere wirklich existiert und gemäß den von uns dargestellten Gesetzen wirkt und daß sie hinreicht, alle Bewegungen der Himmelskörper und unseres Meeres zu erklären."[99]

Die Fernwirkungskräfte und ihre spiritualistische Deutung

Die Newtonsche Zurückhaltung in der Deutung der in erster Linie als Gravitationskräfte verstandenen Zentripetalkräfte läuft auf das Wissenschaftspostulat hinaus, nur das, was sich aus Beobachtungsdaten der Erfahrung und deren mathematischer Analyse ergibt, als wissenschaftliche Aussage zuzulassen. Daß dabei ein Erklärungsbedarf zurückbleibt, liegt daran, daß die grundlegenden Prinzipien der Naturerscheinungen, die Kräfte, zwar angegeben und ihre mathematischen Gesetzmäßigkeiten bestimmt, ihre Ursachen aber nicht erklärt werden. Es gibt Kräfte, die in die Ferne wirken und deren Wirkungsweise man mathematisch bestimmen kann, aber von wem sie ausgehen und wie sie wirken, das kann nicht angegeben werden. Bei den Philosophen der Zeit mußte eine solche als Erklärungslücke empfundene wissenschaftliche Zurückhaltung Zweifel hervorrufen. Gerade die mechanistisch eingestellten Philosophen mußten auf einer Theorie beharren, die ausschließlich Nahewirkungsaktionen (durch Druck und Stoß) für wissenschaftlich zulässig erklärte, und Fernwirkungen für absurd halten. Leibniz hat Newton sogar gelegentlich vorgeworfen, er führe die scholastischen okkulten Qualitäten wieder ein.[100] Newton hat diesen Erklärungsbedarf gespürt und ihn durch verschiedene Erklärungsmodelle zu befriedigen versucht. Seine Haltung ist dabei nicht eindeutig, sondern eher zwiespältig. Insgesamt jedoch kann man auch bei Newton von einer metaphysisch-spiritualistischen Tendenz sprechen, letzte Erklärungen für die Naturerscheinungen zu liefern, wobei sich Einflüsse des Cambridger Platonismus geltend machen.

Newton geht es vor allem darum, den Eindruck zu vermeiden, die Materie besitze aufgrund ihrer Gravitationskräfte die Fähigkeit, durch leere Räume in die Ferne zu wirken. Das ist der Grund, warum er in den ›Mathematischen Prinzipien‹ die Schwere im Gegensatz zur Trägheit nicht zur wesentlichen Eigenschaft der Materie erklärte. Dem dienen auch seine Versuche, durch eine Nahewirkungstheorie, die die Vorstellung eines zwischen den gravitierenden Körpern ausgebreiteten Äthers als Übertragungsmedium benutzt, die Wirkungen der Schwerkraft zu erklären, obwohl er damit gerade das tut, was er zu vermeiden vorgibt, nämlich eine Hypothese über beobachtete Wirkungen aufzustellen, die nicht aus den Phänomenen abgeleitet sind. Allerdings äußert Newton diese Äthertheorie, die er in einem Brief an Boyle, in seiner zuerst 1704 und in einer zweiten Auflage 1717 erschienenen ›Optik‹ (Opticks: or, a Treatise of the Reflexions, Refractions, Inflexions and Colours of Light) und auch am Schluß seiner ›Mathematischen Prinzipien‹ andeutet, immer nur als Vermutung, nicht als empirisch abgesicherte Theorie. So erstaunt es, daß Newton am Ende seiner ›Mathematischen Prinzipien‹, nachdem er gerade sein *hypotheses non fingo* erklärt hat, noch einen letzten Absatz anschließt, in dem er eine Hypothese (nämlich die Ätherhypothese) ausspricht, allerdings unter dem Vorbehalt, daß sie noch nicht hinreichend durch Experimente bestätigt sei. Es heißt dort in bezug auf den Äther, der hier als *spiritus subtilissimus*, d.h. als eine besonders feine, flüssige Materie, bezeichnet wird: „Man könnte hier noch einiges von einem feinsten Stoff (*spiritus subtilissimus*) anführen, der die festen Körper durchdringt und in ihnen verborgen ist, durch dessen Kraft und Aktionen die Partikeln der Körper sich auf kleinste Distanz wechselseitig anziehen und bei Berührung aneinander haften, und die elektrischen Körper auf größere Entfernungen wirken, indem sie benachbarte Korpuskeln sowohl zurückstoßen wie anziehen, und das Licht ausgestrahlt, reflektiert, gebrochen und gebeugt wird und die Körper erwärmt; ... Aber dies läßt sich nicht mit wenigen Worten darstellen, und es liegt keine genügende Anzahl von Experimenten vor, durch welche die Gesetze der Aktionen dieses feinen Stoffs genau bestimmt und bewiesen werden können.“[101]

Es hat den Anschein, als ob mit dieser Ätherhypothese eine Erklärung der Schwerkraft im Sinne einer mechanistischen Nahewirkung bezweckt werden soll. Dies scheint – nach einem ganz ähnlichen Erklärungsversuch schon 25 Jahre früher in einem Brief an Boyle vom 28. Februar 1679[102] – die ›Optik‹ zu bestätigen, wo unter den im dritten Teil als Vermutungen oder Hypothesen geäußerten Fragen (*queries*) die 21. Frage betitelt ist „Die mechanische Ursache der Schwerkraft“ (*The mechanical efficient of Gravity*). Die Schwerkraft wird hier folgendermaßen erklärt: Da die Dichte des Äthers, der durch die Körper und durch die Himmelsräume ausgebreitet ist, in den Körpern selber am geringsten ist und mit der Entfernung vom Körper in den Weltraum immer mehr zunimmt, so wird auf die Körper durch die außerordentlich große Elastizität des Äthers, d.h. durch sein Bestreben sich auszudehnen (das mit der Dichte zunimmt) Druck ausgeübt, so daß sie von den dichteren in die dünneren Schichten des Mediums getrieben werden (*impel*), „mit der Kraft“ – wie es heißt –, „die wir Schwerkraft nennen“.[103]

Es wird also auf der mikroskopischen Ebene des Äthers eine Elastizität angenommen, die sich als Druck auf die großen Körper äußert und auf diese Weise im makroskopischen Bereich die Gravität erklären soll. Wenn man den Äther korpuskular deutet, so wird die Elastizität auf die Abstoßungskräfte der kleinen Korpuskeln zurückgeführt. Damit kehrt das Problem der Fernwirkung aber auf mikroskopischer Ebene wieder: Haben die den kleinen Ätherkorpuskeln zugesprochenen Repulsions- und Attraktionskräfte (Abstoßungs- und Anziehungskräfte) nicht auch eine Fernwirkung, wenn auch über kleinste Distanzen hinweg, zur Folge?

Trotz seiner vorsichtigen Äußerungen zur atomaren Struktur der Materie in den ›Mathematischen Prinzipien‹ nimmt Newton in der 31. Frage der ›Optik‹ in der Tat eine atomare oder korpuskulare Deutung der Materie an und überträgt das Fernwirkungsmodell auf die kleinsten Materiepartikeln. Gott hat die Welt aus letzten festen, massiven, harten, undurchdringlichen und beweglichen Partikeln erschaffen, die sich nicht abnutzen und physisch nicht teilbar sind und aus denen alle anderen Körper zusammengesetzt sind. Auch für diese letzten Bausteine der Materie wird nun ausdrücklich neben der Trägheitskraft die Schwerkraft als aktives Prinzip gefordert: „Es scheint mir ferner, daß diese Partikeln nicht nur eine Trägheitskraft (*vis inertiae*) besitzen, begleitet von den passiven Bewegungsgesetzen, die natürlicherweise aus dieser Kraft resultieren, sondern daß sie auch durch gewisse aktive Prinzipien bewegt werden, wie das der Schwerkraft oder das, welches die Ursache der Fermentation und Kohäsion der Körper ist.“[104] Im einzelnen heißt es hier zu den in verschiedener Form und Funktion als Anziehung oder Abstoßung auftretenden Fernwirkungskräften: „Besitzen die kleinen Partikeln der Körper nicht gewisse Kräfte oder Fähigkeiten (*powers, virtues or forces*), durch welche sie in die Ferne wirken (*act at a distance*), wobei sie nicht nur auf die Lichtstrahlen einwirken, um sie zu reflektieren, zu brechen und zu beugen, sondern auch aufeinander, wobei sie einen großen Teil der Naturphänomene hervorbringen? Denn es ist wohlbekannt, daß Körper durch die Anziehungen der Gravitation, des Magnetismus und der Elektrizität aufeinander einwirken. Und diese Beispiele zeigen uns Wesen und Lauf der Natur und machen es nicht unwahrscheinlich, daß es noch mehr anziehende Kräfte (*attractive powers*) gibt als diese. Denn die Natur ist immer übereinstimmend und gleichförmig (*consonant and conformable*) mit sich selbst. Was ich Anziehung (*attraction*) nenne, kann durch Impuls oder durch andere mir unbekannte Mittel zustande kommen. Ich gebrauche das Wort hier nur, um im allgemeinen eine beliebige Kraft zu bezeichnen, durch welche Körper aufeinander zustreben, was auch immer die Ursache sein mag. ... Die Anziehungen der Schwerkraft, des Magnetismus und der Elektrizität reichen bis in merkliche Entfernungen und konnten deshalb mit unseren gewöhnlichen Augen beobachtet werden. Aber es mag noch andere geben, die nur bis in so kleine Entfernungen reichen, daß sie bisher der Beobachtung entgehen; und vielleicht reicht die elektrische Anziehung bis in solch kleine Entfernungen, selbst wenn sie nicht durch Reibung erregt wird."[105] Durch solche korpuskularen Attraktionskräfte werden eine ganze Reihe von Naturerscheinungen erklärt, wie z. B. die Konsistenz fester homogener Körper, die Adhäsion verschiedener Körper[106] oder die Elastizität von kompakten Körpern, die, wenn sie einem Druck ausgesetzt werden, ohne daß ihre Partikeln entweichen können, ihre alte Figur wiederherstellen durch eine Kraft, die aus der wechselseitigen Attraktion der Teile entspringt.[107] Schließlich werden auch abstoßende Kräfte in Zusammenhang mit den anziehenden Kräften gebracht. Denn „so wie in der Algebra dort, wo positive Größen verschwinden und schließlich aufhören, die negativen beginnen, so sollte in der Mechanik dort, wo die Attraktion aufhört, eine abstoßende Fähigkeit (*repulsive virtue, power*) nachfolgen". Newton exemplifiziert solche abstoßenden Kräfte an der Reflexion und Beugung von Lichtstrahlen, die „in beiden Fällen von Körpern abgestoßen werden, ohne daß ein unmittelbarer Kontakt des reflektierenden oder beugenden Körpers stattfindet".[108] Auch die sozusagen als Negativkräfte verstandenen Repulsionskräfte sind für Newton also Fernwirkungskräfte, die ohne direkte Berührung, über eine Distanz hinweg ihre Wirkung hervorbringen.

Die Plausibilität für die Annahme solcher Fernwirkungskräfte ergibt sich für Newton zum einen aus der Konformität der Natur, die im Großen wie im Kleinen in gleicher Weise wirkt, zum anderen daraus, daß neben das passive Prinzip der Trägheit ergänzend ein aktives Prinzip der Schwerkraft treten muß, das die Natur erhält. In diesem Sinne heißt es in der 31. Frage der ›Optik‹: „So ist die Natur immer gleichförmig zu sich selbst und sehr einfach, indem sie alle die großen Bewegungen der Himmelskörper durch die zwischen ihnen herrschende Gravitation hervorruft und fast alle kleinen Bewegungen ihrer Partikeln durch gewisse andere zwischen den Partikeln herrschenden anziehenden oder abstoßenden Kräfte. Die Kraft der Trägheit ist ein passives Prinzip, durch das die Körper in ihrer Bewegung oder Ruhe verharren, Bewegung im Verhältnis zur eingeprägten Kraft empfangen und widerstehen in dem Maße, in dem ihnen Widerstand geleistet wird. Durch dieses Prinzip allein hätte niemals irgendeine Bewegung in der Welt sein können. Es war noch ein anderes Prinzip notwendig, um die Körper in Bewegung zu setzen; und jetzt, da sie in Bewegung sind, ist noch ein anderes Prinzip notwendig, um sie in Bewegung zu halten." Dieses Prinzip ist für Newton die Schwerkraft. Für Newton würde, wenn es diese Kraft nicht gäbe, das Universum allmählich zum Stillstand kommen, weil bei flüssigen Körpern ihre Zähigkeit und die Reibung ihrer Teilchen und bei festen Körpern ihre meist nur schwache oder sogar fehlende Elastizität dafür sorgen, daß mehr Bewegung verlorengeht als gewonnen wird. „Da wir also sehen, daß die verschiedenen Bewegungen, die wir in der Welt vorfinden, stetig abnehmen, so besteht die Notwendigkeit, sie durch aktive Prinzipien zu bewahren und wiederherzustellen, wie ein solches die Ursache der Schwerkraft (*gravity*) ist, wodurch die Planeten und Kometen in ihren Bewegungen auf ihren Bahnen erhalten werden und Körper ihre große Geschwindigkeit beim Fallen erreichen."[109]

Mit dem passiven Prinzip der Trägheit und dem aktiven Prinzip der Schwerkraft nimmt Newton eine ganz ähnliche Einteilung der Kräfte in aktive und passive vor wie Leibniz. Während bei Leibniz allerdings beide Kräfte wesentliche Eigenschaften des Körpers selbst sind, die *vis passiva* als Widerstandsfähigkeit der trägen Masse und die *vis activa* als substantielle Form des Körpers, die spontan Bewegung erzeugen kann, ist für Newton nur die Trägheitskraft eine wesentliche Qualität der Materie selbst, nicht jedoch die Schwerkraft, die zwar ein nicht bestreitbares Naturphänomen darstellt, aber – wie schon mehrfach betont – keine Eigenschaft im Körper selbst ist. Wäre sie das nämlich, müßte sie physikalisch – und das heißt in der Newton-Zeit: mechanisch – erklärt werden, damit aber ihren Fernwirkungscharakter verlieren.

Das macht verständlich, warum Newton eine physikalische Deutung der Attraktionskräfte, speziell der Schwerkraft an vielen Stellen für problematisch hielt, ja im strengen Sinn sogar – weil undurchführbar – ausschließen mußte. Insofern er überhaupt eine Interpretation der Ursachen der Schwerkraft vornehmen wollte, blieb für ihn dann nur noch eine metaphysische übrig. In diese Richtung weisen seine Bemerkungen in den Briefen an Dr. Bentley.

In einem Brief vom Februar 1693 an Bentley erklärt sich Newton mit dessen Annahme einverstanden, die Attraktion so allgemein anzusetzen, daß „darunter jede Kraft verstanden werden kann, wodurch entfernte Körper ohne mechanischen Impuls zusammenzukommen streben".[110] Zugleich erklärt er aber: „Es ist unbegreiflich, daß unbelebte, rohe Materie (*inanimate, brute matter*) ohne die Vermittlung von irgend etwas anderem, das nicht materiell ist, auf andere Materie einwirken oder sie ohne gegenseitigen Kontakt affizieren könnte. Das müßte der Fall sein, wenn die Gravitation (*gravity*) im Sinne von Epikur eine wesentliche und inhärente Eigenschaft in der Materie wäre. Daß Gravitation eine ursprüngliche (*innate*), inhärente und wesentliche Eigenschaft der Materie sein sollte, so daß ein Körper auf einen anderen in der Entfernung durch ein Vakuum einwirken könnte, ohne Vermittlung von irgend etwas anderem, wodurch seine Aktion und Kraft von einem auf den anderen übertragen würde, erscheint mir als eine so große Absurdität, daß ich glaube, daß niemand, der in philosophischen Fragen ein kompetentes Urteil besitzt, darauf verfallen könne. Gravitation muß durch ein Agens (*an agent*) verursacht sein, das beständig und gewissen Gesetzen gemäß wirkt; ob aber dieses Agens materiell oder immateriell ist, habe ich dem Urteil meiner Leser überlassen."[111]

Obwohl hier Newton eine Entscheidung über die Ursache der Schwerkraft dem Leser anheimstellt, nimmt er jedoch zuvor durchaus Stellung und bezeichnet diese Ursache als immateriell. Es liegt nahe, hier eine theologische Interpretation dieser Ursache zu unterstellen, die Newton auch an anderer Stelle vorgenommen hat.

Schon in der allgemeinen Anmerkung am Ende der ›Mathematischen Prinzipien der Naturphilosophie‹ weist Newton auf eine theologische Deutung des Universums hin: „Und alle diese regelmäßigen Bewegungen [der Planeten um die Sonne und der Monde um die Planeten] haben ihren Ursprung nicht aus mechanischen Ursachen ... Diese höchst elegante Anordnung der Sonne, der Planeten und Kometen hat nur aus dem Ratschluß und der Herrschaft eines intelligenten und mächtigen Wesens hervorgehen können. Und wenn die Fixsterne Zentren ähnlicher Systeme sind, so müssen diese – alle nach einem ähnlichen Ratschluß entworfen – der Herrschaft eines einzigen unterliegen." Dieses intelligente, mächtige Sein, das das ganze Universum beherrscht, ist Gott, der von Newton zwar nicht als Weltseele aufgefaßt wird, aber doch als durch Raum und Zeit unendlich ausgebreitetes und allgegenwärtiges Sein. Er existiert überall und zu jeder Zeit. Er durchdringt alles mit seiner Empfindung, Erkenntnis und Wirksamkeit, aber auf eine uns unbegreifliche Weise, so daß man ihm nicht einen Körper oder eine körperliche Gestalt zusprechen darf.[112] Es wird hier deutlich, wie die Vorstellung Newtons vom absoluten Raum und von der absoluten Zeit nicht nur für seine Theorie der absoluten Bewegung im Universum, sondern auch gerade für die theologische Interpretation von Bedeutung ist.

Ähnliche Gedanken finden sich in den *queries* der ›Optik‹. In Frage 28 heißt es, daß es die Hauptaufgabe der Naturphilosophie sei, aus den Phänomenen ohne Hypothesen Schlüsse zu ziehen und Ursachen aus ihren Wirkungen herzuleiten, bis man zur ersten Ursache gelangt, „die mit Sicherheit nicht mechanisch ist". Hier stößt man auf Fragen, die über den Mechanismus der Welt hinausgehen, wie u. a.: Woher kommt es, daß Sonne und Planeten einander anziehen (*gravitate towards one another*)? Betrachtet man insgesamt die Ordnung und zweckvolle Einrichtung der Welt, so ergibt sich hieraus, „daß es ein unkörperliches, lebendiges, intelligentes, allgegenwärtiges Wesen gibt, das im unendlichen Raum, gleichsam als seinem Empfindungsorgan (*sensory*), die Dinge selbst unmittelbar sieht und vollständig durchschaut", von welchen Dingen wir nur die über unsere Sinne in unser Empfindungsorgan übermittelten Abbilder erkennen.[113] In der 31. Frage heißt es analog, daß das wohlgeordnete Universum nur „der Effekt von nichts anderem als der Weisheit und Fähigkeit eines mächtigen, ewig lebenden Wirkenden (*agent*) ist, der – allgegenwärtig (*being in all places*) – mehr in der Lage ist, die Körper innerhalb seines grenzenlosen, gleichförmigen Sensoriums (*sensorium*) durch seinen Willen zu bewegen und dadurch die Teile des Universums zu bilden und umzubilden, als wir in der Lage sind, durch unseren Willen die Teile unserer eigenen Körper zu bewegen".[114] Aus dieser Stelle läßt sich entnehmen, daß Newton letzten Endes Gott in Anspruch nehmen mußte, um eine plausible, wenn auch nicht mehr mechanische oder physikalische Erklärung für die wesentliche, das Universum bestimmende Kraft der Attraktion anzubieten.

Während z. B. für Leibniz die Körper selber mit einem aktiven Prinzip der Kraft versehen worden sind, aufgrund deren sie spontan tätig werden können (wie etwa im Falle der Elastizität und Schwerkraft), greift bei Newton Gott ständig in das Weltgeschehen ein, indem er mit Hilfe der Schwerkraft die regelmäßigen Bewegungen im Universum erzeugt. Die Materie selbst ist eigentlich nur passiv, Gott hält sie mit Hilfe von Gravitations- und Repulsionskräften in Bewegung. So enthält sich der Experimentalphysiker Newton zwar der Hypothesen über die Gravitation, der Metaphysiker aber nimmt eine sozusagen theologische Dynamisierung des Universums vor, die auf der Omnipräsenz Gottes im Naturgeschehen beruht.

Leibniz hat begreiflicherweise später an der Deutung des Raums als Sensorium oder Empfindungsorgan Gottes Anstoß genommen, weil Gott damit zu sehr in das Weltgeschehen einbezogen würde. Mit dem Geistlichen und Parteigänger Newtons Samuel Clarke hat Leibniz in seinen letzten beiden Lebensjahren (1715–1716) einen intensiven Briefwechsel geführt, in dem er vor allem Newtons Vorstellung des absoluten Raums und der absoluten Zeit und seinen damit verbundenen Gottesbegriff kritisierte.[115]

Obwohl Newton auch in der ›Optik‹ explizit darauf hinweist, daß damit die Welt nicht zum Körper Gottes und Gott nicht zur Seele der Welt gemacht werden dürfe, erinnern diese Vorstellungen Newtons doch stark an mystische Überlegungen aus dem Cambridger Platonistenkreis etwa von Henry More. More faßt in seinem ›Metaphysischen Handbuch‹ (Enchiridion Metaphysicum) von 1671 den Körper als materielle Substanz auf, die keine Empfindung (*perceptio*), kein Leben, keine Bewegung besitzt und nur durch eine fremde Kraft (*vis*) Einheit, Leben und Bewegung erhalten kann. Als wesentliche Eigenschaft kommt ihm die Undurchdringlichkeit (*impenetrabilitas*) für andere Körper zu. Das heißt, Körper können einander gegenseitig nicht durchdringen. Komplementärer Gegenbegriff dazu ist die geistige Substanz (*spiritus*). Sie ist immateriell, besitzt Leben und die Fähigkeit, sich von innen heraus (*intrinsecus*) zu bewegen. Im Gegensatz zum Körper kommt ihr aber nicht die Undurchdringlichkeit zu. Vielmehr kann der Geist bzw. können die Geister sowohl sich wie auch die Körper durchdringen. Das heißt, auch dem Geist bzw. den Geistern kommt Ausdehnung zu, die für More im Gegensatz zu Descartes kein Wesensmerkmal speziell des Körpers, sondern ein Wesensmerkmal des Seins überhaupt ist. Körper und Geister sind also beide ausgedehnt. Aber nur der Geist kann den Körper (oder auch andere Geister) durchdringen.[116] Dadurch ist er in der Lage, nicht nur Körper zu bewegen, sondern auch zu vitalisieren. Aufgrund seiner Ausdehnung kann er aber auch leere, d.h. körperlose Räume anfüllen und infolgedessen durch den quasi leeren Raum wirken. Der Raum ist also für More nicht wirklich leer, sondern dort, wo er von Materie leer ist, von Geistern angefüllt.

Die Geister gehen ein in den Geist der Natur oder das hylarchische Prinzip (*Spiritus Naturae sive Principium Hylarchicum*) oder sind als dessen Teil aufzufassen. Dieser Geist der Natur ist von Gott dazu bestimmt, als vitales (aber nicht intellektuelles) Prinzip für die Ordnung und Regelmäßigkeit der Naturabläufe zu sorgen,[117] ohne dazu mechanischer Prinzipien zu bedürfen. Damit bringt allein das hylarchische Prinzip in die tote Welt der reinen Körper Bewegung und Leben, indem es den gesamten Raum und alle Körper im Raum mit seinem plastischen Leben (*vita plastica*) – wie More auch sagt[118] – durchdringen kann. Als Prinzip ohne Intelligenz und Bewußtsein, das nur plastisches Leben besitzt, setzt es More zwar von dem auf Platons *Timaios* zurückgehenden Gedanken einer Weltseele (*anima mundi*) ab.[119] Aber ganz ähnlich wie Newton den Raum als Sensorium Gottes auffaßt, in dem Gott allgegenwärtig ist und durch seinen Willen Körper bewegen kann, so ist auch für More der Raum ein Attribut Gottes, in dem Gott seine Omnipräsenz beweist und auf die Materie einwirkt. Der durch den Raum ausgedehnte *spiritus naturae* ist somit eine Art von Instrument oder Medium des göttlichen Willens, durch das Gott die Körper bewegen kann. Weil er selbst ausgedehnt ist, kann er Kräfte auch über materiefreie Räume hinweg in die Ferne wirken lassen. Ein Phänomen wie die Fernwirkung läßt sich also mit dem Moreschen hylarchischen Prinzip zwanglos deuten, verläßt damit aber den Boden einer naturwissenschaftlich-mechanistischen Erklärung.

Grundkonstanten des Universums

Die hier vorgestellten Versuche des 17. Jahrhunderts, die Struktur der Materie und die fundamentalen Mechanismen der Phänomene im Universum zu bestimmen, haben alle die Mechanik bzw. eine an der Mechanik orientierte mechanistische Betrachtungsweise zur Grundlage. Sie wird aber dort, wo sie als Nahewirkungstheorie nicht mehr hinreicht (nämlich bei Fernwirkungskräften), durch eine neutrale mathematische Beschreibung der beobachteten Verhältnisse ersetzt, welche die Frage nach der Ursache solcher Kräfte als wissenschaftlich unbeantwortbar offenläßt. Dies war die Haltung von Newton. Mit solchen Untersuchungen gehen Bemühungen einher, zu einer Bestimmung der allgemeinen Gesetzmäßigkeiten des Universums, im mikro- wie makroskopischen Bereich, zu gelangen. Schon bei Descartes sahen wir, wie – wenn auch in sehr spekulativer Weise – allgemeine Naturgesetze, die für dieses Universum konstitutiv sind, aufgestellt werden. Bei Leibniz gibt es eine Vielzahl von philosophischen Reflexionen über die Gesetze des Universums. Alle modern eingestellten Naturwissenschaftler versuchen auf ihrem Gebiet, die empirischen Beobachtungsdaten in mathematisch formulierbare Gesetze zu fassen. Am grundlegendsten ist das wohl Newton gelungen, dessen Werk daher auch eine so uneingeschränkte Geltung für die nächsten zweihundert Jahre gewann.

Die große Leistung Newtons besteht darin, daß er die separaten Teilergebnisse seiner wissenschaftlichen und philosophischen Zeitgenossen zusammenfaßt und zu einer mathematisch abgesicherten Theorie über die Natur ausgestaltet, die sich in den drei, seinen ›Prinzipien‹ vorangestellten Axiomen oder Gesetzen der Bewegung, den drei Grundgesetzen der klassischen Mechanik, artikuliert. Diese fundamentalen Naturgesetze sollen für alle Erscheinungen der Natur gelten, d.h. ganz verschiedenartige Phänomene zusammenfassen. Zu Anfang des 17. Jahrhunderts hatte Galilei das Fallgesetz gefunden, aufgrund dessen der Fall als gleichmäßig beschleunigte Bewegung aufgefaßt werden muß. Ebenfalls um diese Zeit stellte Kepler seine drei Gesetze über die Planetenbewegungen auf. Das erste Gesetz bezieht sich auf die Planetenbahnen und besagt, daß die Umlaufbahnen der Planeten um die Sonne Ellipsen darstellen, in deren einem Brennpunkte die Sonne steht. Aufgrund des zweiten Gesetzes, das die Umlaufgeschwindigkeit betrifft, überstreicht der Radiusvektor von der Sonne zum Planeten in gleichen Zeiten gleiche Flächen; d.h., der Planet bewegt sich in Sonnennähe schneller als in Sonnenferne. Das dritte Gesetz stellt eine Proportion her zwischen Umlaufzeit und mittlerem Abstand von der Sonne. Danach verhalten sich die Quadrate der Umlaufzeiten der Planeten wie die Kuben ihrer mittleren Entfernung von der Sonne; d.h., der Quotient des Quadrats der Umlaufzeit eines Planeten durch die dritte Potenz seines mittleren Sonnenabstandes ist eine Konstante, die für alle Planeten gleich ist. Für beide Phänomene (das Fallen der Körper und die Bewegungen der Planeten), aber auch für andere wie den Mondumlauf oder Erscheinungen wie Ebbe und Flut u.ä. sollen die Newtonschen Gesetze gelten, die unter dem gemeinsamen Gesichtspunkt einer allgemeinen im Universum bestehenden Massenanziehung oder Zentripetalkraft entwickelt werden.

Mit der Berücksichtigung der Kraft als allgemeiner das Universum bestimmender physikalischer Größe gewinnt Newton eine Perspektive, die seinen Gesetzen ihre Allgemeinheit verschafft. Zugleich führt dieser Ansatz über die eher geometrisch beschreibenden Gesetze Keplers und Galileis hinaus, indem eine dynamische Größe ins Spiel kommt, die aber ebenfalls mathematisch bestimmbar ist. Das zweite der Newtonschen Bewegungsgesetze führt die Kraft allgemein ein als Fähigkeit, eine Bewegungsänderung oder Beschleunigung herbeizuführen, und stellt zwischen der aufgewendeten Kraft und der erfolgten Bewegungsänderung eine Proportionalitätsbeziehung her: Je größer die Krafteinwirkung auf einen Körper, um so größer ist die Bewegungsänderung oder Beschleunigung. Zugleich wird die Kraft als Vektor aufgefaßt, der die Bewegungsänderung des Körpers in die Richtung erfolgen läßt, in die die Kraft wirkt. In der Newtonschen Formulierung lautet dieses Gesetz: „Die Bewegungsänderung (*mutatio motus*) ist der eingeprägten bewegenden Kraft (*vis motrix impressa*) proportional und geschieht in Richtung der Geraden, nach der jene Kraft wirkt.“[120] Kraft erzeugt also Bewegung. Das bedeutet, daß in einem ruhenden Körper bei doppelter oder dreifacher Krafteinwirkung eine doppelt bzw. dreifach so große Bewegung erzeugt wird, d.h. der Körper eine doppelte bzw. dreifache Beschleunigung erhält. Ist der Körper schon bewegt und wirkt die Kraft in der Richtung ein, in der sich der Körper bereits bewegt, so wird die durch die Kraft erzeugte Bewegung addiert und der Körper erhält eine Bahnbeschleunigung. Wirkt die Kraft in der genau entgegengesetzten Richtung ein, so vermindert sich die Bewegung des Körpers um die durch die Kraft erzeugte Bewegung, d.h., der Körper erhält eine negative Beschleunigung oder Verzögerung. Wirkt die Kraft schließlich in schiefer Richtung zur Bewegungsrichtung des Körpers ein, so werden die Bewegungen gemäß dem Kräfteparallelogramm addiert, und der Körper bewegt sich in Richtung der Diagonalen dieses Parallelogramms.

Gemäß der ersten Definiton Newtons ist unter Körper hier die Masse (*massa*) oder Quantität der Materie (*quantitas materiae*) zu verstehen, die als Produkt aus Dichte und Volumen definiert wird, und unter Bewegungsgröße (oder in heutiger Terminologie auch: Impuls) gemäß der zweiten Definition das Produkt aus Masse und Geschwindigkeit. Danach besagt das zweite als sogenanntes dynamisches Kraftgesetz oder als die Grundgleichung der Mechanik bezeichnete Axiom Newtons, daß Kraft durch den Quotienten aus Impuls- und Zeitänderung bestimmt werden kann oder daß Kraft das Produkt aus Masse und Beschleunigung ist.

Gäbe es keine solchen Beschleunigungen, also Bewegungsänderungen erzeugenden Kräfte, so würde das Universum in einem Zustand der Ruhe oder gleichförmigen Bewegung verharren, ja sogar zum Stillstand kommen, wenn man die Reibungsverluste in Rechnung stellt. Dies ergibt sich aus dem ersten Newtonschen Axiom, dem sogenannten Trägheitsgesetz: „Jeder Körper verharrt im Zustand der Ruhe oder gleichförmigen geradlinigen Bewegung, insofern er nicht durch eingeprägte (einwirkende) Kräfte (*vires impressae*) gezwungen wird, seinen Zustand zu ändern."[121]

Dieses Trägheits- oder Beharrungsgesetz wurde schon von Galilei formuliert und findet sich auch in den philosophischen Systemen von Descartes und Hobbes. In Descartes' ›Abhandlung über das Licht‹ handelt es sich um das oben erwähnte erste Naturgesetz, welches in der Formulierung der ›Prinzipien der Philosophie‹ so lautet: „Jede Sache, insofern sie einfach und ungeteilt ist, verbleibt, so viel an ihr liegt, in demselben Zustand und wird niemals geändert, wenn nicht durch äußere Ursachen."[122] Dies bezieht Descartes einerseits auf die Figur der Sache, andererseits aber auch explizit auf den Zustand der Ruhe oder der Bewegung. So führt er aus: „Wenn er [ein Körper] ruht, glauben wir nicht, daß er jemals beginnen wird, sich zu bewegen, wenn er nicht von einer Ursache dazu getrieben wird. Und es gibt keinen Grund, wenn er bewegt wird, anzunehmen, daß er jemals von sich aus (*sua sponte*) – und von keinem anderen behindert – mit seiner Bewegung aufhören wird. Und deshalb ist zu schließen, daß das, was bewegt wird, so viel an ihm liegt, immer bewegt wird."[123] Da bei Descartes der Begriff der Masse fehlt, weil bei ihm Körper nur durch das geometrische Merkmal des Ausgedehnt-Seins definiert sind, so kann dieses Naturgesetz bei ihm natürlich nicht auf die Trägheit der Masse, d.h.

auf eine im Körper vorhandene Trägheitskraft zurückgeführt werden. Vielmehr beruht es für Descartes auf dem noch grundlegenderen Gesetz von der Erhaltung der Bewegungsquantität. Ebenfalls finden wir das Trägheitsgesetz bei Hobbes formuliert, aber auch hier wird es ohne Bezugnahme auf die Trägheit der Masse begründet.[124] Auch Leibniz erkennt es an,[125] wobei bei ihm sogar schon der Begriff der Masse miteinbezogen ist.

Das dritte Newtonsche Axiom ist das Wechselwirkungsgesetz oder das Gesetz von der Aktion und gleichen Reaktion. Es besagt: „Zu jeder Aktion gehört immer eine entgegengesetzte und gleiche Reaktion, d.h., die Aktionen zweier Körper aufeinander sind immer gleich und von entgegengesetzter Richtung." Das heißt, wenn ein Körper einen anderen drückt oder zieht, so wird er von diesem ebensoviel gedrückt oder gezogen. Ein Finger, der einen Stein drückt, wird ebenso vom Stein gedrückt.[126] Es bedeutet aber auch, daß beispielsweise die Anziehungskraft, die die Erde auf einen fallenden Stein ausübt, eine entsprechende Gegenreaktion auslöst, aufgrund deren der Stein die Erde anzieht.

Explizit finden wir dieses Gesetz auch bei Leibniz formuliert, z.B. im ›Dynamischen Versuch‹.[127] Auf diesem Gesetz beruht die Erfahrung, daß ein Körper, wenn er etwas erleidet, immer auch eine eigene Aktion als Reaktion oder Gegenwirkung ausführt, wie das Beispiel der Elastizität nach Druckeinwirkung oder das Beispiel der als Widerstandsaktion sich äußernden Trägheit eines Körpers gegen eine Einwirkung von außen zeigen.

Die drei Newtonschen Naturgesetze, welche die (durch Kräfte hervorgerufenen) Bewegungen im Universum betreffen, beschreiben die Regelmäßigkeiten der Naturabläufe im Universum. Sie liefern damit die Grundlage einer allgemeinen Wissenschaft von den Bewegungen im Universum, welche sich als dynamische (d.h. Kräfte einbeziehende) Mechanik versteht. Eine weitere im 17. Jahrhundert diskutierte Frage ist die, ob es noch darüber hinausgehende Gesetzmäßigkeiten gibt, die sozusagen den Gesamthaushalt des Universums betreffen. Es handelt sich hierbei vor allem um die zwischen Cartesianern und Leibnizianern kontroverse Frage nach den für das Universum konstitutiven Erhaltungsgesetzen. Descartes hatte – wie gerade erwähnt und oben ausführlich zitiert – angenommen, daß die einmal von Gott dem Universum mitgeteilte Bewegung konstant bleibt, d.h., daß bei allen Bewegungsaustauschprozessen durch Verdrängung oder Zusammenstoß von Körpern das, was in einem Körper an Bewegung verlorengeht, durch eine Zunahme von Bewegung in einem anderen Körper oder in anderen Körpern kompensiert wird, wobei die Größe der bewegten Körper in Rechnung zu stellen ist. Dies ist das Gesetz von der Erhaltung der Bewegungsquantität im Universum.[128] Obwohl – wie schon erwähnt – bei Descartes nur von der Größe des Körpers die Rede ist, also ein Massebegriff wie bei Newton noch nicht entwickelt ist, kann man, wenn man auch bei Descartes den Körper mit seiner Masse identifiziert, die Bewegungsgröße oder Quantität der Bewegung als das Produkt aus Masse und Geschwindigkeit (modern gesprochen als Impuls) interpretieren und dieses Erhaltungsgesetz entsprechend als Impulserhaltungssatz verstehen und so formulieren: Das Produkt aus Masse und Geschwindigkeit bleibt im Universum konstant. Dieser Impulssatz oder Satz von der Erhaltung der Bewegungsquantität wird auch von Newton angenommen und folgt aus seinen Axiomen als drittes Korollar.[129]

Gegen dieses Erhaltungsgesetz in der Cartesischen Form eröffnete Leibniz 1684 eine Kontroverse, indem er behauptete, nicht die Größe der Bewegung, sondern die Größe der Kraft bleibe im Universum erhalten. In der Zeitschrift ›Acta Eruditorum‹ veröffentlichte er den Aufsatz mit dem kennzeichnenden Titel ›Kurzer Beweis eines bemerkenswerten Fehlers des Descartes und anderer in bezug auf das Naturgesetz, gemäß dem sie behaupten, daß von Gott immer dieselbe Quantität der Bewegung erhalten wird, und mit dem sie in der Mechanik Mißbrauch treiben‹ (Brevis demonstratio erroris memorabilis Cartesii, et aliorum circa legem naturae, secundum quam volunt a Deo eandem semper quantitatem motus conservari; qua et in re mechanica abutuntur).[130] Ebenfalls in der ›Metaphysischen Abhandlung‹ von 1686 und im ›Dynamischen Versuch‹ von 1695 finden sich dieselben, teilweise fast gleichlautenden Bemerkungen.[131] Der sich hieran entzündende Streit (auch über das Kraftmaß) bestimmte noch mehrere Jahrzehnte die wissenschaftliche Diskussion, an der sich noch der junge Kant beteiligte und die nach gängiger Meinung erst mit d'Alemberts ›Abhandlung über die Dynamik‹ (Traité de dynamique) 1743 ein Ende fand. Der Leibnizsche Satz von der Erhaltung der Kraft (gemeint ist die von Leibniz so genannte lebendige Kraft, d.h. das Produkt aus der Masse und dem Quadrat der Geschwindigkeit) wurde auch von Huygens angenommen und kann als eine Vorform des Energieerhaltungssatzes oder Energiesatzes der Mechanik gelten: Die Summe von potentieller und kinetischer Energie bleibt im Universum konstant.

Leibniz geht in seiner Argumentation aus von zwei allgemeinen, d.h. auch von den Cartesianern anerkannten Voraussetzungen, nämlich (1) daß der von einer bestimmten Höhe fallende Körper die Kraft besitzt, wieder zu derselben Höhe aufzusteigen (so wie ein Pendel zu der Höhe, aus der es herabgefallen ist, auch wieder aufsteigt), wenn nicht äußere Hindernisse wie z.B. der Luftwiderstand etwas von der Kraft absorbieren; (2) daß ebensoviel Kraft erforderlich ist, einen einpfündigen Körper A auf die Höhe von 4 Ellen emporzuheben wie einen vierpfündigen Körper B auf die Höhe von einer Elle.

Daraus folgt, daß der aus 4 Ellen Höhe herabgefallene Körper A im Punkt seines Aufschlages genausoviel Kraft besitzt wie der aus 1 Elle herabgefallene Körper B, da beide (nach Voraussetzung 1) die Kraft besitzen, zu derselben Höhe, aus der sie herabgefallen sind, wieder aufzusteigen, dies aber (nach Voraussetzung 2) bedeutet, daß ihre Kräfte gleich sind.

Wie verhält es sich nun mit der Quantität der Bewegung? Hier stellt sich heraus, daß diese in beiden Fällen nicht gleich ist. Leibniz stützt sich hier auf Theorem II bzw. Satz II des dritten Tages von Galileis ›Unterredungen und mathematische Beweise über zwei neue Wissenszweige, die Mechanik und die örtliche Bewegung betreffend‹ (Discorsi e dimostrazioni matematiche, intorno due nuove scienze attenenti alla mecanica e i movimenti locali) aus dem Jahre 1638, nämlich daß sich die in gewissen Zeiten zurückgelegten Strecken zweier aus der Ruhelage in gleichmäßiger Beschleunigung fallender Körper wie die Quadrate der Zeiten und die Quadrate der Endgeschwindigkeiten verhalten. In unserem Beispiel verhalten sich die Strecken und demnach auch die Quadrate der Endgeschwindigkeiten wie 4 : 1, infolgedessen haben die Endgeschwindigkeiten von A und B die Beträge 2 und 1. Das aus einer Höhe von vier Ellen gefallene A besitzt also zwar die doppelte Geschwindigkeit des aus einer Höhe von einer Elle gefallenen B, aber nur die Hälfte der Bewegungsquantität von B. Denn da die Bewegungsgröße das Produkt aus Masse und Geschwindigkeit ist, so muß man die jeweiligen Massen von A (1 Pfund) und B (4 Pfund) mit ihrer Endgeschwindigkeit (2 und 1) multiplizieren, und es ergibt sich für A als Betrag der Bewegungsgröße der Wert 2 und für B der Wert 4. Es haben sich demnach die Kräfte von A und B als gleich erwiesen, ihre Bewegungsquantität jedoch als unterschiedlich.

Hieraus folgert Leibniz, daß nicht die Bewegungsquantität im Universum konstant bleibt, sondern die Kraft, nämlich die als Produkt aus Masse und Quadrat der Geschwindigkeit interpretierte lebendige Kraft, die in beiden Fällen 4 beträgt. Der hier auftretende Unterschied zwischen Bewegungsquantität und Bewegungskraft zeigt für Leibniz zudem, daß die Bewegungsquantität ungeeignet ist, ein adäquates Kraftmaß abzugeben. Vielmehr muß die Kraft durch den Effekt, den sie hervorbringt, d.h. durch die Wirkung, die sie erzielt, geschätzt oder gemessen werden, nämlich in unserem Beispiel durch die Höhe, auf die ein bestimmter Körper mit bestimmter Masse (bestimmter Schwere und Festigkeit, wie Leibniz sagt) gehoben werden kann. Daß die hervorgebrachte Wirkung ein adäquates Maß darstellt, beruht auf dem fundamentalen Leibnizschen Grundsatz von der Äquivalenz (oder Äquipollenz) zwischen Ursache und Wirkung.

Dieser Grundsatz (*effectus integer aequipollet causae plenae*) bedeutet, wie Leibniz in einem seiner nachgelassenen Papiere aus dem Jahre 1677/78 ausführt, daß der ganze Effekt (*effectus totus*) die vollständige Ursache (*causa integra*) einschließt oder involviert und umgekehrt, daß die vollständige Ursache den ganzen Effekt involviert. Die Ursache (*causa ef-*

ficiens) kann also als ihre Wirkung (*effectus*) nicht mehr hervorbringen, als in ihr selbst enthalten ist, aber auch umgekehrt enthält die Wirkung nicht weniger, als in der Ursache enthalten ist. Aus diesem Grundsatz wird an dieser Stelle direkt das Gesetz von der Konstanz oder Erhaltung der Kraft bzw. des durch die Kraft hervorgebrachten Effekts (durch den diese gemessen wird) abgeleitet. „Die Kraft bzw. Potenz (*potentia*) oder die Quantität der Wirkung muß in etwas Homogenem geschätzt werden [d.h. dort, wo homogene Verhältnisse vorliegen: *in quodam homogeneo*], z.B. im Heben eines schweren Körpers auf eine gewisse Höhe. Und dieselbe Ursache kann nicht verschiedene homogene oder ähnliche, aber ungleiche Wirkungen hervorbringen; was sich daraus ergibt, daß, wenn die Wirkung die Ursache und die Ursache die Wirkung einschließt, folgt, daß [alle] Wirkungen derselben Ursache sich gegenseitig einschließen." Diese Wirkungen dürfen also untereinander nicht quantitativ ungleich sein, d.h., dieselbe Kraft kann nicht einen Körper das eine Mal auf 4 Ellen Höhe und das andere Mal z.B. auf 5 Ellen Höhe anheben, weil sich hier eine unterschiedliche Quantität der Wirkungen oder Effekte ergäbe. „Wenn also irgendeine Kraft feststeht, d.h., wenn sie durch die Quantität ihrer Wirkung in etwas Homogenem [also unter homogenen Bedingungen] geschätzt werden kann, so ist es notwendig, daß sie bei gleichen Verhältnissen immer dieselbe bleibt."[132]

So wie Leibniz hier ein physikalisches Gesetz (von der Erhaltung der Kraft) auf ein metaphysisches Prinzip (die Äquivalenz zwischen Ursache und Wirkung) zurückführt, so ist noch ein weiteres allgemeineres metaphysisches Ordnungsprinzip von Bedeutung, aus welchem sich ebenfalls direkt Folgerungen für die physikalischen Gesetze des Universums ergeben. Es handelt sich um Leibniz' berühmtes Prinzip der Kontinuität, welches er in einer Schrift aus dem Jahre 1688 als Spezialfall des „Prinzips der allgemeinen Ordnung" behandelt. Der Titel dieser in lateinischer Form nicht veröffentlichten Schrift lautet: ›Ein gewisses allgemeines Prinzip, das nicht nur in der Mathematik, sondern auch in der Physik nützlich ist, mit dessen Hilfe die Gesetze der Natur aus der Betrachtung der göttlichen Weisheit untersucht werden ...‹ (Principium quoddam Generale non in Mathematicis tantum sed et in Physicis utile, cujus ope ex consideratione Sapientiae Divinae examinantur Naturae Leges ...).[133] Mit einer französischen Fassung dieser Schrift, die in der französischen Zeitschrift ›Nouvelles de la République des Lettres‹ im Juli 1687 erschien,[134] war Leibniz jedoch an die Öffentlichkeit getreten, um auch von diesem Prinzip her die Unzulänglichkeit der Cartesischen Philosophie deutlich zu machen. Das Prinzip, um das es hier geht, formuliert Leibniz so: „Wenn bei dem, was gegeben oder gesetzt ist (*in datis sive positis*), die Differenz zweier Fälle unter jede gegebene Quantität [d.h. beliebig] vermindert werden kann, so ist es notwendig, daß sich zugleich auch beim Gesuchten oder bei den Konsequenzen aus dem, was gesetzt war, die Differenz unter jede Quantität vermindern lässt." Oder: „Wenn die Fälle (oder Daten) sich kontinuierlich annähern, so daß schließlich der eine in den anderen übergeht, so muß in den entsprechenden Konsequenzen oder Resultaten (oder gesuchten Ergebnissen) dasselbe geschehen."[135] Hier spricht natürlich der Mathematiker Leibniz, der mit seiner Erfindung des Infinitesimalkalküls besondere Kenntnis über die unendlich kleinen Prozesse und Übergänge gewonnen hatte. Leibniz exemplifiziert daher dieses Prinzip auch an mathematischen Beispielen. Berücksichtigt man, daß ein Kegelschnitt (also z.B. eine Ellipse) die Projektion eines Kreises ist und die Projektion einer Geraden wieder eine Gerade ist, so gilt folgendes: Schneidet eine Gerade einen Kreis in zwei Punkten, so muß auch die Projektion dieser Geraden die Projektion des Kreises, z.B. eine Ellipse, in zwei Punkten schneiden. Läßt man die beiden Schnittpunkte der Sekante sich immer weiter annähern, bis sie zusammenfallen und aus der Sekante eine Tangente wird, so müssen auch die Schnittpunkte der projizierten Geraden und des projizierten Kreises (d.h. der Ellipse) sich kontinuierlich einander annähern und schließlich ineinander übergehen, so daß sich auch hier eine Tangente ergibt. Ein zweites Beispiel aus der Kegelschnittlehre läßt sich anführen. So kann der Unterschied zwischen einer Ellipse und einer Parabel beliebig klein gemacht werden, indem man den zweiten Brennpunkt der Ellipse unendlich oder beliebig weit von dem uns näher gelegenen entfernt. Dann geht die Ellipse in eine Parabel über. Aufgrund unseres Prinzips bedeutet das, daß alle geometrischen Theoreme über die Ellipse allgemein auch auf die Parabel angewandt werden können, insofern man diese als Ellipse betrachtet, deren einer Brennpunkt unendlich weit entfernt ist, und das heißt: deren Unterschied zur Ellipse beliebig klein gemacht werden kann.

Für Leibniz hängt dieses Kontinuitätsprinzip von einem noch allgemeineren Ordnungsprinzip ab, nämlich: „Sind die Daten oder gegebenen Größen geordnet, so sind auch die gesuchten Größen geordnet" (*Datis ordinatis, etiam quaesita esse ordinata*). Es gilt nicht nur für die Mathematik, sondern auch für die Physik und ist Ausdruck der höchsten göttlichen Weisheit, die als „vollkommener Geometer" (*geometra perfectissimus*) – wie sich Leibniz ausdrückt – die Dinge ordnet. Es ist daher interessant zu sehen, welche Folgen sich aus diesem Prinzip bzw. seinem Derivat, dem Kontinuitätsprinzip, für die Physik, für die Gesetze der körperlichen Welt ergeben. Leibniz benutzt das Kontinuitätsprinzip auch hier, um Descartes bzw. die Cartesianer zu attackieren.

Nach dem Kontinuitätsprinzip muß für Leibniz die Ruhe als unendlich kleine Geschwindigkeit, d.h. als unendliche Langsamkeit, aufgefaßt werden. Was von der Geschwindigkeit oder Langsamkeit gilt, muß daher auch für die Ruhe als unendlich großer Langsamkeit Gültigkeit haben, d.h., die Regeln über die Ruhe müssen als Folgesätze oder als Sonderfall der Regeln über die Bewegung aufgefaßt werden. Dasselbe gilt für die Gleichheit. Auch sie kann als unendlich kleine Ungleichheit aufgefaßt werden. Descartes hat für Leibniz diese Beobachtung und dieses Prinzip vernachlässigt, weshalb er zu fehlerhaften Bewegungsgesetzen gelangt ist.

Leibniz demonstriert dies an den ersten beiden von Descartes in den ›Prinzipien der Philosophie‹ angeführten Bewegungsgesetzen.[136] Die erste Bewegungsregel besagt: Wenn zwei gleiche Körper B und C (gemeint sind harte, vollkommen elastische Körper) mit gleicher Geschwindigkeit direkt (frontal) zusammenstoßen, so werden sie reflektiert und bewegen sich mit der gleichen Geschwindigkeit in die jeweils entgegengesetzte Richtung zurück. Die zweite Bewegungsregel jedoch behauptet: Ist B auch nur ein wenig größer als C, sind ansonsten aber die Bedingungen gleich, so wird nur C, jedoch nicht B reflektiert; vielmehr setzen B und C ihre Bewegung in der gleichen Richtung (von B) und mit gleicher Geschwindigkeit zusammen fort.

Legt man das Kontinuitätsprinzip zugrunde, so kann diese zweite Bewegungsregel nicht wahr sein, weil die gemachte Differenzierung zwischen den beiden Fällen der Gleichheit und Ungleichheit (der Körpergröße von B) nicht mit der Vernunft übereinstimmt. Denn da die Ungleichheit von Körpern mehr und mehr abnehmen und schließlich beliebig klein werden kann, so daß der Unterschied zwischen den beiden angenommenen Fällen der Ungleichheit und Gleichheit von B kleiner als jede gegebene Größe wird, so muß kraft unseres Prinzips und – wie Leibniz anfügt – kraft des natürlichen Lichts auch der Unterschied zwischen den Wirkungen oder Folgerungen dieser Annahmen kontinuierlich abnehmen und schließlich kleiner als jede gegebene Größe oder beliebig klein werden. Wenn die zweite Regel aber genauso wahr wie die erste wäre, träte genau das Gegenteil ein. „Denn nach der zweiten Regel bewirkt eine noch so kleine Vergrößerung des Körpers B, der vorher gleich groß wie C war, in den Wirkungen nicht etwa einen beliebig kleinen Unterschied, der allmählich mit der Vergrößerung [von B] anwächst, wie es sein müßte, sondern sofort den größten Unterschied; derart daß durch eine unendlich kleine Hinzufügung aus der absoluten Reflexion [d.h. dem Rückstoß] von B mit seiner gesamten Geschwindigkeit eine absolute Fortsetzung [der Bewegung] von B ebenfalls mit seiner gesamten Geschwindigkeit entsteht, was ein ungeheurer Sprung von einem Extrem ins andere ist. Die Vernunft befiehlt jedoch, daß, wenn die Größe und damit auch die Kraft von B ein wenig vermehrt wird, B auch etwas weniger als vorher reflektiert oder zurückgestoßen wird, so daß bei einem kaum merklichen oder fast nicht existierenden Überschuß oder Zuwachs [der Größe von B] auch die Verringerung des Rückstoßes von sehr kleiner und fast gar keiner Bedeutung ist."[137]

Das hier an Beispielen veranschaulichte Kontinuitätsprinzip besitzt eine außerordentliche Bedeutung für Leibniz' Philosophie und Naturinterpretation. Es ist die Grundlage für die Leibnizsche Auffassung, daß die Natur keine Sprünge macht bzw. daß es in den Naturprozessen keine sprunghaften Übergänge gibt, und findet als Grundprinzip seine Anwendung nicht nur im quantitativen Bereich der Physik, sondern auch im qualitativen Bereich etwa der Stufenfolge des Seins, d.h. der Welt der Monaden. Die in unserem Rahmen gegebenen Beispiele sollten allerdings zeigen, wie Leibniz ein sehr allgemeines Ordnungsprinzip bzw. dessen Derivat, das Kontinuitätsprinzip, für eine ganz konkrete Analyse der im Universum geltenden Bewegungsgesetze fruchtbar zu machen weiß.

Blicken wir zurück auf die vielschichtigen Versuche des 17. Jahrhunderts, eine konsistente und physikalisch stichhaltige Interpretation der anorganischen Natur bzw. der Materie und des Universums zu liefern, so läßt sich feststellen, daß die zunächst vorhandene Tendenz, eine strikt mechanistische Linie einzuschlagen, die nur quantitative Erklärungen zuläßt und anthropomorphe finale Erklärungen ausschließt, zwar nicht verlassen wird, aber allmählich einer breiteren Interpretation Platz macht, die auch über die Mechanik und kausale Determination hinausgehende Fragen stellt und aus metaphysischer Perspektive zu beantworten sucht. Sachlich entwickelt sich diese Tendenz vorwiegend aus einer Reflexion über den Begriff der (als Ursache der Bewegung verstandenen) Kraft und aus einer metaphysischen Fundierung der physikalischen Naturgesetze. Gerade Kenner und Befürworter der mechanistischen Denkweise wie Leibniz und Newton sind es, die hier den engen Rahmen eines radikalen Mechanismus überwinden. Dies zeigt sich bei beiden an der Wiederzulassung oder Rehabilitation der Zweckursachen bei der Betrachtung auch der unbelebten Natur, die zunächst von den modernen mechanistischen Wissenschaftlern und davon beeinflußten Philosophen wie Descartes oder Hobbes zurückgewiesen worden waren. Wir sahen oben, daß Newton durchaus einer metaphysischen Deutung des Naturgeschehens aufgeschlossen gegenüberstand. Aber selbst in einem so rein naturwissenschaftlichen Werk wie den ›Prinzipien‹ heißt es gegen Ende, daß wir zwar keine wirkliche Erkenntnis und Vorstellung von der Substanz Gottes haben, aber: „Wir kennen ihn [Gott] allein durch seine Eigenschaften und Attribute und durch die weisesten und besten Strukturen der Dinge und die Zweckursachen und bewundern ihn wegen der Vollkommenheiten; wir verehren und beten ihn an wegen seiner Herrschaft. Wir beten ihn an wie Diener, und Gott ohne Herrschaft und Vorsehung und Zweckursachen ist nichts anderes als blindes Schicksal (*fatum*) und Natur."[138] Ebenfalls bei Leibniz wiesen wir bereits auf die metaphysischen und religiösen Fundamente seiner Naturbetrachtung hin, gerade auch dort, wo es um die vollkommene Struktur und Gesetzmäßigkeit des Geschehens im Universum geht. Auch bei ihm schließt dies eine Wiedereinführung der finalen Ursachen ein. So unterstellt er in der ›Metaphysischen Abhandlung‹ von 1686 der Natur gerade im Hinblick auf die physikalischen Gesetze eine Absicht (*dessein de la nature*), hier im Hinblick auf das Gesetz von der Lichtreflexion.[139] Und an anderer Stelle wird ebenfalls im Hinblick auf das Gesetz von der Gleichheit von Einfalls- und Ausfallswinkel bei der Reflexion von Lichtstrahlen ausgeführt, daß manche glauben, daß die Reflexion des Lichts durch einen blinden Impetus (*caecus impetus*) nach mechanischen Gesetzen (*leges mechanicae*) erfolge. „Aber diese" – so heißt es weiter – „bedenken nicht, daß das Argument der Alten [der Antike] von der Zweckursache her genommen worden ist, und daß zwar nicht der Lichtstrahl, aber doch die Natur als Begründerin der optischen Gesetze mit Erkenntnis begabt ist und was am besten und angemessensten sein wird vorhersieht."[140] So erscheint gegen Ende des Jahrhunderts auch bei den modern eingestellten Denkern die Natur zwar als mechanisch geregelte, aber zugleich zweckvoll vom Schöpfer geleitete kosmische Ordnung.

4. Leib und Seele

Angesichts des Erfolges der mechanischen Wissenschaften im Bereich von Physik, Astronomie und Chemie, nämlich bei der Deutung des Universums und der in ihm vorkommenden (anorganischen) Materie, blieb es im 17. Jahrhundert nicht aus, daß auch die naturwissenschaftlichen Disziplinen wie Biologie und Medizin, die sich mit anderen Formen natürlicher Phänomene, nämlich mit Organismen und den an die organische Materie gebundenen Lebensvorgängen befaßten, vom mechanistischen Denken neue Impulse erhielten. William Harvey (1578–1657) macht in seinem 1628 veröffentlichten Buch ›Anatomischer Versuch über die Bewegung des Herzens und Blutes in Lebewesen‹ (Exercitatio anatomica de motu cordis et sanguinis in animalibus) seine Entdeckung des Blutkreislaufes publik. Jan Swammerdam entdeckt die roten Blutkörperchen 1658 bei Fröschen, Antonius Leeuwenhoek 1673 beim Menschen. Christoph Scheiner untersucht den Sehvorgang und weist die umgekehrten Abbilder auf der Netzhaut nach (1625). Johann Baptist van Helmont (1579–1644), später Franciscus de la Boe (Sylvius) (1614–1672) und andere betonen als Vertreter der sogenannten iatrochemischen Schule (d. h. der chemischen Heilkunstschule) die den Körper bestimmenden chemischen Prozesse und führen die Verdauung im Magen auf einen Fermentationsprozeß zurück. Santorio Santorio (1561–1636) deutet die Stoffwechselvorgänge rein physikalisch. Nicolaus Stensen (Steno) weist 1663 nach, daß das Herz ein Muskel ist und infolgedessen seine Tätigkeit in Muskelkontraktionen besteht. Thomas Willis untersucht den Bau des Gehirns (1667). Wiederum William Harvey stellt in seinem 1651 publizierten Buch ›Über die Zeugung der Tiere‹ (De generatione animalium) die These auf, daß alles Leben aus dem weiblichen Ei entstehe, das vom männlichen Samen nur zur Entwicklung angeregt werde (verkürzt zusammengefaßt zu dem Diktum: *Omne vivum ex ovo*). Auch wenn all diese Entdeckungen durchaus nicht durchweg von einer strikt mechanistischen Denkweise begleitet sind, so befördern sie doch in entscheidender Weise die mechanistische Interpretation der organischen Körpervorgänge. Insbesondere die italienische iatromechanische Schule stellt eine medizinische Richtung dar, die die Bewegungsabläufe des organischen Körpers und dessen innerorganische Prozesse durchweg als mechanische, physikalische Vorgänge versteht. Giovanni Alfonso Borelli (1608–1679), der als Begründer der iatromechanischen Schule gilt, macht in seinem postum 1680/81 erschienenen Buch ›Über die

Bewegung der Tiere‹ (De motu animalium) den Versuch, die Flugbewegungen der Vögel und die Schwimmbewegungen der Fische, ja alle äußeren Bewegungen von Lebewesen, zugleich aber auch die inneren im Lebewesen und seinen Organen stattfindenden Prozesse (wie Muskelkontraktionen, Blutzirkulation, Verdauung, Nervenfunktionen etc.) als solche mechanischen Vorgänge aufzufassen.

Der Organismus als Mechanismus: das Tier als Maschine

Plastischen Ausdruck verschaffte sich die Haltung, auch die Bewegungen und organischen Prozesse der Lebewesen als mechanische Vorgänge zu deuten, in der These, alle Tiere seien bloße Maschinen. Die besondere Radikalität dieser These bestand darin, daß hiermit das mechanistische Modell erstmals auf einen gesamten lebendigen Organismus übertragen wurde, der nun in seiner Gesamtheit als mechanisches Regelwerk verstanden wurde, nicht anders als tote Körper, nicht anders als Sterne oder Steine. Diese im 17. Jahrhundert vieldiskutierte These hatte vor allem durch den Cartesianismus, der sie vertrat und beförderte, eine große Verbreitung und Popularität erhalten, obwohl sie selbst schon älteren Datums war.

Der spanische Arzt Gómez Pereira hatte schon 1554 in seinem (nach den Vornamen seiner Eltern benannten) Buch ›Antoniana Margarita‹[1] die Behauptung aufgestellt, daß die Tiere keine Erkenntnis besitzen und reine Maschinen sind, die wie Automaten funktionieren und keine Seele besäßen. Dieses Buch erhielt zwar zwei Jahre später eine anonyme Replik, blieb aber sonst ohne große Resonanz, da es nur eine kleine Auflage hatte. Die vom Cartesianismus wieder entfachte Diskussion verschaffte ihm neue Aktualität. Auf Pereira bezog man sich nun als Vorläufer Descartes', der diesen möglicherweise beeinflußt haben könnte. Es ist aber sehr wahrscheinlich, daß Descartes zwar den Namen, aber nicht das Buch von Pereira kannte;[2] sicher ist, daß er seine Tiermaschinenthese selbständig entwickelt und philosophisch begründet hat.

Etwa zur gleichen Zeit (das Widmungsschreiben ist von 1547) hatte Girolamo Rorario (latinisiert: Rorarius), päpstlicher Nuntius am Hof des Königs von Ungarn, die extreme Gegenthese dazu aufgestellt in einer Schrift mit dem Titel ›Zwei Bücher darüber, daß die Tiere die Vernunft oft besser gebrauchen als die Menschen‹ (Quod animalia bruta saepe ratione utuntur melius homine, libri duo).[3] Auch dieses Buch war nicht sonderlich bekannt, sondern „blieb" – wie sich Bayle später ausdrückt – „ungefähr hundert Jahre in den Dunkelheiten der Bibliotheken begraben", ehe es im Zusammenhang mit der kontroversen Diskussion über die seelenlosen

Tiere 1648 neu herausgegeben wurde und eine bisher nicht erreichte Aktualität erhielt.

So ist es verständlich, daß Pierre Bayle in seinem ›Historischen und kritischen Wörterbuch‹ (Dictionnaire Historique et Critique), dem großen gelehrten, wissenschaftliche, philosophische und theologische Fragen seiner Zeit behandelnden Werk, das 1695–1697 erstmals erschien, gerade zu diesen beiden ansonsten unbekannten Autoren zwei große Artikel verfaßte, anhand deren er in großer Gelehrsamkeit und Ausführlichkeit die kontroversen Stellungnahmen zu der Diskussion über die beseelten oder seelenlosen Tiere aus Geschichte und Gegenwart aufführt und dabei zum Cartesianismus und entgegengesetzten philosophischen Richtungen seiner Zeit Stellung nimmt.[4]

Die besondere Stoßkraft erhält nun die Behauptung, Tiere seien Maschinen und besäßen keine Seele, durch Descartes zum einen, weil sie hier nicht nur eine These darstellt, sondern zu einer in sein philosophisches System eingegliederten Theorie ausgebaut ist, zum anderen, weil sie die herrschende Zeitströmung des Mechanismus aufgreift und stützend heranzieht. Dabei richtet Descartes seine Tiermaschinentheorie gegen zwei in seiner Zeit herrschende Einstellungen.

Einerseits ist zu seiner Zeit noch die Lehre der aristotelisch-scholastischen Schulphilosophie von den drei Seelenformen, der vegetativen Pflanzen-, der sensitiven Tier- und der rationalen Menschenseele (*anima vegetativa, sensitiva, rationalis*), gängiges Gedankengut. Tieren, ja sogar Pflanzen, wird hiernach eine Seele zugesprochen, die zwar auf niedrigerer Stufe steht als die der Menschen, aber gleichwohl über Fähigkeiten wie die der Sinnesempfindung und des Strebevermögens verfügt.

Andererseits besitzt die Haltung, die von den zum französischen Skeptizismus gezählten Autoren Montaigne und Charron eingenommen wurde, eine große Popularität. Montaigne hatte in seinen ›Versuchen‹ (Essais), die zum erstenmal 1580 in zwei Büchern und um ein drittes Buch vermehrt 1588 erschienen waren, Tiere den Menschen in vielen Punkten gleichgestellt, ja in manchen sogar übergeordnet. Im Kapitel 12 des zweiten Buchs, das mit ›Apologie für Raymond Sebond‹ überschrieben ist, wird unter Bezugnahme auf das postum 1487 gedruckte, von Montaigne 1569 übersetzte Buch ›Natürliche Theologie oder das Buch der Geschöpfe‹ (Theologia naturalis sive liber creaturarum) des 1432 gestorbenen, heute unbekannten katalanischen Theologen und Mediziners Raimundus Sebundus (Raimon de Sabunde, Sebonde) weitläufig zum Thema der Tiere und ihren Fähigkeiten Stellung genommen. Das Lob, das hier den Tieren gezollt wird, dient vor allem dem Zweck, die Hybris und Anmaßung des Menschen in bezug auf seine Sonderstellung in der Welt zu dämpfen. „Wenn ich mit meiner Katze spiele, wer weiß, ob ich nicht mehr ihr zum

Zeitvertreib diene als sie mir? Wir unterhalten uns wechselseitig mit närrischen Spielen. So wie ich meine Zeit habe, um zu beginnen oder aufzuhören, so hat sie die ihre." Und die Unfähigkeit zur gegenseitigen Kommunikation zwischen Tieren und Menschen geht ebensoviel auf unsere wie auf ihre Kosten. „Es bleibt eine offene Frage, wessen Fehler es ist, daß wir uns nicht verstehen, denn wir verstehen sie keineswegs besser als sie uns. Aus diesem selben Grund können sie uns ebenso für vernunftlose Tiere halten wie wir sie."[5] Insbesondere werden die Fähigkeiten der Tiere aufgezählt, in denen sie den Menschen aufgrund ihrer Naturanlage gleich oder sogar überlegen sind, u.a. beim Nestbau, bei der Befriedigung der Lebensbedürfnisse, bei der Ordnung ihrer Gemeinschaften. „Besitzen wir Menschen irgendeine Fähigkeit, die wir nicht auch im Tun und Treiben der Tiere fänden? Gibt es ein Gemeinwesen, das mit größerer Ordnung verwaltet, zugleich aber in vielfachere Aufgaben und Obliegenheiten gegliedert wäre und beständiger instand gehalten würde als das der Bienen? Dieses so geordnete Zusammenspiel der Handlungen und Verrichtungen – können wir uns vorstellen, daß es ohne Verständigung (*discours*) und Vorausschau (*providence*) zuwege kommt? ... In allem, was der Befriedigung der Lebensbedürfnisse dient, übertrifft ihre viehische Dummheit alles, was unsere göttliche Intelligenz vermag."[6] Und so faßt Montaigne zusammen: „Ich behaupte also ..., daß es keinen vernünftigen Grund gibt anzunehmen, die Tiere täten aus zwanghaftem Naturtrieb, was wir aufgrund eigener Wahl und Kunstfertigkeit tun. Wir müssen daher von gleichen Wirkungen auf gleiche Fähigkeiten schließen und folglich bekennen, daß derselbe Verstand (*discours*) und derselbe Weg, die uns bestimmen, auch für die Tiere bestimmend ist, vielleicht sogar in höherem Maße. Warum vermuten wir bei ihnen diesen zwanghaften Naturtrieb, wir, die wir bei uns selber nichts davon bemerken?"[7]

Descartes bezieht nun in dieser Frage eine radikal andere Position und sieht sich darin durch die modernen, mechanisch orientierten Wissenschaften bestätigt. So heißt es schon in seiner ersten Veröffentlichung von 1637, der ›Abhandlung über die Methode‹: „Wenn es solche Maschinen gäbe, welche die Organe und Gestalt eines Affen hätten oder irgendeines anderen Tieres ohne Vernunft, so hätten wir kein Mittel zu erkennen, daß sie nicht in allem von gleicher Natur wären wie diese Tiere."[8] Die Tatsache, daß Tiere in manchen Fällen mehr Geschicklichkeit besitzen als die Menschen, zeigt für Descartes nicht, „daß sie Geist haben; denn, wenn das so wäre, würden sie mehr davon als jeder von uns haben und würden es in jeder Hinsicht besser machen; vielmehr zeigt sie, daß sie gar keinen Geist haben und daß es die Natur ist, die in ihnen gemäß der Einrichtung ihrer Organe handelt, ebenso wie man sieht, daß eine Uhr, die nur aus Rädern und Federn zusammengesetzt ist, die Stunden genauer zählen und die Zeit besser messen kann als wir mit all unserer Klugheit".[9] In einem Brief vom 23. November 1646 vermutlich an den Marquis de Newcastle nimmt Descartes direkt zu Montaignes Argumenten Stellung und sagt: „Was den Verstand oder das Denken angeht, die Montaigne und einige andere den Tieren zusprechen, so kann ich nicht ihrer Meinung sein. ... ich gestehe, daß es Tiere gibt, die stärker sind als wir, und ich glaube, daß es Tiere geben kann, die natürliche Listen haben, um die schlauesten der Menschen zu täuschen. Aber ich bemerke, daß sie uns nur in den Aktionen nachahmen oder übertreffen, die nicht von unserem Denken (*pensée*) geleitet sind."[10] „Ich weiß gut, daß die Tiere viele Dinge besser machen als wir, aber ich bin darüber nicht erstaunt; denn dies beweist nur, daß sie auf natürliche Weise handeln und mit Hilfe von Federn, genauso wie eine Uhr, die viel besser die Stunde anzeigt, als unser Urteil es uns lehrt."[11]

Nachdem u.a. der Theologieprofessor Froidmont (Fromondus) aus Louvain in Einwänden gegen Descartes' ›Abhandlung‹[12] und Gassendi in seinen Einwänden gegen die ›Meditationen‹[13] die These von den Tierautomaten kritisiert hatten, setzte im folgenden eine ganze Flut von Schriften ein, die sich ausschließlich diesem Thema widmeten und die Gleichsetzung von Tieren mit Mechanismen oder Uhren zu beweisen versuchten. Hierzu gehörten u.a. die Cartesianer Schuyl, der Descartes' ›Abhandlung über den Menschen‹ 1662 in lateinischer Übersetzung herausbrachte und in seinem Vorwort besonders auf die Tiermaschinenthese einging, Antoine Dilly mit seiner Schrift aus dem Jahre 1672 ›Abhandlung über die Seele und Erkenntnis der Tiere, wo man nach dem Beweis der Geistigkeit der menschlichen Seele die erstaunlichsten Handlungen der Tiere rein maschinenartig, gemäß den Prinzipien des Descartes erklärt‹ (Traité de l'Ame et de la connoissance des Bêtes, où après avoir démontré la spiritualité de l'âme de l'homme l'on explique par la seule machine, les actions les plus surprenantes des animaux, suivant les principes de Descartes), und schließlich der Franziskaner Le Grand, der den Cartesianismus in England einzuführen versuchte, mit seiner ›Dissertation über das Fehlen von Empfindung und Erkenntnis bei Tieren‹ (Dissertatio de Carentia Sensus et Cognitionis in Brutis) von 1675. Entsprechende Repliken, vor allem von Jesuiten, folgten. Die ganze Kontroverse zog sich bis zum Ende des Cartesianismus Anfang des 18. Jahrhunderts hin.

Die Angriffe gegen die Tiermaschinen waren deshalb besonders vehement, weil eine Konsequenz nahelag. Wenn Tiere vollständig als Automaten angesehen werden, obwohl sie nach normalem Verständnis doch ähnliche Sinneswahrnehmungen und Empfindungen wie die Menschen haben und obwohl sie – zumindest die höheren Tiere – doch ein ganz ähnlich strukturiertes Gehirn besitzen, so hätte daraus leicht der Schluß gezogen werden können, daß auch die Menschen nichts anderes als Automaten seien. Hieraus erklären sich vor allem die Angriffe von kirchlicher Seite. Man sah in Descartes den Philosophen hinter der Maske, der eigentlich auch dem Menschen die Seele rauben wollte. Historisch gesehen ist die von Descartes aufgestellte und vom Cartesianismus verbreitete Tiermaschinentheorie in der Tat Vorläufer der weitergehenden These von der mechanischen Erklärbarkeit auch des Menschen gewesen, wie sie Lamettrie dann ein Jahrhundert später in seinem berühmten Buch von 1748 ›Der Mensch als Maschine‹ (L'homme machine) vertreten hat. Wie verhält es sich aber mit Descartes' genuiner Position? Wie bettet sich seine Tiermaschinenthese in seine philosophische Anthropologie ein? Damit stehen wir vor der philosophischen Frage, wie sich bei Descartes das mechanistische Denken zum philosophisch-metaphysischen Verständnis des Menschen verhält. Läßt sich das mechanistische Erklärungsmodell, das für Lebewesen wie Tiere in Anspruch genommen wird, auch auf den organischen Körper des Menschen übertragen? Es wird sich zeigen, daß Descartes, auch wenn er letzten Endes eine dualistische Lösung vorschlägt, doch in besonders radikaler Weise die mechanistische Deutung des Lebendigen und Organischen befördert, so daß sogar geistige Prozesse wie die Erkenntnisfunktionen eine mechanistische Erklärung erfahren.

Der Dualismus von Leib und Seele: der Geist in der Maschine

Descartes hat seine physiologischen Vorstellungen vom Menschen, in denen er das mechanistische Modell auch auf den menschlichen Organismus anwandte, zunächst in seiner schon erwähnten Frühschrift ›Abhandlung über den Menschen‹ entwickelt. Der Öffentlichkeit bekannt wurden seine diesbezüglichen Vorstellungen 1637 in Form einer Paraphrase im 5. Teil der ›Abhandlung über die Methode‹. Außerdem befinden sich wichtige Bemerkungen dazu im 4. Teil seiner ›Prinzipien der Philosophie‹ von 1644 und schließlich in seinem Spätwerk von 1649, den ›Leidenschaften der Seele‹ (Passions de l'Ame). Demgegenüber sind seine metaphysischen Bestimmungen des Menschen hauptsächlich im 4. Teil der ›Abhandlung‹, in den ›Meditationen über die Grundlagen der Philosophie‹ von 1641/42, die auf die physiologischen Aspekte des Menschen überhaupt nicht eingehen, sowie im 1. Teil der ›Prinzipien der Philosophie‹ enthalten. Obwohl also in der ›Abhandlung‹ beide Aspekte bei der Beschreibung des Menschen, der medizinisch-physiologische und der geistig-metaphysische, angesprochen werden, so spielt doch der medizinisch-physiologische, und das heißt mechanistische Aspekt insbesondere bei der Erklärung des Leib-Seele-Organismus eine wesentliche Rolle. Vielleicht hat zu der damit verbundenen mechanistischen Einschätzung der Cartesischen Philosophie neben dieser Radikalität der mechanistischen Erklärung auch die Überlieferungsgeschichte der ›Abhandlung über den Menschen‹ beigetragen. Diese umfaßte nach Descartes' eigenen Angaben[14] ursprünglich drei Teile, deren erster den körperlichen Organismus als solchen, deren zweiter die menschliche Seele als solche und deren dritter die Zusammensetzung aus beiden, den Leib-Seele-Organismus, beschreiben sollte. Überliefert ist aber nur der medizinisch-physiologische erste Teil, dessen mechanistischer Aspekt zudem noch bei seiner Erstveröffentlichung durch das Schuylsche Vorwort eine besondere Akzentuierung erfuhr.

In ähnlicher Weise wie in der ›Abhandlung über das Licht‹ die Kosmogonie wird nun auch in der ›Abhandlung über den Menschen‹ die mechanistische Erklärung des menschlichen Körpers vorsichtig in die Form einer Fiktion gekleidet: Gott könnte eine Statue oder Maschine aus Erde schaffen (*statue ou machine de terre*), die dem menschlichen Körper vollkommen gliche, d.h. gleich leistungsfähig wäre wie der menschliche Organismus. Aber auch mit diesem nur indirekten Vergleich des menschlichen organischen Körpers mit einer Maschine aus Erde (d.h. dem dritten Element der Materie Descartes') wird die Radikalität des Cartesischen Ansatzes deutlich. Die Abhandlung zeigt im weiteren Verlauf, daß alle vitalen Lebensprozesse und alle äußeren Bewegungen des menschlichen Körpers, ja selbst die zu den Erkenntnisprozessen gehörenden äußeren Sinneswahrnehmungen und inneren Vorstellungen sowie die inneren Empfindungen, mechanische Vorgänge sind.

Was die vitalen Lebensvorgänge betrifft, so werden sie unter Einbeziehung der neuen naturwissenschaftlichen Kenntnisse und Entdeckungen gedeutet. Die Verdauung der in den Magen aufgenommenen Nahrung wird als Fermentationsprozeß im damaligen Verständnis interpretiert, d.h. im Sinne der Weingärung oder der Hitzeentwicklung, wenn man feuchtes Heu aufeinanderpreßt, oder auch im Sinne der Einwirkung von Wasser auf ungelöschten Kalk, wie die Cartesischen Beispiele lauten. Durch Einwirkung gewisser Säfte oder Flüssigkeiten wird die Nahrung im Magen erhitzt („gekocht"), zerteilt und bewegt. Die Bewegung, die die Nahrungspartikeln auf diese Weise erhalten haben, sorgt dafür, daß die gröberen Teile ausgeschieden werden, die feineren über kleine Öffnungen in die große Vene und von dort in die Leber gelangen, wo sie in Blut verwandelt werden. Was die Blutbewegung im Körper angeht, so übernimmt Descartes Harveys Theorie vom Blutkreislauf. Das Blut gelangt über die Körpervenen in die rechte Herzkammer, wo es durch die im Herzen befindliche Hitze wiederum nach Art einer Fermentation erwärmt, dadurch verdünnt und zum Verdampfen gebracht wird. Dieser Blutdampf steigt über die Lungenarterie in die Lunge auf, wird dort durch die Luft abgekühlt, verdichtet und wieder in Blutflüssigkeit verwandelt und gelangt von dort über die Lungenvene in die linke Herzkammer. Von da aus wird es durch die Hauptschlagader (Aorta) herausgepreßt und über die Arterien im ganzen Körper verteilt. Da die Arterien an vielen Stellen mit den Venen verbunden sind, kann das Blut über die Venen wieder zurück in die rechte Herzkammer gelangen, so daß der Blutkreislauf geschlossen ist. In die Herzkammern gelangt das Blut jeweils tropfenweise, und durch die Herzwärme (Descartes spricht vom „Feuer ohne Licht" [*feu sans lumière*][15] im Herzen) wird das Blut jeweils ausgedehnt und dadurch aus dem Herzen herausgepreßt.[16]

Hierbei ist zu bemerken, daß Descartes die Blutbewegung nicht wie Harvey auf eine Kontraktions- oder Pumpleistung des Herzens zurückführt, sondern allein auf die durch die Herzwärme hervorgerufene Ausdehnung des Blutes. Dies entspricht der antidynamischen Deutung mechanischer Prozesse, die wir auch im Bereich der Physik bei Descartes feststellen konnten. Keine spontane, auf eine Schlagfähigkeit (*facultas pulsifica*) rückführbare Kraftäußerung des Herzens ist verantwortlich für das periodische Pulsieren des Herzens, sondern allein ein durch die Wärme bedingter mechanischer Ausdehnungsvorgang, der allerdings periodisch verläuft. Analog werden auch die anderen Gärungsprozesse auf solche mechanischen Verschiebe- oder Zerteilungsvorgänge zurückgeführt und nicht auf das spontane Erzeugen von Bewegung aufgrund einer geheimen Kraft.

Die feinsten, kräftigsten und beweglichsten Teile des Blutes gelangen zum Gehirn, wobei die relativ gröberen Teile die Gehirnsubstanz ernähren und aus den besonders feinen Teilen die (als hauchartiger Wind oder reine Flamme vorgestellten)[17] sogenannten *spiritus animales* oder *esprits animaux* hergestellt werden. Diese seit der Antike (vor allem vom einflußreichen spätantiken Mediziner Galen aus dem 2. Jahrhundert) angenommenen *spiritus animales*, deren gewöhnliche Übersetzung mit „Lebensgeister" irreführend ist, weil es sich nicht um etwas rein Geistiges, sondern um – wenn auch besonders feine – Materie handelt, werden über Öffnungen der Gehirnarterien nun der im Zentrum des Gehirns gelegenen Zirbeldrüse (*glande pinéale, glandula pinealis, conarion*, heute: Epiphyse) zugeführt.[18] Von der Zentralstelle der Zirbeldrüse aus können die *spiritus animales* wiederum in die Gehirnkammern und durch die Poren der Gehirnsubstanz in die Nervenbahnen einströmen, die sich Descartes als die Gehirnwand mit den Muskeln und Sinnesorganen verbindende hohle Röhrchen vorstellt, in denen sich Markfäden oder Markfasern befinden. Dieser „Mechanismus" aus Zirbeldrüse, *spiritus animales*, und Nervenbahnen spielt nun bei der Erklärung der übrigen Prozesse des menschlichen Organismus, also hauptsächlich der Bewegungs- und Erkenntnisvorgänge, eine herausragende Rolle.

Muskelbewegungen werden von Descartes durch das Ein- oder Ausströmen der *spiritus animales* über die entsprechenden Nervenbahnen erklärt, was eine Aufblähung oder Erschlaffung der Muskeln zur Folge hat. Fließen beispielsweise in die beiden paarig angeordneten Muskeln des Augapfels kaum oder gar keine *spiritus animales* ein, so bleiben die Augenmuskeln schlaff und werden nicht betätigt. Fließen sie gleich stark in beide Muskeln ein, bleibt das Auge in einer bestimmten Stellung fixiert. Fließen sie schließlich stärker in einen der beiden Augenmuskeln, z.B. den linken, ein, so wird dieser Augenmuskel stärker aufgebläht und verkürzt und bewirkt durch diese Kontraktion ein Herüberziehen des Auges auf die linke Seite.

Bei den Sinneseindrücken kommt die Funktion der Markfäden in den Nervenbahnen zur Geltung. Wird z.B. beim Sehvorgang das Auge durch Lichtstrahlen (also Materie des ersten Elements) gereizt, so werden die in den Nervenröhrchen befindlichen Markfäden, in diesem Fall die in der Retina endenden Markfasern, in Bewegung gesetzt. Dadurch wird ein Zug auf die Gehirnteile ausgeübt, mit denen die Markfasern und ihre Nervenröhrchen verbunden sind. Auf diese Weise werden bestimmte in der Gehirnwand befindliche Poren geöffnet, in die nunmehr *spiritus animales* aus der Zirbeldrüse einfließen können. Dabei handelt es sich um Poren oder Öffnungen von Nervenbahnen, die mit den Muskeln verbunden sind, die durch den Sinnesreiz zu einer Bewegung stimuliert werden.[19]

Diese Beschreibung läßt einen Automatismus erkennen, der vom Sinnesreiz (z.B. des Erblickens eines Löwen) bis zu den dadurch verursachten Tätigkeiten oder Bewegungen (z.B. des Fliehens) vollständig mechanisch abläuft. In diesem sensomotorischen Mechanismus stellen – modern gesprochen – die Markfäden die afferenten oder sensorischen Nervenbahnen dar, der *spiritus*-Strom hingegen die efferenten oder motorischen Nervenbahnen. Wie kommt es nun aber zum eigentlichen Sinneseindruck, d.h. zur Sinneswahrnehmung im erkenntnistheoretischen Sinn? Dafür ist es erforderlich, sich die Vorgänge im Inneren des Gehirns klar zu machen.

Die im Zentrum des Gehirns befindliche Zirbeldrüse, die selbst nur lose mit der übrigen Gehirnsubstanz verbunden ist, wird durch den Blutzufluß vom Herzen in einem labilen Gleichgewichtszustand gehalten. Durch das Ausströmen der *spiritus animales* kann sie aber ebenfalls in Bewegung geraten, d.h. sich in bestimmte Richtungen drehen oder neigen. Das Gehirninnere ist ein Gewebe oder Geflecht feiner Fäserchen, deren Zwischenräume die Poren sind, durch die die *spiritus animales* fließen. Die auf der Innenseite der Gehirnwand befindlichen Poren stellen die Öffnungen der Nervenröhrchen dar, die zu den Sinnesorganen und Muskeln führen. Die längeren Fasern der Gehirnsubstanz stellen die Markfäden dar, die weiter in die Nervenröhrchen laufen.

Wird nun an den Markfäden in den Nervenröhrchen gezogen, z.B. weil durch Lichtstrahlen auf der Netzhaut ein Bild erzeugt worden ist, welches die dort endenden Markfäden in Bewegung gesetzt hat, so erweitern sich die Nervenröhrchen an der Innenseite der Gehirnwand, so daß *spiritus animales* von der Zirbeldrüse, und zwar gewöhnlich von den gegenüberliegenden Punkten her, in die Nervenröhrchen einströmen können. Die Konfiguration der gerade aktivierten Ausströmungspunkte auf der Zirbeldrüse – vermittelt über die entsprechende Konfiguration der bei diesem Vorgang erweiterten Nervenröhrchenöffnungen in der Gehirnwand – ergibt nun das materielle Abbild des gesehenen Objekts, ist also in gewisser Weise dem Netzhautbild ähnlich. Eine solche Ähnlichkeit in allen Fällen anzunehmen ist aber nicht notwendig bzw. nicht sinnvoll, z.B. dort nicht, wo die Sinneseindrücke nicht als figürliche Darstellungen wahrgenommen werden, etwa Farb- oder Klangeindrücke. Insofern nun der Weg von den Ausströmungspunkten der Zirbeldrüse durch das Gehirninnere variabel ist, können auch andere als die gegenüberliegenden Nervenröhrchen erreicht werden, beispielsweise die, die zu gewissen Muskeln führen und eine Körperbewegung aufgrund des Wahrnehmungsbildes veranlassen.

Anschauliche Vorstellungsbilder, die nicht auf unmittelbare äußere Sinneseindrücke zurückgehen, also imaginative Vorstellungen im Wach- oder Traumzustand, werden von Descartes auf die besonderen mechanischen Qualitäten der *spiritus animales* selbst zurückgeführt, die aufgrund ihrer verschiedenen Kraft, Beweglichkeit und Figur aus gewissen Öffnungen der Zirbeldrüse ausströmen und dadurch auf dieser ein Vorstellungsbild erzeugen.

Gedächtnisvorstellungen werden gewissermaßen als Prägungen des Gehirninneren bei einem Wahrnehmungs- oder Vorstellungsvorgang verstanden, die durch besonders starke oder wiederholte Benutzung bestimmter *spiritus*-Bahnen oder *spiritus*-Kanäle durch das Gehirninnere zustande kommen und insofern Residuen der Wahrnehmungs- oder Vorstellungsbilder darstellen, die sich durch leichte Reaktivierung dieser Bahnen wieder in die Erinnerung zurückrufen lassen.

Schließlich werden auch die inneren Empfindungen (*sentiments intérieurs, sensus interni, appetitus naturales*) wie Hunger und Durst oder die sogenannten Seelenpassionen oder Gemütsbewegungen (*passions de l'âme*) wie Freude und Schmerz nach dem gleichen mechanistischen Modell erklärt. Sie beruhen auf einem gewissen Gesamtzustand des Körpers, der sich aus den speziellen Beschaffenheiten der *spiritus animales* (im Hinblick auf den Grad ihrer Feinheit, Beweglichkeit oder Gleichartigkeit) und ihrer Verteilung im Körper ergibt.

Damit hat Descartes den organischen Körper des Menschen vollständig als Mechanismus beschrieben, der in keiner Weise anders funktioniert als eine künstlich hergestellte Maschine. Der Schluß der ›Abhandlung über den Menschen‹ bringt dies noch einmal ausdrücklich und programmatisch zur Sprache: „Ich wünsche, daß Sie nach dem Gesagten beachten, daß alle Funktionen, die ich dieser Maschine zugeschrieben habe, wie die Verdauung der Nahrung, das Schlagen des Herzens und der Arterien, die Ernährung und das Wachstum der Glieder, die Atmung, den Wachzustand und den Traum; die Aufnahme des Lichts, der Töne, der Gerüche, des Geschmacks, der Wärme und anderer solcher Qualitäten durch die äußeren Sinnesorgane; den Eindruck ihrer Wahrnehmungen im Organ des Gemeinsinns [der die mehreren Sinnen zuzuordnenden Sinneseindrücke – wie etwa die Gestalt – betrifft] und der Einbildungskraft, die Zurückhaltung oder die Einprägung dieser Vorstellungen im Gedächtnis; die inneren Bewegungen des Appetits und der Gemütsbewegungen; und schließlich die äußeren Bewegungen aller Glieder, die sowohl den Aktionen der Objekte, die sich den Sinnen darbieten, als auch den Gemütsbewegungen und den Eindrücken, die sich im Gedächtnis befinden, in passender Weise so folgen, daß sie so vollkommen wie möglich die eines wahren Menschen nachahmen: Ich wünsche, sage ich, daß Sie beachten, daß diese Funktionen in dieser Maschine auf ganz natürliche Weise allein aus der Disposition ihrer Organe hervorgehen, nicht mehr und nicht weniger als die Bewegungen einer Uhr oder eines anderen Automaten aus der Disposition ihrer Gewichte und Räder hervorgehen; derart, daß es hierbei in keiner Weise nötig ist, in dieser Maschine irgendeine vegetative oder sensitive Seele anzunehmen noch irgendein anderes Bewegungs- oder Lebensprinzip als ihr Blut und ihre *spiritus animales*, die durch die Wärme des Feuers, das in ihrem Herzen ständig brennt, bewegt werden und das von keiner anderen Natur ist als alle Feuer, die sich in unbelebten Körpern befinden.“[20]

Eine solche Beschreibung des menschlichen Organismus oder Leibes mußte natürlich zu der Frage führen: Wo bleiben hier Geist oder Seele (beide Ausdrücke können in unserem Zusammenhang als synonym gelten)? Wird der Mensch damit nicht ebenso wie das Tier als Maschine beschrieben, dessen Wahrnehmungen, Vorstellungen und daraus folgenden Tätigkeiten vollständig automatisiert ablaufen? Nun hat Descartes allerdings in dem nicht mehr erhaltenen, aber aus der Paraphrase in der ›Abhandlung über die Methode‹ bekannten Teil der ›Abhandlung über den Menschen‹ ein eindeutiges Merkmal angegeben, was den Menschen gegenüber den Tieren auszeichnet und sich nicht durch Maschinen simulieren läßt: Sprache und Vernunft. Im Gegensatz zu den Maschinen, die das Verhalten von Tieren vollständig simulieren können, heißt es dort vom Menschen: „Gäbe es Maschinen, die unseren Körpern ähnelten und die unsere Handlungen so weit wie möglich nachahmen würden, so hätten wir immer zwei sichere Mittel, um zu erkennen, daß sie deshalb keine wahren Menschen sein würden. Das erste ist, daß sie niemals Worte (*paroles*) oder andere Zeichen gebrauchen könnten, indem sie sie zusammenstellen, wie wir das tun, um unsere Gedanken zum Ausdruck zu bringen. Denn man kann sich zwar vorstellen, daß eine Maschine so gebaut ist, daß sie Worte ausstößt und selbst, daß sie Worte aus Anlaß von körperlichen Einwirkungen ausstößt, die irgendeine Änderung in ihren Organen verursachen: wie z.B. daß sie fragt, wenn man sie an irgendeiner Stelle berührt, was man ihr sagen will; oder daß sie, wenn man sie an einer anderen Stelle berührt, schreit, daß man ihr weh täte, und ähnliche Dinge; aber man kann sich nicht vorstellen, daß sie die Worte auf verschiedene Weise zusammenstellt, um auf den Sinn all dessen zu antworten, was man in ihrer Gegenwart sagen könnte, so wie das die stumpfsinnigsten Menschen können. Das zweite Mittel ist, daß, obwohl diese Maschinen mehrere Dinge genauso gut oder besser als jeder von uns tun könnten, sie unfehlbar in einigen anderen Dingen versagen würden, wodurch sich entdecken ließe, daß sie nicht aus Erkenntnis (*connaissance*) handeln, sondern nur aufgrund der Disposition ihrer Organe. Denn während die Vernunft (*raison*) ein universelles Instrument ist, das bei allen Arten von Umständen nützen kann, haben diese Organe für jede besondere Aktion eine besondere Einrichtung nötig; woher es kommt, daß es im Grunde unmöglich ist, daß es von diesen Organen genügend verschiedene in einer Maschine gibt, um sie in allen Lebensumständen so handeln zu lassen wie unsere Vernunft uns handeln läßt.“[21]

Sprache und Vernunft, das sich in der Sprache artikulierende Denken und das universelle, in beliebigen Lebenssituationen einsetzbare Instrument der Vernunft, sind also die entscheidenden nicht mechanisierbaren Fähigkeiten oder Tätigkeiten des Menschen.

Nun wissen wir ja bereits aus dem 1. Kapitel, welche besondere Rolle gerade der denkende Geist für die Cartesische Philosophie spielt. Er ist es, der uns unserer Existenz versichert. Nur weil ich denke, d.h. Bewußtsein habe, kann ich sicher sein, daß ich auch existiere. Auf dieses Prinzip des *cogito ergo sum* stützt sich das ganze philosophische System Descartes'. Das unerschütterliche Fundament seiner Philosophie ist die im bewußten Denken sich ihrer Existenz gewiß werdende Substanz, die Descartes *res cogitans* nennt, weil ihr Wesen das Denken ist. Insofern diese denkende Substanz einen solchen Selbstvergewisserungsakt vollzieht, bewegt sie sich aber sozusagen in der reinen Welt des Denkens, ist sie reiner Verstand (*intellectus purus*). Er bzw. seine Tätigkeit ist es also, der bzw. die sich einer Simulation durch jede Maschine entzieht.

Damit ist aber der Geist der Welt der körperlichen Dinge und mechanischen Vorgänge völlig entzogen. Als *res cogitans* steht er den Körpern als gänzlich verschiedene, andersartige Substanz gegenüber, denn jedes körperliche Ding wird – wie wir im 3. Kapitel sahen – von Descartes durch das Wesensmerkmal der Ausdehnung, also als ausgedehnte Substanz (*res extensa*) bestimmt. Die beiden Wesensmerkmale „Denken" und „Ausgedehnt-Sein" schließen sich für Descartes nun gegenseitig aus. Das was denkt bzw. insofern es denkt, kann nicht ausgedehnt sein; und das, was ausgedehnt ist, kann als Ausgedehntes nicht denken. Da es sich in beiden Fällen, bei Körpern und Geistern, aber um Substanzen, also um selbständige Seiende handelt, wird damit das Seiende in zwei ontologisch verschiedene und einander ausschließende Seinsbereiche zerlegt. Beide Substanzen, die geistigen und die körperlichen, sind – wie Descartes sich daher ausdrückt – durch eine Realdistinktion (*distinctio realis*) voneinander geschieden. Körper benötigen keine Seelen für ihre Existenz und Seelen für ihre Existenz keine Körper; letzteres ist im übrigen für Descartes ein Argument für die Unsterblichkeit der Seele, die losgelöst vom Körper, als sogenannte *anima separata* unsterblich ist.[22]

Auch wenn Körper und Geist als Substanzen unabhängig voneinander existieren können, ist damit für Descartes jedoch die Möglichkeit einer Verbindung nicht völlig ausgeschlossen. Es gibt nämlich ein einziges ausgezeichnetes Seiendes, den Menschen, bei dem die beiden so strikt getrennten Substanzen, Körper und Geist, eine Verbindung, und zwar – wie Descartes sagt – eine besonders enge Verbindung eingehen. Unter Zugrundelegung des strengen Dualismus von Körper und Geist, von Leib und Seele, entsteht aber damit für die Cartesische Philosophie ein großes Erklärungsproblem. Wenn der menschliche Organismus genauso wie jeder tote Körper ein ausgedehntes Ding, eine *res extensa*, ist, das/die sich als Maschine vollständig aus den verschiedenen Bewegungen und der Figur seiner Teile erklären läßt, welche Funktion kann dann der Geist in einem solchen sensomotorischen Mechanismus, ja Erkenntnisautomaten überhaupt noch übernehmen?

Will man den Geist nicht von vornherein vertreiben oder funktionslos machen, so muß man zum einen einen Ort für ihn im menschlichen Organismus finden und zum andern eine Erklärung anbieten können für seine Fähigkeit, auf die Körperwelt Einfluß zu nehmen oder auch von ihr beeinflußt zu werden.

Es ergeben sich somit hauptsächlich drei Probleme aus dem von Descartes vertretenen Leib-Seele-Dualismus, die auch Descartes und seine Anhänger in der Folgezeit in Diskussionen verwickelt haben und die für die neuen Lösungsversuche des Leib-Seele-Problems den Ausgangspunkt bildeten. (1) Wie hat man sich überhaupt die Vereinigung von Leib und Seele vorzustellen? Wo ist der Sitz der Seele, und in welcher Weise ist sie mit dem Körpergeschehen verbunden? (2) Wie kann die Seele auf den

Körper einwirken? Das signifikanteste Beispiel dafür sind willkürliche, d.h. von unserem Geist oder Willen initiierte Bewegungen. (3) Wie kann der Körper auf die Seele einwirken? Ein Beispiel hierfür ist das Erzeugen von Ideen in unserem Geist durch äußere Gegenstände oder Vorgänge. – Bei den beiden letzten Fragen handelt es sich um das Problem der Wechselwirkungsmöglichkeit zwischen Leib und Seele, zwischen Geist und Körper.

In der ›Abhandlung über den Menschen‹ wird trotz der mechanistischen Beschreibung des menschlichen Organismus und seiner Funktionen ein Hinweis darauf gegeben, wie sich Descartes eine solche Leib-Seele-Verbindung vorstellt. Auch wenn die Seele für ihre Existenz keines Ortes bedarf,[23] so muß sie, wenn sie sich mit dem Körper verbinden soll, irgendwo lokalisiert werden. Für Descartes befindet sich der Sitz der Seele in der Zirbeldrüse.[24] Von da aus kann sie in gewisser Weise die Körpervorgänge „betrachten", d.h. die auf der Zirbeldrüse gezeichneten Figuren (die Bildkonfigurationen der Quellpunkte der *spiritus animales* auf der Zirbeldrüse), die die materiellen Wahrnehmungs-, Vorstellungs- und Empfindungsbilder sind.[25] Nun befindet sich der Geist dort aber nicht bloß äußerlich wie ein Steuermann in seinem Schiff – wie sich Descartes öfters ausdrückt –, sondern es handelt sich um eine besonders enge Leib-Seele-Verbindung, quasi um eine Vermischung (*mixtio*), die für Descartes bedeutet, daß der Geist ganz im gesamten Körper ist und auch ganz in jedem Körperteil, insofern er dort Tätigkeiten verursacht. Diese Geist-Körper-Mischung hat bei vielen Einwendern Descartes' (u.a. bei der Pfalzgräfin Elisabeth, bei Gassendi, bei Arnauld) Widerspruch hervorgerufen und hat Descartes zu einer merkwürdigen Deutung des Leib-Seele-Verhältnisses veranlaßt. Danach wirkt die Seele im Körper so wie man sich gewöhnlich das Wirken der Schwerkraft (*gravitas, pesanteur*) in der körperlichen Masse vorstellt.[26] Nun wissen wir ja, daß Descartes innerhalb seiner Physik die Schwerkraft als Fernwirkungskraft verwirft, weil nicht erklärbar ist, wie über Distanzen hinweg ohne Berührung zwei Körper aufeinander wirken können. Jedoch ist für ihn die Schwerkraft ein der inneren Selbsterfahrung entlehnter Begriff, der uns zeigt, wie unsere Seele unseren Körper bewegen kann, und das heißt: wie die Bewegung eines Körpers ohne Berührung zweier Oberflächen (der des bewegten und des bewegenden Körpers) zustande kommen kann. Das Modell der Schwerkraft verweist zugleich auf eine gewisse Koextension der Seele mit dem ihr zugeordneten Organismus, ohne daß sie selbst wirklich ausgedehnt ist. So wie man sich die Schwerkraft durch den ganzen Körper verteilt vorstellt, so liefert diese für die reine Körperwelt abzulehnende Vorstellung doch einen Hinweis darauf, wie wir uns die Macht der Seele (die ja ganz im gesamten Körper ist) als koextensiv mit dem ganzen Körper vorstellen können. Und ebenfalls wie die Schwerkraft ihre ganze Kraft in einem Punkt eines Körpers (an dem er aufgehängt ist) auszuüben scheint, so hat man sich das Wirken der ganzen Seele in einem Körperteil vorzustellen.

Bei der zweiten Frage nach den willkürlichen Bewegungen, d.h. bei der Frage, wie der Geist bzw. der Wille von sich aus (willkürlich) Körperbewegungen verursachen kann, treten über das generelle Problem, wie eine „Kontaktaufnahme" zwischen der unausgedehnten Seele und dem ausgedehnten Körper möglich sein soll, hinaus aber noch zwei besondere Probleme auf. Zum einen handelt es sich darum, wie die Seele neue Bewegung im Körper erzeugen kann, wenn doch das Gesetz von der Erhaltung der Bewegungsquantität gilt – das wir im letzten Kapitel erörterten. Da das Cartesische Gesetz von der Erhaltung der Bewegungsquantität nur die Geschwindigkeitsbeträge, nicht jedoch die Richtung der Bewegungen berücksichtigt, so lautet die Antwort Descartes', daß der Geist zwar keine neue Bewegung erzeugen kann, wohl aber die Richtung der Bewegungen ändern kann. Physiologisch geht es hier darum, wie mein geistiger Wille veranlassen kann, daß bestimmte *spiritus animales* in gewisse Muskeln fließen. Insofern bedeutet mein Willensentschluß, eine körperliche Bewegung auszuführen, daß die in der Zirbeldrüse residierende Seele die Zirbeldrüse drehen oder neigen kann, so daß dadurch die *spiritus*-Ströme auf gewisse Nervenröhrchen und die entsprechenden Muskeln ausgerichtet werden und damit die gewollte Richtung erhalten.[27] Das zweite Problem besteht darin, daß alle geistigen Akte, auch die Willensakte Akte des bewußten Denkens darstellen. Wenn dies aber der Fall ist, müßte sich der Geist auch seiner Lenkung der *spiritus animales* in gewisse Richtungen bewußt sein. Da das aber nicht der Fall ist, kann er also auch nicht durch seinen Willen den Körper bewegen. Die Antwort ist auch in diesem Falle ausweichend und nicht befriedigend. Descartes räumt nämlich ein, daß wir uns nicht bewußt sind, auf welche Weise unser Geist die *spiritus animales* in die Nervenbahnen schickt. Wohl aber sind wir uns der Willensneigung zu einer bestimmten Bewegung des Körpers bewußt, die dann die entsprechende Leitung der *spiritus animales* zur Folge hat.[28]

Die dritte Frage schließlich betrifft das Problem, wie überhaupt materielle Bilder geistige Ideen erzeugen können. Da alle Erkenntnisvorgänge in der ›Abhandlung über den Menschen‹ als mechanische Prozesse beschrieben waren, die letzten Endes zu einer materiellen Bildkonfiguration auf der Zirbeldrüse führten, besteht das Problem darin, wie ein solches materielles Gebilde, also eine Sache außerhalb des Geistes (*res extra mentem*), eine Idee als mentales Gebilde hervorrufen kann. Descartes unterscheidet seit seiner Frühschrift ›Regeln zur Leitung der Erkenntniskraft‹ vier Erkenntnisvermögen: die äußeren Sinne (*sensus externi*), die Phantasie oder das Vorstellungsvermögen (*imaginatio, phantasia*), das Gedächtnis (*memoria*) und den (reinen) Verstand (*intellectus* [*purus*]).[29] Bis auf den *intellectus purus* werden in der ›Abhandlung über den Menschen‹ alle Erkenntnisvorgänge als mechanische Prozesse beschrieben, die zu bestimmten mechanischen Korrelaten im Gehirn (Konfigurationen der *spiritus*-Quellpunkte auf der Zirbeldrüse oder Prägungen im Gehirninneren) führen. Nun kann zwar die Seele in der Zirbeldrüse diese Bilder oder mechanischen Zustände betrachten, aber dies erklärt nicht, wie daraus plötzlich eine mentale Idee entstehen soll. Descartes hat zwar das Verhältnis zwischen Ding bzw. dessen zerebralem Bild und mentaler Idee, d.h. genauer dem objektiven Gehalt dieser Idee, als ein wirkursächliches Kausalverhältnis beschrieben, ohne jedoch erklären zu können, wie eine wirkursächliche Erzeugung von Ideen denkbar ist. Manche Äußerungen lassen aber darauf schließen, daß er das wirkursächliche Verhältnis nicht im strikten Sinne verstanden wissen wollte, sondern durch eine Form indirekter Kausalität ersetzen wollte. So heißt es in der ›Abhandlung über den Menschen‹: Werden die Markfäden der Hörnerven durch einen Luftaufprall auf das Trommelfell bewegt, so geben diese Stöße, die ja weiter bis ins Gehirn übermittelt werden und zu einem Bild auf der Zirbeldrüse führen, „der Seele Anlaß (*occasion*), die Idee von Tönen zu bilden". Entsprechend erhält die Seele bei einem entsprechenden durch Lichtstrahlen bewirkten Netzhautbild Gelegenheit (*occasion*), „die verschiedenen Ideen der Farben und des Lichts zu bilden".[30] Damit ist natürlich keine Erklärung für das Entstehen der Ideen gegeben, vielmehr nur eine Parallelität im Entstehen von materiellem Bild auf der Zirbeldrüse und mentaler Idee im Geist festgestellt. Der Begriff der *occasio*, der schon bei Descartes selber Verwendung findet, ist später im Cartesianismus zur occasionellen, indirekten Kausalität weiterentwickelt worden und hat mit der Bezeichnung „Occasionalismus" einer bestimmten Schule des Cartesianismus seinen Namen gegeben. Wir werden darauf weiter unten eingehen.

Gegenüber dem hylemorphistischen Verständnis des Leib-Seele-Zusammenhangs der Schulphilosophie, welches die Seele als natürliche substantielle Form der organischen Materie auffaßte, hinterließ die Rigidität der dualistischen Beschreibung des Leib-Seele-Verhältnisses durch Descartes eine Fülle von Problemen. Bei einer so strikten Gegenüberstellung zweier heterogener Substanzen, des ausgedehnten organischen Körpers und der nicht ausgedehnten, denkenden Seele, war es trotz der angedeuteten Cartesischen Lösungsversuche kaum möglich, ihre Verbindung im menschlichen Organismus, noch weniger ihre Wechselwirkung aufeinander zu erklären. Auch in ontologischer Hinsicht traten neue Probleme auf, die aus der Reduktion fast aller organischer Lebensformen auf Mechanismen resultierte. Der Bereich der anorganischen, toten Materie wurde auf den Bereich der organischen, lebendigen Materie ausgedehnt. Auch lebendige Organismen waren nur höher entwickelte Formen von Mechanismen. Lediglich der reine Geist, die intellektuelle, denkende Seele entzog sich einer mechanistischen Reduktion. Damit wurde der Geist, der reine Intellekt durch einen scharfen Schnitt von den übrigen Formen des Seins getrennt. Das Bewußtsein erschien quasi als Punkt im ansonsten mechanischen Universum.

So forderte die dualistische Lösung, die Descartes für die Erklärung des Leib-Seele-Problems vorschlug, die aber mehr neue Fragen aufwarf als sie beantwortete, geradezu zu neuen Lösungsversuchen heraus. Die weitere Entwicklung zeigt, daß sie für das gesamte 17. Jahrhundert den Rahmen abgab, innerhalb dessen die Erörterung des sogenannten Leib-Seele-Problems erfolgte. Dabei gab es einerseits die Versuche, die von Descartes unbeantwortet gelassenen oder unzureichend beantworteten Fragen aufzulösen, ohne den Cartesianismus selbst aufzugeben: Dies war vor allem der occasionalistische Weg. Andererseits zeigte sich eine Tendenz zur Auflösung des Cartesianismus in Richtung auf monistische Lösungen.

Materialistischer Monismus: der Mensch als Maschine

Viele der Kontrahenten von Descartes versuchten, der Rigorosität der Cartesischen Gegenüberstellung von Geist und Körper die Schärfe dadurch zu nehmen, daß sie beide aneinander anglichen. Häufiger und naheliegender war es dabei, dies in materialistischer als in idealistischer (spiritualistischer) Richtung zu tun, d. h. in der Weise, daß man den Geist mehr oder weniger zu materialisieren versuchte. So laufen die Mehrzahl der Einwände, die gegen Descartes' ›Meditationen‹ erhoben wurden (von Mersenne in den zweiten, von Hobbes in den dritten, von Gassendi in den fünften und vom Kreis der Mathematiker und Theologen um Mersenne in Paris in den sechsten Einwänden), darauf hinaus, Descartes eine Hypostasierung des Denkens vorzuwerfen, und neigen dazu, das Denken als abhängig von inneren materiellen Prozessen im organischen Körper aufzufassen und damit als einen Modus, als eine besondere Eigenschaft von Körpern zu begreifen. In Cartesischer Terminologie bedeutet dies, daß die Realdistinktion von Geist und Körper bestritten wird, d. h. die Annahme, daß neben dem als Substanz anerkannten Körper auch der Geist eine eigenständige Substanz darstellt. Aus der Perspektive solcher Einwände gegen den Cartesischen Dualismus lag es nahe, die dualistische Position ganz aufzugeben und eine monistische Lösung anzustreben, und zwar eine solche, die vor allem die Substantialisierung des Geistes aufhob und ihn nur noch zu einer besonderen Erscheinungsform oder Eigenschaft der Materie machte. Diesen Weg wählten z. B. Gassendi und Hobbes in ihren philosophischen Systemen. Wir gehen hier exemplarisch auf Hobbes ein.

Hobbes wirft Descartes in den dritten Objektionen zu dessen ›Meditationen‹ vor, eine unzulässige Substantialisierung des Denkens vorgenommen und somit vorschnell vom Denken auf eine denkende Substanz (*res cogitans*) geschlossen zu haben. Zwar ist es für ihn zulässig, von einem Akt oder von einer Tätigkeit wie dem Denken auf einen Träger dieser Tätigkeit zu schließen (ebenfalls auf dessen Existenz im Sinne des *cogito ergo sum*). Aber es ist fragwürdig, für das Wesen dieses Trägers ausschließlich das Denken zu halten und damit den Träger zu einem puren Geist oder Intellekt zu machen. Der Vorwurf von Hobbes besteht also in dem Vorwurf einer unzulässigen Hypostasierung des Denkens, d.h. der unzulässigen Vergegenständlichung der Denktätigkeit zu einem denkenden Ding. In gleicher Weise könnte ich dann – so merkt Hobbes ironisch an – auch daraus, daß ich spazierengehe, schließen, daß ich ein Spaziergang sei. Vielmehr muß man aufgrund der Tatsache, daß das Denken nicht von der denkenden Materie (*materia cogitans*), also nicht vom Gehirn des Menschen zu trennen sei, eher darauf schließen, daß die *res cogitans* etwas Körperliches, also eine körperliche Substanz sei. So wie man die körperlichen Tätigkeiten wie Tanzen und Spazierengehen auf ein allgemeines körperliches Subjekt beziehe (nämlich den menschlichen Organismus), so müsse man das auch im Falle der Tätigkeit des Denkens tun. Alle Tätigkeiten scheinen demnach nur auf körperliche Träger bezogen werden zu können (*subjecta enim omnium actuum videntur intelligi solummodo sub ratione corporea*).[31]

Wie löst nun Hobbes dieses Problem in seinem eigenen philosophischen System? Hobbes hat zu dieser Problematik vor allem im 4. Teil seiner Schrift ›Vom Körper‹ (De corpore) Stellung genommen, der ›Physik oder von den Erscheinungen der Natur‹ (Physica, sive de naturae phaenomenis) überschrieben ist. Vor allem das 25. Kapitel ›Von der Empfindung und der lebendigen Bewegung‹ (De sensione et motu animali) ist hier wesentlich. Außerdem finden wir in den beiden ersten und im sechsten Kapitel des ›Leviathan‹ Äußerungen zu unserer Problematik.[32]

Aufgrund der materialistischen Position von Hobbes gibt es in der Welt nur Körper, nur körperliche Substanzen. Alles, was in der Welt geschieht, ist also ein Wechselspiel von natürlichen Körpern. Die Erkenntnis von der Natur gewinnen wir nun dadurch, daß wir Erscheinungen (*phaenomena, appearances*) von den Körpern bekommen. Unter einem Phänomen versteht Hobbes dabei schlicht das, was uns erscheint, oder was uns von der Natur gezeigt wird.[33] Mit Hilfe des Begriffs der Erscheinung nimmt nun Hobbes eine wesentliche Differenzierung vor: Einige der natürlichen Körper besitzen in sich Bilder (*exemplaria*) von fast allen Dingen, andere von überhaupt keinen. Das heißt, einige natürliche Körper (z.B. die Menschen) haben Erscheinungen von den anderen Körpern, indem sie Bilder davon in sich empfangen, andere (nämlich tote Körper) haben solche Erscheinungen nicht. Demnach sind die Erscheinungen oder die Phänomene die Prinzipien der Erkenntnis, denn nur insofern ein Körper solche Erscheinungen hat, kann er Erkenntnis von der Natur gewinnen. Die Sinneswahrnehmung oder Empfindung (*sensio, sense*) ist jedoch das Prinzip, diese Prinzipien selbst (nämlich die Erscheinungen) zu erkennen. Das soll heißen, daß wir alle Erkenntnis der Natur durch unsere Sinne, die uns die Erscheinungen vermitteln, erhalten und daß die Sinneserkenntnis die einzige und letzte Erkenntnisinstanz ist. Alles Wissen stammt demnach aus der Sinneswahrnehmung. Die Ursachen der Sinneswahrnehmung können nun von keinem anderen Phänomen als von ihr selbst, der Sinneswahrnehmung, hergeleitet werden. „Aber durch welchen Sinn, wird man fragen" – so Hobbes –, „betrachten wir die Sinneswahrnehmung selbst? Durch die Sinneswahrnehmung selber, nämlich durch die einige Zeit bleibende Erinnerung von wahrnehmbaren, aber vorübergehenden Dingen. Denn wahrnehmen, daß man wahrgenommen hat, ist sich erinnern."[34]

Schon dieser allgemeine Ansatz zeigt, daß für einen von den Sinnen getrennten Geist nach Art Descartes' bei Hobbes kein Platz ist. Weder die Beschäftigung des Geistes mit sich selbst im Sinne des Cartesischen *intellectus purus* noch die Reflexion des Intellekts auf die verschiedenen Geistestätigkeiten, u. a. auch die Sinneserkenntnis, indem er sich ihrer bewußt wird, wird zugelassen.

Allein die Sinneswahrnehmung liefert uns also Erkenntnis, allein sie vermittelt uns alle unsere Vorstellungen oder Phantasmata (*ideae sive phantasmata*), d. h. das, was uns jeweils erscheint. Um ihre Entstehung zu begreifen, ist es wichtig, zu berücksichtigen, daß die einzelnen Phantasmata nicht immer dieselben bleiben, sondern daß sie entstehen und wieder vergehen, je nachdem auf welchen Gegenstand unsere Sinnesorgane (*organa sensionis*) gerichtet sind. Daraus kann man entnehmen, daß sie irgendeine Veränderung des wahrnehmenden bzw. empfindenden Körpers (*mutatio corporis sentientis*) darstellen.

Jede Veränderung ist für Hobbes – wie wir aus seinen im 3. Kapitel erläuterten physikalischen Überlegungen wissen – eine Bewegung oder ein *conatus*, d. h. eine beliebig kleine Bewegung in den inneren Teilen des Bewegten. Denn solange die Teile eines Körpers untereinander dieselbe Lage bewahren, entsteht nichts Neues. „Die Sinneswahrnehmung (*sensio*) im Wahrnehmenden kann also nichts anderes als eine Bewegung einiger im Inneren des Wahrnehmenden existierender Teile sein, welche bewegte Teile der Organe sind, durch die wir wahrnehmen."[35] Die Sinneswahrnehmung ist also eine Bewegung im Wahrnehmenden, und zwar in dessen Sinnesorganen.

Da nun – ganz im mechanistischen Verständnis der Zeit und auch Descartes' – Bewegung nur durch einen bewegten und berührenden Körper zustande kommen kann, so muß die unmittelbare Ursache der Sinneswahrnehmung in dem bestehen, was das Sinnesorgan zuerst berührt und drückt. Dieser zunächst außen durch Berührung erfolgende Druck pflanzt sich bis in die innersten Teile des Sinnesorgans fort. Auch umgekehrt läßt sich der Druck auf den äußeren Teil des Sinnesorgans weiterverfolgen bis zu immer entfernteren, Druck ausübenden Körpern, bis hin zu einem letzten, von dem der Druck ursprünglich seinen Ausgang nahm und von dem als Quelle wir unser Phantasma ableiten. Dieser stellt das wahrgenommene Objekt dar. Der Wahrnehmungsprozeß besteht demnach in einer Übertragung von Bewegungen, die im Inneren des Objekts beginnen und über Medien bis zum Sinnesorgan und sich von dort bis ins Innerste des Organs fortpflanzen. Das Sinnesorgan leistet nun aufgrund seiner eigenen natürlichen inneren Bewegung der vom Objekt ausgehenden Bewegung, die sich bis in sein Inneres fortpflanzt, Widerstand. Widerstand ist nichts anderes als der einem *conatus* entgegengesetzte *conatus*. Somit entsteht im Sinnesorgan ein dem vom Objekt ausgehenden *conatus* entgegengesetzter *conatus* als Reaktion. Aus dieser einige Zeit lang andauernden Reaktion entsteht nun das eigentliche Phantasma, unsere Vorstellung vom Objekt. Da der *conatus* des Sinnesorgans nach außen gerichtet ist, so erscheint uns das Phantasma als etwas, was außerhalb des Sinnesorgans liegt, d. h. als außerhalb von uns existierendes Objekt. Die vollständige Definition der Sinneswahrnehmung und ihrer Entstehung lautet für Hobbes demnach: „Die Sinneswahrnehmung ist ein Phantasma, entstanden durch einen nach außen gerichteten *conatus* des Sinnesorgans, der erzeugt wird durch einen vom Objekt nach innen [also in das Innere des Sinnesorgans] gerichteten *conatus* und der einige Zeit lang als Reaktion auf den letzteren bestehen bleibt."[36]

In dieser Definition der Sinneswahrnehmung ist die Formulierung, daß die Reaktion einige Zeit andauern muß, von besonderer Bedeutung. Denn sie liefert Hobbes ein Mittel, um die spezielle sensorische Reaktion bei Lebewesen von anderen Formen der Reaktion zu unterscheiden und damit auszuschließen, daß jede Reaktion in der Natur, auch die anorganischer Körper als Sinneswahrnehmung gedeutet wird. „Auch wenn aber jede Sinneswahrnehmung" – so führt er aus – „durch Reaktion geschieht, ist es dennoch nicht notwendig, daß das, was reagiert, auch wahrnimmt. Ich weiß, daß es einige Philosophen, und zwar sehr gelehrte Männer, gegeben hat, die meinten, daß alle Körper mit Sinnesempfindung (*sensus*) begabt seien; und ich sehe nicht, wie man sie widerlegen könnte, wenn die Natur der Sinnesempfindung allein in der Reaktion bestehen würde. Aber selbst wenn aus der Reaktion auch anderer Körper [gemeint sind unbelebte

Körper] irgendein Phantasma entstünde, so würde dieses, wenn das Objekt entfernt würde, sofort aufhören. Denn wenn sie nicht Organe haben, die geeignet sind, die eingeprägte Bewegung zu behalten, auch wenn das Objekt entfernt wird, wie es bei den Lebewesen der Fall ist, so werden sie nur so wahrnehmen oder empfinden, daß sie sich niemals erinnern, wahrgenommen zu haben. Dies hat mit der Sinnesempfindung, von der hier die Rede ist, nichts zu tun. Denn unter Sinneswahrnehmung verstehen wir gewöhnlich ein Urteil über Objekte durch die Phantasmata, indem man diese vergleicht und unterscheidet. Dies aber kann nur geschehen, wenn die Bewegung im Sinnesorgan, aus der das Phantasma entstanden ist, einige Zeit bestehen bleibt und das Phantasma dann und wann wieder zurückkehrt. Der Sinnesempfindung, um die es hier geht und die man gewöhnlich so nennt, hängt also notwendigerweise irgendein Gedächtnis an, durch welches Früheres mit Späterem verglichen und das eine vom anderen unterschieden werden kann."[37]

Allerdings nur wenn das Objekt gegenwärtig ist, heißt das im Sinnesorgan erzeugte Phantasma Sinneswahrnehmung oder Sinnesempfindung (*sensio*). Wenn es nicht mehr gegenwärtig ist, weil es verschwunden ist, so heißt das noch verbleibende Phantasma Phantasievorstellung oder Einbildung (*phantasia, imaginatio*), wobei Hobbes darunter auch nicht-bildliche Vorstellungen versteht. Somit ist für Hobbes die Vorstellung im Sinne des inneren Vorstellungsbildes nur eine wegen der Entfernung des Objekts erschlaffte oder abgeschwächte Sinneswahrnehmung. Dies beruht nicht einfach auf dem Faktum der Entfernung[38] des Objekts, sondern auch darauf, daß andere neue Sinneswahrnehmungen die alten überlagern.

In dieser gänzlich mechanistischen Beschreibung des Erkenntnisvorgangs als eines Wahrnehmungsvorgangs, der Vorstellungen durch Einwirkungen der Dinge außerhalb von uns auf unsere Sinnesorgane und durch deren Reaktion darauf verursacht sieht, bleibt kein Raum für so etwas wie eine mentale Idee. Die Vorstellung ist eben nur etwas, was sich im organischen Körper des Menschen unter bestimmten Bedingungen einstellt, ein Phantasma, eine Erscheinung. Was das ist, das da erscheint, bleibt offen. Sie ist sozusagen – um eine heute übliche Bezeichnung zu wählen – ein bloßes Epiphänomen, was anläßlich gewisser materieller Vorgänge (in sogenannten organischen Körpern) auftritt, also eine unwesentliche Begleiterscheinung gewisser materieller Prozesse. Hobbes beläßt es daher auch bei der lapidaren, staunenden Feststellung: „Von allen Phänomenen (*phaenomena*), die wir kennen, ist das Erscheinen (τὸ φαίνεσθαι) selbst das Bewundernswerteste, nämlich daß in natürlichen Körpern einige von fast allen Dingen, andere von keinen Dingen in sich Abbilder (*exemplaria*) haben."[39]

Wie verhält es sich nun mit der willkürlichen Bewegung? Hobbes nennt sie auch animalische Bewegung (*motus animalis, animal motion, voluntary motion*), die es bei Lebewesen neben der sogenannten vitalen Bewegung gibt. Während es sich bei der vitalen Bewegung (*motus vitalis, vital motion*) um die unwillkürlichen, für die Lebenserhaltung notwendigen Prozesse wie Blutkreislauf, Atmung, Verdauung, Ernährung handelt, hängen die animalischen Bewegungen wie Gehen, Sprechen, Gliederbewegen von unseren Vorstellungen ab. Dies beruht darauf, daß von den äußeren Objekten in den Organen nicht nur Phantasmata selber hervorgerufen werden, sondern auch von der Sinnesempfindung abhängige Bewegungen, die animalische Bewegungen heißen. „Da bei jeder Wahrnehmung von äußeren Dingen eine wechselseitige Aktion und Reaktion stattfindet, also zwei *conatus* einander entgegengesetzt sind, so ist offenbar, daß sich die von beiden zugleich erzeugte Bewegung nach allen Seiten fortpflanzt, insbesondere aber zu den gemeinsamen Grenzen beider Körper hin."[40] Wird nun aufgrund einer solchen Bewegung die Vitalbewegung des Organismus behindert, so wird die Vitalbewegung wiederhergestellt (z. B. durch Beugen oder Lenken der Körperteile, indem die *spiritus animales* in die entsprechenden Nerven hineingetrieben werden). Wird die Vitalbewegung hingegen aufgrund einer solchen auf eine Wahrnehmung zurückgehenden innerorganischen Bewegung unterstützt, so wird (durch eine entsprechende Leitung der *spiritus animales*) für eine Erhaltung und Verstärkung dieser Bewegung gesorgt. Hierbei handelt es sich also um den ersten Antrieb (*conatus primus*) zu einer animalischen Bewegung, die – insofern sie auf Angenehmes gerichtet ist – Begehren (*appetitus*) oder Hinwendung (*aditio*) und – insofern sie auf Unangenehmes gerichtet ist – Abscheu oder Abwendung (*aversio*) genannt wird. (Wenn die Vitalbewegung, insbesondere die des Herzens als Lebensprinzips, durch solche internen Bewegungen im Organismus unterstützt oder behindert wird, entstehen für Hobbes gleichzeitig die inneren Empfindungen des Angenehmen und Unangenehmen oder von Lust und Schmerz.) Trotz der Bezeichnung „voluntary motions" erscheinen die animalischen Bewegungen hier nicht als willkürliche oder freiwillige Bewegungen, wie diese Bezeichnung nahelegen könnte, vielmehr sind sie vollautomatisierte Bewegungsabläufe. Es ist signifikant, daß Hobbes daher gerade die Bewegungen des Embryos im Mutterleib als Beispiel solcher animalischen Bewegungen anführt.[41]

Aber selbst dann, wenn man den Willen ins Spiel bringt, sieht die Sachlage für Hobbes nicht anders aus. Hobbes gesteht zwar zu, daß wir aufgrund unserer Lebenserfahrung und des im Leben erworbenen Gedächtniswissens erst allmählich lernen, was zu begehren und was zu vermeiden ist, so daß dieselbe Sache einmal begehrt, ein andermal gemieden werden kann, je nachdem man sie für nützlich oder schädlich hält. Insofern entsteht, wenn es bei einem Wechsel von Begehren und Verabscheuen bleibt, eine Reihe von Gedanken, die man „Überlegung" oder „Abwägung" (*deliberatio*) nennt, die so lange dauert, wie wir die Möglichkeit haben, das, was gefällt, zu erlangen und das, was mißfällt, zu vermeiden. Geht also eine solche Überlegung der Handlung voran, so heißt der letzte Akt (*actus*) bei diesem wechselseitigen Abwägen, wenn er im Begehren besteht, „Wollen" bzw. „Wille" (*velle, volitio*), wenn er im Verabscheuen besteht, „Nichtwollen" (*nolle*). Das heißt, der Wille stellt ein Begehren mit vorausgehender Überlegung dar.[42] Im ›Leviathan‹ definiert Hobbes daher den Willen auch als das letzte Begehren beim Überlegen oder Entscheiden (*the last appetite in deliberating*).[43] Dieser letzte Willensakt beim Überlegen stellt jedoch für Hobbes nicht den Akt einer freien, rationalen Entscheidung dar, sondern lediglich die letzte (notwendige und mechanisch erfolgende) Neigung beim Abwägen zweier Alternativen. So heißt es bei ihm abschließend: „Was im Innern eines Menschen vor sich geht, während er etwas will, ist nicht verschieden von dem, was in anderen Lebewesen vor sich geht, wenn sie etwas nach vorausgegangener Überlegung begehren. Auch ist die Freiheit, zu wollen oder nicht zu wollen, im Menschen nicht größer als in anderen Lebewesen. Im Begehrenden ging die vollständige Ursache des Begehrens voraus, und daher konnte das Begehren selbst nicht nicht folgen, d.h., es folgte notwendig. Eine Freiheit derart, daß sie Freiheit von Notwendigkeit wäre, kommt weder dem Willen der Menschen noch der Tiere zu. Verstehen wir aber unter Freiheit die Fähigkeit zwar nicht des Wollens, sondern des Tuns dessen, was wir wollen, so kann sicher diese Freiheit beiden [Mensch und Tier] zugestanden werden, und soweit das der Fall ist, beiden auf gleiche Weise."[44]

Die vollständige Beschreibung des Menschen als Mechanismus durch Hobbes läßt keinen Platz mehr für die Seele oder den Geist. Es gibt nur Körper. Der Geist verschwindet als Substanz, allenfalls ist er ein Phänomen, das im Zusammenhang mit bestimmten mechanischen Vorgängen in der Natur vorkommt. Die von Hobbes in seinen Einwänden gegen die Cartesischen ›Meditationen‹ gemachte Bemerkung, daß der Geist selbst körperlich sei, daß er nur unter dem Aspekt der Körperlichkeit (*sub ratione corporea*) verstanden werden könne, ist von Hobbes in seinem System rigoros verwirklicht worden. Allenfalls die Verwunderung über das Epiphänomen „Geist" ist noch vorhanden. Mit diesem Hobbesschen Materialismus oder physikalischen Reduktionismus, der die Ebene des Geistigen auf mechanische Prozesse reduziert, verschwinden auch die beiden von Descartes hinterlassenen Wechselwirkungsprobleme: Wie kommt es aufgrund physiologischer Vorgänge zu mentalen Ideen? und: Wie ist eine vom geistigen Willen verursachte willkürliche Körperbewegung möglich? Da es nichts Geistiges mehr gibt, gibt es auch keine mentalen Ideen mehr. Und da auch die Handlungen des Menschen nach einem sensomotorischen Mechanismus ablaufen, gibt es auch keinen von Notwendigkeit freien Willen mehr. Die Hobbessche Philosophie löst die von Descartes hinterlassenen Probleme also eigentlich nicht, sondern sie bringt sie bloß zum Verschwinden.

Wie sieht es nun bei denjenigen Nachfolgern von Descartes in dieser Frage aus, die die Probleme als Probleme anerkannten, aber gleichzeitig zu lösen versuchten? Diesen wenden wir uns zum Schluß zu.

Parallelismus zwischen Leib und Seele: die gleichlaufenden Uhren

Die Cartesianer standen der Aufgabe gegenüber, die oben genannten, von Descartes hinterlassenen Probleme besser zu bewältigen als Descartes selbst, ohne jedoch dessen dualistische Grundpositionen aufzugeben, welche besagten: Es gibt eine Verbindung zwischen Geist und Körper, Leib und Seele; und es gibt eine wie immer geartete Wechselwirkung zwischen beiden im menschlichen Organismus. Das Wechselwirkungsverhältnis zwischen Leib und Seele hat Descartes meist als kausales, und zwar wirkursächliches Verhältnis beschrieben, aber gerade in Kontroversen gelegentlich dahingehend abgeschwächt, daß es nur nach Art eines wirkursächlichen Verhältnisses aufzufassen sei. Außerdem hatte er bereits in der ›Abhandlung über den Menschen‹ die eine Richtung dieser Wechselwirkung, nämlich die Einwirkung des Körpers auf die Seele, mit Hilfe des Begriffs des Anlasses oder der Gelegenheit (*occasio*) beschrieben: Anläßlich bestimmter *spiritus*-Ströme im Gehirn entstehen in der Seele bestimmte Ideen, d. h., wenn bestimmte physiologische Gegebenheiten vorliegen, gibt das der Seele Gelegenheit, eine bestimmte mentale Idee zu entwickeln. Dieser Gedanke wurde von einer Reihe von Cartesianern aufgegriffen und weiterentwickelt, so daß er für beide Richtungen der Wechselwirkung, also auch für die Einwirkung der Seele auf den Körper, in Anspruch genommen wurde. Dies hat – wie schon erwähnt – zu der Benennung der den Cartesianismus in diesem Sinne weiterführenden Schulrichtung als Occasionalismus geführt. Die bedeutendsten Vertreter sind der in Louvain und Leiden tätige niederländische Philosoph Arnold Geulincx (1624–1669) und der französische Oratorianer Nicolas Malebranche (1638–1715), die aber selbst dann erheblich über Descartes hinausgehende philosophische Systeme entwickelt haben. Signifikanter sind die frühen Occasionalisten, vor allem der in Herborn und Duisburg lehrende deutsche Cartesianer Johann Clauberg (1622–1665), der französiche Arzt Louis De la Forge (1632–1666), der Descartes noch selber kennengelernt hatte und an der ersten Edition der ›Abhandlung über den Menschen‹ in der Originalsprache 1664 beteiligt war, und Gerauld de Cordemoy (1626–1684), der als Parlamentsadvokat in Paris Zugang zum französischen Hof hatte.

Wohl De la Forge hat in seinem ›Traktat über den Geist des Menschen, seine Fähigkeiten und Funktionen und seine Verbindung mit dem Körper, gemäß den Prinzipien von René Descartes‹ (Traité de l'Esprit de l'Homme, de ses Facultés et Fonctions, et de son union avec le corps. Suivant les Principes de René Descartes) von 1666 zuerst den Begriff der „occasionellen Ursache" benutzt, indem er den Begriff der *occasio* auf die besondere, nicht mehr wirkursächliche Kausalität zwischen dem Körper und der Seele (also in derselben Richtung wie Descartes) übertrug. Unser Körper ist nicht die Hauptursache, sondern nur noch die Gelegenheitsursache (*cause occasionelle*) dafür, daß anläßlich gewisser Vorgänge in unserem Körper mentale Ideen entstehen.[45] Und analog hatte auch Clauberg im vierten Teil (mit dem Titel ›Die vollständiger beschriebene Verbindung von Körper und Seele im Menschen‹ [Corporis et Animae in Homine conjunctio plenius descripta]) seiner 1664 erschienenen ›Physik‹ behauptet, daß der Körper nicht unmittelbar auf die Seele einwirken könne, sondern nur die Gelegenheit (*occasio*) oder den Anreiz (*incitamentum*) für eine gewisse Veränderung in der Seele biete.[46]

Cordemoy, dem wir uns ausführlicher zuwenden, hat in seiner 1666 unter dem Titel ›Die Unterscheidung von Körper und Seele in sechs Abhandlungen‹ (Le Discernement du Corps et de l'Ame en six discours) erschienenen Schrift in systematischer Weise das Problem der wechselseitigen Einwirkung von Körper und Seele aufeinander und das der Verbindung von Körper und Seele behandelt, vor allem in der vierten und fünften Abhandlung.[47]

In axiomatischer Form versucht er in zwei Schritten zunächst die Vereinigung von Leib und Seele und dann die wechselseitige Einwirkung beider aufeinander zu behandeln. Bei der Frage der Einheit geht Cordemoy von der speziellen Einheit zweier heterogener Substanzen (d. h. des ausgedehnten Körpers und der denkenden Seele) im Menschen aus, die er von der Einheit einer homogenen Substanz, sei sie ein Körper oder ein Geist, absetzt. Zwei Körper bilden dann eine Einheit, wenn sie sich berühren und ihre Beziehung derart ist, daß der eine Körper notwendig den Bestimmungen des anderen folgt. Entsprechend bilden zwei Geister eine Einheit, wenn ihre Gedanken sich wechselseitig offenbaren und ihre Beziehung derart ist, daß der eine Geist notwendig den Bestimmungen des anderen folgt. Das Wesentliche dieser Einheit ist die Tatsache, daß es eine Beziehung (*rapport*) zwischen den vereinigten Gliedern gibt. Wenn nun ein Geist, dessen Natur im Denken besteht, einige Gedanken hat, zu denen der Körper eine Beziehung durch seine Ausdehnung oder Bewegung haben kann, stellt sich ebenfalls eine Einheit her. Denn: „Wenn daraus, daß der Geist will, daß der Körper in bestimmter Weise bewegt wird, sich ergibt, daß der Körper so disponiert ist, daß er auch in der Tat so bewegt wird; und wenn [umgekehrt] daraus, daß es bestimmte Bewegungen im Körper gibt, sich ergibt, daß [zugleich] bestimmte Perzeptionen im Geist entstehen, dann darf man aufgrund dieser Beziehung sagen (durch welche Fähigkeit oder welches Vermögen [*puissance*] auch immer Körper und Geist so disponiert sind), daß beide, Geist und Körper, vereinigt sind."[48] Wichtig an diesen Bestimmungen ist, daß hier von keiner Kausalbeziehung mehr die Rede ist, sondern nur von einer Relation des Zusammenauftretens von körperlichen und geistigen Phänomenen im allgemeinen. Wie diese Relation zustande kommt, auf welcher Fähigkeit oder auf welchem Vermögen sie beruht, ist gleichgültig. Das heißt, auch wenn man nicht weiß, wie diese einheitsstiftende Beziehung zustande kommt bzw. worauf sie beruht, darf man hier von einer Einheit reden. Cordemoy hält sie sogar für stärker als die rein körperliche Einheit, bei der sich nur die Oberflächen berühren, während bei der Geist-Körper-Einheit die Änderungen, die an irgendeiner Körperstelle passieren, vom Geist wahrgenommen werden können.

Was die gegenseitige Einwirkung beider Substanzen aufeinander betrifft, so wird dementsprechend der Begriff der Aktion als Einwirkung einer Sache auf die andere von der wirkursächlichen Kausalität gelöst, an deren Stelle jetzt der Anlaß oder die Gelegenheit (*occasion*) tritt. Ein Körper wirkt auf einen anderen ein, wenn bei dieser Gelegenheit (*à son occasion*) der andere Körper anders als vorher bewegt oder arrangiert wird. Und ein Geist wirkt dann auf einen anderen ein, wenn bei dieser Gelegenheit der andere Geist anders als vorher denkt, sich vorstellt oder will. Das bedeutet, daß eine Sache auf eine andere nur in dem Maße einwirkt, als sie eine Veränderung gemäß der Natur dieser anderen Sache herbeiführt (*apporter*). Wirkt also ein Körper auf einen Geist ein, so kann der Körper im Geist keine Veränderung im Sinne von Bewegung oder Figur herbeiführen, weil der Geist seiner Natur nach diese Eigenschaften nicht besitzt; und umgekehrt kann die Einwirkung eines Geistes auf einen Körper nicht darin bestehen, daß im Körper ein Gedanke herbeigeführt wird, da der Körper die Natur des Denkens nicht besitzt. Daraus ergibt sich für Cordemoy: Wenn der Körper (bzw. seine Bewegung oder Figur) vom Geist wahrgenommen werden kann, so daß bei dieser Gelegenheit der Geist Gedanken hat, die er vorher nicht hatte, so ist es erlaubt zu sagen, daß der Körper auf den Geist einwirkt (*agir sur cet esprit*). Entsprechendes gilt für die umgekehrte Beziehung der Einwirkung des Geistes auf den Körper.

Die beiden Einwirkungsverhältnisse zwischen Geist und Körper sind für Cordemoy nicht schwieriger zu begreifen als das Einwirkungsverhältnis zwischen homogenen Substanzen, also eines Körpers auf einen anderen Körper. Es erscheint uns nur deshalb schwieriger, weil wir bei der Geist-Körper-Relation die eine Aktion (z.B. des Geistes) durch die andere (z.B. des Körpers) begreifen wollen, ohne zu berücksichtigen, daß jede Sache gemäß ihrer eigenen Natur handelt und man die Aktion des einen Agenten nicht mit Begriffen, die wir von der völlig verschiedenen Natur des anderen Agenten haben, erklären kann.

Wie verhält es sich nun mit der scheinbar leichter begreiflichen Aktionsbeziehung zwischen Körpern? Wenn der Körper B auf den Körper C einwirkt, indem er C von seinem Ort verdrängt, wissen wir nur, daß B bewegt war, während C nun bewegt ist, bzw. daß B nun an dem Ort ist, an dem C vorher war. Alles andere (z.B. daß es sich um eine Kausalbeziehung handelt) vermuten (*conjecturer*) wir bloß. Bei der Einwirkung von B auf C (wenn C, das in Ruhe war, sich zu bewegen beginnt, und B, das sich bewegte, sich nun in Ruhe befindet) wird also keine Bewegung von B auf C übertragen. Denn die Bewegung jedes Körpers ist eine ihm eigene Seinsweise (*façon d'être*), die von ihm nicht abtrennbar ist und infolgedessen auch nicht auf einen anderen Körper übergehen kann. Daraus folgt, daß es etwas anderes ist als B (das jetzt in Ruhe ist), das C bewegt. Dieses andere Seiende ist für Cordemoy Gott, wie er in der vorausgehenden vierten Abhandlung nachzuweisen versucht hat. Gott, der als erster Beweger den Körpern ihre Bewegung verliehen hat, erhält sie auch gemäß dem Gesetz von der Erhaltung der Bewegungsquantität. Bei der angeblichen Bewegungsübertragung von B auf C handelt es sich also gewissermaßen um eine von Gott bewirkte Vernichtung der Bewegung in B und Neuerschaffung von Bewegung in C.

Ganz analog wissen wir, wenn der Geist auf den Körper einwirkt, nur, daß der Geist will, der Körper solle in einem bestimmen Sinn bewegt werden, und daß zur selben Zeit der Körper mit einer dem Willen konformen Bewegung bewegt wird. Alles andere, also eine Kausalbeziehung zwischen Geist und Körper anzunehmen, ist wiederum bloße Vermutung. Obwohl es also nicht wirklich unser Geist ist, der diese Körperbewegung (oder Richtungsänderung) verursacht, kann man die Bewegung unseres Körpers als „abhängig" von dem Willen unseres Geistes bezeichnen, so wie die Bewegung von C „abhängig" ist von der Bewegung von B. Diese „Abhängigkeit" bedeutet aber nur eine feste Beziehung zwischen zwei parallel vorkommenden Ereignissen, geistiger Idee und körperlicher Bewegung. So wie also das Zusammentreffen zweier Körper bloß für Gott, der den ersten bewegte, eine Gelegenheit darstellt, nun den zweiten zu bewegen, so ist unser Wille, unseren Körper auf eine bestimmte Weise zu bewegen, bloß für Gott, der ja den Körper bereits bewegt, eine Gelegenheit, diesen Körper in eine andere Richtung zu bewegen, die dem Gedanken (unseres Willens) entspricht.

Die Ausführungen von Cordemoy bedeuten nun für das Leib-Seele-Verhältnis, daß das von Descartes noch angenommene Kausalverhältnis zwischen mentalen und körperlichen Vorgängen aufgehoben wird und durch einen Parallelismus der heterogenen, mentalen und körperlichen, Ereignisse ersetzt wird. Allenfalls kann man, wenn man die theologische These, daß Gott sozusagen ständig für die Aufrechterhaltung der Parallelität sorgt, indem er bei Gelegenheit des Eintretens des mentalen Ereignisses A das parallele Eintreten des körperlichen Ereignisses A' herbeiführt, von einer indirekten, vermittelten Kausalität sprechen, wie das in der Forschung geschieht. Unter diesem Gesichtspunkt ist dann auch der Terminus „occasionelle Ursache" zulässig. Daß es sich hierbei aber um eine echte wirkursächliche Kausalität nicht mehr handelt, hat der Occasionalist Geulincx durch sein berühmtes Prinzip verdeutlicht und verschärft, aufgrund dessen nur der als kausaler Urheber von etwas gelten kann, der auch weiß, auf welche Weise es geschieht: „Wovon du nicht weißt, auf welche Weise es geschieht, das tust du nicht" (*Quod nescis quomodo fiat, id non facis*).[49]

Auch die Leibnizsche Stellungnahme zum Leib-Seele-Problem ist in Auseinandersetzung mit dem Cartesianismus entstanden, speziell auch mit dem Occasionalismus, den Leibniz für eine unzureichende Lösung des Problems hielt, weil er zur Erklärung natürlicher Phänomene ständig auf ein Wunder (den Eingriff Gottes) zurückgreifen mußte. In der bereits erwähnten Schrift von 1695 ›Neues System der Natur und der Verbindung der Substanzen sowie der Vereinigung zwischen Seele und Körper‹ schreibt er, nachdem er die singulären Substanzen als die letzten Elemente auch der körperlichen Welt eingeführt hat, in bezug auf unser Problem:

„... als ich nun aber anfing, über die Vereinigung der Seele mit dem Körper nachzudenken, war es mir, als wäre ich wieder ins offene Meer zurückgeworfen; ich fand nämlich kein Mittel, zu erklären, wie der Körper etwas in die Seele hinein übertragen könne oder umgekehrt, noch wie überhaupt eine Substanz mit einer anderen erschaffenen Substanz in Verbindung stehen kann. Herr Descartes hatte – soviel man wenigstens aus seinen Schriften erkennen kann – an dieser Stelle das Spiel aufgegeben, seine Schüler aber, die einsahen, daß die gewöhnliche Meinung darüber unbegreiflich sei, urteilten, daß wir die Eigenschaften der Körper deshalb wahrnehmen, weil Gott bei Gelegenheit der Bewegungen der Materie in der Seele Gedanken entstehen lasse; und wenn unsere Seele von sich aus den Körper bewegen kann – so urteilten sie –, ist es Gott, der ihn statt ihrer bewegt. Da ihnen nun die Übertragung der Bewegung noch immer unbegreiflich schien, glaubten sie, daß Gott bei Bewegung eines Körpers einem anderen Bewegung verleihe. Das ist es, was sie das System der Gelegenheitsursachen nennen, das durch die schönen Reflexionen des Verfassers [Nicolas Malebranche] der ›Recherche de la vérité‹ [Untersuchung der Wahrheit, 1673–1675] sehr in Mode gekommen ist.

Man muß zugeben, daß man dadurch gut in die Schwierigkeit eingedrungen ist, daß man das, was nicht sein kann, angibt; doch scheint es, daß man sie durch Erklärung dessen, was sich tatsächlich begibt, nicht behoben hat. Allerdings gibt es – im strengen metaphysischen Sinne gesprochen – keinen wirklichen Einfluß einer erschaffenen Substanz auf eine andere, und alle Dinge werden mit allen ihren Realitäten unaufhörlich durch die Kraft Gottes hervorgebracht; will man aber das Problem wirklich lösen, dann genügt es nicht, sich der allgemeinen Ursachen zu bedienen und das herbeizurufen, was man den *Deus ex machina* nennt. Tut man das ohne eine andere Erklärung, die sich aus der Ordnung der sekundären Ursachen herleitet, so heißt das eigentlich, auf ein Wunder zurückzugreifen. In der Philosophie muß man danach trachten, dies dadurch zu begründen, daß man einsichtig macht, auf welche Weise die Dinge durch göttliche Weisheit geschehen, entsprechend dem Begriff des Gegenstandes, um den es geht."[50]

Wie löst Leibniz dieses Problem nun, wenn er zugibt, daß in einem strengen Sinn keine erschaffene Substanz auf eine andere einwirken kann? Für ihn bleibt nur die Möglichkeit übrig, daß Gott bei der Schöpfung die Seele oder – wie es heißt – „jede andere reale Einheit dieser Art" (z.B. die Monaden oder metaphysischen Punkte, die die Materie konstituieren) so erschaffen hat, daß alles aus ihr selbst hervorgeht, aus ihrer ihr eigenen Spontaneität, wobei eine vollkommene Konformität zu den Dingen außerhalb von ihr besteht. Im Hinblick auf das Leib-Seele-Problem bedeutet dies, daß unsere inneren Empfindungen oder Perzeptionen, d.h. die Ideen, die in der Seele sind, aus ihrer eigenen ursprünglichen Konstitution (*par sa propre constitution originale*) hervorgehen. Zugleich können sie aber – in den Worten von Leibniz gewissermaßen „geregelte Träume" – als Repräsentationen der Außenwelt gelten, weil die repräsentative Natur der Seele fähig ist, die außerhalb ihrer befindlichen Dinge durch deren Beziehung auf ihre Organe in sich auszudrücken oder zu repräsentieren. Die Ideen der Seele, die die Welt aus ihrem jeweiligen Standpunkt repräsentieren, sind also nach einem inneren Prinzip geregelte, aus ihr selbst entwickelte innere Zustände, die Leibniz in seinen späten Schriften die Perzeptionen (*perceptions*) der Monade nennt. Die beiden bekannten Dikta von Leibniz „Die Monaden haben keine Fenster" und „Die Monade ist ein lebendiger Spiegel des Universums"[51] bringen diesen doppelten Sachverhalt zum Ausdruck, daß die mentalen Ideen oder Perzeptionen – obwohl ihre Abfolge sich aus einem inneren, nur für die jeweilige Monade gültigen Gesetz ohne Einfluß von außen ergibt – gleichwohl in der Lage sind, ein wahres Bild der Außenwelt oder der Welt außerhalb der Monade abzugeben. Da dieser Zusammenhang für jede Monade gilt, stehen die zu jeder Monade gehörigen Ideen- oder Perzeptionsfolgen in einem geregelten Zusammenhang zueinander, den Leibniz als die Hypothese der Übereinstimmung (*hypothèse des accords, de la concomitance*) und kurze Zeit später als Hypothese von der prästabilierten Harmonie (*harmonie préétablie*) der Monaden untereinander bzw. speziell zwischen der Seele und dem ihr zugeordneten Körper bezeichnet.[52]

In bezug auf die Leib-Seele-Beziehung heißt es im ›Neuen System der Natur‹ daher: „Da ferner die organisierte Masse, in der der Standpunkt der Seele ist [d.h. ihr organischer Körper], und die näher als alles übrige durch die Seele ausgedrückt wird, umgekehrt sich bereit findet, gemäß den Gesetzen der körperlichen Maschine in dem Moment, wann es die Seele will, von sich aus zu handeln, ohne daß die eine die Gesetze der anderen stört, indem die *spiritus animales* und das Blut genau zum richtigen Zeitpunkt ihre Bewegungen machen, um den Empfindungen und Perzeptionen der Seele zu entsprechen, so ist es diese in jeder Substanz des Universums im voraus geregelte wechselseitige Beziehung, die das hervorbringt, was wir Vereinigung (*communication*) nennen und die allein die Einheit von Seele und Körper ausmacht."[53]

Aufgrund dieses strengen gesetzlich geregelten Parallelismus zwischen seelischem und organisch-körperlichem Geschehen löst sich für Leibniz das Problem der Wechselwirkung, das Descartes hinterlassen hatte. Die Seele muß aufgrund der prästabilierten Harmonie die Außenwelt und speziell ihren organischen Körper richtig repräsentieren, da ihre innere Perzeptionsfolge sich mit den Gesetzen der übrigen Welt oder der Außenwelt in prästabilierter Harmonie befindet. Sie kann auf der anderen Seite auch als frei gelten, weil sie ohne äußeren Einfluß alles aus sich heraus in voller Spontaneität entwickelt. Eine willkürliche Bewegung kann insofern ihrem freien Willensentschluß zugerechnet werden. Andererseits läuft auch das körperliche Geschehen streng geregelt ab und ist den physikalisch-mechanischen Gesetzmäßigkeiten unterworfen. Wegen dieser strengen Parallelität kann man dann auch, dem normalen nicht-metaphysischen Sprachgebrauch folgend, von einem wechselseitigen Einfluß beider aufeinander sprechen. So heißt es im § 81 der ›Monadologie‹: „Nach diesem System wirken die Körper, als ob es (was eigentlich unmöglich ist) keine Seelen gäbe; und die Seelen wirken, als ob es keine Körper gäbe; und alle beide wirken so, als ob eines das andere beeinflußte."[54]

Der Vorteil, den Leibniz mit seiner Hypothese der prästabilierten Harmonie gewonnen zu haben glaubt, liegt darin, daß hier zwar Gott einmal, bei der Schöpfung, das Seelen- und Körpergeschehen aufeinander abgestimmt hat, aber nicht ständig für die Erklärung des Weltgeschehens herangezogen werden muß, wie es die metaphysische Annahme des Occasionalismus nach sich zieht. Leibniz hat zur Charakterisierung seiner Position gern das berühmte Uhrengleichnis herangezogen, um sich von der normalen Theorie des Einflusses der Substanzen aufeinander und von der occasionellen Theorie des ständigen göttlichen Einflusses abzugrenzen, ein Gleichnis übrigens, das auch schon Geulincx[55] für die Erklärung der parallel und ohne wechselseitigen kausalen Einfluß sich vollziehenden seelischen und körperlichen Vorgänge benutzt hatte.

„Stellen Sie sich zwei Uhren vor, die vollkommen miteinander übereinstimmen. Das kann nun auf drei Weisen geschehen. Die erste beruht auf dem wechselseitigen Einfluß der einen Uhr auf die andere; die zweite auf der Kontrolle eines Menschen, der auf sie achtgibt; die dritte auf ihrer eigenen Genauigkeit. ... Setzen Sie nun die Seele und den Körper an die Stelle dieser beiden Uhren. Ihre Übereinstimmung oder ihr Einklang wird dann auch auf eine dieser drei Weisen stattfinden müssen. Der Weg des Einflusses ist der der gewöhnlichen Philosophie; da man aber nicht begreifen kann, wie materielle Teilchen noch wie immaterielle Bilder oder Qualitäten von einer dieser Substanzen in die andere übergehen können, so ist man verpflichtet, diese Ansicht aufzugeben. Der Weg des Beistandes ist der des Systems der occasionellen Ursachen; aber ich glaube, dies heißt, einen Deus ex machina bei einer natürlichen und gewöhnlichen Sache einzuführen, wo Gott doch gemäß der Vernunft nur in der Weise eingreifen darf, wie er auch bei allen anderen Dingen der Natur mitwirkt. So bleibt nur meine Hypothese übrig, d.h. der Weg der prästabilierten Harmonie mittels eines göttlichen, zuvor festgelegten Kunstgriffs, welcher von Anfang an jede dieser Substanzen auf eine so vollkommene und geregelte Weise mit so großer Genauigkeit gebildet hat, daß sie [die Substanz], nur ihren eigenen Gesetzen folgend, die sie mit ihrem Sein erhalten hat, dennoch mit der anderen übereinstimmt: genau so, als ob ein wechselseitiger Einfluß bestünde, oder als ob Gott über seine allgemeine Mitwirkung hinaus im einzelnen immer Hand anlegte.“[56]

Mit dem Leib-Seele-Problem versuchte das 17. Jahrhundert eines der großen Probleme der *philosophia perennis* zu bewältigen. Was die philosophischen Versuche dieses Zeitalters auszeichnet, ist die überwiegende Orientierung an den durch die modernen Naturwissenschaften gewonnenen Ergebnissen. Prinzipiell führte dies zu einer mechanistischen Einstellung, die allmählich auch Organismen bis hin zum menschlichen Organismus als mechanische Regelwerke wie Uhren oder Wasserfontänen betrachtete. Signifikanter Ausdruck dafür ist die Tiermaschinenthese. Die Mechanismus-Euphorie wurde zwar durch den Cartesianismus – gewollt oder ungewollt – befördert, indem die Grenze für das mechanistisch Beschreibbare weiter hinausgeschoben wurde als das für den dem natürlichen Empfinden näherstehenden Hylemorphismus der Schulphilosophie (gemäß dem alle körperlichen Substanzen aus Stoff und Form bestehen) oder für die nach wie vor populären animistischen Theorien zulässig erschien. Andererseits wurde aber auch eine neue und um so schärfere Grenze gezogen. Nicht mehr das Lebendige, Organische, sondern bloß das Bewußtsein, die Vernunft entzog sich der mechanistischen Reduktion. Die Grenze zwischen dem Bereich des Anorganischen und Organischen, zwischen den Wissenschaften von der toten und der lebendigen Natur wurde nivelliert. Das Bewußtsein erwies sich als Punkt im ansonsten mechanisch geregelten Universum. In diesem neuen dualistischen Rahmen des Cartesischen Denkens vollzog sich die gesamte philosophische Reflexion des Zeitalters. Die Radikalität der Cartesischen Zäsur barg aber von vornherein Tendenzen zur Auflösung in sich, die strikte Trennung von *res cogitans* und *res extensa* wieder rückgängig zu machen, d. h. auf monistische Weise zu beseitigen. Zum einen führte das zu der physikalistischen oder materialistischen Position von Hobbes, der tatsächlich – ein Jahrhundert vor Lamettrie – zwar nicht verbal, aber faktisch die These vom Menschen als Maschine vertrat. Zum anderen führte sie über den Occasionalismus, der sich als ungeeigneter Verteidiger der Cartesischen Position erwies, zu der Leibnizschen Position, die sich zwar als (insoweit mit dem Occasionalismus verwandter) psycho-physischer Parallelismus darstellte, aber doch zumindest die Tendenz zu einem panpsychistischen oder geistorientierten Monismus aufwies. Insofern sich nämlich die Monaden oder geistigen Kraftzentren als die fundamentalen Konstituentien auch der Materie erwiesen, löste sich die Materie letzten Endes in Aggregate von Monaden auf, so daß sich das Universum nur noch aus geistigen Substanzen rekrutierte. Die prästabilierte Harmonie zwischen Leib und Seele wurde zur prästabilierten Harmonie zwischen den allein existierenden geistigen Monaden.

5. Gott und Sein

Die letzten beiden Kapitel haben gezeigt, welches Bild sich die Philosophen des 17. Jahrhunderts von der Natur machen, auf der einen Seite von der anorganischen Natur, sowohl im makro- wie im mikrokosmischen Bereich, auf der anderen Seite von der organischen Natur, d.h. von den Organismen und Lebewesen, die in der Natur vorkommen. In beiden Fällen liefern die neu aufkommenden Naturwissenschaften, für die prototypisch die Mechanik steht, die neue Perspektive bzw. zumindest neue Gesichtspunkte bei der Naturbetrachtung: Das mechanistische Denken bricht sich auch in der Philosophie Bahn. Im Bereich der anorganischen Natur führt dies zu einer Demystifikation der Natur, indem alle Geister, mystischen Kräfte und Seelen aus ihr vertrieben werden. Im organischen Bereich hat dies – nachdem die mechanistisch geprägte Naturinterpretation von Descartes die entscheidende Schneise geschlagen hat – die Auffassung von den durchweg automatisch ablaufenden Lebensvorgängen zur Folge.

Aber – so zeigte sich zugleich – an den Grenzen der mechanistisch orientierten Naturerklärung tauchen Erklärungsprobleme auf, die mit den Mitteln der Mechanik nicht mehr zu lösen sind. In der anorganischen Natur empfindet man trotz aller mechanistischen Erklärungsversuche erneut das Bedürfnis, hinter der Regularität der Naturgesetze eine ordnende Hand zu vermuten und hinter so grundlegenden Erscheinungen wie z.B. der Massenanziehung geistige oder geistanaloge Kräfte anzunehmen. Ganz unerwartet finden also selbst bei der Betrachtung der toten Natur wieder spirituelle Aspekte Berücksichtigung, allerdings sozusagen auf einer höheren, nicht mehr so naiven Ebene wie in der vor-mechanistischen Zeit. Und in der organischen Natur zeigt sich ebenfalls, daß hier mechanistische Erklärungsmuster zwar sehr weit reichen, aber auch ihre unübersteigbare Grenze haben, die gerade vom Vorkämpfer für eine Mechanisierung der Natur, nämlich von Descartes, gezogen wird: Geist und Bewußtsein entziehen sich der Mechanisierung. Die unnatürliche Separation des Geistes von den Mechanismen der Natur jedoch, die im dualistischen System Descartes' erfolgt, erzeugt das Bestreben, den Geist wieder stärker in das Naturgeschehen einzubetten. Das führt zu der Leibnizschen Lösung einer Hierarchie von Geistern, die vom reflexiven Geist des Menschen bis zu den unbewußten (den sogenannten schlafenden) Monaden einfacher Lebensformen reicht. Dabei sind alle Geistmonaden in das mechanische Naturgeschehen integriert bzw. stellen dessen metaphysische Grundlage dar. Auch dies ist eine neue Betonung des Geistigen bei der Interpretation der organischen Natur, gewissermaßen auf einer höheren, mechanistisch-physikalische Erklärungen nicht mehr ausschließenden Ebene.

Schon hier, bei den letzten Fragen der Naturerklärung meldet sich also wieder die Metaphysik zu Wort. Im Grunde sind es die alten Fragen der *philosophia perennis*, die sich wieder Geltung verschaffen und zeigen, daß auch neue Methoden und neue Erklärungsmuster solche Fragen nicht zum Verschwinden bringen können. Dies wird sich verstärkt zeigen, wenn wir uns nunmehr den noch grundlegenderen Fragen nach dem Sein überhaupt, nach den Seinsprinzipien bzw. der Ursache des Seins, nach der Stellung des Menschen im Sein zuwenden, oder – in theologischer Formulierung – den Fragen nach Sein, Schöpfer und Geschöpf. Denn hierbei handelt es sich um die eigentlichen, genuin metaphysischen Fragen, die den auf partikuläre Seinsbereiche bezüglichen Spezialfragen nach der Struktur und dem Sein der toten Materie oder nach der Funktionsweise und dem Sein des lebendigen Organismus vorgelagert sind. Bei der Erörterung dieser Fragen werden zwei Aspekte Beachtung finden, ein mehr theoretischer und ein mehr praktisch-anthropologischer. Der erste Aspekt richtet sich auf das Sein im allgemeinen und dessen Ursache, die nach christlichem Verständnis Gott ist, und zielt daher auf Fragen der theoretischen Philosophie nach dem Seinsverständnis, nach dem Gottesbegriff und dem Gottesbeweis. Er wird in diesem Kapitel behandelt. Der zweite, auch Fragen der praktischen Philosophie einbeziehende Aspekt betrifft das Verhältnis zwischen (christlichem) Gott und Geschöpf im Hinblick auf Freiheit, Verantwortung und praktisches Handeln. Er berücksichtigt stärker auch die theologische Problematik, insbesondere die zeitgenössische kontroverse inter- und intrakonfessionelle Diskussion in den christlichen Kirchen, und findet seine Erörterung im folgenden Kapitel.

Es versteht sich, daß bei der Behandlung dieser alten philosophischen, metaphysischen Fragen naturgemäß das traditionelle, noch scholastisch geprägte Denken stärker die Oberhand behält als dies bei der spezielleren Naturbetrachtung der Fall ist. In katholischen wie protestantischen Kreisen werden Begründungsprobleme dieser Art in noch stark scholastisch orientierten Lehrbüchern zur Metaphysik abgehandelt und halten so das Bewußtsein der philosophischen Tradition wach. Aber auch hier versuchen die modernen Philosophen und konstruktiven Systemschöpfer – geleitet von einer neuen Methode, inspiriert vom Licht der Vernunft und orientiert an einem neuen, mathematisch-mechanistischen Naturbild – zu neuen, unvoreingenommenen Lösungen zu gelangen. Wir wenden uns zunächst der Seins- und Gottesfrage im allgemeinen zu.

Endliches und unendliches Sein

Seit der antiken Philosophie stehen die Seinsfrage und die Gottesfrage in einem natürlichen Zusammenhang. Als Frage nach dem Urprinzip dessen, was ist, wird sie schon in der vorsokratischen Philosophie in verschiedener Weise angegangen. Anaximandros von Milet nennt dieses Prinzip das Grenzenlose, aus dem die Gegensätze hervorgehen, Xenophanes von Kolophon, der Begründer der eleatischen Schule (einer in Elea gegründeten Philosophenschule), nennt es das unveränderliche, unbewegliche, alles umfassende Eine. Bei Platon finden wir einerseits die Gleichsetzung des Göttlichen mit der obersten Idee des Guten (im ›Staat‹), andererseits Gott durch den Mythos des Demiurgen oder Weltbildners veranschaulicht (im ›Timaios‹). Aristoteles führt im 12. Buch seiner ›Metaphysik‹ Gott als unbewegten Beweger ein, d.h. als ewigen, materielosen, reinen Geist und reine Tätigkeit. Plotin schließlich bestimmt das Eine als das göttliche Prinzip, aus dem als letztem Grund sich die Vielfalt der Welt entwickelt.

Von Anfang an zeigt sich also in der Philosophie die Seinsfrage mit der Frage nach dem Grund des Seins, dem Göttlichen, verknüpft. Kennzeichnend dafür ist, daß auch die sich mit Aristoteles herausbildende spezielle Disziplin, die sich mit dem Sein befaßt, von vornherein diesen doppelten Aspekt im Auge hat. Für diese von Aristoteles erste Philosophie genannte und später nach dem so benannten, gleichnamigen Aristotelischen Werk als Metaphysik bezeichnete Disziplin wird nämlich folgende wirkungsgeschichtlich wichtige doppelte Bestimmung des Gegenstandes der ersten Philosophie oder Metaphysik gegeben. Im 4. Buch seiner ›Metaphysik‹ erklärt Aristoteles im Gegensatz zu den nur Teile des Seienden untersuchenden übrigen Wissenschaften das Seiende als Seiendes zum Gegenstand der ersten Philosophie. Im 6. Buch hingegen wird das Ewige, Unbewegte und von der Materie Abtrennbare, der berühmte unbewegte Beweger, als Gegenstand der ersten Philosophie angesehen. Im einen Fall ist die Metaphysik also allgemeine Seinslehre oder Ontologie, im anderen Lehre vom obersten, göttlichen Seienden oder Theologie. Diese doppelte, aber ineinandergreifende Bestimmung ist auch weitgehend noch in den scholastischen Metaphysik-Lehrbüchern des 17. Jahrhunderts anzutreffen.

Als das Christentum in der Zeit des Hellenismus mit dieser alten philosophischen Tradition in Kontakt geriet und Bestandteile des philosophischen Gedankenguts in sich aufnahm, bestand das Problem darin, die durch die Offenbarung vermittelten Gottesvorstellungen des christlichen Glaubens nicht aufzugeben. Die stärker weltimmanenten oder weltabhängigen (aus dem Weltgeschehen abstrahierten) Gottesvorstellungen der Antike mußten mit der christlichen transzendenten Gottesvorstellung in Einklang gebracht werden, die eher abstrakten oder pantheistischen Ideen des Göttlichen der antiken Philosophie mit dem christlichen Verständnis eines persönlichen Gottes, und die besondere Beziehung zwischen dem christlichen Schöpfergott und seinen Geschöpfen durfte nicht verlorengehen. Die gesamte Geschichte der Rezeption der antiken Philosophie durch das Christentum bis zur Begegnung mit der arabisch vermittelten ›Metaphysik‹ des Aristoteles im 12./13. Jahrhundert der Hochscholastik zeugt von diesem Bemühen um eine Symbiose, vor allem mit den großen antiken Philosophen wie Platon, Aristoteles und Plotin.

In dieser Tradition steht auch noch Francisco Suárez (1548–1617), der berühmte spanische Spätscholastiker und Jesuit, der u. a. in Rom, Salamanca und zuletzt in Coimbra (Portugal) wirkte. Sein in ganz Europa im 17. Jahrhundert einflußreiches metaphysisches Lehrbuch ›Metaphysische Disputationen‹ (Disputationes metaphysicae) erschien zuerst 1597 in Salamanca, danach in weiteren Auflagen an vielen anderen Orten, u. a. auch in Mainz. Auch Descartes wurde in seiner Jugend am Jesuitenkolleg von La Flèche nach dem metaphysischen System von Suárez unterrichtet.

Suárez greift in der ersten Sektion der ersten Disputation die Bestimmung aus dem 4. Buch der Aristotelischen ›Metaphysik‹ auf, um den Gegenstand der Metaphysik als Wissenschaft vom Seienden als Seiendem festzulegen. Er präzisiert dies dort auf folgende Weise: „Es ist also zu sagen, daß das Seiende als reales Seiendes der angemessene Gegenstand dieser Wissenschaft [nämlich der Metaphysik] ist. … Es ist nämlich gezeigt worden, daß der angemessene Gegenstand dieser Wissenschaft Gott und die anderen immateriellen Substanzen umfassen muß, aber nicht nur diese. Ebenso muß er nicht nur Substanzen, sondern auch die wesentlichen Eigenschaften (*accidentia realia*) [nämlich der Substanzen; z. B. das Menschsein als wesentliche Eigenschaft eines menschlichen Individuums] umfassen."[1] Wichtig an dieser Definition ist, daß hier göttliches und menschliches Sein in den Bereich der Metaphysik fallen, daß also nicht die engere Bestimmung von Aristoteles aus dem 12. Buch seiner ›Metaphysik‹ zugrunde gelegt ist, wonach sich die Metaphysik nur mit dem göttlichen Sein zu befassen habe. Damit wird hier ein Seinsbegriff benutzt, der nicht aus dem göttlichen Sein abgeleitet ist, sondern der dem göttlichen Sein und dem ihm gegenübergestellten weltlichen Sein als gemeinsamer Begriff übergeordnet ist, der also nach christlichem Verständnis nicht nur das göttliche unendliche Sein, sondern auch das endliche kreatürliche Sein umfaßt. Bei dieser Gegenüberstellung von Endlichem und Unendlichem handelt es sich um die primäre, fundamentale Einteilung des Seienden, wie Suárez in seiner 28. Disputation betont: „Die erste und wesentlichste Einteilung des Seienden ist die in Endliches und Unendliches."[2] Sie entspricht, wie Suárez in der ersten Sektion dieser Disputation dann ausführt, verschiedenen anderen, d. h. durch andere Begriffe zum Ausdruck gebrachten Einteilungen, wie der in: „Seiendes durch sich" und „Seiendes durch ein anderes" (*ens a se – ens ab alio*), „notwendiges und kontingentes Seiendes" (*necessarium – contingens*), „wesensmäßiges und teilhabendes Seiendes" (*ens per essentiam – per participationem*), „ungeschaffenes und geschaffenes Seiendes" (*ens increatum – creatum*), „Seiendes als reine Aktualität und bloße Potentialität" (*actus purus, ens actuale – ens potentiale*).[3] Alle diese Einteilungen beschreiben also nur dieselbe Einteilung in das endliche und unendliche Seiende, in das Sein des Schöpfers und das Sein seiner Geschöpfe bzw. seiner Schöpfung.

Eine der Fragen, die im Zuge dieser Auseinandersetzung im Mittelalter auftrat, war die Frage, ob der für das Sein Gottes und das Sein der Welt verwendete Seinsbegriff gleiche Bedeutung habe. Thomas von Aquin (um 1225–1274) hatte hier die Lehre von der Analogie des Seienden (*analogia entis*) entwickelt, nach der wegen des Unterschiedes zwischen endlichem und unendlichem Sein der Seinsbegriff in beiden Fällen nicht in ausschließlich univokem oder eindeutigem Sinn gebraucht werden dürfe (was zu einer Gleichartigkeit beider Seinsweisen und damit zu einer Nivellierung des göttlichen und menschlichen Seins bzw. zu pantheistischen Konsequenzen führen könnte), aber auch nicht in ausschließlich äquivokem oder mehrdeutigem Sinn (was einen Zugang zu Gott für den Menschen ausschließen und zum Agnostizismus führen könnte). Vielmehr dürfe er bloß in analoger Weise auf göttliches und menschliches Sein angewendet werden, wobei Ähnlichkeiten wie Unähnlichkeiten beider Seinsweisen Berücksichtigung fänden. Auch Suárez entscheidet sich wie Thomas von Aquin für den Mittelweg einer „Analogie des Seienden", aufgrund deren das unendliche Sein Gottes dem endlichen Sein des Menschen zwar nicht völlig zugänglich ist, aber auch nicht gänzlich verschlossen. Aufgrund der analogen Verwendung des Seinsbegriffs ist es auf der einen Seite zwar möglich, grundlegende, transzendentale Bestimmungen des Seins überhaupt festzulegen, wie etwa, daß jedes Seiende Eines, ein Wahres, ein Gutes ist, die also dem endlichen und unendlichen Sein gleichermaßen zukommen, womit Suárez die mittelalterliche sogenannte Transzendentalienlehre vom *unum, verum, bonum* als den jedem Seienden noch vor allen kategorialen Bestimmungen zukommenden Eigenschaften oder *transcendentalia* aufnimmt.[4] Würde es bei dieser gleichartigen (also in diesem Falle univoken) Bestimmung des endlichen wie des unendlichen Seienden bleiben, so wäre eine philosophisch-rationale Erkenntnis der Besonderheiten des unendlichen Seins oder Gottes nicht möglich und der Zugang zu Gott wäre nur noch über den Weg des Glaubens erreichbar, eine Tendenz, wie sie sich im Mittelalter bei dem die Univozität stärker betonenden Johannes Duns Scotus (um 1266–1308) bereits andeutete. Daher muß nach der Seinsanalogie auf der anderen Seite die Verschiedenheit zwischen endlichem und unendlichem Sein bestehenbleiben und auch einsehbar sein. Zwar ist hier keine vollständige Erkenntnis des göttlichen Wesens oder der göttlichen Natur zu erwarten, denn es gibt eben nur eine analoge Erkenntnis von Gott, die vom Endlichen her sich das Unendliche erschließt. Soll aber diese Erschließung des Unendlichen nicht ganz dem Glauben überlassen bleiben, so muß es einen rationalen Weg geben, der die Unterschiede zwischen unendlichem Sein und endlichem Sein einsichtig macht. Dieser Weg ist der Weg der philosophischen Gottesbeweise.

Gottesbeweise

Thomas von Aquin hatte im ersten Teil seiner zwischen 1265 und 1273 entstandenen ›Summe der Theologie‹ (Summa theologiae) fünf Gottesbeweise vorgestellt,[5] die er als fünf verschiedene, eigenständige Wege, Gott zu beweisen, auffaßte und die für die Folgezeit bis zur Spätscholastik klassisch geworden und für die katholische Kirche bis heute klassisch geblieben sind. Im Rahmen der von Thomas behaupteten These von der *analogia entis* ist es kennzeichnend für sie, daß sie alle nicht von einer a priori angenommenen Gottesidee ausgehen, aus der die Existenz und die Eigenschaften Gottes entwickelt werden, sondern von den Erscheinungen der Welt auf ein erstes Seiendes als deren Ursache oder Prinzip schließen. Die ersten drei Beweise legen das Kausalprinzip der Wirkursachen zugrunde und beruhen auf der Unmöglichkeit eines unendlichen Regresses bei der Zurückführung der Wirkungen auf ihre Ursachen. Speziell leistet dies der zweite Beweis, der aus der Tatsache, daß jede Wirkung eine Ursache haben muß und nichts Ursache seiner selbst sein kann, auf eine erste wirkende Ursache (*causa efficiens*) schließt, weil ein Regreß der Ursachen in infinitum unmöglich ist. Der erste, auf Aristoteles zurückgehende Beweis schließt aus der Tatsache, daß alles, was bewegt wird, von einem anderen bewegt wird und nichts von sich selbst bewegt werden kann, entsprechend auf ein erstes Bewegendes (*primum movens*). Und der dritte Beweis schließt von der Zufälligkeit (Kontingenz) oder Nicht-Notwendigkeit der Dinge (d.h. ihrer Möglichkeit, zu sein oder nicht zu sein, und das heißt: nicht immer zu sein oder irgendwann nicht zu sein) darauf, daß dann irgendwann einmal nichts existieren würde. Infolgedessen muß es etwas Notwendiges unter den Dingen geben. Da auch die Ursache eines notwendigen Dinges nur von einem anderen notwendigen Ding stammen kann und wiederum ein Regreß in infinitum unmöglich ist, so muß es ein durch sich Notwendiges (*per se necessarium*) geben, welches die Ursache der Notwendigkeit der anderen Dinge ist. Diese drei ersten Beweise kann man als Formen des sogenannten kosmologischen Gottesbeweises bezeichnen. Der fünfte ist demgegenüber ein teleologischer Gottesbeweis, der aus der Tatsache, daß natürliche Körper, die keine Erkenntnis besitzen, aber gleichwohl nicht zufällig (*casu*), sondern zweckvoll handeln, schließt, daß sie von einem Intelligenten und Erkennenden (*intelligens a quo omnes res naturales ordinantur*) auf ein Ziel hingelenkt werden, da sie selbst – ohne Erkenntnis – dies nicht leisten können. Schließlich beruht der vierte Weg auf der Tatsache der Gradabstufung der Dinge im Hinblick auf ihre Vollkommenheit. Etwas wird mehr oder weniger vollkommen (z.B. gut, wahr oder edel) aber nur genannt, insofern es sich einem Vollkommensten mehr oder weniger annähert oder an ihm teilhat. Also muß es ein Vollkommenstes geben, welches Ursache für das Sein der weniger vollkommenen Dinge ist (*aliquid quod omnibus entibus est causa esse, et bonitatis, et cuiuslibet perfectionis*). Alle diese fünf Wege führen für Thomas zu Gott, der damit als erster Beweger, erste Wirkursache, als durch sich notwendiges und als vollkommenstes Wesen und als die Dinge zweckvoll ordnender Schöpfer bestimmt wird.

Suárez, der sich auch in den Gottesbeweisen Thomas weitgehend anschließt, wählt ebenfalls in erster Linie den aposteriorischen (aus der Erfahrung gewonnenen) Weg und beweist auf diese Weise Gott als erste Wirkursache. Aber er nimmt gegenüber Thomas (und Aristoteles) eine charakteristische Änderung vor, die in der Aufwertung des zweiten und Abwertung des ersten Gottesbeweis von Thomas besteht, welcher letztere von der Bewegung des Seienden auf einen ersten Beweger schließt. Suárez hält ihn allein für nicht ausreichend, da das zugrundeliegende physikalische Beweisprinzip, daß alles, was bewegt ist, von einem anderen bewegt wird, für ihn nicht abgesichert ist. Er ersetzt es daher durch ein metaphysisches Beweisprinzip. So schreibt er: „Anstelle jenes physikalischen Prinzips: *Alles, was bewegt wird, wird von einem anderen bewegt* (*Omne quod movetur, ab alio movetur*), muß ein anderes metaphysisches, weit evidenteres Prinzip genommen werden: *Alles, was geschieht, geschieht durch ein anderes* (*Omne quod fit, ab alio fit*), sei es, daß es erschaffen oder erzeugt wird, oder durch welchen Grund auch immer es geschieht. Dieses Prinzip wird daraus bewiesen, daß nichts sich selbst bewirken bzw. verursachen (*efficere*) kann. Denn die Sache, die durch Verursachung (*effectio*) geschieht, erlangt Sein. Von der Sache aber, die [dies] bewirkt oder hervorbringt (*facit aut producit*), wird angenommen, daß sie ein Sein hat, und daher schließt es einen Widerspruch (*repugnantia*) ein, daß dasselbe sich selbst macht. Ehe nämlich die Sache ist, kann sie nicht in der formalen oder virtuellen Tätigkeit (*actus formalis vel virtualis*) sein, um sich zu erzeugen (*facere*), und aus diesem Grunde ist dieses Prinzip *Alles, was produziert wird, wird von einem anderen produziert* weit evidenter als jenes *Alles, was bewegt wird, wird von einem anderen bewegt*; denn von dem, was bewegt wird, nimmt man ein Sein an, in welchem Sein der virtuelle Akt, sich zu bewegen [d.h. die potentielle Fähigkeit, sich zu bewegen], begriffen werden kann; von dem jedoch, was bewirkt wird, nimmt man nicht ein Sein an, sondern vielmehr ein Nicht-Sein, bevor es wird; im Nicht-Sein selber aber kann nicht die Möglichkeit (*virtus*) sein, sich selbst zu bewirken, und daher ist jenes richtig verstandene Prinzip über die erste und wahre Wirkursache (*effectio*) evident, ... Setzt man also dieses Prinzip an, so wird der Beweis so abgeschlossen: Jedes Seiende ist entweder gemacht oder erzeugt (*factum*) oder nicht erzeugt oder ungeschaffen (*increatum*); aber es können nicht alle Seienden, die es im Universum gibt, erzeugt worden sein; also ist es notwendig, daß es ein nicht erzeugtes oder ungeschaffenes Seiendes gibt. Der Obersatz [die erste Prämisse] ist evident, weil es notwendig ist, daß von zwei kontradiktorischen Gegensätzen der eine von beiden für etwas Beliebiges zutrifft. Der Untersatz [die zweite Prämisse] wird so bewiesen: Da jedes, erzeugte Seiende von einem anderen erzeugt worden ist, ist also jenes, von dem es erzeugt worden ist, entweder auch erzeugt oder nicht; wenn es nicht erzeugt worden ist, gibt es also irgendein ungeschaffenes Seiendes, was wir [zu zeigen] beabsichtigten; wenn aber jenes auch erzeugt worden ist, muß es selber von einem anderen erzeugt worden sein, wovon weiter wieder dasselbe zu fragen ist; so muß man schließlich haltmachen bei einem nicht erzeugten Sein, oder man muß in infinitum fortschreiten, oder man muß einen Zirkelschluß[6] begehen. Da man weder einen Zirkelschluß begehen noch in infinitum fortschreiten kann, so muß man notwendigerweise haltmachen bei dem nicht erzeugten Sein."[7]

Damit ist für Suárez Gott als die erste Wirkursache des Universums bewiesen, die sich also als eine Ursache erweist, die selbst ungeschaffen ist. Infolgedessen hat sie auch ihr Sein aus sich selbst und stellt ein notwendiges Seiendes dar bzw. ein Seiendes, zu dessen Wesen das Sein oder Existieren gehört: Gott ist *ens a se, necessarium, per essentiam*. Es stellen sich so gleichsam von selbst die Qualifizierungen für das ungeschaffene Sein ein, die den oben für die Einteilung des Seins in endliches und unendliches Sein verwendeten deckungsleichen Begriffspaaren zugrunde lagen. Des weiteren zeigt Suárez, daß es nur eine einzige solche Wirkursache geben kann,[8] u.a. durch folgende teleologische Erwägung: „... auch wenn einzelne Wirkungen, für sich genommen und betrachtet, nicht zeigen, daß es sich um ein und denselben Erzeuger (*factor*) von allem handelt, so weisen doch die Schönheit des gesamten Universums und aller in ihm existierenden Dinge, die wunderbare Verbindung und Ordnung genügend darauf hin, daß es ein erstes Seiendes gibt, von dem alles gelenkt wird und seinen Ausgang nimmt."[9] Damit ist nun hinreichend die Konformität dieses ersten einzigen Seienden mit dem christlichen Schöpfergott aufgezeigt, so daß auch weitere Prädikate wie „reine Aktualität", „höchste Vollkommenheit", „letzter Zweck" u.ä. für Gott angesetzt werden können.

Wie für Thomas geht also auch für Suárez der entscheidende Beweis Gottes von dessen Wirkungen in der Welt aus und schließt von da aus zurück auf den Schöpfer. Insofern handelt es sich um einen aposteriorischen Gottesbeweis. Ein apriorischer Gottesbeweis, der von der besonderen Natur bzw. dem besonderen Begriff Gottes ausgeht, wird von Suárez – zumindest in den ›Metaphysischen Disputationen‹ – eher abgelehnt, wie er in der dritten Sektion der 29. Disputation bemerkt: „Es kann nicht a priori bewiesen werden, daß Gott ist, da weder Gott eine Ursache seines Seins hat (*habet causam sui esse*), durch die er a priori bewiesen werden könnte, noch – wenn er sie hätte – Gott von uns so vollkommen erkannt wird, daß wir ihn sozusagen aus eigenen Prinzipien begreifen können."[10] Diese Begründung entspricht der Hypothese von der Seinsanalogie, gemäß der wir keine vollständige Erkenntnis von Gott erlangen können. Vorausgesetzt aber – so fährt Suárez unmittelbar darauf fort –, wir haben auf aposteriorischem Wege bereits einen Beweis Gottes geleistet, dann lassen sich aus dem so erhaltenen Begriff von Gott a priori noch andere Eigenschaften von Gott beweisen, etwa in dem Sinne, wie gerade aus dem ungeschaffenen Seienden auf weitere Eigenschaften geschlossen werden konnte. Ein apriorischer Gottesbeweis besitzt demnach allenfalls eine sekundäre, abgeleitete Bedeutung.

Descartes, der aufgrund seiner Ausbildung noch in dieser scholastischen Tradition steht, hat die Diskussion um die Gottesbeweise im 17. Jahrhundert wie kein anderer neu belebt. Seine beiden berühmten und vieldiskutierten, in der dritten und fünften Meditation seiner ›Meditationen‹ vorgetragenen Demonstrationen der Existenz Gottes zeigen also zwar einerseits ihre scholastische Herkunft noch an, andererseits aber erhalten sie eine neue zentrale und spezifische Bedeutung für die Begründung des Cartesischen nicht-scholastischen Systems der Philosophie. Der zunächst vorgestellte Beweis vom Dasein Gottes aus der dritten Meditation reiht sich zwar – was schon aus der hier stärker verwendeten scholastischen Terminologie ersichtlich wird – in die aposteriorischen Gottesbeweise der Scholastik, vor allem Thomasisch-Suárezianischer Herkunft, ein, die aus den Erscheinungen in der Erfahrung auf ein verursachendes erstes Wesen zurückschließen, und verwendet dabei Elemente aus verschiedenen scholastischen Beweisen. Aber dies geschieht in einer neuartigen Zusammenstellung und Verwendung, wobei vor allem auffällt, daß dieser Gottesbeweis zwar von der Idee Gottes ausgeht (die wir als eingeborene Idee in uns vorfinden), diese aber als Wirkung Gottes auf uns deutet und insofern den aposteriorischen Schluß von der Wirkung in der Erfahrung (welche an dieser Stelle allerdings nur die Erfahrung des eigenen Ich ist) auf die

Existenz Gottes zugrunde legt. Mit dem zweiten, in der fünften Meditation gegebenen, später (seit Kant) so genannten ontologischen Gottesbeweis stellt sich Descartes zwar ebenfalls in die scholastische Tradition, aber in eine nicht-Thomasische oder vor-Thomasische. Er greift nämlich auf einen Beweis von Anselm von Canterbury (1033–1109) zurück, den dieser in seiner um 1077/1078 als Ansprache an Gott oder die Seele verfaßten und daher ›Anrede‹ (Proslogion) genannten Schrift vorgetragen hatte, und der von Thomas von Aquin verworfen worden war. Hier wird das Dasein Gottes aus dessen bloßer Idee bewiesen, indem aus der Idee unmittelbar auf die Existenz Gottes geschlossen wird. Dabei handelt es sich also um einen apriorischen Gottesbeweis im echten Sinne.

Der komplizierte Cartesische Gottesbeweis aus der 3. Meditation, der von der Idee Gottes in uns ausgeht, beruht auf zwei grundlegenden Differenzierungen, zum einen zweier Aspekte der Ideen, zum anderen zweier Formen der Realität oder Seinsweisen, und er legt als fundamentales Beweisprinzip eine bestimmte Interpretation des Kausalprinzips zugrunde. Bei diesem Beweis ist zu berücksichtigen, daß er im Argumentationsgang der ›Meditationen‹ zu einem Zeitpunkt erfolgt, zu dem allein das Cartesische Grundprinzip des *cogito ergo sum* als gesichert gilt.[11]

Zunächst unterscheidet Descartes zwischen zwei Aspekten der Ideen. Ideen kann ich auf der einen Seite als Bewußtseinsinhalte oder Vorstellungen in mir auffassen, die – gleichgültig worauf sie sich beziehen – als solche bewußte Empfindungen in mir nicht falsch sein können. Stelle ich mir eine Sphinx vor, so habe ich jedenfalls diese Vorstellung (als bewußte Empfindung) in mir; niemand kann sie mir bestreiten. Descartes bezeichnet die Ideen unter diesem Gesichtspunkt als die in oder für sich betrachteten Ideen (*ideae in se spectatae*) oder als Denkweisen in mir (*modi cogitandi*). Auf der anderen Seite stellen die Ideen etwas vor, beziehen sich auf eine Sache, d.h., sie besitzen Bedeutungs- oder Repräsentationsgehalt bzw. – in der Terminologie Descartes' – objektive Realität (*realitas objectiva*) oder – wie wir heute sagen würden – semantischen Gehalt oder Intentionalität. Im ersten Fall handelt es sich um subjektive Formen meines Denkens oder meines Bewußtseins, die unter sich keine Ungleichartigkeit (*inaequalitas*) aufweisen, weil sie alle von mir ausgehen bzw. alle in der gleichen Weise Bewußtseinsinhalte darstellen. Im zweiten Fall geht es um den Repräsentationsgehalt oder die Gegenstandsbezogenheit, also die objektive Seite unserer Ideen. Unter diesem Aspekt sind unsere Ideen verschieden voneinander, insofern die eine Idee diese, die andere jene Sache repräsentiert (*quatenus una idea unam rem, alia aliam repraesentat*).

Aus der Gegenstandsbezogenheit der Ideen ergibt sich nun die zweite Differenzierung Descartes' bezüglich der Seinsweisen. Die „normale" Realität der Dinge und ihrer Eigenschaften (z.B. die eines Steins und seiner kubischen Figur), von der wir alle im gewöhnlichen Leben ausgehen, d.h. die Wirklichkeit der Dinge unabhängig von ihrer Repräsentation in einer Idee, nennt er in scholastischer Terminologie ihre aktuale oder formale Realität (*realitas actualis sive formalis*). Diese wirkliche Seinsweise, die vom Erkenntnisprozeß (der die Dinge in einem Erkenntnissubjekt abbildet) losgelöst ist, heißt entsprechend: ihr formaler, d.h. wirklicher Seinsmodus (*modus essendi formalis*). Auch eine Idee, insoweit man sie nur als Erscheinung an mir, nämlich als Inhalt meines Bewußtseins oder als meine Empfindung betrachtet, besitzt solch einen formalen Seinsmodus oder solch eine aktuale Realität. Ihr gegenüber steht jedoch die besondere Realität der Ideen, die in ihrer Intentionalität oder Gegenstandsbezogenheit besteht. Insofern sich Ideen auf diese aktual existierenden Dinge beziehen, also insofern sie gegenstandsbezogen sind oder Dinge repräsentieren, besitzen sie objektive Realität (*realitas objectiva*), und die besondere Seinsweise der auf Gegenstände sich beziehenden Ideen wird ihr objektiver Seinsmodus (*modus essendi objectivus*) genannt.

Erst an dieser Stelle tritt für Descartes das Problem der Wahrheit oder Falschheit unserer Ideen auf, nämlich dann, wenn wir urteilen, daß eine bestimmte Idee in uns einer Sache außer uns ähnlich ist oder jedenfalls ihr entspricht.

Um die Richtigkeit eines solchen Urteils sicher beantworten zu können, greift nun Descartes auf das Kausalprinzip als Grundprinzip in folgender Weise zurück: „Nun ist es aber durch das natürliche Licht offenbar, daß ebensoviel Realität in der gesamten wirkenden Ursache (*causa efficiens et totalis*) vorhanden sein muß wie in der Wirkung ebendieser Ursache, denn ich frage: Woher sonst könnte die Wirkung ihre Realität nehmen, wenn nicht von der Ursache? Und wie könnte die Ursache sie [die Realität] ihr geben, wenn sie sie nicht selbst hätte? Hieraus folgt aber, daß weder etwas aus dem Nichts noch auch etwas Vollkommeneres (*magis perfectum*), d.h. was mehr Realität in sich enthält, aus weniger Vollkommenem entstehen kann. Und dies ist nicht nur offensichtlich wahr für die Wirkungen, deren Realität aktual oder formal ist, sondern auch für die Ideen, in denen nur die objektive Realität betrachtet wird.“[12]

Der Grad an Realität entspricht also einem Grad an Vollkommenheit. Hierbei nimmt Descartes folgende wichtige Abstufung vor. Eine Substanz besitzt mehr an Realität als die Eigenschaften von Substanzen (*modi sive accidentia*), und eine unendliche Substanz wie der ewige, allwissende, allmächtige Gott besitzt mehr Realität, ist also vollkommener als endliche Substanzen. Dasselbe gilt für die entsprechenden Ideen.

Der letzte Teil des eben angeführten Zitats enthält nun den entscheidenden Hinweis, der für die Verursachung von Ideen eine Rolle spielt. Denn für Descartes kann aufgrund dieses Prinzips beispielsweise ein

Stein, der vorher nicht existiert hat, nur zu existieren beginnen, wenn er von einer Sache produziert wird, die alles das, was der Stein enthält, in gleicher oder vollkommenerer Weise enthält. Ähnlich kann Wärme auf einen nicht warmen Gegenstand nur von einer Sache mit wenigstens gleichem Vollkommenheitsgrad oder Realitätsgehalt übertragen werden, wie ihn die Wärme selbst besitzt. Aber auch die Ideen des Steins oder der Wärme, die ich in mir habe, können nur von einer Sache verursacht worden sein, die wenigstens ebensoviel an aktualer Realität besitzt wie meine Idee vom Stein objektive Realität besitzt. Dies liegt daran, daß der objektive Seinsmodus nur eine gewissermaßen abgeleitete Realität besitzt, weil er letzten Endes in der aktualen Realität des Wirklichen begründet sein muß. Zwar kann man sich vorstellen, daß eine Idee aus einer anderen entstehen könnte, d.h., daß ihre objektive Realität durch die objektive Realität einer anderen Idee verursacht sein könnte, aber dieser Prozeß kann nicht in infinitum gehen, er muß in etwas wirklich Existierendem, d.h. in einer wirklichen Sache, die aktuale Realität hat, zum Abschluß kommen. Wenn es letzten Endes keine wirklichen Dinge gäbe, könnten Ideen sich auch nicht auf wirkliche Dinge beziehen und damit objektive Realität erhalten. Die aktual reale Sache ist also die eigentliche Ursache für die Idee, sie stellt gewissermaßen den Archetyp (*archetypus*) in der Wirklichkeit für die Idee dar. Descartes will damit nicht sagen, daß die aktual existierende Sache sozusagen von ihrer (aktualen) Realität etwas in die Idee übergehen läßt, denn dies ist ausgeschlossen, da es sich um zwei verschiedene Seinsweisen handelt; sondern nur, daß es hier ein Entsprechungsverhältnis geben muß: Die Sache muß mindestens soviel Realität auf aktuale oder formale Weise in sich enthalten wie die Idee, die wir davon haben, auf objektive Weise in sich enthält. Wäre das nämlich nicht so, so müßte ein Teil des objektiven Gehalts der Idee – wie unvollkommen er auch dem aktualen Seinsmodus gegenüber sein mag – aus dem Nichts stammen, d.h. keine Ursache haben. Dies aber ist unmöglich.

Hiermit haben wir nun die Beweismittel parat, die es uns ermöglichen sollen, die Existenz Gottes zu beweisen. Descartes tritt diesen Beweis aber nicht direkt an, sondern wählt eine Art Ausschlußverfahren. „Wenn" – so heißt es bei ihm – „die objektive Realität irgendeiner meiner Ideen so groß ist, daß ich sicher bin, daß sie weder in der gleichen noch in einer vollkommeneren Weise in mir ist und ich daher auch nicht selbst die Ursache dieser Idee sein kann, so folgt daraus notwendig, daß ich nicht allein in der Welt bin, sondern daß noch eine andere Sache, die die Ursache dieser Idee ist, existiert; wenn sich aber keine solche Idee in mir finden läßt, werde ich überhaupt kein Argument haben, welches mich der Existenz irgendeiner von mir verschiedenen Sache versichern könnte."[13] Um dies zu prüfen, führt Descartes alle seine Ideen auf drei Typen zurück, nämlich auf die Ideen, die ich von mir selbst, von den körperlichen Dingen und von Gott habe. Aus ihnen lassen sich alle anderen (z.B. die von anderen mir ähnlichen Menschen, von Engeln oder von Tieren) zusammensetzen.

Was die Idee von mir selbst und die daraus abgeleiteten Ideen betrifft, so können sich daraus keine Schwierigkeiten ergeben, weil ich sie ja gar nicht auf etwas außerhalb von mir beziehe. So gewinne ich aus meiner eigenen Natur z.B. die Ideen vom Bewußtsein oder Denken, von der Wahrheit, von einer Sache oder einem Ding. Denn aus der ersten, durch das Grundprinzip „Ich denke, also bin ich" ausgedrückten Grunderfahrung ergibt sich mir unmittelbar, was Wahrheit ist (nämlich das, was ich so klar und deutlich einsehe wie dieses Prinzip), was Bewußtsein oder Denken ist und, weil sich das Ich als denkendes Ding (*res cogitans*) oder denkende Substanz begreift, auch, was ein Ding oder eine Substanz ist. Hierbei handelt es sich um eingeborene Ideen, die aus der Idee von mir selbst hervorgehen, deren objektiver Gehalt oder objektive Realität aber auch nicht so groß ist, daß ich sie auf eine Sache außerhalb von mir zu beziehen brauche.

Bei den Ideen von körperlichen Dingen nun scheint der Sachverhalt zunächst anders zu liegen, weil wir sie auf Dinge außerhalb von uns (die sogenannten *res extra*) zu beziehen gewohnt sind, veranlaßt u.a. dadurch, daß sie sich ungewollt und ohne unser Zutun einstellen. Unter dem Gesichtspunkt der Verursachung ihres objektiven Realitätsgehalts stellt sich jedoch auch hier heraus, daß „nichts in ihnen vorkommt, das so groß ist [d.h. einen so großen Realitätsgrad besitzt], daß es nicht – wie es scheint – aus mir selbst hätte hervorgehen können".[14] Denn: „Von dem aber, was in den Ideen der körperlichen Dinge klar und deutlich ist, hat anscheinend einiges von der Idee meiner selbst entlehnt werden können, nämlich Substanz, Dauer, Zahl, und was sonst dieser Art sein mag; denn wenn ich denke, daß ein Stein eine Substanz ist, d.h., daß er eine Sache ist, die fähig ist, für sich zu existieren, und ebenso, daß ich eine Substanz bin, so mag ich zwar begreifen, daß ich ein denkendes (*res cogitans*) und nicht ausgedehntes Ding bin, der Stein jedoch ein ausgedehntes (*res extensa*) und nicht denkendes Ding, und daß daher ein sehr großer Unterschied zwischen beiden Begriffen besteht, trotzdem aber scheinen beide darin übereinzustimmen, daß sie Substanzen sind. Und ebenso, wenn ich erkenne, daß ich jetzt bin, und mich erinnere, eine Zeitlang gewesen zu sein, und wenn ich verschiedene Gedanken habe, deren Zahl ich erkenne, so erlange ich die Ideen der Dauer und der Zahl, die ich dann auf beliebige andere Dinge übertragen kann. Alles übrige aber, woraus sich die Ideen der körperlichen Dinge zusammensetzen, nämlich Ausdehnung, Figur, Lage und Bewegung, sind zwar in mir, da ich nichts anderes als ein denkendes Ding bin, in dieser gleichen Form nicht enthalten, aber, da sie nur gewisse Bestimmungen (*modi*) der Substanz sind, und ich eine Substanz bin, so können sie anscheinend in mir in vollkommenerer Form enthalten sein."[15] Der wesentliche Gesichtspunkt dieses Arguments besteht also darin, daß die Ideen der Körperattribute (wie Ausdehnung, Figur und Bewegung) als Bestimmungen oder Modi der Substanz weniger objektive Realität besitzen als die Idee der Substanz selbst, die objektive Realität der Idee der (in diesem Falle ausgedehnten) Substanz aber nicht größer ist als die aktuale Realität meiner selbst als existierender Substanz. Insofern müssen auch die körperlichen Dinge nicht auf etwas außerhalb von mir bezogen werden, sondern auch die objektive Realität ihrer Ideen kann durch mich als aktual existierende Substanz verursacht worden sein. Auch wenn die Ideen der körperlichen Dinge als sogenannte erworbene Ideen (*ideae adventitiae*) später für Descartes durchaus von den außerhalb von mir existierenden Dingen verursacht werden, so ist eine Verursachung durch mich selbst jedoch aufgrund des von Descartes formulierten Kausalprinzips nicht auszuschließen.

Wie verhält es sich nun mit der noch verbleibenden Idee Gottes? Descartes versteht sie als „unendliche, unabhängige, allwissende, allmächtige Substanz, von der ... ich selbst ... geschaffen worden bin".[16] Offensichtlich ist ihr Gehalt an objektiver Realität so groß, daß sie nicht aus mir selbst hervorgegangen sein kann. Daher – so heißt es lapidar – existiert Gott notwendig. Das bedeutet: Ein wirklich existierender Gott muß die Ursache dafür sein, daß ich diese Idee in mir habe.

Die Überlegung, die hinter dieser Argumentation steht, ist zum einen, daß die Idee von einem wirklich Unendlichen nicht von einem Endlichen verursacht sein kann. „Denn" – so Descartes – „obwohl zwar die Idee der Substanz in mir ist, weil ich selbst Substanz bin, so wäre dennoch deshalb nicht auch die Idee der unendlichen Substanz in mir, weil ich endlich bin, wenn sie nicht aus einer Substanz, die wirklich unendlich ist, hervorginge."[17] Zum anderen entsteht die Idee des Unendlichen nicht aus einer Negation des Endlichen, wie etwa Ruhe als Verneinung der Bewegung, vielmehr geht sie jedem Endlichen voraus. „Denn im Gegenteil erkenne ich offenbar, daß mehr an Realität in der unendlichen Substanz als in der endlichen ist, und daß daher gewissermaßen die Vorstellung des Unendlichen, d.h. Gottes, früher in mir ist als die des Endlichen, d.h. meiner selbst. Wodurch würde ich auch sonst erkennen, daß ich zweifele, daß ich etwas wünsche, d.h., daß mir etwas fehlt und ich nicht ganz vollkommen bin, wenn keine Idee eines vollkommeneren Seienden in mir wäre, im Vergleich zu dem ich meine Mängel erkenne?"[18] Schließlich läßt sich die Idee des Unendlichen auch nicht als gradweises Anwachsen oder indefinite Erweiterung des Endlichen, wie die potentielle Unendlichkeit der Zahlenreihe, verstehen, vielmehr ist Gott ein aktual Unendliches (*actu infinitum*), dessen Vollkommenheit sich nichts hinzufügen läßt.[19]

Dieser mit erheblichem Aufwand vorgetragene Beweis für die Existenz Gottes, der gegen Ende der 3. Meditation noch eine zusätzliche Variation erfährt, steht an zentraler Stelle in den ›Meditationen‹ und erweist damit seine besondere Funktion für die Begründung des Cartesischen Systems. Er ermöglicht es Descartes, die solipsistische Konsequenz, in die sein Ansatz (vom denkenden Ich aus) führen könnte, zu vermeiden. Erst der Gottesbeweis versetzt ihn in die Lage, den Bereich des Ichs zu verlassen und über das Ich hinaus die Existenz eines anderen Wesens für unbezweifelbar zu halten. Während in den *Summen* und *Disputationen* der Scholastik Gott den unbestrittenen Bezugspunkt bildet, der zwar auch seinen Beweis erfährt, aber seine beherrschende Stellung durch die Hinordnung alles Seins auf Gott erweist, bedeutet die Cartesische Philosophie eine Umorientierung oder Akzentverlagerung im Seinskosmos. Ausgangspunkt ist hier das denkende Ich, und erst über das Ich, über dessen Idee ist ein Gottesbeweis überhaupt möglich. Jedoch ist er dann – allerdings in sekundärer Funktion – auch notwendig, um das Ich aus seiner Isolierung zu befreien, woraufhin dann – über den nunmehr bewiesenen Gott – das Ich sich auch wieder der Außenwelt zu versichern vermag.

In der 5. Meditation hat Descartes seinen zweiten, den sogenannten ontologischen Gottesbeweis vorgetragen und ihn in den Zusammenhang einer neuen Erörterung ›über das Wesen der materiellen Dinge‹ (De essentia rerum materialium), wie es im Titel dieser Meditation heißt, gestellt. Dabei geht es noch nicht um die in der 6. Meditation erörterte Frage, ob materielle Dinge existieren, sondern um deren durch ihre primären Qualitäten (Größe, Figur, Lage, Bewegung) und mathematische Strukturen bestimmtes Wesen. Auf der Grundlage seines Wahrheitsprinzips, daß alles, was ich klar und deutlich erkenne, wahr ist, entwickelt hier Descartes folgenden Gedankengang. Offensichtlich haben wir Ideen in uns (wie z.B. die mathematische Idee des Dreiecks), die nicht von uns selbst ausgedacht sind, also keine selbstgemachten Ideen (*ideae a me ipso factae*) darstellen, aber doch – auch wenn sie vielleicht nicht auf Dinge außerhalb von uns zurückgehen – sich auf irgend etwas beziehen müssen, da ich sie klar und deutlich einsehe. Denn von ihnen lassen sich manche Eigenschaften (z.B. daß die Winkelsumme im Dreieck 180° beträgt) beweisen, an die ich bei meiner Vorstellung des Dreiecks zunächst gar nicht gedacht habe, die ich aber nun – „ich mag wollen oder nicht“, wie es heißt – erkenne. Sie beziehen sich, wie Descartes annimmt, auf eine unveränderliche, ewige Natur oder Wesenheit (*natura, sive essentia, sive forma, immutabilis et aeterna*). Das heißt, auch wenn sie nicht auf Dinge außerhalb von mir bezogen werden können (die Idee des Dreiecks existiert vielleicht nirgendwo außerhalb meines Bewußtseins), müssen sie sich doch auf etwas (nämlich auf diese unveränderliche Natur) als Sache beziehen lassen, da das, was wahr ist, auch etwas ist, und wahr sind sie, weil ich sie klar und deutlich einsehe. Der springende Punkt bei dieser Überlegung besteht also darin, daß aus einer meinem Denken entlehnten Idee einer Sache „folgt, daß alles das, was ich klar und deutlich als zu dieser Sache gehörig erfasse, auch tatsächlich zu ihr gehört".[20]

Von dieser Art ist offensichtlich auch die Idee Gottes als eines höchst vollkommenen Wesens (*ens summe perfectum*), die somit zumindest denselben Gewißheitsgrad wie die mathematischen Ideen besitzen muß. Genauso klar nämlich wie sich aus der Natur des Dreiecks ergibt, daß seine Winkelsumme 180° betragen muß, ergibt sich auch, daß es zur Natur eines höchst vollkommenen Wesens gehören muß, immer zu existieren. Das heißt, die Existenz läßt sich vom Wesen Gottes ebensowenig trennen wie vom Wesen des Dreiecks, daß seine Winkelsumme 180° beträgt, oder von der Vorstellung des Berges die des Tals. Infolgedessen muß Gott existieren.

Grundlage dieser Überlegung ist dabei die Voraussetzung, daß unter einer Vollkommenheit im oben (anläßlich des ersten Cartesischen Gottesbeweises) erörterten Sinn ein bestimmter Grad an Realität gemeint ist, unter der höchsten Vollkommenheit der höchste Realitätsgrad, und daß die Existenz offensichtlich den Grad an Realität einer Sache oder Idee steigert. Eine Sache, die existiert, besitzt mehr Realität, als wenn sie nicht existiert, und eine Idee, die ich mir als existierend vorstelle, besitzt einen höheren Realitätsgrad als eine Idee, die ich mir als nicht existierend denke. Das bedeutet aber, daß die Existenz, die gewöhnlich vom Wesen einer Sache unterschieden wird (zum Wesen des mathematischen Dreiecks gehört nicht die Existenz), im Falle Gottes als Wesenseigenschaft Gottes aufgefaßt wird.

Descartes macht sich selbst zwei Einwände gegen dieses verblüffend kurze Beweisargument. Der erste besteht in folgendem Hinweis: „Aber gesetzt auch, daß ich Gott nur als existierend denken kann, wie auch einen Berg nicht ohne Tal, so scheint doch sicher so wie daraus, daß ich den Berg zusammen mit dem Tal denke, nicht folgt, daß es überhaupt einen Berg in der Welt gibt, ebensowenig daraus, daß ich Gott als existierend denke, zu folgen, daß Gott existiert: Mein Denken legt nämlich den Dingen keine Notwendigkeit auf. Und ebenso wie ich mir ein geflügeltes Pferd vorstellen kann, auch wenn kein Pferd Flügel hat, so könnte ich vielleicht Gott die Existenz andichten, obwohl kein Gott existiert."

Seine Antwortet lautet folgendermaßen: „Nein, vielmehr liegt hier ein Trugschluß verborgen; denn daraus, daß ich den Berg nicht ohne Tal denken kann, folgt allerdings nicht, daß Berg und Tal irgendwo existieren, sondern nur, daß Berg und Tal, sie mögen existieren oder auch nicht existieren, voneinander nicht getrennt werden können. Dagegen folgt daraus, daß ich Gott nur als existierend denken kann, daß die Existenz von Gott untrennbar ist, und daher, daß er tatsächlich (*revera*) existiert; nicht weil mein Denken dies bewirkt, d.h. eine Notwendigkeit irgendeiner Sache auferlegt, sondern umgekehrt, weil die Notwendigkeit der Sache selbst, nämlich der Existenz Gottes, mich dazu bestimmt, dies zu denken: Denn es steht mir nicht frei, Gott ohne Existenz (d.h. ein höchst vollkommenes Wesen ohne höchste Vollkommenheit) zu denken, so wie es mir frei steht, mir ein Pferd mit Flügeln oder ohne Flügel vorzustellen."[21]

Die Notwendigkeit dieses Schlusses besteht dabei für Descartes nicht lediglich in der Notwendigkeit der Konsequenz, nämlich darin, daß aus der einmal vorgenommenen Setzung der Gottesidee auch die gesetzten Eigenschaften notwendig folgen müssen. Denn diese Art von Konsequenz liegt auch bei falschen Setzungen vor (wie etwa der, daß in einen Kreis alle quadratischen Figuren eingeschrieben werden können), führt aber dort zu dem falschen Resultat, daß auch Rhomben in einen Kreis eingeschrieben werden können. Vielmehr zwingt uns die angeborene Idee Gottes dazu, die Existenz mitzudenken, d.h., wann immer wir an Gott denken, können wir nicht vermeiden, mit ihm auch die Existenz mitzudenken. „Es ist also ein großer Unterschied zwischen falschen Setzungen dieser Art und den wahren, mir eingeborenen Ideen, deren erste und vorzüglichste die Idee Gottes ist: Denn auf vielerlei Weise sehe ich vollständig ein, daß sie nicht etwas bloß Eingebildetes (*fictitium*), von meinen Gedanken Abhängiges ist, sondern das Bild einer wahren und unveränderlichen Natur."[22]

Leibniz hat sich speziell mit diesem von Descartes wiederbelebten, ontologischen Gottesbeweis auseinandergesetzt und ihn in einem entscheidenden Punkt kritisiert. Der Schluß von der Idee Gottes auf deren Existenz ist zwar richtig, aber die zugrundeliegende Gottesidee selbst bedarf einer Überprüfung auf ihre Zulässigkeit oder – wie Leibniz sich ausdrückt – auf ihre Möglichkeit, d.h. Widerspruchsfreiheit. Denn das Wahrheitskriterium Descartes' (alles das, was man klar und deutlich erkenne, sei wahr), mit dem dieser sich der Ideen versichert, hält Leibniz – worauf wir schon im 2. Kapitel zu sprechen kamen – für ungenügend. Gleich in seiner ersten öffentlichen Stellungnahme zur Cartesischen Philosophie, die er in seiner kleinen in den ›Acta Eruditorum‹ 1684 veröffentlichten Schrift ›Meditationen über die Erkenntnis, die Wahrheit und die Ideen‹ vornahm, kommt er auf diesen Zusammenhang und den Gottesbeweis mit folgenden Worten zu sprechen: „Es kommt allerdings vor, daß wir oft fälschlicherweise Ideen in unserem Geist zu haben glauben, weil wir fälschlicherweise annehmen, wir hätten gewisse Termini, die wir benutzen, schon erklärt. Auch ist es nicht wahr oder unterliegt zumindest einer Zweideutigkeit, wenn einige behaupten, wir könnten nicht über eine Sache – wenn wir verstehen, was wir sagen – sprechen, ohne daß wir die Idee von dieser Sache besitzen. Denn oft verstehen wir zwar die einzelnen

Wörter wie auch immer, oder wir erinnern uns, sie früher einmal verstanden zu haben; da wir jedoch mit diesem blinden Denken zufrieden sind und die Auflösung der Begriffe nicht genügend betreiben, so geschieht es, daß uns ein Widerspruch verborgen bleibt, den vielleicht ein zusammengesetzter Begriff enthält. Zu einer genaueren Betrachtung dieser Dinge hat mich einst das längst schon bei den Scholastikern berühmte und von Descartes erneuerte Argument für die Existenz Gottes gebracht, das so verläuft: Was aus der Idee oder Definition eine Sache folgt, kann von ihr ausgesagt werden. Die Existenz folgt aus der Idee Gottes (d.h. des vollkommensten Wesens [*Ens perfectissimum*], größer als das man sich nichts denken kann [*quo majus cogitari non potest*]). (Das vollkommenste Wesen schließt nämlich alle Vollkommenheiten [*perfectiones*] ein, unter deren Zahl sich auch die Existenz befindet.) Folglich kann die Existenz von Gott ausgesagt werden. Man muß aber wissen, daß sich hieraus nur ergibt: Wenn Gott möglich ist, folgt hieraus, daß er existiert; denn wir können Definitionen nicht sicher zum Schließen verwenden, bevor wir wissen, daß sie Realdefinitionen sind oder daß sie keinen Widerspruch enthalten. Der Grund dafür ist, daß wir aus Begriffen, die einen Widerspruch enthalten, zugleich Entgegengesetztes schließen können, was absurd ist. Um dies zu erklären, pflege ich das Beispiel der schnellsten Bewegung, die etwas Absurdes impliziert, anzuführen. Denn nehmen wir an, ein Rad drehe sich mit der schnellsten Bewegung, wer sieht dann nicht, daß eine über die Peripherie hinaus verlängerte Radspeiche an ihrem Ende schneller bewegt sein wird als ein Nagel in der Peripherie des Rads? Dessen Bewegung ist also nicht die schnellste, entgegen der Annahme. Auf den ersten Blick könnte es jedenfalls scheinen, als hätten wir die Idee der schnellsten Bewegung, denn wir verstehen jedenfalls, was wir sagen, und dennoch haben wir durchaus keine Idee von unmöglichen Dingen. Ebenso genügt es nicht, daß wir das vollkommenste Wesen denken, um behaupten zu können, wir hätten seine Idee, und es muß in dem kurz zuvor angeführten Beweis die Möglichkeit des vollkommensten Wesens entweder nachgewiesen oder vorausgesetzt werden, damit wir richtig schließen. Indessen ist nichts wahrer als daß wir sowohl die Idee Gottes haben, wie auch, daß das vollkommenste Wesen möglich, ja sogar notwendig ist. Das Beweisargument ist jedoch nicht genügend schlüssig und auch schon vom Aquinaten zurückgewiesen worden.“[23]

Wie will nun Leibniz den Mangel des Cartesischen Beweises beheben? Der Anfang der ›Meditationen über die Erkenntnis, die Wahrheit und die Ideen‹ macht deutlich, wie sich Leibniz eine Lösung vorstellt. Die dort vorgenommene nach dem Erkenntnisgrad gestufte Klassifizierung der Ideen oder Erkenntnisse[24] zeigt, daß es Leibniz um eine möglichst vollständige Analyse der Ideen in ihre inhaltlichen Merkmale geht, aus der zugleich hervorgeht, daß sich nicht widersprüchliche Merkmale in die Idee oder Erkenntnis eingeschlichen haben. So habe ich nur eine dunkle, obskure Idee (*idea, cognitio obscura*) von einer Sache (z.B. von einer Blume), wenn ich die gemeinte Sache, wenn sie mir nochmals begegnet, nicht wiedererkennen und von anderen ähnlichen Dingen unterscheiden kann. Kann ich dies jedoch, so liegt eine zumindest klare Idee (*idea clara*) vor. Diese klare Idee ist aber so lange nur konfus (*idea confusa*), wie ich nicht die Unterscheidungsmerkmale auch angeben kann. Zum Beispiel haben wir solche bloß konfusen Ideen von den Farben, die wir voneinander unterscheiden können, ohne präzise Unterscheidungsmerkmale angeben zu können. Auch urteilt man über die Qualität eines Kunstwerks oft nur aufgrund einer konfusen Erkenntnis, weil man keine Gütekriterien angeben kann. Kann man hingegen die Unterscheidungsmerkmale aufzählen, so liegt eine deutliche oder distinkte Idee (*idea distincta*) vor, so etwa, wie sie der Münzprüfer vom Gold hat. Eine solche distinkte Erkenntnis ist aber gleichwohl nur inadäquat (*idea inadaequata*), insofern ich nicht auch die Unterscheidungsmerkmale selbst wiederum deutlich unterscheiden kann. Lassen sich jedoch auch von diesen Unterscheidungsmerkmalen wieder deren Unterscheidungsmerkmale angeben, was man durch eine begriffliche Analyse leisten kann, usw. bis zu den einfachsten, nicht weiter definierbaren Begriffen, so liegt eine vollständige oder adäquate Erkenntnis *(idea adaequata*) der Sache vor. Eine solche vollständige Idee versetzt uns nun in die Lage, festzustellen, ob die Idee auch widerspruchsfrei ist, nämlich dann, wenn sich ihre begrifflichen Bestandteile nicht widersprechen. Eine Definition, die das leistet, nennt Leibniz Realdefinition, weil sie uns der Realität oder Möglichkeit der Idee und der von ihr vorgestellten Sache versichert.

Wie sich Leibniz die Anwendung dieser Forderung des Nachweises der Möglichkeit oder Widerspruchsfreiheit unserer Ideen auf den ontologischen Gottesbeweis vorstellt, deutet ein Papier aus dem Jahre 1676 an, auch wenn hier die hierarchische Klassifikation der Ideen noch nicht voll entwickelt ist. Leibniz hat dieses mit dem Titel ›Daß ein vollkommenstes Wesen existiert‹ (Quod Ens perfectissimum existit) versehene Papier aus Anlaß eines Besuches bei Spinoza im November 1676 in Holland angefertigt und mit diesem darüber diskutiert. Leibniz geht hier aus vom Begriff der (theoretischen) Vollkommenheit (*perfectio*) im Sinne einer eine Realität ausdrückenden Eigenschaft, die er als einfache, positive und absolute, d.h. keine Begrenzung ausdrückende Qualität definiert. Eine solche einfache Qualität muß unauflösbar und undefinierbar sein; andernfalls wäre sie nämlich entweder keine einfache Qualität, sondern eine Ansammlung von mehreren, oder wenn sie eine wäre, würde sie durch negative Begrenzungen umschrieben werden müssen, entgegen der Annahme, sie sei positiv. Hieraus läßt sich nun leicht zeigen, daß alle Vollkommenheiten untereinander kompatibel sind, d.h. keine Widersprüche erzeugen und daher in einem Subjekt vorhanden sein können. Leibniz weist dies durch einen indirekten Beweis (eine *reductio ad absurdum*), d.h. die Widerlegung des entgegengesetzten Satzes „A und B sind inkompatibel" nach, wobei unter A und B beliebige Perfektionen zu verstehen sind. Damit ist der Nachweis der Möglichkeit des als Subjekt aller Vollkommenheiten (*subjectum omnium perfectionum*) verstandenen vollkommensten Wesens (*Ens perfectissmum*) erbracht und der Schluß auf die Existenz ergibt sich zwangsläufig in der folgenden Weise: Das Subjekt aller Vollkommenheiten oder das vollkommenste Wesen kann (widerspruchsfrei) erkannt werden. Da die Existenz zu den Vollkommenheiten gehört, ist offensichtlich, daß dieses vollkommenste Wesen auch existiert.[25]

Neben der Vervollständigung des ontologischen Gottesbeweises durch den Beweis der Möglichkeit Gottes, um die Leibniz zeit seines Lebens bemüht war, hat er auch den aposteriorischen Gottesbeweis wiederaufgegriffen. Während das Postulat der Möglichkeit im Sinne der Widerspruchsfreiheit vor allem auf das Widerspruchsprinzip (d.h. das Prinzip des verbotenen Widerspruchs) zurückgeht, eines der beiden großen Prinzipien der Leibnizschen Philosophie, geht der aposteriorische Gottesbeweis vom Prinzip des zureichenden Grundes aus, dem zweiten großen Prinzip seiner Philosophie, aufgrund dessen nichts ohne Grund oder Ursache geschieht. Es handelt sich um einen Typ des kosmologischen Gottesbeweises, der ähnlich wie die scholastischen Beweise aus den Existenzen dieser Welt auf einen ersten Grund oder eine erste Ursache rückschließt. 1714 – in demselben Jahr, in dem er auch seine ›Monadologie‹ schrieb – verfaßte Leibniz für den Prinzen Eugen von Savoyen (1663–1736), den berühmten in kaiserlichen Diensten stehenden Feldherrn, die kleine Schrift ›Vernunftprinzipien der Natur und der Gnade‹ (Principes de la Nature et de la Grace fondés en Raison), in der er seine metaphysischen Grundgedanken zusammenfassend darstellte. Hier entwickelt Leibniz diesen Gottesbeweis in folgender Weise:

„... jetzt wird es nötig, sich zur Metaphysik zu erheben, indem wir uns des großen, gewöhnlich wenig angewandten Prinzips bedienen, welches besagt, daß nichts ohne zureichenden Grund geschieht, d.h., daß nichts geschieht, ohne daß es für den, der die Dinge hinreichend kennen würde, möglich wäre, einen Grund anzugeben, der genügt, um zu bestimmen, warum es sich so verhält und nicht anders. Dieses Prinzip vorausgesetzt, wird die erste Frage sein, die man zu Recht stellen darf, warum es eher etwas als nichts gibt. Denn das Nichts ist einfacher und leichter als etwas. Weiter vorausgesetzt, daß Dinge existieren müssen, so muß man einen Grund angeben können, weshalb sie auf diese Weise existieren müssen, und nicht anders.

Nun läßt sich dieser zureichende Grund für die Existenz des Universums nicht in der Reihe der zufälligen (kontingenten) Dinge, d.h. der Körper und ihrer Vorstellungen in den Seelen, finden: Denn da die Materie als solche sich gegen Bewegung und Ruhe, wie auch einer bestimmten Bewegung gegenüber indifferent verhält, so kann man auch in ihr nicht den Grund für die Bewegung und noch weniger für eine bestimmte Bewegung finden. Und obwohl die gegenwärtige Bewegung, die in der Materie ist, aus einer vorhergehenden stammt, und diese wiederum aus einer vorhergehenden; so ist man dadurch nicht weiter vorangekommen, wie weit man auch zurückgehen mag: Denn immer erhebt sich dieselbe Frage. Also ist es notwendig, daß der zureichende Grund, der keines anderen Grundes bedarf, außerhalb der Reihe der zufälligen Dinge liegt und sich in einer Substanz befindet, welche die Ursache der Reihe und ein notwendiges Wesen ist, das den Grund seiner Existenz in sich selbst trägt. Andernfalls hätte man noch immer nicht einen zureichenden Grund, bei dem man stehenbleiben könnte. Und dieser letzte Grund der Dinge wird Gott genannt."[26]

Hinter den beiden Gottesbeweisen von Leibniz steht eine Gottesvorstellung, die Gott als rationalen Grund für die Welt in doppelter Hinsicht betrachtet. Zum einen ist die rationale Begründbarkeit der Welt, wie sie durch das Prinzip vom zureichenden Grund zum Ausdruck gebracht wird, nur dann gewährleistet, wenn die Reihe der Gründe schließlich Halt in einem letzten Grund, nämlich Gott, findet. Zum andern ist Gott auch der Garant dafür, daß die rationale Struktur der Welt, wie sie in den ewigen Wahrheiten der Logik, Mathematik und Metaphysik ihren Ausdruck findet, nicht eine bloß ideale, modale Struktur bleibt, sondern Realität durch ihre Fundamentierung in der Aktualität Gottes erhält. In diesem Sinne bezeichnet Leibniz Gottes Verstand als die Region der ewigen Wahrheiten und der Ideen, von denen diese abhängen.[27]

Wir wenden uns nun abschließend noch zwei Versuchen zu, eine Lösung der Frage nach Gottes Existenz zu erreichen, die ganz anders vorgehen als die klassischen Gottesbeweise. Es sind die heterogenen Bemühungen von Spinoza und Pascal, das Gottesproblem anzugehen. Sie stehen sich insofern konträr gegenüber, als sich Gott im Falle Spinozas sozusagen im Sein verflüchtigt, im Falle Pascals dem Menschen entzieht.

Andere Zugänge zu Gott

In der Idee Gottes, die Spinoza in seiner ›Ethik‹ entwickelt, geht die Vorstellung vom christlichen Schöpfergott, ja auch nur die Vorstellung von einem ursachelosen, ungeschaffenen Wesen, das der von ihm abhängigen und erschaffenen Welt als Verursacher gegenübersteht, verloren. Unter

Aufnahme neuplatonischer Momente hat Spinoza in besonders radikaler Weise in seiner ›Ethik‹ eine – in scholastischer Terminologie – univoke (eindeutige) Seinsauffassung vertreten, die daher auch zu einem Pantheismus führt, der zwischen Gott und Welt im Hinblick auf ihr Sein nicht mehr unterscheidet. Dieser Seinsmonismus geht von einer einzigen, allumfassenden, göttlichen Substanz aus, der als wesentliche Attribute sowohl Denken als auch Ausdehnung, die bei Descartes noch zu der Unterscheidung von zwei Substanzen führen, zugleich zugesprochen werden: Gott ist ein denkendes Ding (*Deus est res cogitans*), und Gott ist ein ausgedehntes Ding (*Deus est res extensa*), wie es in den ersten beiden Sätzen des 2. Teils heißt.[28] Neben diesen Aspekt, den das bekannte Diktum *Gott oder die Natur* (*Deus sive natura*) zum Ausdruck bringt, tritt die Auffassung, daß alles in Gott enthalten ist; alle Dinge, auch der Mensch, sind nur gewisse endliche Modifikationen dieser unendlichen Attribute Gottes. Hiernach wird das endliche Sein nur als Aspekt am unendlichen Sein oder als begrenzter Modus des unendlichen Seins bzw. seiner Attribute angesehen, was die scharfe Trennung zwischen Gott und Kreatur, endlichem und unendlichem Sein aufhebt.

Von hier aus wird auch die Existenzfrage Gottes nicht zu einer Frage nach dem Beweis Gottes als Weltschöpfer, sondern zu einer Frage, in welcher Weise sich die Existenz mit der göttlichen allumfassenden Substanz verbinden läßt bzw. inwiefern sich die Existenz aus dem Begriff der göttlichen Substanz unmittelbar ergibt. Wichtiger Schlüsselbegriff für die Entscheidung dieser Frage ist der von Spinoza zugrunde gelegte Begriff der Ursache seiner selbst (*causa sui*), der an der Spitze der Definitionen steht, mit der die ›Ethik‹ beginnt. Ihre Definition lautet: „Unter Ursache seiner selbst verstehe ich das, dessen Wesen (*essentia*) die Existenz (*existentia*) einschließt, oder das, dessen Natur nur als existierend begriffen werden kann."[29]

Spinoza geht von folgender Definition Gottes aus: „Unter Gott verstehe ich das absolut unendliche Seiende, d.h. die Substanz, die aus unendlichen Attributen besteht, von denen jedes ein ewiges und unendliches Wesen ausdrückt." Ihm zugeordnet werden die beiden Definitionen von „Substanz" und „Attribut": „Unter Substanz verstehe ich das, was in sich ist und durch sich begriffen wird, d.h. dessen Begriff nicht den Begriff eines anderen Dinges nötig hat, um daraus gebildet zu werden." „Unter Attribut verstehe ich das, was der Verstand an der Substanz erkennt als das, was gleichsam ihr Wesen konstituiert." Die Modi werden schließlich als die endlichen, begrenzten Affektionen oder Modifikationen der unendlichen, das Wesen der Substanz ausdrückenden Attribute definiert, nämlich so: „Unter Modus verstehe ich die Affektionen der Substanz oder das, was in einem anderen ist, durch das es auch begriffen wird."[30]

Den eigentlichen Existenzbeweis für die göttliche Substanz tritt Spinoza mit dem Satz 11 des 1. Teils an, der besagt: „Gott oder die Substanz, die aus unendlichen Attributen besteht, von denen jedes ein ewiges und unendliches Wesen ausdrückt, existiert notwendig.“[31] Er verläuft in zwei Schritten.

Zunächst wird in Satz 7 gezeigt, daß es zur Natur der Substanz gehört, zu existieren. Dies ergibt sich daraus, daß eine Substanz nicht von einer anderen Substanz hervorgebracht sein kann. (Zu diesem Zeitpunkt ist noch nicht gezeigt, daß es nur eine Substanz gibt.) Das könnte sie nämlich nur, wenn es zwei Substanzen mit gleichem Attribut gäbe, die also etwas gemein hätten. (Denn Dinge, die nichts miteinander gemein haben, können nicht auseinander erkannt werden und können daher auch nicht Ursache voneinander sein.) Dies (ein gleiches Attribut zu haben) ist aber unmöglich, weil die Substanzen dann ununterscheidbar wären, da nämlich jedes Attribut ihr Wesen ausdrückt. Daher – so schließt Spinoza unmittelbar – ist eine Substanz (gemäß Definition 1) also Ursache ihrer selbst und infolgedessen schließt ihr Wesen die Existenz ein.[32]

So spekulativ dieser Beweis auch ist, der hier nur angedeutet werden kann, zumal er den ganzen Apparat der vorangestellten Definitionen und Axiome sowie der vorher bewiesenen Sätze 1–6 voraussetzt, er beruht auf der Unterscheidung der beiden allein möglichen Seinsweisen, die das Axiom 1 zum Ausdruck bringt: „Alles, was ist, ist entweder in sich oder in einem anderen.“ Nur die Substanz ist aber in sich (zusammen mit den sie konstituierenden Attributen), nur die Modi sind in einem anderen, nämlich als Modifikationen in der Substanz. Da das, was in sich ist, nicht von einem anderen verursacht worden sein kann bzw. von keinem anderen abhängig ist, so bleibt – will man die Substanz nicht zu einer Fiktion machen – nur übrig, anzunehmen, daß sie ihre Existenz aus sich selbst hat und daß sie insofern Ursache ihrer selbst ist.

Der zweite Schritt besteht nun lediglich in einem einfachen formalen, indirekten Beweis unter Benutzung des gerade bewiesenen 7. Satzes. Nehmen wir an, Gott existiere nicht, so schließt sein Wesen seine Existenz nicht ein (aufgrund des 7. Axioms). Das ist aber nach Satz 7 falsch. Also existiert Gott notwendig.

Im Satz 14 des ersten Teils zeigt Spinoza schließlich, daß es überhaupt nur eine Substanz gibt, nämlich Gott: „Außer Gott kann es weder eine Substanz geben, noch kann eine begriffen werden.“[33] Da die einzige unendliche Substanz alles umfaßt oder in sich einschließt, gibt es eigentlich kein Außenverhältnis der Welt, der abhängigen Dinge zu dieser Substanz, vielmehr lassen sich alle Erscheinungen, alle Dinge als Innenverhältnisse in der Substanz deuten. Die unendliche Substanz ist sowohl *causa sui* (Ursache ihrer selbst) wie auch *causa efficiens* (Wirkursache) für die Dinge.[34]

Durch den Seinsmonismus Spinozas erscheint diese Behauptung aber gleichsam tautologisch, weil es ja gar nichts außerhalb der unendlichen Substanz gibt, also alles, was ist, alle Erscheinungen sich in ihr befinden, alle Prozesse in ihr ablaufen müssen. Damit kann es gar keine Ursache der Substanz außer ihr selbst geben. Und auch ein Grund für die Existenz kann gar nicht außerhalb der Substanz liegen. Aus ihrer Natur oder ihrem Wesen muß sich die Existenz selbst ergeben.

Ganz anders als die die scholastische Tradition fortsetzenden Versuche von Descartes und Leibniz, einen persönlichen Gott rational zu beweisen, aber auch als Spinozas Vorhaben, einen pantheistischen Zugang zum göttlichen Sein zu gewinnen, ist nun der Versuch Pascals zu werten, in seinen postum 1670 veröffentlichten ›Gedanken‹ (Pensées) den Beweis für die Existenz Gottes in die Form einer rationalen Wette zu kleiden. Für die ›Gedanken‹, die als apologetisches Werk des christlichen Glaubens konzipiert waren, muß der biographische Hintergrund Pascals berücksichtigt werden, der 1654 ein Bekehrungserlebnis hatte, das ihn von der rationalen Welt der Wissenschaft wegführte und sein Seelenheil allein im durch die Gnade vermittelten Glauben suchen ließ. Diese Bekehrung war mit einer Abwendung von der Wissenschaft und einer skeptischen Einstellung verbunden, die ihn an der Wahrheitsfindung durch die Wissenschaft zweifeln ließ. Damit verbunden war auch die Skepsis gegenüber Gottesbeweisen. Pascals Auffassung nach der Bekehrung war es vielmehr, daß man zu Gott nur durch den Glauben Zugang finde, wobei damit der besondere existentielle Zugang gemeint war, den der Mensch, ein Mittleres zwischen dem Nichts und der Unendlichkeit, zu Gott haben kann. Dabei erscheint der Glaube als Gabe Gottes, nicht als Leistung der Vernunft. „Der Glaube ist eine Gabe Gottes. Glaubt nicht, daß wir sagen, er sei eine Gabe der vernünftigen Überlegung“ (*raisonnement*).[35] Nicht mehr die Vernunft, sondern das Herz ist die letzte Instanz in Glaubensfragen. Die Logik des Herzens steht über der Logik der Vernunft. „Das Herz hat seine Gründe, die die Vernunft nicht kennt“ (*Le cœur a ses raisons, que la raison ne conna^t pas*).[36] Die Vernunft muß einsehen, daß sie Grenzen hat; der wahre Gebrauch der Vernunft muß dazu führen, daß schon im Bereich natürlicher Dinge, um so mehr im Bereich übernatürlicher Dinge, ihre Unzulänglichkeit durchschaut wird. „Der letzte Schritt der Vernunft ist, zu erkennen, daß es eine Unendlichkeit von Dingen gibt, die sie übersteigen. Sie ist nur schwach, wenn sie nicht bis zu dieser Erkenntnis vordringt. Wenn die natürlichen Dinge sie schon übersteigen, was soll man dann erst von den übernatürlichen sagen?“[37] Solche Überlegungen zeigen die Nähe des Pascalschen, dem Jansenismus nahestehenden Denkens zu Luther, dessen Vorstellung eines zwar in Christus offenbarten, aber zugleich majestätischen und verborgenen Gottes (*Deus absconditus*) den Menschen der göttlichen Gnade und Macht ausgeliefert sein und Gott der menschlichen Vernunft unzugänglich erscheinen läßt.

Abgesehen von der Hinnahme des Glaubens an Gott durch die Gnade, durch das Hören auf die Stimme des Herzens, gibt es für Pascal jedoch Plausibilitätsargumente für die Annahme des Glaubens. Auch sie sind rational, denn sie widersprechen der Vernunft nicht. Aber es ist ein anderer Zugang zu Gott, nicht über einen Existenzbeweis, sondern über einen Beweis für die Vernünftigkeit zu glauben. Dabei handelt es sich also nicht um die Glaubensinhalte, d. h. die Vernünftigkeit der einzelnen Glaubenssätze oder auch des auf eine bestimmte Weise konzipierten Gottesbegriffs, sondern nur um die Vernünftigkeit, den Glauben selbst anzunehmen, sich ihm nicht zu verschließen. Das berühmte unter der Bezeichnung „Pascals Wette“[38] bekannte Argument stellt eine solche rationale Plausibilitätserwägung dar, die uns zur Annahme des Glaubens führen soll.

Pascal bettet sein Wettargument zunächst in Erwägungen ein, die uns die Unerkennbarkeit Gottes und die Sinnlosigkeit eines Gottesbeweises verdeutlichen sollen. Er schreibt: „Wir erkennen, daß es ein Unendliches gibt, und wissen nichts von seiner Natur, so wie wir wissen, daß es falsch ist, daß die Zahlen endlich sind. Daher ist es wahr, daß es eine Unendlichkeit von Zahlen gibt, aber wir wissen nicht, was sie ist. Es ist falsch, daß sie gerade ist, es ist falsch, daß sie ungerade ist, denn durch die Hinzufügung der Einheit verändert sie ihre Natur nicht. Und doch ist es eine Zahl, und jede Zahl ist gerade oder ungerade. Es ist wahr, daß dies von jeder endlichen Zahl gilt. Ebenso kann man erkennen, daß es einen Gott gibt, ohne zu wissen, was er ist. ... Wir erkennen also die Existenz und die Natur des Endlichen, weil wir endlich und ausgedehnt sind wie dieses. Wir erkennen die Existenz des Unendlichen und wissen nichts von seiner Natur, weil es zwar Ausdehnung hat wie wir, aber nicht Grenzen wie wir. Aber wir erkennen weder die Existenz noch die Natur Gottes, weil er weder Ausdehnung noch Grenzen besitzt. Aber durch den Glauben erkennen wir seine Existenz, durch den Ruhm (*par la gloire*) werden wir seine Natur erkennen. Nun habe ich schon gezeigt, daß man sehr wohl die Existenz einer Sache erkennen kann, ohne ihre Natur zu erkennen.

Laßt uns jetzt gemäß dem natürlichen Licht (*selon les lumières naturelles*) sprechen: Wenn es einen Gott gibt, so ist er von unendlicher Unbegreiflichkeit, denn da er weder Teile noch Grenzen hat, so hat er keine Beziehung (*rapport*) zu uns. Wir sind daher unfähig zu erkennen, weder was er ist, noch ob er ist. Wenn sich dies so verhält, wer wird es dann wagen, diese Frage zu entscheiden? Auf keinen Fall wir, die wir keinerlei Beziehung zu ihm haben.

Wer wird also die Christen tadeln, daß sie keinen Grund für ihren Glauben (*créance*) [an Gott] angeben können, sie, die sich zu einer Religion bekennen, für die sie keinen Grund angeben können?“[39]

An dieser Stelle setzt nun die eigentliche Wette ein, die Pascal in ein fiktives Gespräch mit einem Kontrahenten kleidet. Dieser wendet ein: Mag man zwar entschuldigen, daß die Christen keine Rechenschaft für ihren Glauben ablegen können, so sind sie jedoch nicht in dem Punkt entschuldigt, daß sie den Glauben überhaupt angenommen haben. Bei der Beantwortung dieses Einwandes zieht sich nun Pascal nicht auf ein mystisches Bekenntnis zu seinem rational nicht zu rechtfertigenden Glauben zurück, sondern er versucht, Gründe für die Akzeptanz des Glaubens, d.h. für das Bekenntnis zum Glauben anzugeben, da eine Prüfung des Glaubens selbst durch die Vernunft ja ausgeschlossen ist. Diese rationale Lösungsstrategie beruht auf spieltheoretischen Wahrscheinlichkeitserwägungen, die sich auf ein Wettspiel beziehen, bei dem gewettet wird, daß Gott existiert oder nicht. Pascals Antwort auf den Einwand lautet daher so: „Prüfen wir also diesen Punkt. Und sagen wir: Gott ist, oder er ist nicht; welcher Seite aber werden wir uns nun zuneigen? Die Vernunft kann hier nichts entscheiden. Es ist eine unendliche Leere (*un chaos infini*), die uns trennt. Man spiele also ein Spiel am äußersten Ende dieser unendlichen Distanz, bei dem ‚Bild oder Zahl' (*croix ou pile*) [d.h. die Vorder- oder Rückseite einer hochgeworfenen Münze, wenn sie zu Boden fällt] herauskommen wird. Was werden Sie wetten? Mit der Vernunft können Sie sich weder für das eine noch für das andere entscheiden; mit der Vernunft können Sie keines von beiden ausschließen."[40] Es handelt sich also um ein Spiel mit gleichen Wettchancen, egal, wie man sich entscheidet, für „Bild" oder „Zahl", für „Gott ist" oder „Gott ist nicht". Nun kann man diesem Spiel auch nicht dadurch entgehen – wie der Kontrahent einwendet –, daß man gar nicht wettet, also sich gar nicht entscheidet. Denn es geht ja gerade um die Lösung der Frage, ob man sich zum Glauben an Gott entschließen soll oder nicht. Eine indifferente Haltung würde das Problem also höchstens gegenstandslos machen können. Pascal antwortet daher: „Aber man muß wetten. Dies ist nicht freiwillig, Sie sind bereits ins Spiel verwickelt (*vous êtes embarqués*)."[41]

Bei diesem Spiel geht es nun darum, für seine Spielentscheidung eine Beurteilung der Gewinn- und Verlustchancen vorzunehmen sowie Spieleinsatz und möglichen Spielgewinn gegeneinander aufzurechnen.

Was ist zunächst der Einsatz, was haben wir möglicherweise zu verlieren? Es ist das Wahre und das Gute (*le vrai et le bien*), insofern wir Vernunft oder Willen (*raison et volonté*) einsetzen, insofern es um unsere Erkenntnis oder unsere Glückseligkeit (*connaissance et béatitude*) geht. Für unsere Vernunft (*raison*) ist es gleichgültig, was man auch wählt, sie hat keinen Schaden davon. Im Falle unserer Glückseligkeit ist es jedoch anders. Hier macht es einen großen Unterschied aus, ob ich sie gewinne oder verliere.

Das Wesentlich des Arguments besteht darin, daß man bei diesem Spiel nur etwas Endliches (nämlich das Leben) einsetzt, aber etwas Unendliches (nämlich die unendliche Glückseligkeit) gewinnen kann, wobei die Chancen, zu gewinnen oder zu verlieren, gleich sind.

Es gibt nun in einem solchen Spiel nur zwei Möglichkeiten, entweder auf Gott zu setzen oder sich gegen Gott zu entscheiden. Ausdrücklich erwähnt Pascal nur die erste Möglichkeit mit folgenden Worten: „Wägen wir Gewinn und Verlust ab, indem wir uns für ‚Bild', daß Gott ist, entscheiden. Schätzen wir nun diese beiden Fälle: Wenn Sie gewinnen, gewinnen Sie alles; und wenn Sie verlieren, verlieren Sie nichts. Wetten Sie also, ohne zu zögern, daß er ist."[42] Gewinne ich nämlich, weil die Münze „Bild" zeigt, also Gott existiert, so gewinne ich die ewige Glückseligkeit. Verliere ich aber, weil die Münze „Zahl" zeigt, also Gott nicht existiert, so verliere ich nichts, auch nicht mein eingesetztes Leben (gemeint ist: weil es in diesem Fall keinen strafenden Gott gibt, der für mich die ewige Verdammnis anordnen würde).

Die zweite Möglichkeit würde darin bestehen, daß man sich gegen Gott entscheidet, d. h. auf „Zahl" setzt. Hier liegen die Verhältnisse genau umgekehrt. Wenn ich verliere, weil die Münze „Bild" zeigt, also Gott existiert, verliere ich alles, nämlich meinen Einsatz, d. h. mein Leben (durch die ewige Verdammnis), natürlich auch den potentiellen Gewinn der ewigen Glückseligkeit. Wenn ich aber gewinne, weil die Münze „Zahl" zeigt, also Gott nicht existiert, gewinne ich nichts (weil es keinen Gott gibt, der mich mit der ewigen Glückseligkeit belohnen könnte).

Aufgrund dieser Spielgegebenheiten oder Spielkonsequenzen ist es vernünftig, sich für die erste Möglichkeit zu entscheiden und auf Gott zu wetten. Denn bei Gewinn der Wette gewinnt man alles, und zwar unendlich viel, bei Verlust jedoch verliert man nichts. Entscheidet man sich hingegen für die zweite Möglichkeit und wettet nicht auf Gott, so verliert man im Verlustfalle alles, im Gewinnfalle jedoch gewinnt man nichts.

Pascal bekräftigt seine Behauptung, es sei allein vernünftig, auf die Existenz Gottes zu setzen, noch durch Zurückweisung zweier möglicher Einwände.

Erstens: Selbst wenn ich für mein Leben nur zwei Leben zu gewinnen hätte, würde es plausibel sein, auf Gott zu setzen, weil die Chancen auf Gewinn oder Verlust gleich stehen und ich im Verlustfalle nichts zu verlieren habe – um wieviel plausibler muß dies sein, wenn ein unendlicher Gewinn, wie in unserem Beispiel, möglicherweise erfolgt! Ja auch wenn die Gewinn- und Verlustchancen nicht gleich verteilt wären (ich z. B. nur eine Gewinnchance gegenüber endlich vielen Verlustchancen hätte), bliebe meine Entscheidung unter spieltheoretischen Gesichtspunkten rational begründet, weil ich ja unendlich viel zu gewinnen, aber nichts zu verlieren hätte.

Zweitens ist schließlich auch das Argument, daß man etwas Sicheres (sein Leben) gegen eine unsichere Gewinnchance aufs Spiel setzt, nicht stichhaltig, da in jedem Spiel überhaupt der sichere Einsatz gegen eine unsichere Gewinnchance auf dem Spiel steht, wobei im Normalfall ein endlicher Einsatz sogar nur gegen einen endlichen Gewinn steht, während es hier um einen unendlichen Gewinn geht. Die Unendlichkeit des Gewinns würde also in jedem Fall den Einsatz rechtfertigen, um so mehr, wenn – wie bei unserer Wette – die Gewinn- und Verlustchancen gleich verteilt sind.

Pascal schließt mit den Worten: „Und so ist unsere Behauptung [nämlich, daß man auf die Existenz Gottes wetten müsse] von unendlicher Kraft, wenn man in einem Spiel, in dem es gleiche Gewinn- und Verlustmöglichkeiten gibt, nur einen endlichen Einsatz zu wagen braucht und das Unendliche gewinnen kann.“[43]

Mit diesen rationalen, spieltheoretischen Erwägungen versucht Pascal die Vernünftigkeit der Entscheidung für den Glauben an Gott aufzuzeigen. Er ist sich zwar klar darüber, daß der Glaube auf diese Weise nicht erzwungen werden kann, aber es wird ein rational plausibles Argument für die Entscheidung für den Glauben geliefert. Dieses Argument besitzt für Pascal mehr Kraft als jeder Gottesbeweis. Der Glaube als innere Einstellung jedoch kann nur durch Einübung und praktische Lebensführung erworben werden. So heißt es abschließend: „Da die Vernunft Sie zum Glauben treibt und trotzdem Sie nicht glauben können, bemühen Sie sich also nicht, sich durch eine Verbesserung der Gottesbeweise zu überzeugen, sondern durch eine Verminderung der Leidenschaften.“[44]

Bei der Frage nach dem Sein, die von alters her mit der Frage nach Gott als Ursprung des Seins verbunden ist, geht das 17. Jahrhundert verschiedene Wege. Wir haben versucht aufzuzeigen, wie zum einen die traditionellen Bemühungen der Scholastik, auf der Grundlage der Seinsfrage Gottes Existenz zu beweisen, ihre Fortsetzung – aber mit neuen Akzentuierungen – in den Unternehmungen von Suárez, Descartes und Leibniz finden, die hier exemplarisch zur Sprache kamen. Zum anderen wiesen wir auf ganz andersartige Tendenzen hin – wie sie sich bei Spinoza und Pascal zeigen –, nämlich einerseits unter Vernachlässigung der Personalität Gottes die Seinsfrage wieder in den Vordergrund zu rücken (bei Spinoza), andererseits in Anbetracht der menschlichen Unzulänglichkeit und Gottesferne das Problem des Gottesbeweises auf das Problem der Gottesakzeptanz zu reduzieren (bei Pascal).

All dies sind noch weitgehend theoretische Fragen. Wie brennend aber die Gottesfrage wird, wenn man die persönliche Betroffenheit des Menschen im Weltgeschehen in Betracht zieht, soll das nächste Kapitel zeigen.

6. Prädestination – Freiheit – Theodizee

Die Gottesbeweise oder Zugänge zu Gott, die wir im letzten Kapitel behandelten, führten noch zu sehr abstrakten Gottesvorstellungen, die sich in solchen Bezeichnungen wie der vom unendlichen, vollkommensten, notwendigen Seienden artikulierten. Daher ist es nicht verwunderlich, daß sie auch bei Philosophen wie Spinoza, bei denen sich der Gottesbegriff pantheistisch verflüchtigt, Verwendung finden konnten. Nun steht aber im 17. Jahrhundert hinter solchen abstrakten Gottesbegriffen gleichwohl noch weitgehend das Bild eines persönlichen Gottes, wie es sich in der Vorstellung von Gott als Schöpfer des Universums und seiner Kreaturen zeigt und wie es sich in der Auffassung von Gott als letzter Wirkursache oder als letztem Grund der Dinge auch in den Gottesbeweisen schon andeutete. Dieses Bild vom Schöpfergott ist natürlich christlich geprägt und eingebettet in die christliche Glaubensdogmatik von der Schöpfungstat Gottes und dem Erlösungswerk Christi. Vor allem ist es Gottes besonderes Verhältnis zum Menschen als der ausgezeichneten Kreatur, welches das Gottesbild der Zeit und auch der meisten Philosophen bestimmt. Gott ist nicht nur im ontologischen Sinn Schöpfer des Seins, sondern auch vorausschauender Lenker der Dinge; der Mensch als Ebenbild Gottes untersteht der besonderen Fürsorge Gottes, der seine Gnade über ihn austeilt, der aber auch über seine Taten richtet. Allerdings läßt gerade bei den neuen Systemschöpfern das philosophische Interesse an diesen Aspekten nach.

Das auf das Jahrhundert der Glaubensspaltung folgende 17. Jahrhundert – durch den dreißigjährigen Glaubenskrieg zerrissen, aber auch um eine Reunion der christlichen Kirchen bemüht – steht noch mitten in der kontroverstheologischen Diskussion über die Glaubensdogmen, darunter auch der über Gottes Gnade und menschliche Verantwortung. Dabei sind nicht nur die Hauptströmungen, die sich seit der Reformation herausgebildet haben, präsent, sondern auch noch der geistesgeschichtliche Hintergrund, aus dem sie hervorgegangen sind. Wir müssen daher zunächst auf sie eingehen.

Die traditionellen und zeitgenössischen Gnadenlehren

Für die Beziehung zwischen göttlicher Fürsorge und menschlichem Heil spielt seit Augustinus (354–430) in der westlichen Kirche der Begriff der Gnade und Rechtfertigung durch Gott eine entscheidende Rolle. Augustinus' Stellungnahme zu diesem Problem erfolgte dabei sowohl in Auseinandersetzung mit dem Manichäismus wie mit dem Pelagianismus. Gegen den Manichäismus – eine auf den Babylonier Mani aus dem 3. Jahrhundert zurückgehende gnostisch-synkretistische (Elemente verschiedener religiöser Bewegungen mischende) Religion, der Augustinus selbst 9 Jahre lang angehörte –, der aufgrund seiner dualistischen Aufspaltung der Welt in das gute Reich des Lichts und das böse Reich der Finsternis, die sich vermischen und wieder trennen, dem Bösen eine substantielle Rolle im Weltgeschehen zuwies, betonte Augustinus zunächst stärker den freien Willen als Ursprung des Bösen. Später entwickelte er jedoch seine Vorstellung von der Gnade vor allem in Auseinandersetzung mit der innerkirchlichen Strömung des Pelagianismus, eine auf den Mönch Pelagius (gest. nach 418) zurückgehende Strömung, die die Erbsünde leugnete, der menschlichen Willensfreiheit und dem menschlichen Verdienst bei der Erlangung des Seelenheils große Bedeutung beimaß und die mit dem Konzil von Karthago 418 in der westlichen Kirche, auf dem Konzil von Ephesus 431 in der östlichen Kirche verboten wurde. Für Augustinus kann der Mensch nach dem Sündenfall das ewige Seelenheil ohne Beistand der göttlichen Gnade nicht erlangen. Diese Gnade tritt ihm zum einen als zuvorkommende Gnade (*gratia praeveniens*) entgegen, die seinen Willen zum richtigen Wollen bestimmt, zum andern als nachfolgende Gnade (*gratia subsequens*), die seinem Willen sein Tun als Verdienst anrechnet. Der menschliche Wille wirkt bei diesem Hervorbringen guter Werke zwar mit, aber er ist sowohl zu diesem Tun durch göttliche Gnade erweckt worden, wie er auch durch göttliche Gnade ewigen Lohn erhält. Mit dieser Gnadenlehre verbindet sich die Prädestinationslehre, aufgrund deren diejenigen, die im Guten verharren, von Gott, der alle Dinge voraussieht, auserwählt und gerettet werden. Auch wenn Augustinus vom freien Willen (*liberum arbitrium*) spricht, ist der menschliche freie Wille der durch göttliche Gnadeneinwirkung zum Guten befreite Wille.

Gegen die Augustinische Gnadenlehre wandten sich noch zu Augustins Lebzeiten die Mönche von Marseille, deren Lehre man später als Semipelagianismus bezeichnet hat. Hiernach kann sich der Mensch aus eigener Kraft Gott zuwenden – allerdings kann er im Guten nicht ohne göttlichen Beistand verharren –, und die Prädestination der Auserwählten geschieht aufgrund der von Gott vorausgesehenen künftigen guten Werke. Auch die semipelagianische Lehre wurde auf der Provinzialsynode von Orange 529 verworfen.

Ähnlich wie bei Augustinus wird auch bei Thomas von Aquin das menschliche Tun der göttlichen Gnade untergeordnet. Die Hinwendung zu Gott, zu gutem Tun ist vom Eingießen der göttlichen Gnade abhängig, so daß man nicht von einem voll eigenverdienstlichen Tun des Menschen sprechen kann. Innerhalb des Rahmens der einerseits wirkenden und andererseits bloß mitwirkenden Gnade Gottes aber bleibt dem Menschen eine gewisse Freiheit erhalten. Insofern unser Geist von Gott zum guten Tun bewegt wird, ist Gott der eigentlich Bewegende und Bewirkende und wirkt somit auf die Seele im Sinne der wirkenden Gnade (*gratia operans*) ein. Insofern unser Geist dabei aber nicht nur bewegt wird, sondern auch selbst etwas bewegt oder bewirkt, ist die göttliche Gnade bloß mitwirkend (*gratia cooperans*). Insoweit läßt sich dann auch von einer (wenn auch nur äußeren) Mitbeteiligung des Menschen am guten Tun sprechen.

In der spätscholastischen Franziskanerschule wird mit Duns Scotus und Ockham der Wille Gottes stärker betont. Dieser voluntaristische Akzent macht aus der Gnadengewährung eine Annahme und damit Rechtfertigung des (als frei handelnd verstandenen) Sünders durch Gott, dessen Akzeptation aber als freie Willensverfügung Gottes, also nicht als Belohnung der guten Tat, sondern als Sündenvergebung verstanden wird.

Bei den Reformatoren finden nun die Ablehnung der Eigengerechtigkeit und der Gedanke der bedingungslosen Gnade, die dem einzelnen nicht als Verdienst zugerechnet werden kann, eine weitere Akzentuierung.

Bei Luther wird der Gesichtspunkt der ungeschuldeten Gnade, wie er sich bei Augustinus und Thomas vorfindet, verstärkt durch die Aufnahme voluntaristischer (d.h. den Willen stärker betonender) Elemente der Gottesvorstellung aus der Ockhamschule. Gott ist völlig frei in der Verteilung seiner Gnade. Der Akzent liegt bei Luther auf der Rechtfertigung des Sünders im Glauben durch die Gnade allein, die ihm nicht als Lohn für gute Werke, sondern gerade als Sünder gewährt wird. Dabei findet eine ewige Gnadenwahl im Sinne der Prädestination statt, die den Menschen ohne Verdienst in ihrer Sündhaftigkeit gewährt wird. Verschärft wird diese Auffassung noch durch die Ablehnung der Willensfreiheit, wie sie Luther in seiner Schift ›Vom unfreien Willen‹ (De servo arbitrio) 1525 in stark polemischer Auseinandersetzung mit der Schrift ›Vom freien Willen‹ (De libero arbitrio) von Erasmus von Rotterdam aus dem Jahre 1524 entwickelte. Danach ist die Unfreiheit des menschlichen Willens in dessen Geschöpflichkeit begründet. Sie bedeutet aber gleichwohl für Luther keinen Determinismus, da der Mensch auch ohne freien Willen willentlich sündigen kann und insofern Verantwortung zu tragen hat.

Ebenso ist bei Calvin und Zwingli der Gedanke einer strengen Prädestination ausgesprochen, aufgrund deren vor Erschaffung der Welt eine Erwählung der Auserwählten stattfindet. Während Calvin damit aber Gott nicht zum Urheber der Sünde macht, weil der Mensch zwar aus Notwendigkeit, aber nicht unter Zwang sündigt, geht Zwingli sogar noch einen Schritt weiter und faßt Gott auch als Ursache der Sünde auf.

Die Reaktion der katholischen Kirche auf die reformatorisch-protestantische Bewegung ist das von 1545 bis 1563 tagende Konzil von Trient, das sogenannte Tridentinum. Hier versucht man gerade in der Rechtfertigungs- und Gnadenfrage einen Kompromiß zu schließen zwischen pelagianisierenden Anschauungen von der Beteiligung des Menschen am Erwerb der Gnade einerseits und der reformatorischen Auffassung von der Gnade als unverdient erhaltener Gabe, die den Willen der Prädestinierten nötigt. Die Gnade ist primär als zuvorkommende Gnade, mit der sich Gott dem Menschen mitteilt, der Verfügung des Menschen entzogen. Aber der Mensch, dessen freier Wille trotz der Erbsünde nicht aufgehoben ist, kann der zuvorkommenden Gnade frei zustimmen oder sie frei ablehnen. Insofern kann von einer Kooperation Gottes und des Menschen im Rechtfertigungsgeschehen gesprochen werden. Das auf Kompromiß bedachte Tridentinum hat allerdings das Verhältnis des göttlichen und menschlichen Zusammenwirkens nicht näher präzisiert. Dies führte in der nachtridentinischen Zeit zu dem sogenannten Gnadenstreit innerhalb der katholischen Kirche zwischen thomistisch eingestellten Dominikanern und Jesuiten, der von besonderer Bedeutung auch für die philosophische Bewältigung des Gnaden- und Freiheitsproblems im 17. Jahrhundert wurde. Ausgelöst wurde er durch die Kontroverse zwischen Domingo Báñez, Dominikaner und Theologieprofessor vor allem in Salamanca, und Luis de Molina, Jesuit und Professor der Theologie und Philosophie an verschiedenen Orten in Portugal (Coimbra, Evora) und Spanien (Cuenca, Madrid).

Domingo Báñez (1528–1604) veröffentlichte im Jahre 1584 in Salamanca den ersten Band seines Kommentars zur ›Summe der Theologie‹ seines Ordensbruders Thomas von Aquin. Insgesamt erschienen 4 Bände zu den ersten beiden Teilen der ›Summe‹. Der ausführliche Titel lautete: ›Scholastische Kommentare zum ersten Teil [der Summe der Theologie] des Doctor Angelicus D. Thomas, die bis zur 64. Frage reichen‹ (Scholastica Commentaria in primam partem angelici doctoris D[ivi] Thomae usque ad sexagesimam quartam quaestionem complectentia). Er entwickelte hier auf thomistischer Basis eine Gnadenlehre, die eine strenge Deutung der Prädestination, nach der der freie göttliche Wille über die Auserwählung entscheidet, mit der menschlichen Freiheit in Einklang zu bringen versuchte. Báñez geht von einem vollständigen Vorauswissen Gottes aus, das nicht nur das Weltgeschehen im allgemeinen, sondern auch die freien Handlungen des Menschen betrifft, und legt zwei Gnadenerweise Gottes für das menschliche Handeln zugrunde. Gott ermöglicht zunächst einmal durch den Erweis der sogenannten hinreichenden Gnade (*gratia sufficiens*) das freie menschliche Handeln. Damit kommt aber noch keine Handlung tatsächlich zustande. Die Realisierung oder Aktualisierung, d. h. wirkliche Durchführung einer Handlung kann erst dann erfolgen, wenn die wirksame Gnade (*gratia efficax*) Gottes hinzutritt. Diese wirksame Gnade bewirkt den Handlungsakt selbst, indem sie den menschlichen Willen durch eine – wie sich Báñez ausdrückt – physische Vorausbewegung oder physische Prädetermination (*praemotio physica, praedeterminatio physica*) prädeterminiert. Ohne diese aufgrund der wirksamen Gnade erfolgende physische Prädetermination des menschlichen Willens ist dieser gar nicht zu einem Akt fähig. Mit ihr wird er aber auch zugleich eindeutig festgelegt; d. h., der Wille kann sich nicht gegen die Prädetermination stellen. Durch diese (aus sich, von innen heraus) wirksame Gnade wird aber, so nimmt Báñez an, gleichwohl die menschliche Freiheit nicht aufgehoben, sondern mitgesetzt; d. h., die wirksame Gnade prädeterminiert den Akt zugleich als Akt einer freien und damit verantwortbaren Willensentscheidung des Menschen. Wie aber die unfehlbar wirksame Gnade des freien göttlichen Willens mit der freien Willensentscheidung des Menschen zusammen bestehen kann, bleibt für Báñez ein unerklärliches Geheimnis.

Gegen dieses, den protestantischen Vorstellungen von der Prädestination nahestehende System erhob nun Luis de Molina (1535–1600) Einspruch und verwarf die Auffassungen des Báñez als calvinistisch, während Báñez umgekehrt die Meinungen Molinas als pelagianisch ablehnte. In seinem vier Jahre später 1588 in Lissabon veröffentlichten Buch ›Übereinstimmung des freien Willens mit den Gaben der Gnade, mit dem göttlichen Vorauswissen, der Vorsehung, der Vorherbestimmung und Verdammung‹ (Concordia liberi arbitrii cum gratiae donis, divina praescientia, providentia, praedestinatione et reprobatione), das ebenfalls die Form eines partiellen Thomas-Kommentars hat, wollte Molina nämlich der menschlichen Freiheit einen größeren Spielraum geben bzw. die menschliche Willensfreiheit besser erklärbar machen. Infolgedessen geht Molina umgekehrt von der Existenz der menschlichen Willensfreiheit aus und versucht mit ihr die göttliche Prädestination in Einklang zu bringen. Es gibt zwar für Molina eine zuvorkommende Gnade Gottes (*gratia praeveniens*), aber des Menschen freier Willensentschluß sorgt dafür, ob sie zur wirksamen Gnade (und damit angenommen) oder bloß zur hinreichenden Gnade (und damit abgelehnt) wird. Der Mensch kann also der von Gott gewährten Gnade widerstehen. Und es gibt keine physische Prädetermination des menschlichen Willens im Sinne von Báñez. Wie läßt sich nun hiermit das göttliche Vorauswissen und die göttliche Prädestination vereinbaren? Molina führt zu diesem Zweck ein sogenanntes mittleres Wissen (*scientia media*) ein, aufgrund dessen Gott voraussieht, wie sich die Menschen unter bestimmten Umständen, auch wenn diese nie eintreten werden, frei entscheiden würden. Durch Gott werden nun zwar mit der Schöpfung bestimmte Umstände herbeigeführt, die wirklich eintreten, und dadurch liegt dann auch fest, wie sich der Mensch entscheiden wird. Aber die menschliche Entscheidung kann gleichwohl deshalb als frei gelten, weil sie in sozusagen hypothetischem Rahmen, d.h. im Rahmen des göttlichen mittleren Wissens über mögliche zukünftige Dinge – unbeeinflußt von einem göttlichen Gnadenerweis, der zur Tat nötigt, und insofern frei – erfolgt ist.

Der daraufhin zwischen Báñezianismus und Molinismus entbrannte sogenannte Gnadenstreit führte dazu, daß im Jahre 1598 vom Papst eine Kongregation zur Schlichtung der Kontroverse zusammengerufen wurde, die neun Jahre lang tagte und ohne Ergebnis zu Ende ging. Der Papst verzichtete auf eine Entscheidung. Weitere Veröffentlichungen über die Gnadenlehre wurden von der Approbation der Inquisition abhängig gemacht.

Es bleibt noch eine andere neue Richtung im Gnadenstreit zu erwähnen, die im Rahmen des Katholizismus des 17. Jahrhunderts entstand und ebenfalls gegen den Molinismus gerichtet war, zugleich aber eine gewisse Verwandtschaft zu protestantischen, calvinistischen Anschauungen aufwies, der Jansenismus. Diese Strömung ging auf den Bischof von Ypern, Cornelius Jansen (1585–1638), zurück, der in seinem postum 1640 veröffentlichten Buch ›Augustinus‹ versuchte, die Kirche im Sinne des Urchristentums zu erneuern (dabei sich auch gegen die Unfehlbarkeit des Papstes aussprach) und zur reinen Lehre des Augustinus (im Gegensatz zum Thomismus) zurückzukehren. In der Gnadenlehre war es sein Bemühen, sie von allem scholastischen Beiwerk zu befreien. Sachlich war sie vor allem gegen die Jesuiten gerichtet, denn für Jansen lag die Errettung der Menschen allein in der von Gott nach freiem Ermessen geschenkten Gnade. Der Jansenismus vertrat daher die Meinung, daß der sündhafte Mensch nicht der Vernunft und des Willens bedürfe, um das Seelenheil zu erlangen, sondern allein der göttlichen Gnade, auf die er nur in demütiger Zerknirschung zu warten habe. Im Sinne einer strikten Prädestinationslehre hängt die Gewährung dieser Gnade jedoch ganz von der Vorherbestimmung Gottes ab. Wem sie zuteil wird, der kann ihr nicht widerstehen. Aber nicht jedem wird sie gewährt, daher ist Christus nicht für alle, sondern nur für die Auserwählten gestorben.

All diese mit großem begrifflichem und terminologischem Aufwand entwickelten Gnadenlehren (die noch um eine Vielzahl von nur in Nuancen sich unterscheidenden Varianten erweitert werden könnte) sind im Bewußtsein des 17. Jahrhunderts noch lebendig und spiegeln sich in den theologischen und philosophischen Diskussionen wider. Als Beispiel mag hier Leibniz angeführt werden, der wie kein anderer versucht hat, das theologische Gedankengut des Christentums mit einem rationalen System der Philosophie zu verbinden. In einem hinterlassenen Manuskript aus der Zeit um 1670[1] macht er einen Versuch, die unübersichtlich gewordenen

Differenzierungen der verschiedenen Lehrmeinungen zum Gnadenproblem in einer Tabelle zu ordnen und unter systematischen Gesichtspunkten zu klassifizieren. Mit Hilfe der Begriffe der hinreichenden und wirksamen Gnade versucht er Kriterien zu entwickeln, um den Anteil der göttlichen Gnade und der menschlichen Freiheit an den Handlungen des Menschen zu bestimmen. Unter Gnade im allgemeinen versteht er dabei den außerordentlichen Beistand oder Beitrag Gottes zum guten Werk (*concursus Dei extraordinarius ad bonum opus*), d. h. seine Mitwirkung am guten Werk. Eine wirksame Gnade – im Sinne des Báñezianismus – liegt für ihn dann vor, wenn durch ihre absolute Setzung auch das Werk gesetzt wird, wenn also aus der Erteilung dieser Gnade das Werk, die Tat folgt. Die bloß hinreichende Gnade liegt dann vor, wenn aus ihrer Setzung nicht sofort das Werk folgt, es sei denn, man setze den Willen des Menschen voraus, d. h., wenn aus der Erteilung dieser Gnade das Werk nur unter zusätzlicher Annahme des menschlichen Willens folgt.

Legt man diese Definitionen zugrunde, so gelangt man zunächst zu zwei Extremfällen:

Es gibt gar keinen freien menschlichen Willen (*non datur Liberum Arbitrium*), weil jeder Gnadenerweis als Beitrag Gottes das Werk, sei es gut oder böse, vollständig determiniert (*omnis concursus Dei est determinativus, sive ad bonum, sive ad malum concurrat*). Diese Auffassung wird nach Leibniz' Meinung von den Stoikern und Manichäern vertreten. Der andere Extremfall ist: Es ist möglich, daß es keine Gnade gibt (*potest non dari Gratia*), weil es eine gute Tat ohne göttlichen außerordentlichen Beistand (sei es im determinierenden oder bloß mitwirkenden Sinn), also ohne irgendeine göttliche Gnade geben kann (*potest existere actus bonus sine concursu Dei extraordinario sive determinativo sive auxiliativo*). Diese Meinung vertreten für Leibniz die Pelagianer.

Zwischen diesen beiden Extremen sind nun die großen seit der Reformation unterschiedenen Konfessionen und Strömungen angesiedelt: Calvinisten, Jansenisten, Lutheraner, Thomisten bzw. Bánezianisten und Molinisten. Für die Jansenisten und die Calvinisten, die sich zu den Beschlüssen der Dordrechter Synode von 1618/19 bekennen (daher hier *Dordraceni* genannt), gibt es laut Leibniz keine hinreichende Gnade (die den menschlichen Beitrag zum Erwerb des Seelenheils durch ein gutes Werk ermöglichen soll), weil Gott durch seinen Gnadenbeitrag das gute Werk vollständig determiniert, jedoch nicht im negativen Fall das böse Werk. Insofern sind sie vom extremeren Manichäismus zu unterscheiden. Für die Molinisten (zu denen man laut Leibniz auch vielleicht die Semipelagianer – eine ja auch für die Molinisten gewählte polemische Bezeichnung – zählen könnte) ist es möglich, daß es eine wirksame Gnade gibt (d. h., die, wenn sie erteilt wird, auch das gute Werk zur Folge hat, nämlich deshalb, weil der menschliche Wille sie akzeptiert hat), d.h., es kann eine gute Tat ohne göttlichen determinierenden Beistand geben, nämlich, weil der göttliche Beistand nur mitwirkt und nicht allein ausschlaggebend ist. Damit setzt sie Leibniz vom extremeren Pelagianismus ab. Schließlich stehen in der Mitte die Thomisten (oder Báñezianisten) und die Lutheraner der Augsburger Konfession von 1530 (daher hier *Augustanenses* genannt), die sich ihr orthodoxes Bekenntnis mit der sogenannten Konkordienformel von 1577 schufen. Für sie muß es nach Leibniz' Meinung beides, hinreichende und wirksame Gnade geben, denn für sie determiniert der göttliche Beistand in einigen Fällen (aber nicht in allen: wie bei den Jansenisten) das gute Werk, in keinem Falle jedoch das böse Werk. Diese nicht ganz klare Bestimmung meint vermutlich, daß in einigen Fällen Gott das gute Tun vollständig prädeterminiert im Sinne der strengen Prädestination Luthers unter Ablehnung des freien Willens, andererseits aber auch der menschliche Wille (in den anderen Fällen) eine gewisse Freiheit (vielleicht im Sinne Melanchthons, der den freien Willen gegenüber Luther stärker betonte) und damit Mitwirkung an der guten Tat behält. Leibniz – der selbst Lutheraner war – bekennt sich hier im Alter von etwa 24 Jahren zu dieser Auffassung mit den Worten: „Mir scheint die Meinung der Thomisten [d.h. damit auch der Lutheraner] wahr und nützlich, die der Jansenisten falsch, die der Molinisten auch gefährlich zu sein." Seine spätere philosophische Stellungnahme in dieser Frage ist eher zwischen den beiden Positionen des Molinismus und des Thomismus oder Bánezianismus anzusetzen. Wir werden darauf weiter unten im Rahmen seiner Auseinandersetzung mit dem Molinismus eingehen.

Zeigt schon dieser Leibnizsche Versuch die Schwierigkeiten auf, eine Ordnung in die Vielheit und Variabilität der Meinungen über göttliche Gnade und menschliche Freiheit zu bringen, so stellt sich bei weniger religiös gebundenen Denkern eine gewisse Ermüdung ein, im Chaos der Meinungsvielfalt für jede geringfügigste Differenz Verständnis aufbringen zu müssen. So äußert sich beispielsweise Pierre Bayle in seinem ›Historischen und Kritischen Wörterbuch‹ von 1695–1697 zu der Gnaden- und Freiheitsfrage im Artikel zu *Jansenius* in folgender Weise: „Alle die, die etwas Durchblick besitzen, sehen klar, daß man beim Problem der Freiheit nur auf zweierlei Weise Partei ergreifen kann: Die eine ist, zu sagen, daß alle deutlichen Ursachen der Seele, die ihr beistehen (*concourir*), ihr die Kraft belassen, zu handeln oder nicht zu handeln; die andere ist, zu sagen, daß diese Ursachen sie in einer Weise zu handeln determinieren, daß sie sich nicht dagegen wehren kann. Die erste Partei ist die der Molinisten, die andere ist die der Thomisten und der Jansenisten und der Protestanten der Genfer Konfession [von 1537]. Hier haben Sie drei Sorten von Personen, die den Molinismus bekämpfen und die im Grunde in dieser Frage ein und dasselbe Dogma haben müssen. Jedoch haben die Thomisten Stein auf Bein behauptet, daß sie keine Jansenisten wären; und diese haben mit derselben Hitze behauptet, daß sie in der Frage der Freiheit keine Calvinisten wären. Es gibt keine Tricks oder schlecht begründeten Unterscheidungen, deren man sich nicht bedient hat, um diesen Anspruch zu unterstreichen, und dies alles, um die bösen Folgen zu vermeiden, die man voraussah, wenn man sich mit einer Übereinstimmung sei es mit den Jansenisten oder mit den Calvinisten einverstanden erklären würde. Auf der anderen Seite gibt es keinen Trugschluß, dessen sich die Molinisten nicht bedient haben, um zu zeigen, daß der heilige Augustinus nicht den Jansenismus gelehrt hat: d.h., man wagte nicht zuzugestehen, daß man sich im Gegensatz zu diesem großen Heiligen befindet. Auf diese Weise wollten die einen nicht zugestehen, daß sie sich in Übereinstimmung befinden mit Leuten, die als Häretiker gelten, und die anderen wollten nicht zugestehen, daß sie sich im Gegensatz befinden zu einem Doktor, dessen Auffassungen immer für orthodox (rechtgläubig) gegolten haben, und beide haben hundert Verrenkungen unternommen, die wie nichts anderes dem guten Glauben entgegengesetzt sind."[2]

Die Nüchternheit dieser Worte zeigt den Überdruß auf, den vor allem liberale, dogmatisch ungebundenere Geister wie Bayle gegen Ende des Jahrhunderts gegenüber den noch immer andauernden dogmatischen Streitigkeiten empfanden.

Gottes Allmacht, Allwissen, Allgüte

Nun steckt aber in diesen theologischen Kontroversen durchaus ein Kern philosophischer Probleme, der auch mehr oder weniger unabhängig von der speziellen theologisch-dogmatischen Perspektive formuliert werden kann. Dieser Frage, wie sich nämlich die theologischen Kontroversen in der philosophischen Diskussion niederschlagen, wollen wir uns nun widmen. Daß diese Abkoppelung vom theologischen Rahmen mehr oder weniger stark – je nach Denker – ausgeprägt ist, versteht sich. Insgesamt steht im Hintergrund immer noch ein theologisch vorgeprägter Gottesbegriff, der nunmehr aber – über den eigentlichen Existenzbeweis hinaus – im Hinblick auf seine philosophische Relevanz hin Berücksichtigung und Erörterung findet.

Es sind vor allem drei Eigenschaften Gottes, die für die Beurteilung der besonderen Beziehung Gottes zum Menschen von Bedeutung sind: Allwissenheit, Allmacht und Allgüte. Diese drei grundlegenden Atttribute Gottes führen jeweils zu besonderen philosophischen Problemen, die allerdings in enger Beziehung zueinander stehen.

Gott, der Allwissen oder Allwissenheit (*omniscientia*) besitzt, muß den Lauf der Dinge bis zum Ende der Tage im voraus wissen. Wie verhält es sich dann aber mit den zukünftigen Ereignissen? Weiß Gott, was sich morgen ereignen wird? Beantwortet man diese Frage mit „ja", so sind damit alle Geschehnisse im voraus festgelegt und alle bloß zufälligen oder kontingenten Ereignisse werden notwendig. Daß sie uns als zufällig erscheinen, liegt nur an unserem Mangel an Wissen. Dieses schon in der Antike von Aristoteles erörterte Problem wird in der Scholastik als das Problem der zufälligen künftigen Ereignisse (der sogenannten *futura contingentia*) abgehandelt und führt zu der Frage, ob es heute schon wahr ist, was sich morgen ereignen wird, z. B., daß eine bestimmte Person morgen eine Reise unternehmen wird. Eine im sicheren Vorauswissen Gottes sich artikulierende Notwendigkeit der Geschehnisse würde den christlichen Schöpfergott in die Nähe des stoischen Fatum rücken; der Mensch hätte die Unabänderlichkeit der Dinge nur noch hinzunehmen.

Betrachtet man zum zweiten Gott in seiner Allmacht (*omnipotentia*), der nicht nur alles im voraus weiß und bedenkt, sondern auch bestimmt, d. h. aufgrund seiner Macht festlegt und letzten Endes verursacht, so bleibt dem Menschen kein Entscheidungsspielraum mehr, und sein freier Wille (*liberum arbitrium*) ist aufgehoben bzw. eine bloße Fiktion. Gottes Macht würde im voraus alles festlegen und entzöge damit dem Menschen die Fähigkeit, durch freie Entscheidungen auf den Lauf der Dinge Einfluß zu nehmen und damit Verantwortung zu übernehmen. Gott selbst aber würde zu einem Despoten, der über den Menschen hinweg die Ereignisse bestimmt.

Schließlich führt die Charakterisierung Gottes als des Allgütigen oder als des höchst vollkommenen und guten Seienden bzw. höchsten Guts (*ens perfectissimum, ens summe perfectum, ens summe bonum; summum bonum*) auf die Frage nach dem (ungerechten) Übel in der Welt. Woher stammt es? Wenn man es Gott zurechnet, entzieht man ihm gerade das Prädikat des absolut Guten oder Vollkommenen. Wie kann man also Gott unter diesem Gesichtspunkt rechtfertigen?

Somit stellen sich im Ausgang von diesen drei Gott zugeschriebenen Eigenschaften drei grundsätzliche philosophische Probleme: das Determinismus-Problem (im Hinblick auf den Ablauf der Ereignisse), das Freiheitsproblem (im Hinblick auf die Verantwortung des Menschen) und das Theodizee-Problem (im Hinblick auf die Rechtfertigung Gottes). Diese drei Probleme sind natürlich keine isolierten Probleme, sondern stehen in einem inneren Zusammenhang und erhalten insbesondere durch die religiösen Hintergründe und theologischen Implikationen ihre eigentümliche Verknüpfung und Bedeutung.

Wir wenden uns zunächst den mit der Allwissenheit und Allmacht Gottes zusammenhängenden Problemen der Freiheit und Kontingenz zu und erörtern sie exemplarisch an zwei Philosophen, deren entscheidende Werke gegen Anfang und Ende unseres hier behandelten Zeitalters verfaßt worden sind. Es handelt sich um Luis de Molina und Gottfried Wilhelm Leibniz. Sie sind insbesondere deshalb interessant, weil sie zwei gegensätzliche und neuartige Lösungen anbieten (Molina gegenüber der kirchlich-scholastischen Tradition, Leibniz gegenüber seinen philosophischen Zeitgenossen), die aber beide noch im Rahmen der traditionellen christlich-theologischen Vorstellungen verbleiben. Beide sind bestrebt, sowohl die menschliche Freiheit und Verantwortung zu retten wie auch Gottes Vorauswissen und Vorausbestimmung anzuerkennen, aber versuchen das durch zwei verschiedene Freiheitsbegriffe zu erreichen, einen mehr voluntaristischen und einen mehr rationalistischen.

Im Anschluß daran erörtern wir das Problem der Gottesrechtfertigung, auf das die Charakterisierung Gottes als des Allgütigen führt. Hier wird wiederum Leibniz als Prototyp ausgewählt, weil er wie kein anderer seines Jahrhunderts die alte scholastisch-theologische Frage auf originelle Weise in sein modernes System der Philosophie einbezogen hat.

Willkürfreiheit und Prädestination

Molina geht in seinem Werk ›Übereinstimmung des freien Willens mit der Gnade‹ von einem voluntaristischen Freiheitsbegriff aus, aufgrund dessen sich der Mensch in einer alternativen Wahlsituation beliebig für die eine oder die andere Seite entscheiden kann, ohne festgelegt zu sein. Er unterscheidet hier zwei Freiheitsbegriffe: Auf der einen Seite wird Freiheit „dem Zwang entgegengesetzt, in welchem Falle man sagt, das, was freiwillig (*sponte*) geschieht – geschehe es nun mit natürlicher Notwendigkeit oder nicht –, geschehe frei". Diese Meinung weist Molina den Lutheranern zu. Auf der anderen Seite wird Freiheit „der Notwendigkeit entgegengesetzt, in welchem Fall das Handelnde (*agens*) frei genannt wird, welches, wenn alle Erfordernisse zum Handeln gegeben sind, handeln oder nicht handeln kann, oder in der Weise das eine tut, daß es auch das Gegenteil tun könnte ... Das freie Handelnde in diesem Sinne wird vom natürlichen Handelnden unterschieden, in dessen Macht es nicht steht, zu handeln oder nicht zu handeln, sondern welches, wenn alle Erfordernisse zum Handeln gegeben sind, notwendigerweise handelt, und in der Weise das eine tut, daß es nicht das Gegenteil bewirken könnte."[3] Diesen letzteren Begriff der Freiheit hält Molina für den wesentlichen, dem im weiteren Verlauf seine Untersuchung gilt. Es ist keine „Zufallsfreiheit", die hier gemeint ist, denn für Molina beruht ein solches freies Handeln auf einer vorausgehenden Entscheidung oder einem vorausgehenden Urteil der Vernunft (*praevium arbitrium, judiciumque rationis*), weswegen man von einer freien Willensentscheidung (*liberum arbitrium*) spricht. Aber es ist doch eine Freiheit, für die eine indifferente Entscheidungssituation insoweit angenommen wird, als eine Entscheidung in die eine oder andere Richtung gleichermaßen möglich ist. In der zeitgenössischen Diskussion wird diese Form der Freiheit daher auch die Freiheit der Indifferenz (*libertas indifferentiae*) genannt.

Molina versucht nun zu zeigen, daß es diese Willensfreiheit beim Menschen gibt. Zum einen verweist uns schon das natürliche Licht auf die innere Erfahrung, aufgrund deren jeder in sich verspürt, daß es in seiner Macht steht, zu stehen oder zu sitzen, dort oder dorthin zu gehen, eine Sünde zu begehen oder nicht.[4]

Zum anderen aber setzt er sich mit einem gewichtigen philosophischen Gegenargument gegen seinen Begriff der Freiheit als Indifferenz auseinander, das von Ockham stammt und das er vor allem in der 24. Disputation seines Werks mit dem Titel: ›Ob der Wille zu dem Zeitpunkt, in dem er etwas will, frei ist, jenes selbe zu wollen oder nicht zu wollen, und umgekehrt‹ (Utrum voluntas, in quo temporis puncto aliquid vult, libera sit ad illud idem volendum nolendumve, et e contrario) erörtert.[5] Ockham behauptete, daß der Wille (*voluntas*) zum Zeitpunkt des eigentlichen Willensentschlusses (*volitio*), d.h. des Handlungsbeginns oder des Umsetzens der Willensentscheidung in die Tat nicht mehr frei ist, diese oder die entgegengesetzte Handlung auszuführen, auch wenn der Wille zum unmittelbar vorhergehenden Zeitpunkt, bevor er sich zum Handeln entschloß, die Möglichkeit noch hatte, sich so oder so zu entscheiden. Denn man kann nicht zugleich (d.h. zum selben Zeitpunkt) wollen und nicht wollen.[6] Damit zerlegt Ockham den Entscheidungsprozeß sozusagen in zwei zeitlich aufeinanderfolgende Abschnitte, das eigentliche Erwägen darüber, was in der Zukunft zu tun ist, und die zukünftige Ausführung des eigentlichen Willensentschlusses. Unter Aufnahme eines Arguments von Duns Scotus weist Molina darauf hin, daß zu jedem Zeitpunkt der Wille dem Akt oder die Willenserwägung der Willensausführung (dem Umsetzen in die Tat) der Natur nach vorausgeht, d.h. auf eine natürliche Weise Priorität besitzt; so wie auch die Ursache sachlich (der Natur nach) immer der Wirkung vorhergeht. Wichtig ist hier der aus der Aristotelischen Philosophie stammende Begriff des „der Natur nach Früheren“ (*natura prius*). Gleichgültig nämlich wie es um die zeitliche Aufeinanderfolge bestellt ist, immer geht für Molina der Wille (*voluntas*) als Fähigkeit, zu wollen oder nicht zu wollen (*facultas ad volendum et non volendum*), dem eigentlichen Willensentschluß (*volitio*) oder Willensakt (*actus volitionis*), sich selbst zu einer bestimmten Handlung zu determinieren, der Natur nach vorher. Die

Fähigkeit, indifferent zu wollen oder nicht zu wollen oder sich jedes Tuns gänzlich zu enthalten, muß also bei jeder freien Willenshandlung sachlich (der Natur der Sache nach) vorausgesetzt werden, ohne daß damit ein Widerspruch entsteht. Erst wenn daraufhin (d.h. der Natur nach später) eine der drei Möglichkeiten ergriffen wird, also der Handelnde sich auf eine der drei Möglichkeiten festgelegt (determiniert) hat und damit die Überlegung in die Tat umgesetzt wird, besteht für ihn nicht mehr die Möglichkeit, sich anders zu determinieren, also sozusagen die Tat ungeschehen zu machen.[7]

Diese mit großer scholastischer Akribie durchgeführte Argumentation macht deutlich, daß Molina die Willensfreiheit als absolut offene oder indifferente Entscheidung über das Für und Wider in einer Handlungssituation versteht. Mit einem solchen Freiheitsbegriff läßt sich natürlich auf bequeme Weise auch die Zufälligkeit oder Kontingenz der Ereignisse, d.h. die Abhängigkeit des Eintretens gewisser Ereignisse von indifferent freien Willenshandlungen, erklären. Diese Aufgabe unternimmt Molina vor allem in der 45. Disputation, die ›vom Ursprung der Kontingenz‹ (De radice contingentiae)[8] handelt. Wie der freie Wille wird auch die Kontingenz von ihm in einem strengen Sinne interpretiert, nicht bloß als scheinbare Zufälligkeit, der aber durchaus eine innere strenge oder – wie Molina sich ausdrückt – fatale Notwendigkeit zugrunde liegt oder zugrunde liegen kann, sondern als indifferente Zufälligkeit, die jede Art von Notwendigkeit ausschließt, eine innere oder eine äußere, „die aus der Disposition der Ursachen hervorgeht".[9] Eine bestimmte zukünftige Verknüpfung der Dinge (*complexio aliqua futura*) heißt dann kontingent, wenn – unter Voraussetzung dieses Universums der Dinge, das wir kennen, und unter Zugrundelegung der Ursachen, so wie sie wirklich sind – es „indifferent ist, ob diese bestimmte Verknüpfung der Dinge eintritt oder nicht eintritt, aufgrund derselben Ursachen, aufgrund deren sie einzutreten pflegt".[10]

Diese strikt als Nicht-Notwendigkeit verstandene Kontingenz beruht nun einerseits auf dem freien Willensentschluß Gottes, von dem als erster Ursache (*prima causa*) die Schöpfung abhängt, andererseits vom freien Willen des Menschen, der als Zweitursache (*causa secunda*) für das Eintreten kontingenter Ereignisse sorgt. „Da" – so Molina – „nichts Erschaffenes notwendig im Vergleich zur ersten Ursache ist, ... sondern alles so von Gott bewirkt worden ist, daß es auch hätte nicht sein können, so besteht der Ursprung aller Kontingenz ... allein im freien göttlichen Willen. Deshalb ist aber Gott nicht als kontingente, sondern als freie Ursache zu bezeichnen, in Betracht von Wirkungen dieser Art, die nämlich frei von ihm hervorgebracht worden sind. Und keineswegs sind sie kontingente Wirkungen in dem Sinne, als ob sie durch Zufall (*casu ac fortuito*) aus dem Zusammenspiel zweier verschiedener Ursachen, ohne Absicht dieser beiden, hervorgebracht worden wären, sondern sie sind freie Wirkungen, insofern sie von ihrer Ursache dennoch sowohl bewirkt wie nicht bewirkt werden konnten und von derselben in Zukunft erhalten und nicht erhalten werden können, von denen mit höchstem Recht gesagt werden kann, daß sie kontingent gewesen sind und kontingent sein werden."[11] Damit wird für die Freiheit Gottes derselbe Begriff der indifferenten Entscheidungsfreiheit angesetzt wie auch für die menschliche Freiheit. Ob ein bestimmtes kontingentes Ereignis eintritt oder nicht, ist in das willkürliche Belieben Gottes gestellt.

Zusätzlich zum freien Willen Gottes als erster Ursache ist aber auch der freie Wille des Menschen als zweite, unmittelbare Ursache (*causa proxima*) für ein kontingentes Ereignis verantwortlich. „Schließt man den freien Willen der Menschen aus, ... wird nämlich – unter der Voraussetzung der Konstitution dieses Universums, das jetzt ist ... – die Kontingenz der zweiten Ursachen für die Wirkungen aufgehoben, und nun muß alles mit einer fatalen Notwendigkeit eintreten."[12] Die Ursachen kontingenter Ereignisse würden sonst nämlich mit den anderen Zweitursachen – gemeint sind z. B. physikalische Ursachen – gleichgesetzt, die mit Naturnotwendigkeit die Ereignisse determinieren. Mit anderen Worten: Hätte Gott als erste freie Ursache oder als freier Schöpfer der Welt nicht den Willen der Menschen als freien Willen erschaffen, so gäbe es keine kontingenten Ereignisse, sondern die Ereignisse würden einem physikalischen Determinismus folgen.

Mit diesem Begriff der indifferenten göttlichen und menschlichen Freiheit, aus der sich die Kontingenz der Ereignisse ableitet, stellt sich für Molina das Problem des göttlichen Vorauswissens der zukünftigen kontingenten Ereignisse und damit auch der Prädestination. Ist der göttliche Wille bis zum letzten Moment vor der Schöpfung indifferent frei, so kann Gott seine eigene geschaffene Welt nicht im voraus erkennen. Ist zudem jedes kontingente Ereignis von einem indifferenten Willensentschluß der freien Kreatur ursächlich abhängig, so kann Gott deren bis zum Willensentschluß indifferent-freie Entscheidung nicht im vorhinein wissen. Wie löst Molina dieses Dilemma zwischen der nach wie vor angenommenen göttlichen Allwissenheit und der menschlichen Entscheidungsfreiheit? Hier erhält nun die Einführung des sogenannten mittleren Wissens (*scientia media*), von der oben die Rede war, ihre besondere Bedeutung.

Molina unterscheidet zunächst einmal zwei Formen des göttlichen Wissens, das natürliche Wissen (*scientia naturalis*) vor der Schöpfung und das freie Wissen (*scientia libera*) nach der Schöpfung. Das natürliche Wissen bezieht sich also auf nur mögliche Dinge, das freie Wissen auf die wirklichen, geschaffenen Dinge. Mittels des natürlichen Wissens erkennt Gott (wie ein Künstler, bevor er sein Werk beginnt) z. B., daß er bestimmte

Kreaturen auf diese oder jene Weise, zu diesem oder jenem Zweck erschaffen kann. Es ist das Wissen, das sich auf alles bezieht, auf das sich die göttliche Macht erstreckt, sowohl auf die notwendigen wie auf die indifferent-kontingenten Verknüpfungen der Einzeldinge, aber noch im Zustande der puren Möglichkeit.[13] Dieses Wissen wird auch das Wissen der einfachen Erkenntnis (*scientia simplicis intelligentiae*)[14] genannt. Andererseits erkennt Gott aufgrund des freien Wissens (nach der Schöpfung), daß bestimmte Kreaturen zu der und der Zeit existieren werden bzw. welche von den kontingenten Zusammenhängen oder Verknüpfungen (*complexiones contingentes*) der Dinge wirklich existieren werden und welche nicht. Dieses Wissen bezieht sich nicht auf notwendige, sondern auf die kontingenten Ereignisse der Zukunft, die wirklich eintreten werden. Gott kann es demnach erst nach seinem freien, die Schöpfung begründenden Willensakt besitzen, der festsetzt, was existieren wird. Das freie Wissen selbst kann daher nicht die Ursache für die Existenz der Dinge sein, sondern es ergibt sich sozusagen bzw. folgt aus dem willkürlichen Willensentschluß Gottes, die Welt zu schaffen.[15] Dieses Wissen wird auch Wissen der Vision (*scientia visionis*)[16] genannt.

Zwischen diesen beiden Wissensformen gibt es nun noch eine dritte Art, das mittlere Wissen (*scientia*), so genannt, weil es zwischen dem bloß natürlichen und dem bloß freien Wissen steht. Dieses Wissen bezieht sich auf das, „was ein beliebiger freier Wille ... gemäß seiner ihm angeborenen Freiheit – wenn er in diese, jene oder unendlich viele andere Ordnungen der Dinge gestellt würde – tun würde, obwohl er dennoch, wenn er wollte, tatsächlich das Gegenteil tun könnte".[17] Sozusagen unter der fiktiven Annahme der Existenz einer bestimmten Welt oder Ordnung der Dinge sieht Gott, wie sich eine bestimmte Kreatur aufgrund ihres völlig freien Willens entscheiden würde. Es ist also gewissermaßen eine Existenzsimulation einer bestimmten (aber beliebigen) Seinsordnung (*ordo rerum et causarum*) mit bestimmten Gegebenheiten (*circumstantiae*), die Gott vor seiner Schöpfung vornimmt, aufgrund deren er jede zukünftige freie Willensentscheidung bzw. jedes zukünftige Ereignis – für eine beliebige solcher festgelegter Seinsordnungen – im voraus weiß. Im Gegensatz zum natürlichen Wissen, das sich allein auf den Bereich des Möglichen bezieht, bezieht sich das mittlere Wissen auf den Bereich des hypothetisch Wirklichen, so daß Molina sagen kann, Gott erkenne die zukünftigen kontingenten, auf freien Willensentschlüssen beruhenden Ereignisse „unter der Bedingung oder Voraussetzung, daß er diese oder jene Ordnung der Dinge mit diesen oder jenen Umständen erschafft".[18] Erschafft Gott nun die Welt, so ist damit ein Faktum gesetzt, das auf Gottes absolut freier, willkürlicher Entscheidung beruht und das ihn nunmehr erst in die Lage versetzt, die tatsächlich eintretenden zukünftigen kontingenten Ereignisse und freien Willenshandlungen der Kreaturen durch sein sogenanntes freies Wissen absolut (und nicht mehr bloß bedingt) vorauszusehen. Dieses Wissen folgt also erst seinem Schöpfungsdekret, kann insofern auch nicht die Ursache für die zukünftigen kontingenten Ereignisse sein. Es kann infolgedessen auch nicht die freien Willensentscheidungen der Kreaturen prädeterminieren, indem etwa der freie Wille der Kreaturen dadurch in eine bestimmte Richtung gelenkt oder determiniert (*inflectare et determinare ad unam aut alteram partem*) würde.

Von hier aus wird auch verständlich, warum Molina dieses Wissen mittleres (zwischen dem natürlichen und freien) Wissen nennt. Es geht – wie das natürliche Wissen – der Schöpfung voraus, hat aber speziell die freien Willensentscheidungen nicht als mögliche, sondern hypothetisch existierende zum Gegenstand. Und es bezieht sich wie das freie Wissen auf zukünftige kontingente Ereignisse, nur nicht absolut wie dieses, sondern hypothetisch (unter der fiktiven Annahme einer bestimmten existierenden Welt).

Mit dieser Konstruktion erreicht Molina nun zwar einerseits, daß es absolut freie (d.h. indifferent freie) Handlungen der Menschen gibt, für die diese auch die Verantwortung zu tragen haben und zur Rechenschaft gezogen werden können. Die Ursache für die Übel können allein dem Menschen zugerechnet werden.[19] Andererseits erreicht er ein göttliches, hypothetisches Vorauswissen der Willensentscheidungen der Menschen vor der Schöpfung. Es bleibt aber offen, wie dieses hypothetische Vorauswissen (das mittlere Wissen) mit der Schöpfung selbst zusammenhängt. Das nach der Schöpfung einsetzende absolute Vorauswissen der Willensentscheidungen der Menschen (das freie Wissen) kann, weil es nach der Schöpfung erfolgt, nicht mehr ursächlich auf die freien Willensentscheidungen Einfluß nehmen, diese also nicht prädeterminieren. Damit verschwindet aber der Gedanke einer rationalen Begründung für Gottes Schöpfungsakt, wie Molina auch ausdrücklich durch den Hinweis bestätigt, daß Gott vor der Determination seines Willens, d.h. vor seinem Willensentschluß, die Welt zu erschaffen, nicht erkennt, auf welche Seite sich sein Wille neigen wird (*in quam partem sit inflectenda*).[20]

Der Gedanke der Prädestination, d.h. Gottes Vorausbestimmung der Auserwählten, geht hier ebenfalls verloren. Denn wenn der göttliche Wille ursachelos die Welt erschafft, so läßt sich nicht sinnvoll das vorausgeschaute Verdienst der Menschen als Kriterium für ihre Auserwählung anführen. Wenn nun Molina gleichwohl eine Prädestination annimmt, so ist es auch hier wieder nur das mittlere Wissen, auf das Molina seine Argumentation stützen kann. Aufgrund dieses mittleren Wissens sieht Gott vor der Schöpfung, daß ein bestimmter Mensch unter der hypothetischen Annahme der Existenz einer bestimmten Welt aufgrund seiner freien (guten) Entscheidungen das ewige Leben erwerben würde.[21] Wie dieses Wissen aber eingeht in sein Schöpfungsdekret und die damit verbundene Prädestination, bleibt offen. Auch wenn jeder freie Willensakt nicht ohne Urteil zustande kommt – wie es einleitend hieß –, so läßt sich bei Molina jedoch nicht erkennen, worauf sich dieses Urteil beim freien göttlichen Schöpfungsdekret stützen könnte. Denn daß das mittlere Wissen über das hypothetisch gute Handeln des Menschen nicht doch den Grund oder die Ursache für Gottes Schöpfungsdekret und somit für die Prädestination abgibt, muß eigentlich ausgeschlossen werden, da sonst die Indifferenz von Gottes Entscheidung aufgehoben und damit doch eine Art Prädetermination zugelassen würde.

Rationale Freiheit und Prädestination

Leibniz' Werk durchzieht wie ein roter Faden die Beschäftigung mit den in diesem Kapitel erörterten Fragen. Schon in jungen Jahren, etwa um 1670/71 hat er in einer der wenigen auf deutsch verfaßten Schriften das Thema der Vereinbarkeit von Allmacht und Allwissenheit Gottes mit der Freiheit des Menschen zum Gegenstand seiner Untersuchung gemacht. In dieser kleinen, Fragment gebliebenen Schrift ohne Titel[22] formuliert Leibniz zu Beginn das Problem folgendermaßen: „Unter allen Fragen, so das Menschliche Geschlecht verwirret, ist keine mit mehrer hize getrieben, öffter wiederhohlet, gefährlicher und grausamer ausgeübet worden als diese Strittigkeit: wie mit der allmacht und allwißenheit des alles-regirenden Gottes der Freye wille des Menschen, Straffe und Belohnung, stehen könne."[23] Die kurze Zeit darauf, um die Jahreswende 1672/1673 geschriebene und von ihm mit ›Bekenntnis des Philosophen‹ (Confessio philosophi) betitelte Schrift, die in der Forschung gelegentlich als „erste Theodizee" bezeichnet wird, stellt eine relativ abgeschlossene, in die Form eines Dialogs gekleidete Behandlung derselben Problematik dar. Und gegen Ende seines Lebens hat er 1710 sein wohl berühmtestes Buch, die ›Theodizee‹ (genauer: die ›Versuche der Theodizee‹), veröffentlicht, in der er die Summe seiner Philosophie zusammengefaßt und unter das Thema der für ihn zentralen Fragen der ›Güte Gottes, der Freiheit des Menschen und des Ursprungs des Bösen‹ (Essais de Théodicée sur la Bonté de Dieu, la Liberté de l'Homme et l'Origine du Mal) – wie der vollständige Titel des Buchs lautet – gestellt hat. Dieses vieldiskutierte Werk spielte in der Aufklärungszeit des 18. Jahrhunderts – im Rahmen der Auseinandersetzung mit der damals an den deutschen Universitäten herrschenden Leibniz-Wolffschen Philosophie – eine bedeutende Rolle, bis hin zu Kants Versuch, mit seiner 1791 erschienenen Schrift ›Über das Mißlingen aller philosophischen Versuche in der Theodizee‹ die Problematik für beendet zu erklären. Die der Leibnizschen ›Theodizee‹ zugrundeliegenden Gedanken sind aus Gesprächen Leibniz' mit Sophie Charlotte – der damaligen Königin in Preußen und Tochter seines früheren, 1698 verstorbenen Landesherrn, Kurfürst Ernst August von Braunschweig-Lüneburg, und Schwester seines damaligen Landesherrn, Kurfürst Georg Ludwig – hervorgegangen, die er etwa seit der Wende zum 18. Jahrhundert geführt hat, wobei insbesondere die Auseinandersetzung mit Pierre Bayles 1695–1697 publiziertem ›Historischen und Kritischen Wörterbuch‹ eine Rolle spielte. Die Wortprägung „Theodizee" (im Sinne von „Rechtfertigung Gottes im Hinblick auf das Übel in der Welt") für ein altes Problem der Philosophie stammt von Leibniz selbst und wurde durch sein Buch gebräuchlich. Ihre Verwendung läßt sich erstmals in Briefen aus den Jahren 1696 und 1697 an Chauvin (8. Juni 1696)[24] und Magliabechi (30. September 1697)[25] nachweisen.

In seiner ›Theodizee‹ hat sich Leibniz explizit mit Molina auseinandergesetzt und dabei die wesentlichen Fundamente des Molinismus, nämlich den voluntaristischen Freiheitsbegriff, den damit zusammenhängenden indifferenten Kontingenzbegriff und das mittlere Wissen Gottes, kritisiert.

Leibniz' Kritik setzt beim Molinistischen Freiheitsbegriff an, der für ihn logisch unmöglich ist und auch keine Basis in der Erfahrung hat. So schreibt er im § 35 des 1. Teils der ›Theodizee‹: „Man muß sich jedoch nicht vorstellen, daß unsere Freiheit in einer Unbestimmtheit (*indétermination*) oder in einer Indifferenz des Gleichgewichts (*indifférence d'équilibre*) besteht, als ob man gleichermaßen auf die Seite des Ja oder Nein geneigt sein müßte oder auf die Seite verschiedener Parteien, wenn es mehrere zu ergreifen gibt. Dieses Gleichgewicht ist in jedem Sinn unmöglich: Denn wenn wir gleichermaßen zu den Parteien A, B und C hinneigten, könnten wir nicht gleichermaßen zur Seite von A und nicht-A [B und C sind nämlich nicht-A] hinneigen. Dieses Gleichgewicht ist auch absolut der Erfahrung entgegengesetzt, und wenn man sich prüfen wird, wird man finden, daß es immer eine Ursache oder einen Grund gegeben hat, der uns mehr zu der Partei, die man ergriffen hat, geneigt gemacht hat, obwohl man sich oft dessen, das uns bewegt, nicht bewußt ist; ganz so wie man sich kaum bewußt ist, wenn man aus einer Tür tritt, warum man den rechten Fuß vor den linken oder den linken vor den rechten gesetzt hat."[26] „Es gibt niemals" – so führt er in § 46 weiter aus – „die Indifferenz des Gleichgewichts, d.h., wo alles vollkommen gleich auf der einen wie der anderen Seite ist, ohne daß es eine Hinneigung zu einer Seite gäbe. Unendlich viele große und kleine, innere und äußere Bewegungen kommen in uns zusammen (*concourent avec nous*), deren man sich meistens nicht bewußt ist; und ich habe schon gesagt, daß, wenn man aus einem Zimmer hinausgeht, es solche Gründe gibt, die uns determinieren, gerade diesen Fuß voranzusetzen, ohne daß man überlegen würde. ... Alles, was wir gesagt haben, stimmt auch vollkommen mit den Maximen der Philosophen überein, die lehren, daß eine Ursache nicht tätig werden kann, ohne daß es eine Disposition zu dieser Tätigkeit gibt; und diese Disposition enthält eine Prädetermination, sei es, daß das Handelnde sie von außen erhalten hat oder daß es sie aufgrund seiner eigenen früheren Konstitution hat.“[27]

Eine analoge Kritik muß Leibniz nun an der Molinistischen Auffassung von der Kontingenz üben. Für Molina gelten als kontingent ja gerade solche Ereignisse, die nicht prädeterminiert sind, deren Eintreten zufällig ist, weil sie von nicht voraussagbaren, freien Willensentscheidungen des einzelnen abhängen. Leibniz löst dieses Problem durch eine Deutung der Kontingenz, die der Molinistischen Auffassung von der Kontingenz als indifferenter Unentschiedenheit bzw. Unbestimmtheit entgegengesetzt ist. Kontingente Ereignisse sind für ihn durchaus determiniert, damit werden sie aber nicht absolut notwendig. So heißt es in § 36: „Die Wahrheit der zukünftigen kontingenten Ereignisse (*futurs contingents*) ist determiniert, d.h., daß die zukünftigen kontingenten Ereignisse zukünftig sein werden, oder auch daß sie sein werden oder eintreten werden. Denn es ist genauso sicher, daß die Zukunft sein wird, wie es sicher ist, daß die Vergangenheit gewesen ist. Es war schon vor 100 Jahren wahr, daß ich heute schreiben würde, so wie es in 100 Jahren wahr sein wird, daß ich geschrieben habe.“ Eine solche Determination ist aber für Leibniz nicht unverträglich mit der Kontingenz und macht die zukünftigen kontingenten Ereignisse nicht in einem absoluten Sinn notwendig, d.h. hebt die freien Entscheidungen, auf denen sie beruhen, nicht auf. Ein göttliches Vorauswissen als solches, das nichts anderes als die Kenntnis von der Determination oder die Gewißheit über die Determination ist (also die Determination als solche nicht vergrößert, wie Leibniz sich ausdrückt), kann die zukünftigen kontingenten Ereignisse nicht notwendig machen. „Man sagt, was vorausgesehen wird, muß existieren (*ne peut pas manquer d'exister*), das ist durchaus richtig; aber daraus folgt nicht, daß es auch notwendig ist; denn die notwendige Wahrheit ist die, deren Gegenteil unmöglich ist oder einen Widerspruch einschließt. Nun ist aber diese Wahrheit, die besagt, daß ich morgen schreiben werde, durchaus nicht von dieser Natur, also ist sie auch nicht notwendig. Aber angenommen, daß Gott sie voraussieht, so ist es notwendig, daß sie eintritt, d.h., die Konsequenz ist notwendig, nämlich daß sie existiert, da sie vorausgesehen worden ist, denn Gott ist unfehlbar: Dies ist, was man eine hypothetische Notwendigkeit nennt. Aber um diese Notwendigkeit handelt es sich hier nicht. Vielmehr ist es eine absolute Notwendigkeit, die man fordert, um sagen zu können, daß eine Handlung notwendig ist, daß sie nicht kontingent ist, daß sie nicht die Wirkung einer freien Wahl ist.“[28]

Diese Worte beruhen auf ganz wesentlichen Gesichtspunkten und logisch-ontologischen Grundlagen der Leibnizschen Metaphysik. Zum einen steht hinter den Leibnizschen Überlegungen ein fundamentales, schon erwähntes Prinzip seiner Philosophie: das Prinzip vom zureichenden Grund (*principium rationis sufficientis*), das in der ›Theodizee‹ auch Prinzip des determinierenden Grundes (*principe de la raison déterminante*) genannt wird, welches – wie wir schon früher beim Gottesbeweis sahen – auch für die Rückführung von Wirkungen in der Erfahrung auf ihre Ursachen eine Rolle spielt. Für die hier angesprochenen kontingenten Ereignisse formuliert Leibniz es in der ›Theodizee‹ folgendermaßen: „Niemals ereignet sich etwas, ohne daß es eine Ursache oder wenigstens einen bestimmenden Grund gäbe, d.h. etwas, das dazu dienen könnte, einen Grund a priori anzugeben, warum dies eher existiert als nicht existiert und warum dies eher so, als auf eine andere Weise existiert.“[29] Demnach müssen auch kontingente Ereignisse ihre bestimmenden Gründe aufweisen. Aber offensichtlich handelt es sich hier um eine – so könnte man formulieren – schwache Form der Determination, welche das Ereignis trotz der Determination nicht absolut, sondern bloß hypothetisch notwendig macht, oder wie sich Leibniz zur Kennzeichnung dieses Unterschieds ausdrückt, die den Willen, auf den das kontingente Ereignis zurückgeht, bloß geneigt macht, aber nicht nötigt. Er schreibt: „Es gibt immer einen überwindenden Grund (*raison prévalante*), der den Willen zu seiner Wahl bringt, und es genügt, um die Freiheit zu bewahren, daß dieser Grund nur geneigt macht, ohne zu nötigen (*incline, sans nécessiter*).“[30] Wie läßt sich diese schwache Form der den Willen bloß geneigt machenden Determination begründen? Hier muß man sowohl einen logischen wie einen ontologischen Aspekt beachten.

Bei dem logischen Aspekt handelt es sich um die für die Leibnizsche Philosophie fundamentale Unterscheidung von notwendigen und kontingenten Wahrheiten, d.h. notwendig oder kontingent wahren Sätzen (*vérités nécessaires – contingentes, vérités de raison – vérités de fait; veritates necessariae – contingentes*). Die Aussage „Das Quadrat hat vier Seiten“ ist für Leibniz eine notwendige Aussage, d.h. eine Aussage, die in einem absoluten Sinne notwendig wahr ist, weil ihr Gegenteil („Das Quadrat hat nicht vier Seiten“) unmöglich oder widerspruchsvoll ist. Solche Wahrheiten ergeben sich aus der Natur abstrakter, logisch-mathematischer Begriffe. Demgegenüber ist die Aussage – ein im früheren, 1686–1690 geführten Briefwechsel mit dem Jansenisten Arnauld von Leibniz gern gewähltes Beispiel – „Cäsar überschritt den Rubikon“ für Leibniz nur eine kontingente Wahrheit, weil ihr Gegenteil „Cäsar überschritt nicht den Rubikon“ nicht widerspruchsvoll ist, also möglich gewesen wäre. Hier handelt es sich um ein kontingentes Ereignis, das auf einer freien Entscheidung (nämlich der von Cäsar) beruht, die aber auch anders hätte ausfallen können. Zwar war auch dieses Ereignis determiniert (beispielsweise durch die vorangehenden historischen Umstände, Cäsars Charakter etc.), aber es handelt sich nicht um eine Determination, die dieses Ereignis so absolut notwendig machte, daß das Gegenteil im Sinne einer logischen Unmöglichkeit ausgeschlossen gewesen wäre.

Solche kontingenten Wahrheiten sind – wie wir sahen – nun für Leibniz nur hypothetisch notwendig; notwendig, weil auch sie vollständig durch Ursachen determiniert sind; bloß hypothetisch, weil aufgrund der Voraussetzung, daß sie zu der Welt gehören, die Gott aufgrund seiner Voraussicht erschaffen hat, existieren. Hätte Gott eine andere Welt geschaffen, wäre die Geschichte möglicherweise anders verlaufen und Cäsar hätte den Rubikon nicht überquert. Damit sind wir beim ontologischen Aspekt, der für die Erklärung der (schwachen) Determination eine Rolle spielt. Kontingente Wahrheiten sind abhängig von dem göttlichen Schöpfungsdekret, aufgrund dessen diese Welt erschaffen worden ist. Dieses Schöpfungsdekret ist die Voraussetzung oder Hypothese, aufgrund deren die kontingenten Ereignisse nur hypothetisch notwendig heißen (nämlich notwendig unter der Voraussetzung der Erschaffung dieser Welt). Der hier angesprochene zweite Aspekt betrifft also das Verhältnis zwischen Gott und seiner Schöpfung, der Welt. Leibniz stellt sich den Schöpfungsvorgang so vor, daß Gott unendlich viele Möglichkeiten zur Verfügung stehen, eine Welt zu erschaffen. Dies sind die berühmten unendlich vielen möglichen Welten der Leibnizschen Philosophie, bei denen es sich sozusagen um Weltalternativen oder verschiedene Weltmodelle handelt, die Gott vor der Schöpfung in seinem Verstand erwägt und aus denen er eine (die beste) auswählt. Der Verstand Gottes, den wir schon im letzten Kapitel als die Region der ewigen Wahrheiten der Mathematik und Logik kennenlernten, ist auch Region für die kontingenten Ereignisse, die in den verschiedenen möglichen Welten auftreten könnten und die hier als bloß mögliche oder bedingt zukünftige (*futurs conditionnels*) Ereignisse noch vor der Schöpfung, die einigen davon zur Existenz verhelfen wird, erwogen werden. Mit dieser Unterscheidung von bloß möglichen Welten in Gottes Verstand und der wirklichen Welt, die Gott erschaffen hat, hat Leibniz über das logische Kriterium der Widerspruchsfreiheit hinaus ein Mittel zur Verfügung, die Kontingenz auch in ontologischer Hinsicht zu verdeutlichen. Kontingent sind die auf freie Willensentscheidungen zurückgehenden Ereignisse deshalb, weil ihr Gegenteil wahr würde, wenn Gott eine andere mögliche Welt erschaffen hätte.

Aus diesen Erwägungen ergibt sich nun auch, warum Leibniz die Einführung eines mittleren Wissen, der sogenannten *scientia media*, durch Molina für unnötig und irreführend hält. Für Leibniz reicht es aus, daß Gott in seinem Verstand alle Möglichkeiten, alle möglichen Welten überblickt und aus ihnen aufgrund dieses Wissens sich zur Erschaffung einer

Welt entschließt. Sein Wissen ist also Grund für die Erschaffung gerade dieser Welt (der besten der möglichen Welten). Zu Molina heißt es: „Er berücksichtigt drei Objekte des göttlichen Wissens, die Möglichkeiten (*les possibles*), die wirklichen Ereignisse (*les événements actuels*) und die bedingten Ereignisse (*les événements conditionnels*), die sich infolge einer bestimmten Bedingung ereignen würden, wenn diese verwirklicht würde. Die Wissenschaft der Möglichkeiten ist die der einfachen Erkenntnis (*la science de simple intelligence*), die der Ereignisse, die wirklich im Verlauf des Universums eintreten, wird die Wissenschaft von der Vision (*science de la vision*) genannt. Und wie es eine Art Mitte zwischen dem einfachen Möglichen und dem reinen und absoluten Ereignis gibt, nämlich das bedingte [d.h. unter einer Bedingung stehende] Ereignis, so wird man gemäß Molina sagen können, daß es auch ein mittleres Wissen (*science moyenne*) zwischen dem Wissen der Vision und der [einfachen] Erkenntnis gibt."[31] Der Haupteinwand gegen dieses mittlere Wissen besteht aber in Folgendem: „Ein einfacher kontingenter und freier Akt hat in sich nichts, was ein Prinzip der Gewißheit liefern könnte, wenn nicht dies, daß man ihn als prädeterminiert durch die Dekrete Gottes betrachtet und durch die Ursachen, die davon abhängen. Daher wird man die Schwierigkeit, die man in den wirklichen freien Aktionen [dieser Welt] findet, auch in den bedingten [d.h. an eine Bedingung gebundenen] freien Aktionen finden, d.h., Gott wird sie unter der Bedingung ihrer Ursachen und seiner Dekrete kennen, die die ersten Ursachen der Dinge sind. Man wird sie [d.h. die Ursachen und göttlichen Dekrete] also nicht davon [d.h. von den bedingten, freien Aktionen] trennen können, um ein kontingentes Ereignis auf eine Weise zu erkennen, die unabhängig von der Erkenntnis der Ursachen wäre. Daher wird es nötig sein, alles auf die Prädetermination der Dekrete Gottes zurückzuführen, und daher wird dieses mittlere Wissen (wird man sagen) hier nichts helfen."[32]

Mit dieser Prädetermination auch der freien, kontingenten Ereignisse stellt sich Leibniz also eindeutig gegen den Molinistischen Freiheitsbegriff. Aber er setzt sich gleichzeitig auch vom Bañezianismus und dessen physischer Vorausbewegung oder Prädetermination, die wir oben erläuterten, ab, worauf die folgende Bemerkung verweist: „Auf diese Weise hat man nicht nötig, mit einigen neueren Thomisten auf eine neue Prädetermination unmittelbar von Gott zu rekurrieren, die das Geschöpf frei von seiner Indifferenz macht, und auf ein Dekret Gottes, um es zu prädeterminieren, welches Gott ein Mittel gibt, zu erkennen, was es machen wird: denn es genügt, daß das Geschöpf durch seinen vorhergehenden Zustand prädeterminiert ist, der es zu einer Seite mehr als zur anderen Seite geneigt macht; und alle Verbindungen der Aktionen des Geschöpfs und aller Geschöpfe würden im göttlichen Verstand repräsentiert sein und von Gott durch das

Wissen der einfachen Erkenntnis erkannt werden, bevor er entschieden hätte, ihnen Existenz zu verleihen. Was zeigt, daß man sowohl das mittlere Wissen der Molinisten wie auch die Prädetermination, die ein Báñez oder auch ein Álvarez (im übrigen sehr tiefsinnige Autoren) gelehrt haben, unberücksichtigt lassen kann.“[33]

Leibniz entwickelt somit einen Freiheitsbegriff, der im Gegensatz zur Willkürfreiheit von Molina auf der Determination des Willens durch rationale Gründe beruht. Und entsprechend setzt sein Begriff der Kontingenz als Nicht-Notwendigkeit im Gegensatz zu Molina nicht die willkürlich-beliebigen Entscheidungen der Geschöpfe (auch nicht die Gottes) zu ihrer Begründung voraus, sondern nur das Wählen-Können zwischen mehr oder weniger inklinierenden Gründen. Schließlich sind es Gründe, die das Geschöpf aus sich heraus spontan entwickelt. Das Geschöpf ist sozusagen innenbestimmt. Obwohl diese Gründe letzten Endes auf die göttlichen Dekrete zurückgehen, bleiben sie doch Entscheidungsgründe der Geschöpfe und bedürfen zu ihrer Aktualisierung auch keiner besonderen physischen Prädetermination oder Vorausbewegung durch Gott wie bei Báñez. In § 288 faßt Leibniz diese drei wesentlichen Momente seines Freiheitsbegriffs so zusammen: „Wir haben gezeigt, daß die Freiheit ... in der *Einsicht* (*intelligence*), die eine deutliche Erkenntnis (*connaissance*) des Gegenstandes der Erkenntnis einschließt, in der *Spontaneität* (*spontanéité*), mit der wir uns selbst determinieren, und in der *Kontingenz* (*contingence*), d. h. in dem Ausschluß der logischen und metaphysischen Notwendigkeit, besteht. Die Einsicht ist wie die Seele der Freiheit, und das übrige ist gleichsam ihr Körper oder ihre Grundlage. Die freie Substanz bestimmt sich durch sich selbst, und dies gemäß dem Motiv des vom Verstand erkannten Guten, welches sie nur geneigt macht, ohne sie zu nötigen: und alle Bedingungen der Freiheit sind in diesen wenigen Worten enthalten.“[34]

Zwar besitzen wir nicht immer eine distinkte oder deutliche Erkenntnis über die Sache, die zu entscheiden ist, sondern manchmal nur eine konfuse oder verworrene, nämlich dann, wenn wir unseren Sinnen und Leidenschaften zu sehr ausgesetzt sind, insofern entscheiden wir uns nicht immer für das Richtige oder Gute. Aber dann besitzen wir immer noch die Freiheit eines (gewissermaßen durch die Leidenschaften gezwungenen) Sklaven. „Denn der schlechte Zustand, in dem sich der Sklave befindet, und der, in dem wir uns befinden, verhindern nicht, daß wir (genauso wie der Sklave) eine freie Wahl (*un choix libre*) treffen können über das, was uns mehr gefällt, in dem Zustand, auf den wir reduziert sind, gemäß unseren gegenwärtigen Kräften und Erkenntnissen.“[35] Was die Spontaneität angeht, so scheinen wir ebenfalls oft durch äußere Eindrücke stärker bestimmt zu werden, so daß zumindest ein Teil unserer Handlungsmotive nicht in uns selbst liegt. Aber diese äußeren Anstöße oder Motive haben im strengen Sinn keinen physischen Einfluß auf uns, so daß im eigentlichen Sinn unsere Handlung immer spontan, d. h. aus uns selbst heraus erfolgt, im Sinne der Aristotelischen Definition der Spontaneität, die Leibniz hier aufgreift: „Spontan ist [d. h. handelt] das, dessen Prinzip im Handelnden [selbst] liegt."[36] Schließlich scheint zwar auch die Kontingenz durch jede Art von Determination aufgehoben zu werden. Aber nur die absolute Notwendigkeit hebt – wie schon betont – die Kontingenz auf, nicht jede Art von Gewißheit und Determination etwa im Sinne der erwähnten bloß hypothetischen Notwendigkeit. Darüber hinaus würde eine absolut determinationslose, indifferente Kontingenz zu der Absurdität führen, daß eine kontingente Willensentscheidung (und damit eine Determination) aus dem Nichts entstünde. In diesem Sinne heißt es in der ›Theodizee‹: „Zu wollen, daß eine Determination aus einer vollständigen und absolut indeterminierten Indifferenz entsteht, heißt zu wollen, daß sie auf natürliche Weise aus dem Nichts entsteht."[37]

Mit einem solchen Erklärungsmodell glaubt Leibniz die Schwierigkeiten des Freiheitsdilemmas beseitigt zu haben, so daß dem Menschen trotz der göttlichen Voraussicht, Prädetermination und Prädestination die Verantwortung für sein Tun in der Welt zugerechnet werden kann. Er handelt aus Einsicht in rationale Gründe, also nicht grundlos und damit nicht verantwortungsfrei, wie es bei Molina der Fall wäre. Er ist nicht durch Zwang von außen zum Handeln determiniert, sondern entwickelt die Handlungsgründe aus sich selbst. Schließlich könnte er aufgrund der Kontingenz der Ereignisse anders handeln. Sein Handeln ist nur unter der Voraussetzung dieser Welt, die Gott geschaffen hat, notwendig, also hypothetisch notwendig, aber nicht in einem absoluten Sinn. Da auch bei Leibniz – wie bei Molina – Gott den Bereich aller Möglichkeiten vor der Schöpfung überschaut und seine Gründe für die Auswahl der zu erschaffenden Welt – im Gegensatz zu Molina – dieser Erkenntnis aller Möglichkeiten entnimmt, diese Gründe also sein Schöpfungsdekret determinieren, so läßt sich die Freiheit des Menschen insofern besser rechtfertigen als bei Molina, als der Mensch sozusagen *sub specie possibilitatis*, d. h. in einem reinen Möglichkeitsraum (vor der Schöpfung) freie Entscheidungen trifft, die Gott übersieht und ihn (weil dieser Mensch mit solchen Entscheidungen mit der bestmöglichen Welt verträglich ist) zu seinem Schöpfungsdekret veranlassen. In der wirklichen Welt muß dieser Mensch sozusagen nunmehr so handeln, wie er aus freien Stücken schon in einem Möglichkeitsraum gehandelt hat.

Gott und das Übel

Selbst wenn man diese Lösung des Dilemmas der menschlichen Freiheit trotz Prädetermination akzeptiert, bleibt eine Schwierigkeit bestehen. Denn im Prinzip sind es die göttlichen Dekrete, die zur Schöpfung und damit zur Existenz dieser Welt mit diesen Menschen geführt haben. Hat damit nicht Gott die eigentliche, letzte Verantwortung für das Böse zu übernehmen? Führt die mit der Erschaffung der Welt verbundene Prädestination nicht zwangsläufig dazu, Gott auch für die Auserwählung und Verdammnis verantwortlich zu machen? Warum hat Gott diesen sündigen Menschen erschaffen, obwohl er doch wußte, daß er verdammt werden würde, warum hat er diese Welt erschaffen, obwohl er wußte, daß sie viel Schlechtes enthalten würde? Wir stehen damit vor dem Problem der Theodizee oder Gottesrechtfertigung, das bei Molina ungelöst bleibt, bei Leibniz aber zuungunsten Gottes auszugehen scheint.

Epikur hatte das Dilemma, vor dem Prädeterministen – die Gott als letzte Ursache betrachten – stehen, durch folgende Sentenz aus seinen überlieferten Fragmenten zum Ausdruck gebracht, die von Bayle in seinem ›Historischen und Kritischen Wörterbuch‹ in ähnlicher Weise wiederholt wird: „Entweder will Gott die Übel in der Welt abschaffen und kann es nicht, dann ist er schwach; oder er kann es und will es nicht, dann ist er schlecht; oder er kann es nicht und will es nicht, dann ist er schwach und schlecht und in jedem Falle kein Gott; oder er kann es und will es, woher kommen dann die Übel? Und warum beseitigt er sie nicht?“[38] Leibniz versucht dieses Dilemma durch zwei Argumente zu beheben. Zum einen wird die Verantwortung für das Böse dem Menschen als endlichem Wesen, das aufgrund seiner Beschränktheit nicht immer das Gute zu tun vermag, angelastet; und aufgrund der Freiheit darf ihm das Böse – wie wir im letzten Abschnitt sahen – auch zugerechnet werden. Zum anderen entlastet Leibniz Gott durch sein bekanntes Diktum von dieser als „der besten aller *möglichen* Welten“. Danach hat Gott eine Welt erschaffen, die trotz aller Übel unter einem höheren Gesichtspunkt die bestmögliche ist. Um diese Antworten zu verstehen, ist es nötig, zu bestimmen, worin das Schlechte (*malum*) in der Welt überhaupt besteht.

Leibniz unterscheidet in der ›Theodizee‹ drei Arten von Gutem bzw. Schlechtem: das metaphysisch, physisch und moralisch Gute oder Schlechte (*bien* bzw. *mal métaphysique, physique, morale; bonum* bzw. *malum metaphysicum, physicum, morale*). In der ebenfalls 1710 erschienenen kleinen Schrift ›Die Sache Gottes, verhandelt im Hinblick auf seine mit seinen übrigen Vollkommenheiten und allen seinen Aktionen versöhnte Gerechtigkeit‹ (Causa Dei asserta per Justitiam ejus, cum caeteris ejus perfectionibus, cunctisque actionibus conciliatam), die die Gedanken der ›Theodizee‹ in 144 knappen Paragraphen zusammenfaßt, gibt Leibniz davon die folgenden Definitionen: „Das metaphysische [Gute oder Schlechte] besteht allgemein in der Vollkommenheit oder Unvollkommenheit der Dinge, auch der nicht intelligenten. ... Das physische wird von den Annehmlichkeiten und Unannehmlichkeiten speziell der intelligenten Substanzen angenommen, wozu auch das Schlechte der Strafe gehört. Das moralische von deren tugend- oder lasterhaften Aktionen, wozu auch das Schlechte der Schuld gehört."[39]

Das metaphysische Übel oder Schlechte ergibt sich für Leibniz aus der idealen [d.h. begrifflich-idealen] Natur und ursprünglichen Unvollkommenheit und Beschränktheit der Kreatur. Daher sagt er im § 20 des 1. Teils der ›Theodizee‹: „Denn man muß berücksichtigen, daß es eine ursprüngliche Unvollkommenheit der Kreatur gibt vor der Sünde, weil die Kreatur wesentlich begrenzt ist; daher kommt es, daß sie nicht alles wissen kann, daß sie sich täuschen und andere Fehler machen kann."[40] Diese ursprüngliche Unvollkommenheit ist für Leibniz nichts anderes als eine Privation, eine Beraubung des Vollkommenen oder Guten, die darauf zurückzuführen ist, daß das Endliche nicht die Vollkommenheiten des Unendlichen besitzen kann. Bei diesem metaphysischen Schlechten handelt es sich um ein Übel, das sich also gar nicht vermeiden läßt. Daher sagt Leibniz, daß es „in der idealen Natur der Kreatur" begründet liegt, wie sie sich im Verstand Gottes vorfindet als der Region der ewigen Wahrheiten und der möglichen Essenzen, d.h. der möglichen Dinge, die vor der Erschaffung der Welt von Gott zwecks Auswahl der wirklichen Welt betrachtet werden. Diese möglichen Dinge oder Kreaturen sind also gewissermaßen mit Gottes Verstand mitgegeben, insofern ist Gott Ursache ihrer Realität, aber nur im Hinblick auf das Positive an ihnen. Ihre Limitation ergibt sich aus ihrer (endlichen) Natur selbst. So heißt es in § 31: „Und wenn man sagt, daß die Kreatur von Gott abhängt, insofern sie ist und insofern sie handelt, und selbst daß ihre Erhaltung eine kontinuierliche Schöpfung ist; so bedeutet das, daß Gott immer das der Kreatur verleiht und kontinuierlich produziert, was es in ihr an Positivem, Gutem und Vollkommenem gibt, indem jede vollkommene Gabe vom Vater des Lichts herrührt; während die Unvollkommenheiten und Fehler ihrer Tätigkeiten von der ursprünglichen Begrenzung stammen, die die Kreatur mit dem ersten Beginn ihres Seins durch die idealen Gründe, die sie begrenzen, erhalten muß. Denn Gott konnte ihr nicht alles geben, ohne aus ihr einen Gott zu machen; es war daher nötig, daß es unterschiedliche Grade in der Vollkommenheit der Dinge und daß es auch Begrenzungen jeder Art geben würde."[41] So wie Gottes Verstand in gewisser Weise durch die in ihm enthaltenen ewigen Wahrheiten (der Logik, Mathematik und Metaphysik) so weit festgelegt ist, daß er keine absurde oder widersprüchliche Welt, die diese ewigen

Wahrheiten verletzt, schaffen könnte, so führt auch die Tatsache, daß er in seinem Verstand alle überhaupt möglichen Dinge oder Essenzen vorfindet, dazu, daß er deren ideale, nämlich endliche Natur bei der Erschaffung der Welt nicht aufheben kann. Mit anderen Worten: Eine Welt ohne das metaphysische Übel, d.h. ohne Beschränkung, Unvollkommenheit, Mangel kann es nicht geben.

Aus der Beschränktheit der endlichen Dinge, die das metaphysische Übel darstellen, ergibt sich unmittelbar das moralische Übel, welches in der Sünde besteht, sowie auch das physische Übel, welches sich als Leid und Schmerz in der Welt zeigt und welches oft eine Folge der Sünde ist. Aufgrund seiner Unvollkommenheit ist der Mensch fehlbar. Er strebt zwar nach dem Guten, nach dem, was ihm als das Beste erscheint, erreicht es aber nicht immer. Infolgedessen verfällt er auch der Sünde und bringt Leid in die Welt. Das Faktum der Sünde und des Leids ist also nicht zu vermeiden und durch die metaphysische Limitation der Kreaturen bedingt.

Aus diesem Grunde nun muß das Übel in gewisser Weise von Gott in Kauf genommen werden, weil es zu der Menge der in seinem Verstand enthaltenen Möglichkeiten gehört und in jeder der Welten, die er aus diesen Möglichkeiten gestalten könnte, einen Platz haben müßte. Gott will es zwar nicht, aber er läßt es zu (*permettre*) – wie die immer wieder von Leibniz benutzte Formulierung lautet. Schon in der „ersten Theodizee", dem ›Bekenntnis des Philosophen‹, weist Leibniz auf diesen Sachverhalt mit folgenden Worten hin: „Ich denke also, daß die Sünden nicht dem Willen, sondern dem Verstand Gottes zuzuschreiben sind, oder, was das gleiche ist, jenen ewigen Ideen, d.h. der Natur der Dinge."[42] Entlastet werden kann dann Gott insofern, als er nicht durch seinen Willen der Urheber der Sünden ist, sondern diese mit seiner Existenz in seinem Verstand als (begrifflich-ideale) Limitationen seiner Unendlichkeit mitgesetzt sind, noch bevor er aufgrund dieser Möglichkeiten durch ein Willensdekret eine Welt erschaffen will. „Die Sünden" – so heißt es im ›Bekenntnis des Philosophen‹ weiter – „geschehen nämlich, weil die Universalharmonie der Dinge, die das Licht durch Schatten hervorhebt, es so mit sich bringt; die Universalharmonie stammt aber nicht vom Willen, sondern vom Verstand oder der Idee Gottes, d.h. von der Natur der Dinge. Dieser Universalharmonie muß man also die Sünden zuschreiben, daher folgen die Sünden nicht aus dem Willen, sondern aus der Existenz Gottes."[43] In der ›Theodizee‹ drückt er den gleichen Sachverhalt folgendermaßen aus: „Das Schlechte kommt von den Formen selbst, aber den abstrakten, d.h. den Ideen, die Gott in keiner Weise durch einen Akt seines Willens produziert hat, ebensowenig wie die Zahlen oder die Figuren, und ebensowenig wie (in einem Wort) alle möglichen Wesenheiten (*essences*), die man für ewig und notwendig halten muß; denn sie befinden sich in der idealen Region der möglichen Dinge (*possibles*), d.h. im göttlichen Verstand (*entendement Divin*). Gott ist also kein Urheber dieser Wesenheiten, insofern sie nur Möglichkeiten darstellen."[44]

Das metaphysische Übel und die aus ihnen folgenden physischen und moralischen Übel sind also schon als Möglichkeiten in Gottes Verstand vorhanden, bevor er die Erschaffung einer Welt erwägt. Mit dem Willensentschluß, eine Welt zu schaffen, entscheidet nun Gott aber, welche Welt erschaffen werden wird. Ist damit nicht auch Gott die Verantwortung für das in dieser Welt vorhandene physische und moralische Übel anzulasten? Leibniz versucht diese Frage durch eine Differenzierung der göttlichen Willensakte zu beantworten, indem er in der ›Theodizee‹ und in der ›Sache Gottes‹ zwischen dem vorausgehenden und dem nachfolgenden Willen (*volonté antecédente – conséquente; voluntas antecedens seu praevia – consequens seu finalis*) unterscheidet.[45] Unter dem vorausgehenden Willen versteht Leibniz den der Schöpfung vorausgehenden Willen, mit dem sich Gott den Dingen einzeln zuwendet, während der nachfolgende Wille, welcher aus der Konkurrenz der einzelnen Akte des vorausgehenden Willens resultiert, das eigentliche Schöpfungsdekret darstellt. In § 22 der ›Theodizee‹ führt er hierzu aus: „… in einem allgemeinen Sinn kann man sagen, daß der Wille in der Neigung besteht, eine Sache proportional zum Guten, das sie enthält, zu tun. Dieser Wille heißt vorausgehend, wenn er losgelöst [vom Gesamtzusammenhang] ist und jedes Gute getrennt an sich betrachtet, insofern es ein Gutes ist. In diesem Sinn kann man sagen, daß Gott jedes Gute, insofern es ein Gutes ist, anstrebt. … Er hat eine ernsthafte Neigung, alle Menschen zu heiligen und zu retten, die Sünde auszuschließen und die Verdammnis zu verhindern."[46] Die eigentliche Realisierung dieser verschiedenen vorausgehenden Willenshandlungen kommt aber dem nachfolgenden Willen zu. „Nun resultiert dieser nachfolgende, endgültige und entscheidende Wille (*volonté conséquente, finale, et décisive*) aus dem Konflikt aller vorausgehenden Willenshandlungen, sowohl derer, die das Gute anstreben, wie derer, die das Schlechte zurückweisen: Und aus dieser Konkurrenz aller besonderen Willenshandlungen entsteht der totale Wille."[47] Der Konfliktcharakter zeigt an, daß nicht alle vorausgehenden Willenshandlungen verwirklicht werden können, und weist darauf hin, daß aus dem Reich der unendlich vielen Möglichkeiten nicht alle aktualisiert werden können. Insofern muß jede der unendlich vielen vorstellbaren Welten, die Gott erschaffen könnte, eine Vielzahl von Möglichkeiten als nicht vereinbar mit der jeweiligen Welt ausschließen, auch die Welt, die er schließlich durch seinen die vorausgehenden Willensakte zusammenfassenden nachfolgenden, definitiven Willen erschafft. Diese Welt, die Gott durch sein Schöpfungsdekret erschafft, ist nun aber im Hinblick auf das Gute die vollkommenste Welt, die überhaupt denkbar ist. Deshalb spricht Leibniz von dieser unserer Welt als der besten der möglichen Welten, und davon, daß sein Handeln immer vom Prinzip des Besten (*principium optimi*) geleitet wird.

In Beziehung auf unsere Frage, ob Gott durch seine Schöpfung nicht doch für das mit der von ihm erschaffenen Welt zuzulassende Schlechte verantwortlich ist, heißt dies nun, daß Gott das nicht auszuschließende Schlechte nur zugelassen hat, und zwar in einem minimalen Sinne, d.h. nur dort, wo es nicht vermeidbar war und zur Vollkommenheit dieser Welt beitragen konnte. So zieht Leibniz aus diesen Erwägungen diese Folgerung: „Hieraus folgt, daß Gott im voraus (*antecédemment*) [d.h. aufgrund seines vorausgehenden Willens] das Gute (*le bien*) will, im nachhinein (*conséquemment*) [d.h. aufgrund seines nachfolgenden Willen] das Beste (*le meilleur*). Und was das Schlechte angeht, so will Gott auf keine Weise das moralische Übel, und er will in einem absoluten Sinne nicht das physische Übel und die Leiden: deshalb gibt es keine absolute Prädestination und Verdammung. Und man kann vom physischen Übel sagen, daß Gott es oft so wie die Strafe für eine Schuld will, und oft auch so wie ein geeignetes Mittel für ein Ziel, d.h. um größere Übel zu verhindern oder um größere Güter zu erhalten. Die Strafe dient auch der Besserung und als Beispiel, und das Übel dient oft dazu, das Gute besser schätzen zu lernen, und manchmal trägt es auch zu einer größeren Vollkommenheit dessen bei, der es erleiden muß, so wie ein Samenkorn, das man sät, einer Art Zerstörung unterworfen ist, um zu keimen.“[48]

Hinter all diesen der christlich-theologischen Sprache entnommenen Wendungen steht folgender philosophischer Gedanke: Auch wenn Gott im Prinzip immer das reine Gute (*le bien*) will, so kann er „nur“ das Beste (*le meilleur*) im Sinne des relativ Besten schaffen, welches nämlich relativ zu allen Möglichkeiten das Beste darstellt. Würde er ein reines, absolut Gutes und Vollkommenes schaffen, so würde er sich sozusagen selbst duplizieren. Bei der Erschaffung einer Welt mit endlichen Kreaturen muß also das Schlechte als Limitation, Sünde und Leid in irgendeiner Form mitgeschaffen werden, oder die Schöpfung selbst würde hinfällig werden.

Mit der Hineinnahme des Schlechten als Limitation in den Bereich der reinen Möglichkeiten des göttlichen Verstandes richtet sich Leibniz vor allem gegen die Manichäer, die in den Augen von Leibniz in den Wahn verfielen, „es gäbe zwei Prinzipien der Dinge oder einander feindliche Götterzwillinge, wovon das eine Prinzip für das Gute, das andere Prinzip für das Schlechte wäre“[49] – wie Leibniz im ›Bekenntnis des Philosophen‹ formuliert und worauf er an vielen Stellen in der ›Theodizee‹[50] hinweist. Eine solche Annahme würde dem christlichen Monotheismus widersprechen.

Blickt man auf die Stellungnahmen zu diesen drei Problemen im 17. Jahrhundert, so fällt auf, daß abgesehen von den an den Universitäten katholischer oder protestantischer Richtung immer noch verbreiteten scholastischen Systemen kaum einer der neuen philosophischen Systemschöpfer diesen Problemen große Aufmerksamkeit geschenkt hat. Wenn diese Probleme überhaupt zur Sprache kommen, so erscheinen sie in neuem, säkularisiertem Gewand. Sie werden entweder von der Gottesfrage gelöst oder nur noch formal an die Gottesfrage gebunden. Der theologische Hintergrund verschwindet also mehr und mehr. Weder bei Descartes noch bei Spinoza – um nur zwei zu nennen – findet man eine angemessene Behandlung dieser Gegenstände. Das liegt teilweise daran, daß die Bedeutung der Metaphysik oder das Interesse an der Metaphysik zurückgeht. Die Philosophie Descartes' stellt eine Philosophie des Geistes und eine Naturphilosophie dar, aber keine Metaphysik. Die in die ›Meditationen‹ eingeschobenen Gottesbeweise haben eine Funktion im Rahmen seiner philosophischen Grundlegung, begründen aber trotz des Titels ›Meditationen über die Erste Philosophie‹ keine Metaphysik. Daher macht Descartes gar nicht einmal den Versuch, seinen eher voluntaristischen Freiheitsbegriff (d. h. einer Sache nach Willkür zustimmen oder nicht zustimmen zu können)[51] mit der für uns unbegreiflichen Vorherbestimmung Gottes (*praeordinatio Dei*) in Einklang zu bringen, und erklärt lapidar: „Es wäre nämlich absurd, deshalb, weil wir die eine Sache [die Vorherbestimmung Gottes] nicht begreifen, von der wir wissen, daß sie uns ihrer Natur nach unbegreiflich bleiben muß, über eine andere [unsere Willensfreiheit] zu zweifeln, die wir im Innersten begreifen und bei uns selbst erfahren."[52] Und bei Spinoza, der in der Tat ein neues metaphysisches System entwickelt, verwandelt sich der christliche persönliche Gott in das abstrakte Fatum der vergöttlichten Natur. Es bleibt kein Raum mehr für die Freiheit, weder im voluntaristischen, noch auch nur im schwach deterministischen Sinne von Leibniz. Es gibt keine Kontingenz.[53] Alles läuft mit der ehernen Notwendigkeit des unerbittlichen Fatums ab.[54]

Der einzige bedeutende und ein neues System anbietende Philosoph, der die genannten Probleme in ihrer metaphysischen und auch theologischen Dimension noch ernst nimmt, ist Leibniz. Er ist auch zugleich der letzte in der Philosophiegeschichte, der die erstarrten scholastischen Systeme durch ein neues ersetzen will, das aber gleichwohl noch einmal das gesamte christliche Gedankengut berücksichtigt und in seine Überlegungen einbezieht. In der folgenden Aufklärungszeit erhält zwar das Thema der Theodizee ein besonderes Gewicht, aber die neuen philosophischen Systeme lösen sich vom christlich-dogmatischen Verständnis, das auch in den metaphysischen Untersuchungen des deutschen Idealismus nicht wiedergewonnen wird. Wir haben uns daher insbesondere Leibniz gewidmet als letztem Repräsentanten einer christlichen, aber schon nicht mehr scholastischen Philosophie. Im Kontrast dazu stand Molina, der zwar gegen die herkömmlichen scholastischen Systeme einen neuen voluntaristischeren Ansatz entwickelte (der zunächst vehementen Widerstand in der katholischen Kirche fand und fast verboten worden wäre), aber ansonsten im Rahmen der scholastischen Systematik verblieb.

Vergleichen wir beide, so erscheint – so merkwürdig es klingt – der Katholik Molina als der „modernere“ Philosoph, der die den freien Willen stärker betonenden Überlegungen der Aufklärungszeit vorbereitet, während der Lutheraner Leibniz stärker in der katholischen Tradition steht. Andererseits erweisen sich beide Systeme nicht als zukunftsträchtig, Molinas deshalb nicht, weil es in der erstarrten Systematik der Scholastik verfangen bleibt, Leibnizens ebenfalls nicht, weil sein Optimismus der besten der möglichen Welten schon bald dem Spott der Nachwelt ausgesetzt ist, vor allem durch Voltaires 1759 erschienene satirische Roman-Parodie ›Candide oder der Optimismus‹.

7. Tugend und Affekt

Haben wir in den letzten beiden Kapiteln unser Augenmerk auf den Menschen in seiner Geschöpflichkeit und in seiner Beziehung zum Transzendenten gerichtet, so sollen die letzten beiden Kapitel sich ihm als sozialem, in praktischen Lebensbezügen stehenden Wesen widmen. Wir werden dabei zunächst auf das Menschenbild des 17. Jahrhunderts eingehen, und zwar speziell auf die Frage, welches die neuen Aspekte sind, die für die Sicht vom einzelnen Menschen als praktisch und moralisch handelndem Wesen leitend werden. Im nächsten Kapitel werden dann die besonderen Fragen, die sich aus der Stellung des Menschen in Staat und Gesellschaft ergeben, zu behandeln sein. In diesem Kapitel geht es um die Deutung des praktisch handelnden Individuums mit seinen natürlichen Gegebenheiten und moralischen Ansprüchen, also wesentlich um Anthropologie und Moral. Im folgenden Kapitel geht es primär um Recht und Staat, d. h. um die Deutung des Menschen als Gesellschaftswesen, insbesondere um die Begründung, die er für seine Einbindung in eine (von ihm geschaffene und wie auch immer gestaltete) Gesellschaftsordnung überhaupt gibt, und um die Rechtsnormen, die er für sie postuliert.

Berücksichtigt man das politisch-soziale Zeitkolorit, so kann man zunächst feststellen, daß sich seit der Renaissance allmählich eine Gesellschaft herauszubilden begann, in der der Adel seine selbständige Stellung und Bedeutung als Feudalherr verlor und nunmehr vor allem aus seiner Stellung zum Hof sein Ansehen bezog. Ebenso gewann das aufstrebende Bürgertum seine Bedeutung vorwiegend aus seiner Funktion als Künstler, Gelehrter oder Beamter am Hof. So entwickelte sich der königliche oder fürstliche Hof zum politischen und gesellschaftlichen Zentrum, die höfische Gesellschaft und ihre Geselligkeit wurden zum Vorbild für Lebensstil und Lebensart. Der Höfling, Hofmann und Hofdame waren die anerkannten Leitbilder der Zeit. Niederschlag findet dieses Leitbild im Ideal des *honnête homme*. Der *honnête homme* ist nicht nur Ehrenmann, sondern auch Gebildeter, er ist nicht nur Hofmann, der die Umgangsformen des Hofs kennt, sondern auch Mann mit moralischen Grundsätzen. Er weiß vornehmes Auftreten, geschmeidige Umgangsformen mit Hilfsbereitschaft und Zuwendung zum Nächsten zu verbinden. Ehre, Würde, Anstand und Schicklichkeit sind vereint mit Tugend und Bescheidenheit. Weltgewandtheit ist gepaart mit Kenntnis der Künste und Wissenschaften. Ohne Spezialist zu sein, weiß er über alle wichtigen Themen aus der Gelehrtenwelt

Konversation zu führen. Kennzeichnenderweise ist auch in Descartes' im 1. Kapitel erwähnter Schrift ›Die Suche nach der Wahrheit durch das natürliche Licht‹ einer der Gesprächspartner ein *honnête homme*. Die *honnêteté* war Ideal für den Mann wie die Frau, es gab also auch die *honnête femme*. Gerade in den im 17. Jahrhundert in Frankreich zahlreichen – meist von Frauen geführten – Salons wurde auch diesem Ideal gehuldigt und eine *honnête conversation* gepflegt.

Hinter diesem Ideal, das trotz seiner auch moralischen Aspekte doch eher einen Verhaltenskodex aufstellt, zumindest aber keine moralischen Begründungen vornimmt, steht immer noch das christliche Menschenbild und die vom Mittelalter überkommene christliche Morallehre. Die christliche Ethik stellte vielfach eine christliche Adaption antiker Morallehren dar. Sowohl die Hinordnung des Menschen auf einen Zustand des Glücks (der Eudämonie) – wie er in der ›Nikomachischen Ethik‹ von Aristoteles entwickelt worden war –, jetzt durch Einbeziehung des Jenseits zur christlichen Glückseligkeitsvorstellung umgeformt, wie auch die Behandlung der vier Platonischen Kardinaltugenden, überhöht durch die drei christlichen Tugenden von Glauben, Hoffnung und Liebe, schließlich auch eine an den Affekten orientierte Tugendlehre – wie sie aus der Antike bekannt ist – hatten in die christliche Ethik Eingang gefunden. Verstärkt seit der Renaissance hatten aber auch die beiden großen nach-aristotelischen, ethisch ausgerichteten Philosophenschulen neues Interesse erfahren, die von Zenon von Kition gegründete Schule der Stoiker und die nach ihrem Gründer Epikur benannte Schule der Epikureer, welche die Tugend und die Seelenruhe zu den letzten ethischen Zielen erklärt hatten. In diesem Rahmen bewegen sich die anthropologischen und ethischen Vorstellungen unseres Zeitalters.

Gegenüber den meist im traditionellen Rahmen sich bewegenden Moralsystemen lassen sich allerdings auch neue Bewegungen erkennen. Fragt man sich, welches der neue Beitrag unserer Epoche zum Bild vom Menschen bzw. zu seinen moralischen Maximen ist, so erscheinen drei Aspekte als signifikant. Der erste betrifft das Verhältnis von Religion und Moral. Eine Neubesinnung auf dieses Verhältnis führt zu zwei ganz entgegengesetzten Positionen, einerseits zum Ansatz einer natürlichen Ethik, ohne die Fesseln der Religion, andererseits zu einer radikalen christlichen Neubegründung der moralischen Einstellung. Wir stellen die beiden Positionen exemplarisch an Charron und Pascal dar. Der zweite Aspekt betrifft den neuen, mechanistisch orientierten deskriptiven Zugang zum Menschen als natürlichem Wesen, dessen natürliche anthropologische Bedingungen untersucht werden müssen, bevor man moralische Forderungen stellt. Wir erörtern diesen Aspekt an Descartes und Hobbes, die jeweils zu verschiedenen moralischen Folgerungen gelangten. Drittens gehen wir auf den Versuch einer neuen metaphysischen Begründung moralischer Vorstellungen ein, wie sie Leibniz entwickelt hat. Ein komplettes neues Moralsystem stellen alle diese Versuche nicht dar, dies wird man aber im 17. Jahrhundert auch kaum finden. Es sind nur neue Ansätze zum moralischen Denken, zur Begründung einer Moral, noch nicht Ethiken etwa im Sinne von Kants ›Kritik der praktischen Vernunft‹ (1788).

Moralität und Religiosität

Seit der Renaissance setzte ein neues Interesse am antiken Skeptizismus ein, dessen erste skeptische Schule um 300 v. Chr. von Pyrrhon von Elis begründet worden war. Diese Tendenz setzte sich im 17. Jahrhundert weiter fort und verstärkte sich. Nach ihrem Begründer nannte man die Skeptiker auch vielfach Pyrrhoniker oder Pyrrhonisten. Als einen ihrer Vertreter für unsere Epoche haben wir im 1. Kapitel bereits Sánchez kennengelernt. Nun war Sánchez eher ein theoretischer Skeptiker. Viele Denker zielten aber primär auf eine praktisch-skeptische Einstellung. Ihnen ging es weniger um den absoluten Zweifel am theoretischen Wissen, sondern vielmehr um eine skeptische Lebenshaltung, die vor allem ihre Zweifel gegen die theologischen und metaphysischen Grundlagen der praktischen Philosophie richtete. Man könnte hier insofern eher von einem religiösen Skeptizismus sprechen. Diese Tendenz wurde noch durch die Bewegung der sogenannten *libertins* oder Freigeister verstärkt. Zu Beginn unserer Epoche kann man in Frankreich vor allem Montaigne und Charron zu den skeptisch eingestellten Denkern zählen, gegen Ende unserer Epoche wäre der zuletzt in Rotterdam lebende reformierte *réfugié* Pierre Bayle zu erwähnen. In England läßt sich im Hinblick auf die Frage, wie Moral zu begründen ist, auch Bacon dazu rechnen.

Montaigne richtet seine Skepsis u. a. gegen den Dogmatismus der Religionen, die er angesichts ihrer Vielheit eher für Produkte der Gewohnheit hält als für Verkünder einer unverbrüchlichen Wahrheit. Für die Fragen der praktischen Lebensführung hat diese Einstellung zur Folge, daß – in Anlehnung an Vorstellungen der Stoa – das moralische Handeln vor allem in einem naturgemäßen Leben gesehen wird, dessen Maßstäbe der einzelne in sich selbst findet. Dieser Ansatz macht eine religiöse Fundierung der Ethik im Grunde überflüssig.

In diesem Denkkreis steht auch der mit Montaigne befreundete Pierre Charron (1541–1603). Im 4. Kapitel seines 1601 erstmals veröffentlichten Buchs ›Über die Weisheit‹ (De la sagesse)[1] macht er den Versuch, ein natürliches System der Moral zu entwickeln, welches auf der menschlichen Natur beruht und uns durch das natürliche Licht zugänglich wird. Damit wird zwar nicht die Religion aus der Moral verbannt, aber die Moral religionsneutral begründet, allenfalls auf eine überkonfessionelle natürliche Religion (etwa im Sinne des im 1. Kapitel erwähnten Deismus) bezogen. Das Werk hat 1604, kurz nach Charrons Tod, eine zweite Auflage erlebt, in der das erste Buch um einige Kapitel vermehrt ist und in der außerdem einige bei der damaligen Zensurbehörde Anstoß erregende Stellen geändert werden mußten bzw. von der Zensurbehörde selbst „abgeschwächt" (*adoucir*) wurden. Schon diese äußere Wirkungsgeschichte weist darauf hin, daß das Buch nicht in den traditionellen Rahmen der Schulphilosophie paßte. Es ist vor allem der Aspekt einer säkularisierten Moral, der es schon vom Grundansatz neuartig und antitraditionalistisch erscheinen läßt.

Charron geht in seinem Werk zwar – ganz im Sinn der traditionellen Tugendlehren – im ersten Buch auf den Menschen in seiner natürlichen Beschaffenheit, mit all seinen sogenannten Leidenschaften oder Affekten ein und im dritten Buch auf die vier Kardinaltugenden Weisheit bzw. Klugheit, Gerechtigkeit, Tapferkeit, Mäßigkeit bzw. Maßhalten (*prudence, justice, force, tempérance*), aber der neuartige Ansatz seines Werks besteht in der besonderen Grundlegung, die im zweiten Buch vorgenommen wird und die gesamte Moral auf eine natürliche Form von Weisheit (*sagesse*) zurückbezieht. Diese Weisheit ist nicht mit der Kardinaltugend der Weisheit gleichzusetzen, sondern geht ihr und den anderen Kardinaltugenden noch voraus.

Die zwei „Dispositionen" – wie sich Charron ausdrückt –, die für die Erlangung einer solchen Weisheit erforderlich sind, bestehen zum einen in der „Befreiung von den Fehlern und Lastern der Welt und von den inneren Leidenschaften" (*exemption et affranchissement des erreurs et vices du monde, et des passions*), zum andern in einer vollständigen Freiheit des Geistes im Hinblick auf sein Urteil und seinen Willen (*universelle et pleine liberté de l'esprit, tant en jugement qu'en volonté*), wie die ersten beiden Kapitel des zweiten Buchs im einzelnen ausführen. Bereits dies läßt auf eine vorurteilslose, vor allem eher religionsskeptische Haltung schließen. Deutlicher zeigt sich dies, wenn wir das Fundament, auf dem Weisheit ruht, betrachten. „Der erste, wesentliche, grundlegende Teil der Weisheit" ist nämlich „die *prud'homie*" (*... que la prud'homie soit la première, principale, et fondamentale partie de la sagesse*).[2] Dieses schwer übersetzbare Wort geht etymologisch auf das lateinische Wort *prodesse* (nützen) zurück. Im Sinne einer praktischen Lebensklugheit findet es überwiegend in der praktischen Rechtssprache Verwendung. Der *prud'homme* meint in der damaligen Zeit hauptsächlich den gewählten Rechtsexperten oder Inspektor auf kaufmännisch-gewerblichem Gebiet (z. B. auf dem Gebiet der Lederwaren oder im Fischereiwesen). In dieser Bedeutung wird das Wort auch im heutigen Französisch noch für die arbeitsrechtlich-gewerbliche Schiedsgerichtsbarkeit verwendet: Der Rat der *prud'hommes* (*conseil des prud'hommes*) ist das Arbeitsgericht. Daneben hat es aber auch eine übertragene Bedeutung. Der *prud'homme* ist der weise, kluge, lebenserfahrene Mann, d.h. der Kundige oder Experte im allgemeinen, aber auch in einem weiteren Sinn der Mann von Wert und Ehre. Erst im 18. Jahrhundert nimmt das Wort dann die pejorative Bedeutung von „altmodisch" an. Charron – der selbst Advokat war, ehe er Priester wurde – benutzt dieses Wort aus der Rechtssprache hier in der übertragenen Bedeutung einer natürlichen Moralität, im Sinne des *vir probus*, des rechtschaffenen Mannes, wie *prud'homme* auch in den zeitgenössischen Lexika übersetzt wird. Er selbst verwendet daher synonym für *prud'homie* (*prud'hommie*) auch *probité* im Sinne von „Rechtschaffenheit" oder „Redlichkeit".

Mit dieser Verwendung des Begriffs der *prud'homie* aus der Rechtssprache versucht nun Charron, den gewöhnlichen, „en vogue" befindlichen Begriff, dem es nur um die äußerliche Erfüllung moralischer Normen und die „Unterwerfung unter die Religionen, Gesetze, Sitten und Befehle"[3] geht – gleichgültig, ob dahinter auch tadelnswerte oder eigennützige Motive stehen mögen –, moralisch zu läutern, indem er auf die alleinige Bedeutung des inneren Handlungsmotivs, der Gesinnung, aus der die Tat geschieht, für die Sittlichkeit der Tat hinweist. „Es ist daher sehr gefährlich, die Redlichkeit oder Unredlichkeit (*probité ou improbité*) eines Menschen nach seinen Taten zu beurteilen: vielmehr muß man im Inneren sondieren, welche Triebfedern (*ressorts*) diese Bewegung verursachen und den Anstoß geben ... Deshalb darf man sich, um zu entdecken und zu wissen, was die wahre *prud'homie* ist, nicht bei den Taten aufhalten ... vielmehr muß man ins Innere dringen und das Motiv kennen, ... welches die Seele und das Leben ist, welches allem Bewegung verleiht."[4]

Diese gesinnungsethische Auffassung von der *prud'homie* führt nun zu folgender Bestimmung: „Nun ist die wahre *prud'homie*, die ich bei dem fordere, der weise sein will, frei und offen, mannhaft (*mâle*) und großzügig, lachend und fröhlich, gleich (*égale*), gleichartig (*uniforme*) und beständig, sie geht mit festem Schritt, stolz und aufrecht, behält immer ihren Weg bei, ohne zur Seite oder nach hinten zu sehen, ohne anzuhalten und Schritt und Gang zu wechseln wegen des Windes, der Zeit, der Gelegenheiten, die sich ändern, aber sie ändert sich nicht, ich meine in ihrem Urteil und in ihrem Willen, d.h. in der Seele, wo die *prud'homie* wohnt und ihren Sitz hat."[5] Die erste Auflage fügt an dieser Stelle noch folgende allgemeine Bemerkung ein: „Nun ist die Triebfeder dieser *prud'homie* das Gesetz der Natur (*loi de nature*), d.h. die allgemeine Billigkeit und Vernunft (*l'équité et raison universelle*), die in jedem von uns leuchtet und ausgebreitet ist. Wer aus dieser Triebfeder handelt, handelt gottwohlgefällig (*selon Dieu*).

Denn dieses natürliche Licht (*lumière naturelle*) ist ein Blitz und Strahl der Gottheit, ein Ausfluß und eine Folge des ewigen, göttlichen Gesetzes. Er handelt auch sich selbst gemäß (*selon soi*), denn er handelt gemäß dem Vornehmsten und Reichsten, was es in ihm gibt. Er ist ein anständiger Mensch oder Ehrenmann (*homme de bien*).“[6]

Charron hat hiermit eine Bestimmung der *prud'homie* entwickelt, die als eine natürliche, allgemeine, angeborene, also in jedem Menschen vorhandene Eigenschaft verstanden wird und auf ein Naturgesetz, das als ewiges, göttliches Gesetz zu interpretieren ist, zurückgeführt wird. Jeder Mensch muß, will er Mensch sein, diese *prud'homie* zu seiner Handlungsmaxime machen: „Es gibt eine natürliche, innere und allgemeine Verpflichtung für jeden Menschen, Ehrenmann oder anständiger Mensch (*homme de bien*) zu sein. ... Der Mensch darf keine andere Ursache, Verpflichtung, Triebfeder bzw. kein anderes Motiv seiner *prud'homie* erwarten oder suchen, und es wird kein gerechteres, legitimeres, mächtigeres, älteres geben, es beginnt mit ihm selbst, es ist geboren mit ihm. Jeder Mensch muß ein *homme de bien* sein und muß es sein wollen, weil er ein Mensch ist; der aber, der sich nicht bemüht, es zu sein, ist ein Monstrum (*monstre*), gibt sich selbst auf, belügt sich, zerstört sich, ist rechtmäßig kein Mensch mehr, und sollte es infolgedessen aufhören zu sein, er ist es zu Unrecht. ... Ich will also in meinem Weisen eine wesentliche und unbesiegbare *prud'homie*, die aus ihm selbst, aus seiner eigenen Wurzel kommt, und die so wenig aus ihm herausgerissen oder von ihm getrennt werden kann wie die Menschlichkeit vom Menschen.“[7] Jeder Mensch muß für Charron daher aus Liebe zu sich selbst (*pour l'amour de soi-même*) diese Art von *prud'homie* zu realisieren suchen, ohne äußere Gesichtspunkte wie Erfolg, Ehre, Nutzen, Vergeltung in Rechnung zu stellen; denn dadurch würde diese *prud'homie* sich selbst aufheben.

Es handelt sich bei dieser mit großem Pathos vorgetragenen Bestimmung der *prud'homie* um eine radikale Gesinnungsethik, gemäß der es beim guten Tun also auf die gute Absicht ankommt. Es ist zugleich eine naturrechtlich verankerte Ethik, die universell gilt, weil sie der allgemeinen Vernunft und menschlichen Natur folgt, so daß ihre Maxime so ausgedrückt werden kann: „leben und handeln gemäß der Natur“.[8]

Hieraus ergibt sich nun auch, daß kein spezifischer Bezug auf die Religion mehr gegeben ist, insbesondere kein Bezug zum Christentum. Daher äußert sich Charron so: „Ich handele von der menschlichen *prud'homie* und Weisheit als einer menschlichen, aufgrund deren man anständiger Mensch und Weiser genannt wird, nicht jedoch von der christlichen.“[9] Es handelt sich um eine allgemeine, natürliche Moral, die allenfalls auf einer ebenso allgemeinen, natürlichen Gottesvorstellung beruht, aber selbst diese wird eigentlich nicht mehr benötigt. Denn die Religion – so heißt es –

ist später als die Moral. Charron wendet sich vehement gegen die, die Religion und Moral vermischen und annehmen, „daß die Religion die allgemeine Grundlage (*généralité*) jedes Guten und jeder Tugend sei, daß alle Tugenden in ihr inbegriffen und ihr untergeordnet sind, von welchen sie keine andere Tugend noch *prud'homie* anerkennen als die, die aus der Triebfeder der Religion entsteht. Nun ist es aber umgekehrt, denn die Religion, die später ist, ist eine spezielle und besondere Tugend, verschieden von allen anderen Tugenden, und sie kann ohne diese [Tugenden] und ohne Rechtschaffenheit sein, so wie es von den Pharisäern gesagt worden ist: religiös, aber böse."[10] So erweist die von Charron geforderte Weisheit im Sinne der *prud'homie* ihre Eigenständigkeit und Unabhängigkeit von der Religion. Jeder findet sie in sich. Das 5. Kapitel des zweiten Buchs endet (in der ersten Auflage) mit einem Hinweis auf die Gefährlichkeit der Religion für die Reinheit der moralischen Haltung. Trotz der verbalen Forderung, Religion und *prud'homie* miteinander zu verbinden, heißt es: „Ich wünsche, daß man ohne Paradies und Hölle ein anständiger Mensch sei: diese Wörter erscheinen mir schrecklich und verabscheuenswert; wenn ich nicht ein Christ wäre und ich nicht Furcht vor Gott hätte noch davor, verdammt zu werden, so würde ich dies tun [sagen]: O du Kümmerlicher und Elender, zu welchem Dank müßte man dir verpflichtet sein für alles, was du tust? Du bist nicht böse, weil du es nicht wagst und fürchtest, bestraft zu werden (*être battu*); ich möchte, daß du es wagst, aber es nicht willst, obwohl du sicher sein könntest, dafür niemals gescholten zu werden. Du spielst den Ehrenmann, damit man dich bezahlt oder dir dafür Dank sagt; ich möchte, daß du Ehrenmann bist, weil die Natur und die Vernunft (das ist Gott) dies wollen. ... Ich möchte auch die Frömmigkeit und die Religion, aber nicht die, welche die in dir schon eingeborene und von Natur in dich gepflanzte *prud'homie* bewirkt (*fasse*), verursacht oder erzeugt, sondern eine, die sie billigt, autorisiert und krönt. Die Religion, die nach der *prud'homie* kommt, ist mündlich, durch Offenbarung und Instruktion gelernt und erworben worden, und so kann sie diese [die *prud'homie*] nicht verursachen. Es wäre umgekehrt eher die *prud'homie*, die die Religion verursachen und erzeugen müßte, denn sie ist primär, älter und natürlicher (*première, plus ancienne et naturelle*)."[11] Mit diesem Appell an eine universelle, natürliche Vernunft in uns, die mit Gott gleichgesetzt wird, bahnt sich schon hier die Auffassung von einer autonomen moralischen Vernunft an, wie sie dann in der Aufklärungszeit des folgenden Jahrhunderts sich herausbildet und in der rigorosen Gesinnungsmoral Kants ihren Höhepunkt erlebt.

Gewissermaßen gegenläufig zu diesen religionsskeptischen Einstellungen, die die Religion zwar nicht zu beseitigen vorgeben, aber doch in den Hintergrund drängen und für das im engeren Sinn moralische Verhalten als überflüssig oder nebensächlich erscheinen lassen, steht die mit einer Wissenschaftsskepsis verbundene tiefe Religiosität, wie sie sich bei Pascal nach seinem Konversionserlebnis von 1654 in seinen ›Gedanken‹ zeigt. Auch sie wendet sich gegen eine rationale (metaphysische oder theologische) Fundamentierung der Moral. Insofern ist ihre Wirkung in ähnlicher Weise gegen die herkömmlichen Moralsysteme gerichtet. Aber sie beruft sich gerade nicht auf die Vernunft und die Natur des Menschen, sondern auf das, was Pascal die Logik des Herzens nennt, die auf einem irrationalen Gefühl beruht, das in der totalen Hingabe an den christlichen Glauben und seine Gnadenerweise besteht.

Für Pascal ist der Mensch nach dem Sündenfall ein zerrissenes Wesen, das zwischen zwei extremen Lastern, dem Hochmut und der Begierde, schwankt und nicht von sich aus zu moralischer Selbstbestimmung und sittlicher Autonomie fähig ist. Daher sind Wissenschaft und Philosophie, sind wir selbst mit all unserer Vernunft nicht in der Lage, dem Menschen das richtige moralische Handeln zu vermitteln, vielmehr wird ihm das höchste moralische Gut allein durch die Gnade des (christlichen) Glaubens zugänglich. „Es ist eitel, o ihr Menschen, daß ihr in euch selbst das Heilmittel für euer Unglück sucht. All eure Einsicht reicht nur aus, zu erkennen, daß ihr weder die Wahrheit noch das Gute (*le bien*) in euch selbst finden werdet. Die Philosophen haben es euch versprochen, und sie haben es nicht leisten können. Sie wissen weder, was euer wahrhaftes Gut (*votre véritable bien*) noch was euer wahrhafter Zustand ist. Wie könnten sie die Heilmittel für eure Übel gegeben haben, die sie nicht einmal erkannt haben. Eure Hauptkrankheiten sind der Stolz (*orgueil*), der euch von Gott wegzieht, und die Begierde (*concupiscence*), die euch an die Erde bindet; und sie haben nichts anderes getan, als eine dieser Krankheiten zu pflegen. Wenn sie euch Gott als Objekt gegeben haben, so geschah das nur, um euren Hochmut (*superbe*) zu beschäftigen; sie haben euch auf den Gedanken gebracht, daß ihr ihm aufgrund eurer Natur ähnlich und gleichartig seid. Und die, die die Eitelkeit dieser Anmaßung gesehen haben, haben euch in den anderen Abgrund geworfen, indem sie euch begreiflich machten, eure Natur sei der der Tiere gleich, und haben euch dazu gebracht, euer Heil in den Begierden zu suchen, die der Anteil der Tiere sind.“[12] An anderer Stelle heißt es: „Werden es die Philosophen sein, die uns als den Inbegriff des Guten die Güter hinstellen, die in uns sind? Haben sie die Heilmittel für unsere Übel (*maux*) gefunden? Heißt es, die Anmaßung des Menschen geheilt zu haben, wenn man ihn Gott gleichgestellt hat? Die, die uns den Tieren gleichgestellt haben, und die Mohammedaner, die uns die Freuden der Erde für das ganze Gut – selbst in der Ewigkeit – ausgegeben haben, haben sie das Heilmittel für unsere Begierden (*concupiscences*) gebracht?“[13]

Für Pascal zeigt sich das Unvermögen des Menschen, das wahre Gute, die obersten moralischen Maximen des Guten und Gerechten zu finden, gerade darin, daß alle Versuche, sein Glück zu finden und zu bestimmen, in der Geschichte fehlgeschlagen sind. In dem ›Daß der Mensch ohne Glauben weder das wahre Gut noch die Gerechtigkeit erkennen kann‹ überschriebenen Aphorismus heißt es: „Alle Menschen versuchen, glücklich zu sein. Das ist ohne Ausnahme, wie verschieden auch die Mittel sind, die sie anwenden. Sie streben alle nach diesem Ziel. Das, was bewirkt, daß die einen in den Krieg ziehen und die anderen nicht, ist dasselbe Verlangen, das in beiden liegt, aber von verschiedenen Gesichtspunkten bestimmt ist. Der Wille tut auch den geringsten Schritt nur auf dieses Ziel hin. Es ist das Motiv aller Handlungen aller Menschen, bis hin zu denen, die sich aufhängen wollen. … Ein so langer, ununterbrochener und gleichartiger Beweis sollte uns wohl von unserer Ohnmacht überzeugen, aus eigener Anstrengung zum Glück zu gelangen.“[14]

Muß der Mensch nun in diesem Zustand des Zweifels, des Unvermögens, des Fehlschlagens aller seiner Bemühungen bei der Suche nach Glück, Gerechtigkeit und nach dem moralisch richtigen Tun für immer verbleiben? Ist es ihm unmöglich, sich daraus zu befreien, muß er im ewigen Zweifel und Nichtwissen verharren, da ihm ja gerade die Vernunft keinen Ausweg aus diesem Dilemma zeigt? Dies wäre in der Tat die Konsequenz eines absoluten Skeptizismus. Pascal jedoch findet hier einen Ausweg: den des Glaubens. Im Hinblick auf die beiden Extreme des Dogmatismus und Skeptizismus heißt es daher:

„Ich bleibe bei der einzigen Bastion der Dogmatiker stehen, die besagt, daß man, wenn man guten Glaubens und aufrichtig spricht, nicht an den natürlichen Prinzipien zweifeln kann. Dem setzen die Pyrrhonisten – in einem Wort – die Unsicherheit unseres Ursprungs entgegen, der die Unsicherheit unserer Natur einschließt. Worauf – seit die Welt besteht – die Dogmatiker immer noch bemüht sind, eine Antwort zu finden. …

Damit ist der Krieg zwischen den Menschen eröffnet, in dem jeder Partei ergreifen muß und sich notwendigerweise entweder zum Dogmatismus oder zum Pyrrhonismus bekennen muß. Denn wer neutral zu bleiben vermeint, wird ein Pyrrhonist par excellence sein. Diese Neutralität ist das Wesen der Intrige. Wer nicht gegen sie [die Pyrrhonisten] ist, der ist in besonderer Weise für sie: worin sich ihr Vorteil zeigt. Sie sind nicht für sich selbst, sie sind neutral, indifferent, gegenüber allem in der Schwebe, ohne sich selbst auszunehmen. Was wird also der Mensch in diesem Zustand machen? Wird er an allem zweifeln; wird er zweifeln, ob er wach ist, ob man ihn kneift, ob man ihn brennt; wird er zweifeln, ob er zweifelt, wird er zweifeln, ob er ist? So weit kann man nicht kommen, und ich behaupte, daß es niemals einen wirklich vollkommenen Pyrrhonisten gegeben hat.

Die Natur unterstützt die ohnmächtige Vernunft und verhindert es, sich bis zu diesem Punkt zu überspannen. …

Wer wird diese Verwirrung lösen? … Die Natur verwirrt die Pyrrhonisten … und die Vernunft verwirrt die Dogmatiker. Was wird also aus euch werden, ihr Menschen, die ihr mit eurer natürlichen Vernunft sucht, was euer wahrhafter Zustand (*votre véritable condition*) ist, ihr könnt keiner dieser Sekten entgehen und auch in keiner bestehen. Erkenne also, du Stolzer, welches Paradoxon du dir selbst bist. Demütige dich, ohnmächtige Vernunft! Schweig, einfältige Natur, lerne, daß der Mensch den Menschen unendlich übersteigt, und vernimm von deinem Herrn deinen wahrhaften Zustand, den du nicht kennst. Höre auf Gott. …

Wenn der Mensch nie verdorben worden wäre, würde er sich in seiner Unschuld sowohl der Wahrheit wie des Glücks mit Sicherheit erfreuen. Und wenn der Mensch nie anders als verdorben gewesen wäre, so hätte er weder eine Idee von der Wahrheit noch von der Seligkeit. Aber wie unglücklich wir auch sind …, wir haben eine Idee vom Glück und können nicht dahin gelangen. Wir fühlen ein Bild der Wahrheit und besitzen nur die Lüge. Unfähig, absolut unwissend zu sein und sicher zu wissen – wie sehr ist es offenbar, daß wir auf einer Stufe der Vollkommenheit gewesen sind, von der wir unglücklicherweise herabgestürzt sind. …

Es ist indessen erstaunlich, daß das am weitesten von unserer Erkenntnis entfernte Geheimnis, das von der Vererbung der Sünde, etwas ist, ohne das wir keine Erkenntnis über uns selbst erlangen können. Denn ohne Zweifel gibt es nichts, was so sehr unsere Vernunft schockiert wie zu behaupten, die Sünde des ersten Menschen habe alle die schuldig gemacht, die so weit entfernt von diesem Ursprung sind, daß sie der Teilhabe daran unfähig erscheinen. Dieses Fortwirken erscheint uns nicht nur unmöglich. Es erscheint uns auch sehr ungerecht, denn was gibt es Gegensätzlicheres zu den Regeln unserer unglückseligen Gerechtigkeit als die ewige Verdammnis eines des Willens nicht fähigen Kindes um einer Sünde willen, an der es so wenig Anteil haben kann, als sie sechstausend Jahre vor seiner Geburt begangen wurde. Sicher verletzt uns nichts so stark wie diese Lehre. Aber ohne dieses Geheimnis, das unbegreiflichste von allen, sind wir uns selbst unbegreiflich. Der Knoten unseres Zustandes (*notre condition*) nimmt seine Krümmungen und Verwicklungen in diesem Abgrund, so daß der Mensch ohne dieses Geheimnis unbegreiflicher ist als das Geheimnis selbst für den Menschen unbegreiflich ist.“[15]

Für Pascal ist also der Mensch durch den Sündenfall, durch Adam von Gott abgefallen, und er kann nur durch Christus wieder aus diesem Zustand erlöst werden.[16] Der einzige Weg, zum wahren Glück zu gelangen, ist der des Glaubens (und zwar des christlichen Glaubens, zu dessen Apologie ja die ›Gedanken‹ Pascals verfaßt wurden), das höchste Gut kann allein in Gott liegen.

Die demütige Erwartung der Gnade Gottes ist es allein, die den Menschen erretten kann, nicht seine Vernunft, die selbst durch ihre hochmütige Anmaßung den Abfall von Gott herbeigeführt hat. So ist es für Pascal die christliche Religion, die in einem undogmatischen Verständnis dem Menschen den moralischen Weg zeigt. Denn:

„Allein die christliche Religion hat es vermocht, diese beiden Laster [Hochmut und Trägheit, Begehrlichkeit des Menschen] zu heilen, nicht indem sie nach der Weisheit der Erde das eine durch das andere vertrieb, sondern durch die Schlichtheit des Evangeliums. Denn sie offenbart den Gerechten, die sie bis zur Teilhabe an der Göttlichkeit selbst erhebt, daß sie noch in diesem erhabenen Zustande die Quelle aller Verderbnis in sich tragen, welche sie während des ganzen Lebens dem Irrtum, dem Unglück, dem Tod und der Sünde unterworfen sein läßt, und den Unfrommsten ruft sie zu, daß sie der Gnade ihres Erlösers fähig sind. Indem sie die, die sie rechtfertigt, zittern macht, und die, die sie verdammt, tröstet, mildert sie in ihrer so großen Gerechtigkeit die Furcht durch die Hoffnung aufgrund dieser doppelten, allen gemeinsamen Fähigkeit zur Gnade und zur Sünde. So erniedrigt sie den Menschen unendlich viel mehr, als die Vernunft das vermöchte, aber ohne zur Verzweiflung zu treiben, und sie erhebt ihn unendlich viel mehr als der Stolz der Natur, aber ohne ihn aufzublasen. Auf diese Weise gibt sie zu erkennen, daß es nur ihr – die allein von Irrtum und Laster ausgenommen ist – zukommt, die Menschen zu belehren und zu bessern.“[17]

Die unerforschliche Gnade, die der Mensch nur demütig zu erwarten hat, führt aber auch zur Demut gegenüber dem Mitmenschen, der – so verdorben er auch sein möge – als ein der Gnade Empfänglicher angesehen und damit geachtet werden muß. So heißt es bei Pascal:

„Aber, weil diese Religion uns verpflichtet, sie [die Gott nicht kennen und auch nicht suchen] – solange sie in diesem Leben sind – immer als der Gnade fähig zu betrachten, die sie erleuchten kann, und zu glauben, daß sie in kurzer Zeit mehr vom Glauben erfüllt sein können, als wir es sind, und daß wir umgekehrt in die Verblendung fallen können, in der sie sind, daher muß man für sie das tun, wovon wir wollten, daß man es für uns tue, wenn wir an ihrer Stelle wären, und an sie appellieren, Mitleid mit sich selbst zu haben und wenigstens einige Schritte zu tun, um zu versuchen, ob sie nicht doch zur Einsicht finden können.“[18]

Fernab von den Katechismen, Moralsystemen und Dogmen der Kirchen entfaltet sich hier ein religiöses, altruistisches Menschenbild, das aber in seiner Radikalität dem Menschen die moralische Selbstbestimmung durch die Vernunft abspricht und ihn gleichzeitig – im Sinne eines radikalen Jansenismus – der heilenden Gnade des verborgenen Gottes überantwortet.

Die menschliche Natur und ihre Affekte

Seit der Antike ist es bei der Erörterung moralischer Fragen üblich, auch die menschliche Natur mit ihren Affekten und Leidenschaften – wie Liebe, Haß, Zorn, Freude – in die Betrachtung ethischer Fragen einzubeziehen. Dabei stellt sich vor allem die Frage, wie die Affekte beherrscht werden können, um ein moralisches menschliches Verhalten zu ermöglichen. Während beispielsweise in der Stoa und in der christlichen Philosophie (z.B. von Thomas von Aquin) demgemäß die Behandlung der Affekte in eine Tugendlehre einbezogen sind, zeigen sich im 17. Jahrhundert Bemühungen, die Affekte als anthropologische Grundbedingungen des Menschen aufzufassen, die zunächst in dieser ihrer Funktion beschrieben werden müssen, ohne von vornherein einem moralischen Imperativ untergeordnet zu werden. Dabei werden die Affekte auch in ihrer biologisch-organischen Bedingtheit gesehen, wobei die neue mechanistische Denkweise der aufkommenden Naturwissenschaften auch hier Anwendung findet. Wir wenden uns exemplarisch Descartes zu, der für diese gewissermaßen neutrale deskriptive Betrachtungsweise der Affekte das erste Zeugnis liefert.

Descartes hat in seinem Alterswerk ›Die Leidenschaften der Seele‹ (Les passions de l'âme) eine ausführliche Beschreibung der menschlichen Affekte (*affectus*) oder Leidenschaften (*passions*) vorgenommen. Diese Seelenaffekte werden von Descartes als Aktionen oder Einwirkungen des Körpers auf die Seele aufgefaßt, indem gewisse Körperdispositionen oder Körperzustände in der Seele bestimmte Befindlichkeiten, die wir die Seelenaffekte nennen, hervorrufen. Da die Seele hierbei etwas (vom Körper) erleidet, handelt es sich also um ein Leiden oder Erleiden der Seele, weswegen sie im Lateinischen bzw. Französischen auch mit dem Wort *passio* bzw. *passion* bezeichnet werden. Weil sie zudem in besonderer Weise zu einer emotionalen Betroffenheit oder Aufwühlung führen, kann man sie im Deutschen auch zu Recht als „Leidenschaften“ oder „Gemütsbewegungen“ bezeichnen. Neben anderen Einwirkungen des Körpers auf die Seele, z.B. durch äußere Sinneswahrnehmungen oder durch innere Empfindungen (*sensus interni*) wie Schmerz, Hunger und Durst – letztere werden auch als *appetitus naturales*, d.h. als natürliche Strebungen oder Triebe bezeichnet –, handelt es sich bei den Affekten für Descartes um Phänomene, die wir gerade aufgrund ihrer emotionalen Wirkung in besonderer Weise der Seele zusprechen und daher Seelenaffekte oder Leidenschaften der Seele nennen. Der Grund liegt für Descartes darin, daß wir gewöhnlich ihre unmittelbare Ursache nicht kennen. So schreibt er in Artikel 25 der ›Leidenschaften der Seele‹: „Die Wahrnehmungen, die man allein auf die Seele bezieht, sind diejenigen, deren Wirkungen man wie in der Seele selbst fühlt und von denen man gewöhnlich keine nächste oder unmittelbare Ursache (*cause prochaine*) kennt, auf die man sie beziehen könnte. Hierzu gehören die Empfindungen der Freude, des Zorns und andere ähnliche, die manchmal in uns durch die Gegenstände erregt werden, die unsere Nerven bewegen und manchmal auch durch andere Ursachen. Obgleich nun alle Wahrnehmungen (*perceptions*) – sowohl die, die man auf Objekte außerhalb von uns, wie die, die man auf verschiedene Affektionen [wie Schmerz] unseres Körpers bezieht – Leiden oder Passionen (*passions*) in bezug auf unsere Seele sind, wenn man das Wort in seiner weitesten Bedeutung nimmt, so ist es jedoch üblich, es [das Wort] so einzuschränken, daß damit nur die [Affektionen], die sich auf die Seele selbst beziehen, bezeichnet werden. Und es sind nur diese letzteren, die ich hier unter dem Namen der ‚Leidenschaften der Seele' (*passions de l'âme*) zu erklären unternommen habe."[19]

Um zu erklären, auf welche Art die Befindlichkeit des Körpers auf die Seele einwirkt, wird nun das physiologische Organismus-Modell, das wir im 4. Kapitel erläutert haben, herangezogen. In einer weitläufigen und detaillierten, den ganzen ersten Teil des Werks umfassenden Erörterung werden sämtliche Seelenvermögen in ihrer Abhängigkeit von bzw. Interdependenz zu den entsprechenden physiologischen Körpervorgängen beschrieben und klassifiziert. Für die Seelenaffekte ist dabei besonders zu berücksichtigen, daß die Seele ihren Sitz im Zentrum des Gehirns in der Zirbeldrüse hat, welche durch das Ein- und Ausströmen der *spiritus animales* (vgl. Kapitel 4), d.h. besonders feiner Blutmaterie, in Bewegung gesetzt werden kann. Diese durch *spiritus*-Bewegungen hervorgerufenen Neigungen oder Bewegungen der Zirbeldrüse (die im Gehirn beweglich aufgehängt ist) gelten als die letzte, unmittelbare Ursache der Seelenaffekte, d.h., in ihnen besteht die eigentliche Einwirkung des Körpers auf die Seele, die zu deren Leidenschaften führt.

Aufgrund der vorangegangenen Differenzierungen kann nun Descartes die Seelenaffekte in Artikel 27 des ersten Teil definieren als: „Wahrnehmungen (*perceptions*) oder Empfindungen (*sentiments*) oder Emotionen (*émotions*) der Seele, die man insbesondere auf sie bezieht und die durch eine Bewegung der *spiritus animales* verursacht, aufrechterhalten und verstärkt werden".[20]

Auf der Basis dieses physiologischen Erklärungsmodells für den Zusammenhang zwischen Körper- und Seelengeschehen nimmt nun Descartes im zweiten und dritten Teil der ›Leidenschaften der Seele‹ eine psychologisch- und physiologisch-deskriptive Bestandsaufnahme der Seelenaffekte vor, die an den Objekten orientiert ist, die von außen auf uns einwirken. Zulässig ist dies, weil das, was zwar unmittelbar auf eine innerorganische physiologische Ursache zurückgeht, auch von anderen entfernteren Ursachen ausgelöst werden kann. In Artikel 51 heißt es daher: „Aus dem, was oben gesagt worden ist, weiß man, daß die letzte und unmittelbarste Ursache (*dernière et plus prochaine cause*) der Leidenschaften der Seele nichts anderes als die Bewegung (*agitation*) ist, in die die *spiritus animales* die kleine Drüse in der Mitte des Gehirns setzen. Aber das genügt nicht, um die einen von den anderen unterscheiden zu können. Dazu ist es nötig, ihre Quellen zu erforschen und die ersten Ursachen zu untersuchen. Denn obwohl sie manchmal durch die Aktion der Seele selbst, die sich dazu determiniert, dieses oder jenes Objekt zu denken, verursacht sein können, und auch durch das Temperament des Körpers allein oder durch Eindrücke, die zufällig im Gehirn aufeinandertreffen – wie es vorkommt, wenn man sich traurig oder fröhlich fühlt, ohne davon einen Grund angeben zu können –, so ergibt sich nichtsdestoweniger aufgrund dessen, was gesagt worden ist, daß dieselben [Leidenschaften] auch durch die Gegenstände, die unsere Sinne bewegen, hervorgerufen werden können und daß die Gegenstände ihre gewöhnlichen und hauptsächlichen Ursachen sind. Hieraus folgt, daß es, um sie alle zu finden, genügt, alle Wirkungen dieser Gegenstände zu betrachten."[21] Bei dieser Differenzierung der Seelenaffekte nach den auf uns einwirkenden Objekten geht es aber nicht um die im Objekt selbst liegenden Verschiedenheiten, sondern um die verschiedenen Arten, gemäß deren sie uns nützen oder schaden können.

Descartes unterscheidet sechs Grundaffekte, auf die sich alle anderen zurückführen lassen, nämlich: Staunen oder Verwunderung (*admiration*), Liebe und Haß (*amour et haine*), Freude und Traurigkeit (*joie et tristesse*) und Begehren (*désir*).

Der erste grundlegendste aller Seelenaffekte ist die Verwunderung (im Sinne des Staunens oder Sich-Wunderns über etwas). In Artikel 53 wird sie folgendermaßen definiert: „Wenn ein Objekt uns bei der ersten Begegnung überrascht und wir von ihm urteilen, daß es neu und verschieden von dem ist, was wir vorher kannten, oder von dem, was wir vermuteten, es könnte so sein, so bewirkt dies, daß wir uns über es wundern und erstaunt sind. Und weil dies geschehen kann, bevor wir überhaupt erkennen, ob dieses Objekt uns zuträglich bzw. angenehm (*convenable*) ist oder nicht, so scheint mir die Verwunderung die erste aller Leidenschaften zu sein. Und sie hat auch kein Gegenteil, denn, wenn das Objekt, das sich uns darbietet, nichts in sich hat, was uns überrascht, sind wir davon überhaupt nicht bewegt, und wir betrachten es ohne Leidenschaft."[22] Mit diesem Seelenaffekt der Verwunderung kann sich Achtung und Verachtung verbinden, je nach der Größe oder Kleinheit des Gegenstandes, aber auch Seelengröße (*magnanimité*) bzw. Hochmut (*orgueil*) oder Demut (*humilité*) bzw. Niedrigkeit (*bassesse*), wenn wir selbst der betrachtete Gegenstand sind.[23] Die genaue Definition der Verwunderung in Artikel 70 lautet: „Die Verwunderung ist eine plötzliche Überraschung der Seele, die bewirkt, daß sie sich dazu veranlaßt sieht, die Objekte mit Aufmerksamkeit zu betrachten, die ihr selten und außerordentlich erscheinen. So wird sie zunächst verursacht durch den Eindruck im Gehirn, der das Objekt als selten und infolgedessen als der besonderen Betrachtung würdig darstellt; dann durch die Bewegung der *spiritus animales*, die durch diesen Eindruck dazu veranlaßt werden, mit großer Kraft zu der Stelle des Gehirns hinzustreben, wo er stattfindet, um ihn dort zu verstärken und zu bewahren; ebenfalls werden sie veranlaßt, von dort in die Muskeln einzuströmen, die dazu dienen, die Sinnesorgane in der Lage zu halten, in der sie sich befinden, damit sie [die Verwunderung] durch sie [die *spiritus animales*] aufrechterhalten werden kann, wie sie auch durch sie gebildet worden ist."[24] Diese Verwunderung beruht also vor allem auf der Neuigkeit und der besonderen Gewalt oder Plötzlichkeit des Eindrucks vom Objekt. Ihr Nutzen besteht darin, daß wir Dinge, die wir vorher nicht wußten, bemerken und im Gedächtnis aufbewahren. Dies ist unabhängig davon, ob der Gegenstand etwas Gutes oder Übles darstellt, denn: „Alle anderen Leidenschaften können dazu dienen, daß man Objekte bemerkt, die als gut oder schlecht erscheinen. Verwunderung haben wir jedoch nur für die Dinge, die als selten erscheinen."[25] Der Seelenaffekt der Verwunderung verweist auf das Staunen (θαυμάζειν), das Platon in seinem ›Theätet‹ und Aristoteles in seiner ›Metaphysik‹ als den Anfang der Philosophie bzw. des Philosophierens bezeichneten. Bei Descartes kann er jedoch positive wie negative Auswirkungen haben. So kann das Staunen (die Verwunderung) nämlich außer dem positiven Effekt des Wissenserwerbs[26] auch den negativen der blinden Neugier[27] haben.

Liebe und Haß werden von Descartes folgendermaßen eingeführt: „Alle bisher genannten Leidenschaften [d.h. die Verwunderung und die von ihr abhängigen Seelenaffekte] können erregt werden, ohne daß wir in irgendeiner Weise bemerken, ob das Objekt, das sie verursacht, gut oder schlecht ist. Wenn aber eine Sache in Beziehung auf uns als gut vorgestellt wird, d.h. als uns zuträglich (*convenable*), so bewirkt dies, daß wir Liebe für sie empfinden; und wenn sie uns als schlecht oder schädlich vorgestellt wird, so erregt dies in uns Haß."[28] Descartes definiert die Liebe als „durch die Bewegung der *spiritus animales* verursachte Emotion der Seele, die sie dazu anreizt, sich willentlich (*de volonté*) mit den Objekten zu verbinden, die ihr als zuträglich erscheinen", und Haß entsprechend als „Emotion ..., die die Seele dazu anreizt, von den Objekten getrennt werden zu wollen, die sich ihr als schädlich darstellen".[29] Mit „willentlich" oder „wollen" ist hier nicht irgendein auf die Zukunft gerichtetes Verlangen gemeint, sondern die „Zustimmung, durch die man sich von jetzt an als verbunden mit dem, das man liebt, betrachtet, so daß man sich ein Ganzes vorstellt, von dem man der eine Teil und die geliebte Sache der andere Teil zu sein glaubt".[30]

Im unmittelbaren Zusammenhang mit Liebe und Haß stehen Freude und Trauer: „Die Betrachtung eines gegenwärtigen Gutes erregt in uns Freude, die eines Übels Trauer, wenn es sich um ein Gut oder Übel handelt, das uns als uns zugehörig vorgestellt wird."[31] Daher werden diese beiden Seelenaffekte so definiert: „Die Freude ist eine angenehme Emotion der Seele, in der das Vergnügen besteht, das sie am Guten hat, das ihr die Eindrücke im Gehirn als das Ihre vorstellen. Ich sage, daß in dieser Emotion das Vergnügen am Guten besteht, denn in der Tat erhält die Seele keine andere Frucht von all ihren Gütern, die sie besitzt; und wenn sie keine Freude daran hat, so kann man sagen, erfreut sie sich daran nicht mehr, als wenn sie überhaupt keine Güter besäße."[32] „Die Trauer ist eine unangenehme Mattigkeit, worin das Unwohlsein besteht, welches die Seele von einem Übel oder Fehler empfängt, den ihr die Eindrücke des Gehirns als ihr zugehörig vorstellen."

Während es sich sowohl bei Liebe und Haß wie bei Freude und Trauer um ein gegenwärtiges Gut oder Übel bzw. um ein Gut oder Übel handelt, das einem schon zu eigen ist, richtet sich das Begehren (*désir*), der letzte der sechs fundamentalen Seelenaffekte, auf ein zukünftiges Gut oder Übel. Will man „ein Gut, das man noch nicht hat, erwerben, oder ein Übel, das man kommen sieht, vermeiden", oder wünscht man sich auch nur „den Fortbestand eines Guts oder die Abwesenheit eines Übels [das man hat]",[33] so handelt es sich also um den auf die Zukunft gerichteten Seelenaffekt des Begehrens, den Descartes als „durch die *spiritus animales* verursachte Bewegung der Seele" definiert, „die sie [die Seele] veranlaßt, in der Zukunft die Dinge zu wollen, die sie sich als zuträglich vorstellt".[34] Aus dieser Bestimmung (positiv als Erstreben und negativ als Vermeiden) ergibt sich, daß auch das Begehren – so wie die Verwunderung – kein Gegenteil aufweist.

Abgesehen von der Verwunderung entstehen alle anderen Affekte also aus der Erwägung des Guten und Bösen. Hiermit sind aber noch keine moralischen Kategorien gemeint, sondern bloß die anthropologische, d.h. die dem Menschen eigentümliche Bewertung von Gegenständen im Hinblick auf die Qualität des Guten oder Schlechten. So schreibt Descartes in Artikel 82: „Denn obgleich z.B. die Leidenschaften, die ein Ehrgeiziger für den Ruhm hat, ein Geiziger für das Geld, ein Trunkenbold für den Wein, ein Gewalttäter für eine Frau, die er vergewaltigen will, ein Ehrenmann für seinen Freund oder seine Geliebte, ein Vater für seine Kinder, alle unter sich verschieden sind, so sind sie doch alle darin ähnlich, daß sie an der Liebe teilhaben."[35] Liebe wird hier in einem ganz allgemeinen Sinn als physiologischer, triebbedingter Affekt verstanden. Insofern handelt es sich bei Descartes' Darstellung der Seelenaffekte noch um keine Begründung einer Moral, sondern lediglich um die ohne moralische Wertung vorgenommene Beschreibung der anthropologischen Grundbefindlichkeiten des Menschen und ihrer Funktion im Rahmen einer physiologisch begründeten Psychologie. „Die Hauptwirkung aller Leidenschaften in den Menschen" – so betont Descartes in Artikel 40 – „besteht darin, daß sie ihre Seele anregen und veranlassen, die Dinge zu wollen, auf die sie ihren Körper vorbereiten, so daß das Gefühl der Furcht dazu anregt, fliehen zu wollen, das der Kühnheit, kämpfen zu wollen."[36] Wie soll nun der Mensch mit seinen Affekten umgehen? Hat er sie einfach hinzunehmen? Oder muß er sie sogar hinnehmen, weil sie von den physiologischen Körperprozessen offenbar vollständig abhängen?

Für die Beantwortung dieser Fragen muß an die Cartesische Auffassung von der Willensfreiheit erinnert werden, auf die wir gegen Ende des vorigen Kapitels hingewiesen haben. In den ›Leidenschaften der Seele‹ heißt es daher unmittelbar im Anschluß an das gerade wiedergegebene Zitat in Artikel 41: „Der Wille ist seiner Natur nach derart frei, daß er niemals gezwungen werden kann."[37] Wie können nun solche Willensaktionen der Seele, die „absolut in ihrer Gewalt" stehen (wobei Descartes einräumt, daß sie auf indirekte Weise durch den Körper beeinflußt werden können), auf das Affektgeschehen Einfluß nehmen? Dies kann für Descartes auf zweierlei Weise geschehen, zum einen durch einen indirekten, aktiven Einfluß der Seele (d.h. des Willens) auf die physiologisch bedingten Affekte, indem deren Wirkungen aufgehoben oder verändert werden, zum andern durch eine Verursachung der Affekte durch die Seele (d.h. den Willen) selbst. In beiden Fällen besteht für Descartes eine solche freie Willensaktion darin, daß die Seele die Zirbeldrüse in gewisser Weise bewegt, um die Wirkungen hervorzurufen, die dem Willen entsprechen.[38]

Im ersten Fall geschieht diese Beeinflussung in der Weise, daß wir über gewisse Vorstellungen in uns entgegengesetzte Affekte zu denjenigen Affekten erzeugen, die wir beeinflussen oder ändern wollen. „Um so in sich die Kühnheit zu entfachen und die Furcht zu verjagen, genügt es nicht, den Willen dazu zu haben, sondern man muß sich anschicken, die Gründe, die Vorfälle oder die Beispiele zu betrachten, die uns überzeugen, daß die Gefahr nicht groß ist; daß immer mehr Sicherheit in der Verteidigung als in der Flucht liegt; daß man Ruhm und Freude erlangen wird, gesiegt zu haben, anstatt Reue und Schande, geflohen zu sein."[39] Bei besonders heftigen Leidenschaften ist das Höchste, was der Wille hier leisten kann, „den Wirkungen [einer solchen Leidenschaft] die Zustimmung zu versagen und einige der Bewegungen, zu denen sie [die Leidenschaft] den Körper veranlaßt, zurückzuhalten. Zum Beispiel, wenn der Zorn einen die Hand zum Schlag erheben läßt, so kann der Wille sie gewöhnlich zurückhalten; wenn die Furcht die Beine zur Flucht antreibt, kann der Wille sie aufhalten."[40]

Der zweite Fall liegt vor, wenn der Wille selbst eine Emotion in der Seele erzeugt, die also selbst kein Affekt (im Sinne eines Leidens der Seele) mehr ist, die allerdings für Descartes einen solchen (passiven) Seelenaffekt dann zur Folge hat. Descartes spricht in diesem Fall von Emotionen der Seele (*émotions de l'âme*) im engeren Sinne, weil sie von der Seele selbst und nicht von Körpereindrücken hervorgerufen werden.[41] Ein Beispiel für solch eine aktiv von der Seele (und nicht vom Körper) erzeugte Emotion der Seele ist die rein intellektuelle Freude (*joie purement intellectuelle*), „die" – wie es in Artikel 91 heißt – „in der Seele allein durch die eigene Tätigkeit der Seele entsteht und die man eine angenehme, in ihr [der Seele] selbst hervorgerufene Emotion nennen kann, in der das Vergnügen besteht, das sie am Guten hat, welches ihr der Verstand als ihr zugehörig vorstellt. Es ist wahr, daß, solange die Seele mit dem Körper verbunden ist, diese intellektuelle Freude von einer Freude begleitet sein muß, die eine Leidenschaft ist."[42] Bei dieser Emotion ist die Seele insofern aktiv tätig, als hier der Wille ein Urteil über das Gute und Böse fällt (bei Descartes ist das Urteilen eine Willenshandlung), aufgrund dessen der Intellekt das Gute als der Seele zugehörig darstellen kann und aufgrund dessen die Emotion der intellektuellen Freude hervorgerufen wird.[43]

Die Freiheit des Willens besteht also darin, daß er selbst Urteile über die Erkenntnis des Guten und Bösen fällt und auf diese Weise die Aktionen des Menschen (sei es durch Abänderung von affektbedingten Handlungen oder Erzeugen von Handlungen durch intellektuelle Emotionen) steuert.[44] In dieser freien Willensentscheidung besteht für Descartes das moralische Handeln. In der Regulierung der Leidenschaften – insbesondere des unmittelbar für das Handeln zuständigen Affekts des Begehrens – besteht für Descartes die Moral.[45] Demgemäß bezeichnet er die Seelen als (moralisch) „stärker oder schwächer, je nachdem sie mehr oder weniger ihren Willensurteilen folgen und den diesen entgegengesetzten Leidenschaften widerstehen".[46] Nicht die Leidenschaften oder Seelenaffekte als solche sind schlecht, aber sie bzw. die aus ihnen sich ergebenden Handlungen unterliegen der Kontrolle durch den freien Willen, dessen Entscheidung sie nicht widersprechen dürfen. In diesem Sinne „hängt das [moralisch] Gute und Böse hauptsächlich von den inneren Emotionen ab",[47] d. h. den intellektuellen, willenserzeugten Emotionen der Seele. Derjenige handelt moralisch, der entschlossen dieser (vernunftbestimmten) freien Willensentscheidung, das als das Beste Beurteilte zu wählen, immer folgt. Allein aus dieser moralischen Qualität, die Descartes als Edelmut oder Großmut (*générosité*) bezeichnet, ergibt sich die Selbstachtung, d. h. die Achtung seiner selbst als moralischer Persönlichkeit. Hierzu führt Descartes in den Artikeln 152 und 153 aus: „Ich bemerke in uns nur eine einzige Sache, die uns einen gerechten Grund gäbe, uns zu schätzen, nämlich den Gebrauch unseres freien Willens (*libre arbitre*) und die Herrschaft, die wir über unsere Willensentschlüsse (*volontés*) haben. Denn es sind nur die allein von diesem freien Willen abhängenden Handlungen, für die wir zu Recht gelobt und getadelt werden können; und dieser [der freie Wille] macht uns in gewisser Weise Gott ähnlich, indem er uns zum Herrn über uns selbst macht, vorausgesetzt, daß wir nicht durch Niederträchtigkeit die Rechte verlieren, die er uns gibt. ... So glaube ich, daß der wahre Edelmut – der bewirkt, daß ein Mensch sich in dem höchsten Grade achtet, in dem man sich legitimerweise achten kann – allein darin besteht, daß er einerseits erkennt, daß es nichts gibt, das ihm wirklich angehört, als die freie Verfügung über seine Willensentschlüsse, und nichts, warum er gelobt oder getadelt werden darf, als, insofern er davon [von seinem freien Willen] guten oder schlechten Gebrauch macht; daß er andererseits in sich selbst einen festen und konstanten Beschluß (*résolution*) fühlt, davon einen guten Gebrauch zu machen, d.h., es niemals am Willen fehlen zu lassen, um alle die Dinge zu unternehmen und auszuführen, von denen er urteilen wird, daß sie die besten sind. Dies bedeutet, vollkommen der Tugend zu folgen."[48]

In demselben Sinn bezeichnet Descartes in einem Brief vom 20. November 1647 an die Königin Christine von Schweden, in deren Diensten er sein letztes Lebensjahr verbrachte, „den festen Willen, Gutes zu tun", oder „den festen und konstanten Entschluß, genau alle die Dinge zu tun, die man als die besten beurteilt", als das höchste Gut (*souverain bien*), nach dem jeder einzelne zu streben hat, oder als die höchste Tugend. Aus ihr folgt dann die Seelenruhe oder Zufriedenheit im Leben (*contentement de la vie*). Und aufgrund dieses Zusammenhangs zwischen Tugend und Unerschütterlichkeit oder Seelenruhe reiht er sich hier in die Tradition der beiden so gegensätzlich erscheinenden antiken Philosophenschulen der Stoa und des Epikureismus ein, die beide – allerdings in verschiedener Akzentuierung – die Gelassenheit und den inneren Frieden als Lebensideal empfahlen.

Mit seiner in den ›Leidenschaften der Seele‹ vorgetragenen Affektenlehre hat Descartes zwar kein Moralsystem entwickelt. Aber er hat einen Weg aufgezeigt, wie der Mensch auf der Grundlage seiner affektiven anthropologischen Bedingungen einen Weg zu moralischem Handeln finden kann. Die Beherrschung oder Regulierung der Affekte – die zwar als solche von Natur aus gut sind, deren schlechter und übermäßiger Gebrauch aber falsch ist – muß stets von rationalen Entscheidungen des freien Willens bestimmt sein: Dies fordert die Tugend des Edelmuts. Auch wenn diese Formulierung so bei Descartes nicht vorkommt, könnte man sagen, daß das menschliche Handeln immer von freien Gewissensentscheidungen geleitet sein muß und man sich nicht der Gewalt der Leidenschaften oder Seelenaffekte kritiklos überlassen darf. In diesem Sinn entwickelt Descartes im Rahmen einer Affektenlehre doch den Ansatz zu einer rationalen Ethik der Affektkontrolle, eine Aufgabe, der er in seiner Frühschrift, der ›Abhandlung über die Methode‹ noch durch die Darstellung einer bloß provisorischen Moral (im 3. Teil) ausgewichen war.

Anders als bei Descartes, der eine Affektkontrolle durch rational begründete Willensentscheidungen annimmt, ist die Sachlage bei Hobbes. Wie wir im 4. Kapitel sahen, beruhen für ihn alle Lebensvorgänge auf sensomotorischen Mechanismen. In diesen Mechanismus sind auch die Affekte einbezogen, so daß für deren Kontrolle oder Regulierung durch den Willen kein Raum mehr bleibt.

Die im 6. Kapitel des ›Leviathan‹[49] und im 11. und 12. Kapitel von ›Über den Menschen‹ (De homine),[50] dem zweiten Teil seiner ›Elemente der Philosophie‹, gemachten Bemerkungen zur Problematik der Affekte gehen von dem von den Objekten oder Erkenntnisgegenständen hervorgerufenen Strebungen oder Antrieben (*endeavour, conatus*), d.h. unendlich kleinen Bewegungen, im organischen Körper aus, die als sogenannte animalische Bewegungen den Organismus am Leben, d.h. in Bewegung halten. Ist eine solche innerorganische Strebung oder kleinste, unmerkliche Bewegung auf ihre Ursache gerichtet, so heißt sie Begehren oder Verlangen (*appetite, desire; appetitus, appetitio*), strebt sie hingegen von der Ursache weg, so heißt sie Abneigung oder Abscheu (*aversion; aversio, fuga*). Dies sind die beiden Grundtriebe, auf die das gesamte seelische Geschehen zurückgeführt wird. Nimmt man Verlangen und Abneigung in diesem allgemeinen Sinn, so faßt man für Hobbes den Gegenstand oder das Objekt des Verlangens oder der Abneigung als nicht gegenwärtig auf. Faßt man sie jedoch als gegenwärtig auf, so nennt man das Verlangen Liebe und die Abneigung Haß.

Die Objekte dieser Triebe – gleichgültig, worauf sie sich richten – werden als gut oder schlecht bezeichnet. So heißt es im ›Leviathan‹: „Aber was immer auch das Objekt des Verlangens oder Begehrens des Menschen ist, dieses Objekt nennt er gut; und das Objekt seines Hasses und seiner Abneigung nennt er schlecht oder ein Übel (*evil*); … Denn diese Wörter des Guten und des Bösen … werden immer in Beziehung zu der Person gebraucht, die sie benutzt; es gibt nämlich nichts, was schlechthin und absolut so ist; noch gibt es eine allgemeine Regel für gut und böse, die aus der Natur der Objekte selbst genommen ist. Vielmehr stammt sie von der Person des Menschen, wo es keinen Staat oder Gemeinwesen (*commonwealth*) gibt, oder in einem Staat von der Person, die ihn vertritt, oder von einem Schiedsrichter oder Richter, den uneinige Menschen übereinstimmend einsetzen und dessen Urteil sie zur Richtschnur [von Gut und Böse] machen."[51] Die Relativierung des Guten und Bösen als moralischer Kategorien, die hiernach nicht Maßstäbe für das richtige Verhalten darstellen, sondern umgekehrt aus den jeweiligen natürlichen anthropologisch-biologischen Gegebenheiten des Menschen abgeleitet werden, wird in ›Über den Menschen‹ noch deutlicher zum Ausdruck gebracht, wo es heißt: „Für alle Dinge, die erstrebt werden, gibt es, insofern sie erstrebt werden, den gemeinsamen Namen *gut* (*bonum*), und für alle Dinge, die wir meiden, den Namen *böse* (*malum*). ... Aber da verschiedene Personen Verschiedenes erstreben oder meiden, gibt es vieles, was für einige gut und für andere böse ist, so wie für uns das gut ist, was für unsere Feinde böse ist. *Gut* und *böse* sind also relativ zu denen, die es erstreben oder vermeiden [also von den die Sache erstrebenden oder vermeidenden Personen abhängige Kategorien]. Ein Gut kann allgemein sein, und man kann zutreffend von einer Sache sagen, daß sie ein allgemeines Gut ist (*communiter bonum*), d.h. für viele nützlich oder für den Staat gut. Man kann auch manchmal *gut für alle* sagen, wie von der Gesundheit; aber auch diese Redeweise ist relativ. Daher darf nicht *schlechthin gut* (*simpliciter bonum*) gesagt werden, weil, was auch immer gut ist, [nur] für einige oder irgend jemanden gut ist. Anfangs war das gut, was Gott geschaffen hatte. Warum? Weil ihm selbst alle seine Werke gefielen. Man sagt auch, Gott ist gut für alle, die seinen Namen anrufen, nicht aber für die, die ihn lästern (*blasphemant*). *Gut* wird also etwas relativ zu Person, Ort und Zeit genannt. Diesem, hier, jetzt gefällt es; jenem, dort, zu anderer Zeit mißfällt es; und so auch in bezug auf andere Umstände. Die Natur des Guten und Bösen ist nämlich von den zufälligen Umständen abhängig (*sequitur rerum* συντυχίαν)."[52]

Begehren und Abneigung darf man im strengen Sinne nur als Triebe bezeichnen, weil sie Bewegungen im Organismus darstellen. Will man die mit diesen Trieben verbundene affektive, mentale Seite ansprechen, so spricht man von der Empfindung der Lust (*pleasure, delight*) oder Unlust (*displeasure, trouble of mind*), und zwar deshalb, weil diese Triebe unsere vitalen Körperprozesse zu fördern oder zu hemmen scheinen. Dieser mentale Aspekt ist für Hobbes im eigentlichen Sinn nur ein Epiphänomen – wie wir uns in Kapitel 4 ausdrückten –, weil das Reale allein die zugrunde liegenden materiellen Vorgänge sind, die vom Objekt bis zu den innerorganischen Prozessen führen, an denen sich gewisse andere „Erscheinungen" – wie Hobbes es nennt – zeigen. Er schreibt: „Wie ich zuvor gesagt habe, ist bei der Sinneswahrnehmung (*sense*) das, was wirklich (*really*) in uns ist, nur Bewegung, verursacht durch die Aktion äußerer Objekte, aber sie [die Bewegung] erscheint (*is in appearance*) dem Sehvermögen als Licht und Farbe, dem Ohr als Ton, der Nase als Geruch etc. Ebenso ist auch, wenn die Aktion desselben Objekts von den Augen, Ohren und anderen Organen bis zum Herzen [nach landläufiger Auffassung der Sitz der Gefühle und Affekte] sich fortsetzt, die reale Wirkung dort nichts anderes als Bewegung oder Strebung (*endeavour*), welche im Verlangen oder in der Abneigung zum bewegenden Objekt besteht. Aber die Erscheinung (*appearance*) oder die Empfindung (*sense*) dieser Bewegung ist das, was wir Lust oder Unlust (*delight or trouble of mind*) nennen."[53] Aufgrund dieser Erwägung definiert Hobbes Lust und Unlust folgendermaßen: „Deshalb ist Vergnügen oder Lust die Erscheinung oder Empfindung des Guten (*the appearance or sense of good*); und die Belästigung oder Unlust (*molestation or displeasure*) Erscheinung oder Empfindung des Schlechten (*evil*). Und infolgedessen ist jedes Verlangen, jedes Begehren, jede Liebe von einer größeren oder geringeren Lust begleitet und jeder Haß und jede Abneigung von einer größeren oder geringeren Unlust und Verärgerung (*displeasure and offence*)."[54]

Auf diese Affekte der Lust und Unlust werden von Hobbes alle anderen Affekte, wie Freude, Trauer, Hoffnung, Furcht und viele mehr, zurückgeführt, denen er eine ausführliche Behandlung im 12. Kapitel von ›Über den Menschen‹ widmet. Die Affekte (*affectus*) werden – gemäß der Relativität der Beurteilungskriterien für *gut* und *böse* – als „Arten des Verlangens und des Meidens" (*appetitionis et fugae species*) definiert, „deren Unterschiede man von der Verschiedenheit der Objekte, die wir erstreben oder vermeiden, und von den Umständen ableitet". Sie werden zusätzlich aber auch als Störungen oder Verwirrungen des Geistes (*perturbationes animi*) bezeichnet, „weil sie meistens der richtigen Überlegung (*recta ratiocinatio*) hinderlich sind", indem sie „gegen das wahre Gut für das scheinbare und sich aufdrängende Gut (*bonum praesentissimum*) streiten, das sich meistens, wenn man alle Begleitumstände erwägt, als Übel herausstellt. Denn aus der Verbindung von Geist und Körper folgt, daß der Anfang des Handelns vom Begehren, die planende Überlegung (*consilium*) aber von der Vernunft ausgeht. Deshalb, obwohl das wahre Gute durch weitblickende Voraussicht zu suchen ist, was Sache der Vernunft ist, reißt das Begehren das gegenwärtige Gut an sich, ohne vorauszusehen, daß ihm notwendigerweise größere Übel anhaften. Es stört also und behindert die Tätigkeit der Vernunft, weshalb es *Störung* oder *Verwirrung* (*perturbatio*) genannt wird."[55]

Bei dieser Bemerkung ist erstens zu beachten, daß mit der Unterscheidung von wahrem und scheinbarem Gut (*bonum verum – apparens*) nicht die Relativität des Guten rückgängig gemacht werden soll, sondern nur auf den Unterschied zwischen der Betrachtung eines Objekts, isoliert für sich und im Zusammenhang mit den Umständen, hingewiesen werden soll. Hobbes führt hierzu aus: „Man unterscheidet außerdem beim Guten wie beim Bösen das wahre vom scheinbaren. Nicht als ob irgendein scheinbares Gut nicht an sich wirklich [aber nur relativ im erörterten Sinn] gut wäre, ohne die anderen Dinge, die von ihm abhängen, in Betracht zu ziehen; sondern weil die Verbindung von vielen Dingen, von denen ein Teil gut, der andere schlecht ist, manchmal so eng ist, daß sie nicht voneinander getrennt werden können. Deshalb ist, obwohl jeder einzelne [Teil] nur gut oder nur schlecht ist, die ganze Kette teilweise gut, teilweise schlecht. Und wenn der größere Teil gut ist, so wird die [gesamte] Reihe gut genannt; und umgekehrt, wenn der größere Teil schlecht ist, wird das Ganze verschmäht, jedenfalls soweit dies bekannt ist. Daher kommt es, daß unerfahrene Menschen, die die Folgen der Dinge nicht weit genug überschauen, das, was als Gutes erscheint, akzeptieren, ohne das damit verknüpfte Übel zu sehen; später machen sie dann schädliche Erfahrungen. Nur dies ist es, was diejenigen, die wahres und scheinbares Gut und Übel unterscheiden, meinen."[56]

Zweitens fällt aber in der eben zitierten Bemerkung zu den Affekten auf, daß hier die Vernunft anscheinend doch von Hobbes als Regulationsinstrument für die Affekte angesetzt wird, nämlich um die durch die Affekte herbeigeführten Störungen oder Verwirrungen zu vermeiden. Wird dem Menschen damit nicht doch eine freie Kontrolle über die Affekte zugesprochen? Nun ist aber – wie im 4. Kapitel gezeigt – der Wille für Hobbes nur die letzte Entscheidung in einer Reihe von Überlegungen, die das Gute oder Schlechte ihres Objektes abwägen. Dies ist im Sinne des gerade erwähnten Überdenkens der Folgen des erstrebten oder verschmähten Objekts oder der Zusammenhänge, in denen es steht, oder der Umstände, die mit ihm verknüpft sind, zu verstehen. Es bedeutet dabei aber nicht, daß die Vernunft und der mit ihr verknüpfte Wille – wie bei Descartes – den Affekten gegenüberstehen oder ihnen übergeordnet sind, um sozusagen „affektfrei" eine Entscheidung über die Annahme oder Zurückweisung der Affekte zu treffen. Vielmehr wird – so läßt sich formulieren – der Wille selbst zum Affekt, nämlich zum Grundtrieb des Begehrens und dem damit verbundenen Lustgefühl. Denn – so Hobbes – „wir begehren nicht deshalb, weil wir wollen, der Wille selbst ist das Begehren; und wir verabscheuen nicht deshalb, weil wir nicht wollen; sondern weil Begehren und Abneigung von den gewünschten oder verabscheuten Dingen selbst hervorgebracht wird und notwendig aus der Erwartung künftiger Lust und Unlust an den Objekten selbst folgt".[57] Nicht der Wille trifft für Hobbes aufgrund rationaler Überlegungen und Erwägungen über das Gute und Böse letzten Endes die Entscheidung. Da unsere Auffassung über das Gute und Böse – wie wir sahen – erst aus dem Einfluß der Objekte auf uns und die dadurch herbeigeführte Zu- oder Abneigung folgt, ist sie immer an diesen Grundtrieb oder Grundaffekt gebunden. Infolgedessen ist der Wille nur das letzte Begehren in einer Kette von Überlegungen, die aber selbst ebenfalls nur ein Spiel der Affekte oder ein Hin und Her zwischen lustbegleitetem Begehren und unlustbegleiteter Abneigung darstellen. In diesem Sinne sagt Hobbes: „Wenn jemand gefragt wird, ob er eine Absicht auszuführen oder zu unterlassen hat, so nennt man dies *überlegen* oder *entscheiden* (*deliberare*), d.h. die Freiheit, die er zu beiden Seiten hin hat, aufzugeben. Bei dieser Überlegung ist man, je nachdem sich Vorteile oder Nachteile auf der einen oder anderen Seite zeigen, wechselseitig zu- oder abgeneigt, so lange bis die Sache es erfordert, daß man sich entscheidet; [dieses] letzte Begehren des Tuns oder Unterlassens (*appetitus ultimus sive faciendi sive omittendi*), welches die Handlung oder Unterlassung unmittelbar herbeiführt, wird im eigentlichen Sinne *Wille* (*voluntas*) genannt."[58]

Metaphysik der Moral

Sowenig wie Descartes und Hobbes eine echte Morallehre entfaltet haben, so wenig ist das auch bei Leibniz der Fall. Gleichwohl hat Leibniz seine moralischen Vorstellungen an vielen verstreuten Stellen in seinen nachgelassenen Papieren ansatzweise entwickelt. Allerdings ist sein Ansatz völlig verschieden von den bisher besprochenen. Weder die religionsskeptischen Motive Charrons noch die wissenschaftsskeptischen Pascals spielen für ihn eine Rolle. Aber es sind auch nicht die anthropologischen Bedingungen oder Grundlagen, aus denen er – wie Descartes und Hobbes – Regeln für das Handeln bzw. für das Entscheiden über das Gute und Böse entwickelt. Vielmehr geht es ihm – so könnte man sagen – um eine Metaphysik der Moral. Hierbei bleiben einerseits Leibniz' Moralvorstellungen völlig im Rahmen der christlichen Lehre, und andererseits sind sie eingebettet in sein metaphysisches System der besten der möglichen Welten. Schon die Tatsache, daß Leibniz den moralischen Begriff des Besten, des *optimum*, für die Charakterisierung der Welt und für die göttliche Schöpfung, die nach dem Prinzip des Besten erfolgt, heranzieht, zeigt, wie stark bei ihm metaphysische und moralische Grundbegriffe miteinander in Beziehung stehen. So wie Gott die beste Welt geschaffen hat, also durch sein Handeln das Beste verwirklichte, so strebt auch der Mensch immer zum Besten, wenn dieses auch nur etwas ist, was ihm als das Beste erscheint (*maximum bonum apparens, majus bonum apparens, optimum apparens*).[59] Im Gegensatz zum Hobbesschen Begriff ist mit diesem *bonum apparens* aber nicht ein bloß scheinbar (also in Wirklichkeit nicht) Gutes gemeint, sondern das dem Menschen aus seiner beschränkten Perspektive als das Beste Erscheinende, das zwar in einem absoluten Sinn für sich nicht das Beste darstellt, aber gleichwohl zur Perfektion des gesamten

Universums beiträgt. Daher definiert Leibniz das Gute als „das, was zur Vollkommenheit beiträgt“ (*Bonum est quod confert ad perfectionem*).[60]

Vor diesem Hintergrund ist Gott im christlichen Sinne als das höchste Gut (*summum bonum*) aufzufassen, d. h., das Handeln des Menschen ist auf Gott auszurichten.[61] Zugleich wird dieses höchste Gut aber auch mit der Tugend der Stoiker und der Seelenruhe der Epikureer gleichgesetzt, d. h. als oberste praktische Handlungsmaxime auf den Menschen bezogen. Besonders kennzeichnend für die Leibnizsche Moral ist aber nun der philanthropische, auf das Gemeinwohl gerichtete Aspekt. Das Sich-Ausrichten auf Gott bedeutet zugleich das Gemeinwohl (*commune bonum*) befördern. „Wer nicht“ – so schreibt Leibniz – „das Gemeinwohl anstrebt, der gehorcht Gott nicht.“[62] Im Dienste dieses Gemeinwohls steht auch die Nächstenliebe, die den dem Gemeinwohl und damit der Gerechtigkeit dienenden Weisen auszeichnet und die von Leibniz’ berühmter Definition der Liebe ausgeht: „Lieben ist, sich am Glück des anderen zu erfreuen“ (*Amare est alterius felicitate delectari*).[63]

Eine Reihe von Konzepten noch vom Ende der 1670er Jahre[64] ist besonders kennzeichnend für diesen ethischen Ansatz, der den christlichen Gedanken der Nächstenliebe mit der auf das Gemeinwohl zielenden Gerechtigkeit zu verknüpfen sucht, zugleich aber auch das Glück und die Freude des einzelnen miteinbezieht. Leibniz geht hier aus von der Gerechtigkeit, die er als „die Nächstenliebe“ (*caritas*) – oder wie er auch ins Deutsche übersetzt: „die brüderliche Liebe“ – „des Weisen“ definiert (*justitia est caritas sapientis*). Die *caritas* wird dabei als allgemeines Wohlwollen oder als Wohlwollen gegenüber allen (*benevolentia generalis, benevolentia erga omnes*) verstanden. Da das Wohlwollen einen Habitus, d. h. eine Form der Liebe darstellt, geht in die Definition der Gerechtigkeit auch die gerade erwähnte Definition der Liebe ein. Gerecht ist demnach der, der gegenüber allen diese Haltung der Nächstenliebe einnimmt, d. h. sich am Glück aller, also jedes einzelnen erfreut, und das heißt, daß er „das fremde Wohl oder Übel als Teil seiner selbst ansieht“,[65] wie Leibniz ausführt. Ein solcher Gerechter ist ein Weiser.

Scheint es von hier aus, daß es bei der Gerechtigkeit nur um das Glück anderer geht, möglicherweise unter Hintanstellung meines eigenen Glücks, so geht aus folgenden weiteren Bestimmungen hervor, daß das fremde Glück das eigene einbezieht. Leibniz definiert nämlich außerdem die Weisheit als das Wissen oder die Wissenschaft vom Glück (*sapientia est scientia felicitatis*), d. h., daß der Weise sein eigenes Glück anstrebt. Das bedeutet, daß für die Gerechtigkeit nicht allein die Nächstenliebe oder *caritas* ausreicht, sondern diese sich zugleich mit der Klugheit (*prudentia*) verbinden muß, so daß die Ausübung der Nächstenliebe einigen gegenüber nicht – insgesamt gesehen – diesen oder anderen oder mir selbst schädlich werden kann. Daher drückt sich Leibniz so aus: „Der Weise besitzt nicht nur die Nächstenliebe, sondern auch das Wissen, die Nächstenliebe so auszuüben, daß sie mit dem Glück seiner selbst übereinstimmt; er besitzt nämlich die Wissenschaft vom Glück."[66]

Des weiteren besteht nun das Glück für Leibniz in einer dauerhaften Freude (*laetitia durabilis*), und die Freude wird als Zustand der Lust (*status voluptatum*) definiert, wobei die Empfindung der Lust (*sensus voluptatis*) so groß ist, daß eine Schmerzempfindung im Vergleich dazu nicht bemerkbar ist.[67] In einer alternativen Fassung bezeichnet Leibniz die Freude auch als Kenntnis der Lust (*opinio voluptatum*), weil es hierbei nicht nur auf die Empfindung gegenwärtiger Lust, sondern auch auf die Erinnerung an vergangene und die Hoffnung auf zukünftige Lust ankommt.[68] Über den Begriff der Lust, die eine Empfindung (*sensus*) ist, die nur körperlich wahrgenommen werden kann, erreicht nun Leibniz sozusagen die Anbindung seiner metaphysischen Bestimmungen der Gerechtigkeit an die Körperlichkeit und damit an das Affektgeschehen im Körper. Da nun Lust aber weiter als „Empfindung der Vollkommenheit" (*sensus perfectionis*) definiert wird, bedeutet das im Hinblick auf den einzelnen, der die Lustempfindung hat, daß seine Kraft (*potentia*) gesteigert wird und somit sein Wohlbefinden zunimmt. Durch die Verwendung des metaphysischen Begriffs der Vollkommenheit, der ja für die Definition des Guten eine besondere Rolle spielt – wie wir anfangs feststellten –, gewinnt nun Leibniz gleichzeitig auch die Rückbindung an die Metaphysik des Besten, wie auch die Beispiele für Lustempfindungen deutlich machen. So steigert ein Wissen, durch das wir etwa Hindernisse überwinden, unsere Kraft, aber auch das Wissen, aufgrund dessen wir Harmonien in Ideen, Zahlen, Figuren, Farben oder Tönen erkennen, weil so „unter dem Bild der Verwirrung Ordnung erscheint und inmitten der Vielheit sich ein Licht der Einheit enthüllt" – wie Leibniz formuliert.[69]

Wir können die Leibnizschen Gedanken so zusammenfassen: Der Gerechte ist der Weise, der mit der altruistischen Beförderung des Glücks der anderen bzw. der Gemeinschaft dadurch zugleich sein eigenes Glück befördert, indem er sein Wohlbefinden, das körperlich als Lust empfunden wird, steigert und so zu seiner eigenen Vollkommenheit beiträgt.

Die hier exemplarisch dargestellten neuen anthropologischen und moralischen Vorstellungen zeigen sehr disparate Ansätze zu einem neuen Menschenbild. Am modernsten erscheinen der gesinnungsethische Ansatz von Charron, der in der Kantischen Ethik später seine konsequente Ausgestaltung erfährt, und die physiologisch begründeten Affektenlehren von Descartes und Hobbes, die allerdings – stärker bei Hobbes – die Tendenz aufweisen, die philosophisch-moralische Fragestellung durch eine deskriptive Psychologie oder Anthropologie zu verdrängen. Die Ansätze von Pascal und Leibniz sind zwar ebenfalls neuartig im 17. Jahrhundert, aber sie erscheinen eher als traditionsbewahrend, weil sie die traditionelle transzendente Problematik nicht beseitigen, sondern aus einem religiösen (so Pascal) oder metaphysischen Impuls (so Leibniz) heraus erneuern wollen.

8. Recht und Staat

In diesem letzten Kapitel wenden wir uns dem Menschen als gesellschaftlichem Wesen zu, d.h. als einem Wesen, das sich geschichtlich immer schon in Gemeinschaft mit seinesgleichen vorfindet, als Familie, Sippe, Stamm, Polis, Staat oder als gesamte Menschheit. Aus dem Zusammenleben in solchen kleinen oder größeren Verbänden ergibt sich die Notwendigkeit einer Regelung des sozialen Umgangs miteinander oder der sozialen Beziehungen untereinander, die entweder – in kleinen oder archaischen Verbänden wie Familie, Sippe oder Stamm – durch Tradition, Gewohnheit oder mündliche Übereinkunft oder – in den größeren staatlichen und staatsähnlichen Verbänden – durch ein in der Regel kodifiziertes Rechtssystem oder eine Rechtssatzung reguliert werden. Die auf diese Weise anerkannten Rechtsnormen bilden also die Grundlage für das Zusammenleben. Das 17. Jahrhundert hat den Fragen der Begründung und Rechfertigung solcher Rechtsnormen besondere Beachtung geschenkt. Das lag zum einen daran, daß mit dem dieses Zeitalter kennzeichnenden Absolutismus besondere Begründungsprobleme für die absolute Souveränität des Herrschers auftraten; es lag aber auch daran, daß grundsätzlich das Problem der Rechtsbegründung neues Interesse gewann, insofern die historisch gewachsenen Formen der Rechtsregelung nicht mehr einfach hingenommen, sondern einer systematischen Überprüfung unterzogen wurden. Waren es zuvor das aus der Antike übernommene römische Rechtssystem sowie dessen philosophische – inzwischen theologisch gedeutete – Fundamentierung, die bestimmend gewesen waren, so setzte nunmehr – auch hier geleitet vom natürlichen Licht der Vernunft – eine philosophische Neubesinnung ein. Es sind vor allem drei Gebiete, in denen das 17. Jahrhundert neue Akzente gesetzt hat, die unser Rechtsbewußtsein noch bis heute bestimmen: die Frage der Souveränität und Begründung des Staats, die Frage des Naturrechts und die Frage der Rechtsbeziehungen zwischen den Staaten, des sogenannten Völkerrechts. In der Frage der Staatsbegründung sind es die Gesellschaftsvertragstheorien, beim Naturrecht ist es in erster Linie die Säkularisierung der Naturrechtsvorstellungen, und bei den zwischenstaatlichen Rechtsbeziehungen ist es der erstmalige Entwurf eines Völkerrechtssystems, welches die herausragenden Leistungen des 17. Jahrhunderts darstellen. Wir werden für diese drei Gebiete wieder exemplarisch auf Vertreter eingehen, die der Entwicklung auf dem jeweiligen Gebiet neue Impulse haben geben können.

Souveränität und Staatsbegründungsvertrag

Im Zeitalter des Absolutismus, in dem der Adel an Bedeutung verlor und der Monarch zum unumschränkten Herrscher des Staates aufstieg, mußte es zur Frage kommen, wie sich eine so unbeschränkte Machtbefugnis begründen oder rechtfertigen läßt. Jean Bodin (1530–1596) prägte in seinen berühmten zuerst 1576 erschienenen ›Sechs Büchern vom Staat‹ (Les six livres de la république) den Begriff der Souveränität, um damit den absoluten Herrschaftsanspruch zu bezeichnen und dem Herrscher ein absolutes Majestätsrecht zuzusprechen. Der erste Satz des Werks lautet: „Staat (*République*) ist eine rechtmäßige Regierung (*un droit gouvernement*) über eine Vielzahl von Haushaltungen und ihre gemeinsamen Angelegenheiten, mit souveräner Macht (*avec puissance souveraine*).“[1] Den Begriff der Souveränität erklärt er zu Beginn des 8. Kapitels des 1. Buchs so: „Die Souveränität (*la souveraineté*) ist die absolute und zeitlich unbegrenzte Macht eines Staates (*puissance absolue et perpétuelle d'une République*), welche die Lateiner ‚Majestät' nennen.“[2] Und es heißt etwas später weiter: „Nun ist die Souveränität nicht begrenzt, weder in der Macht, noch in ihren Aufgaben, noch auf eine bestimmte Zeit.“[3] Der mit einer solchen absoluten Macht ausgestattete Herrscher vereinigt alle politische Macht auf sich, ohne selbst von einer anderen Macht oder von Gesetzen eingeschränkt zu sein. Bodin formuliert dies so: „Der Fürst ist von der Macht der Gesetze befreit“ (*le Prince est absous de la puissance des loix*).[4] Damit griff er auf den alten in den Digesten des ›Corpus juris civilis‹ (der von Kaiser Justinian I. im 6. Jahrhundert veranstalteten Sammlung des römischen Juristen- und Kaiserrechts) von Ulpian überlieferten Satz zurück: „Der Fürst ist nicht an Gesetze gebunden“ (*princeps legibus solutus* bzw. *absolutus*), woher das Zeitalter seinen Namen erhalten hat. Für Bodin soll hiermit zwar die gesetzlich unbeschränkte Macht des absoluten Fürsten zum Ausdruck gebracht, aber gleichwohl keiner despotischen oder diktatorischen Machtfülle der Boden bereitet werden. Denn dem göttlichen und natürlichen Gesetz bleibt auch der absolute Souverän unterworfen: „Aber was die göttlichen und natürlichen Gesetze betrifft, so sind alle Fürsten der Erde ihnen unterworfen, und es steht nicht in ihrer Macht, ihnen zuwiderzuhandeln, wenn sie sich nicht der Majestätsbeleidigung Gottes schuldig machen wollen, indem sie Gott den Krieg erklären, unter dessen Größe alle Monarchen dieser Welt sich beugen und das Haupt voller Furcht und Ehrerbietung neigen müssen.“[5]

Kann man Bodin als den Apologeten des absoluten Souveräns bezeichnen, so Hobbes als den theoretischen Begründer einer absoluten Staatsmacht. Orientiert an dem Modell des seit dem Mittelalter diskutierten Staatsbegründungs- oder Gesellschaftsvertrags, durch den die Macht auf den Herrscher übertragen wird, hat er wohl die aufsehenerregendste und zugleich am stärksten antitraditionalistische Gesellschaftsvertragstheorie entwickelt. Unter dem Eindruck der revolutionären Unruhen und Bürgerkriege, die zwischen 1640 und 1660 England heimsuchten und zur vorübergehenden Abschaffung der Monarchie und 1653 zur Einsetzung des Lord-Protektors Oliver Cromwell führten, war Hobbes zwischen 1640 und 1651 ins Exil nach Frankreich gegangen und hatte dort seine wichtigsten staatsphilosophischen Schriften ›Vom Bürger‹ (zuerst 1642) und ›Leviathan‹ (1651) verfaßt. Mit diesen Schriften wurde wie nirgendwo sonst die absolute Souveränität begründet und gerechtfertigt. Diese Begründung wird in einer Radikalität und Nüchternheit durchgeführt, die nicht haltmacht vor naturrechtlichen Normen oder vor dem traditionellen christlichen Menschenbild. Insbesondere ist es aber der Antagonismus gegen die aristotelisch-scholastische Auffassung vom Menschen als geselligem, d.h. von Natur aus auf geselligen Umgang miteinander angelegtem Wesen (als ζῷον πολιτικόν), welche Hobbes radikal umkehrt. Der Mensch ist vielmehr von Natur aus ein egoistisches, auf seine eigene Selbsterhaltung und seinen eigenen Nutzen ausgerichtetes Wesen, welches um dieses Zweckes willen alle Mittel einsetzt.

Im 13. Kapitel des ›Leviathan‹ – analoge Überlegungen befinden sich im 1. Kapitel von ›Vom Bürger‹ – widmet sich Hobbes zunächst den anthropologischen Bedingungen des Menschen oder – wie er sich ausdrückt – der natürlichen Anlage der Menschheit (*the natural condition of mankind*) und geht der Frage nach, wie der Mensch aufgrund seiner natürlichen Anlage handeln würde, wenn er sich in einem freien Naturzustand befände, d.h. keinen staatlichen Zwangsmitteln ausgesetzt wäre. Hobbes nimmt – worauf wir schon im 1. Kapitel hingewiesen haben – eine prinzipielle körperliche wie geistige Gleichheit der Menschen in dem Sinne an, daß sich niemand dem anderen überlegen fühlen kann. „Denn was die Körperstärke betrifft, so ist der Schwächste stark genug, um den Stärksten zu töten, entweder durch Hinterlist oder durch ein Bündnis mit anderen, die in derselben Gefahr sind wie er selbst.“[6] Ähnliches gilt in geistiger Hinsicht. „Aus dieser Gleichheit der Fähigkeiten (*equality of ability*) entsteht eine Gleichheit der Hoffnung, unsere Absichten zu erreichen (*equality of hope in the attaining of our ends*). Und wenn daher zwei Menschen nach derselben Sache streben, sie aber nicht beide zusammen genießen können, so werden sie Feinde; und in der Verfolgung ihrer Absicht, die prinzipiell ihre Selbsterhaltung und manchmal nur ihr Genuß ist, streben sie danach, sich gegenseitig zu vernichten oder zu unterwerfen.“[7] Aufgrund dieser ständigen Möglichkeit eines Konflikts entsteht Mißtrauen, das dazu führt, daß jeder im Interesse der eigenen Selbsterhaltung bestrebt sein muß, sich vor möglichen Angriffen anderer zu schützen, und dies am besten durch Vorbeugung tut, indem er andere durch Gewalt oder List unterwirft, bevor diese ihn unterwerfen. Die Menschen haben an einem solchen Zusammenleben kein Vergnügen, sondern eher Verdruß, denn jeder ist darauf aus, daß ihn der andere ebenso schätzt wie er selbst, und wo das nicht der Fall ist, wenn man z. B. Zeichen von Verachtung oder Unterschätzung spürt, strebt er von Natur aus danach, seinen Verächtern durch Schädigung und den anderen durch ein solches Beispiel eine größere Wertschätzung abzunötigen. Somit gibt es vor allem drei hauptsächliche Ursachen für den Streit im Naturzustand: Konkurrenz (*competition*) um des Gewinnes (einer Sache) willen, Mißtrauen (*diffidence*) im Hinblick auf die Sicherheit und Ruhm (*glory*) des Ansehens wegen.[8]

Unter der Voraussetzung des Naturzustandes nun, daß es keine allgemeine Macht gibt, die Konflikte durch Zwang zu beenden, muß unter solchen natürlichen Bedingungen des Menschen ein immerwährender offener oder latenter Kriegszustand herrschen, d. h. ein Zustand der ständigen Furcht vor einem gewaltsamen Tod. In diesem Sinne bezeichnet Hobbes diesen Zustand als Krieg aller gegen alle (*a war of every man against every man; bellum omnium contra omnes*). Auch wenn es – wie Hobbes im ›Leviathan‹ annimmt – einen solchen Naturzustand – historisch gesehen – nie gegeben hat, so leben für ihn aber beispielsweise wilde, nicht in Staaten, sondern nur in kleinen Familienverbänden zusammengefaßte Völker in Amerika etwa in einem solchen Zustand. Unter Hinweis auf die zeitgenössische Situation in England fügt er hinzu: „Wie dem auch sei, die Lebensweise, welche dort herrscht, wo keine allgemeine Macht zu fürchten ist, kann man aus der Lebensweise ersehen, in die Menschen, die früher unter einer friedlichen Regierung gelebt haben, in einem Bürgerkrieg abzusinken (*degenerate*) pflegen.“[9]

In einem solchen Zustand des Krieges aller gegen alle – so wenig erstrebenswert er erscheint – kann es gleichwohl für Hobbes kein Unrecht geben, weil jeder sozusagen das natürliche Recht auf alles hat, um seiner Selbsterhaltung willen. Oder genauer: „Die Begriffe ‚recht‘ und ‚unrecht‘ (*right and wrong*), ‚Gerechtigkeit‘ und ‚Ungerechtigkeit‘ (*justice and injustice*) haben hier keinen Platz. Wo es keine allgemeine Gewalt gibt, gibt es kein Gesetz: wo kein Gesetz, keine Ungerechtigkeit.“[10] Im letzten Kapitel wurde gezeigt, daß die Begriffe „gut“ und „böse“ bzw. „gerecht“ und „ungerecht“ für Hobbes relative Begriffe sind, die von dem Verlangen oder der Lust und der Abneigung oder der Unlust jedes einzelnen abhängig sind. Erst dort – so sehen wir jetzt –, wo es eine Staatsgewalt gibt, die festsetzt, was gut und schlecht, was gerecht und was ungerecht ist, lassen sich diese Begriffe sinnvoll anwenden. Schon dies läßt die rechtspositivistische Gesinnung von Hobbes erkennen, die nur das als ungerecht gelten läßt, was durch ein in einem Staat beschlossenes positives Gesetz verboten ist.

Was hat nun dazu geführt, daß die Menschen sich in Staaten zusammengeschlossen haben? Die Hauptmotive, aus diesem nicht erstrebenswerten Naturzustand herauszutreten und sich in einer friedlichen Gesellschaftsordnung zu verbinden, sind für Hobbes einerseits die beiden Affekte (*passions*) der Todesfurcht (*fear of death*) und des Verlangens nach einem angenehmen Leben (*desire of such things as are necessary to commodious living*), andererseits die Vernunft (*reason*) insofern, als sie „die geeigneten Grundsätze des Friedens vorschlägt, aufgrund deren die Menschen zur Übereinstimmung gebracht werden können (*reason suggests convenient articles of peace, upon which men may be drawn to agreement*). Diese Grundsätze sind das, was man sonst auch Naturgesetze (*Laws of Nature*) nennt."[11]

Bevor Hobbes diese Naturgesetze angibt, nimmt er eine Unterscheidung vor, die seines Erachtens in der Literatur meist nicht beachtet wird, nämlich die zwischen Naturrecht *(right of nature, jus naturale*) und Naturgesetz (*law of nature, lex naturalis*). „Das natürliche Recht ... ist die Freiheit eines jeden, seine eigene Macht nach seinem Willen zur Erhaltung seiner eigenen Natur, d. h. seines eigenen Lebens zu gebrauchen und folglich alles zu tun, was er nach seinem eigenen Urteil und nach seiner eigenen Vernunft als die dazu geeignetsten Mittel ansieht."[12] Die Freiheit ist dabei für Hobbes nur als Freiheit von äußerem Zwang oder äußeren Hindernissen aufzufassen. „Ein Gesetz der Natur" dagegen „ist eine von der Vernunft gefundene Vorschrift oder allgemeine Regel, nach der es einem Menschen verboten ist, das zu tun, was sein Leben vernichtet oder die Mittel zur Erhaltung seines Lebens beseitigt; und das zu unterlassen, wodurch es seiner Meinung nach am besten erhalten werden kann."[13] „Recht besteht" also „in der Freiheit, etwas zu tun oder zu unterlassen, während das Gesetz zu einem von beiden [etwas zu tun oder zu unterlassen] bestimmt und verpflichtet; so daß Gesetz und Recht sich wie Verpflichtung und Freiheit unterscheiden, die sich in ein und demselben Fall widersprechen."[14]

Hobbes benötigt diese Unterscheidung, um die erste Grundregel zu formulieren, die das erste fundamentale Naturgesetz und zugleich das grundlegende Naturrecht formuliert – im Unterschied zu allen anderen Regeln, die lediglich Naturgesetze sind. Diese Regel besagt, „daß jeder sich um Frieden bemühen soll, solange Hoffnung dazu besteht; daß er jedoch, wenn er ihn nicht erreichen kann, alle Hilfsmittel und Vorteile des Krieges suchen und benutzen kann. Der erste Teil dieser Regel enthält das erste und fundamentale Naturgesetz, nämlich ‚Frieden zu suchen und ihn einzuhalten'. Der zweite enthält die Zusammenfassung des Naturrechts, nämlich ‚uns mit allen zur Verfügung stehenden Mitteln zu verteidigen'."[15]

Da der Mensch im Naturzustand ein Recht auf alles hat, aber – da dieses Recht auf alles jedem zukommt – der einzelne in ständiger Todesfurcht leben muß, so gebietet ihm die Vernunft, Frieden zu suchen und damit sein Recht auf alles aufzugeben, aber nur unter der Voraussetzung, daß der Frieden auch erreichbar ist. Wie dies zu realisieren ist, formuliert das zweite Naturgesetz, das aus dem ersten abgeleitet ist: „Jeder soll freiwillig, wenn andere auch dazu bereit sind, auf sein Recht auf alles verzichten, soweit ihm dies als notwendig für den Frieden und die Selbstverteidigung erscheint; und er soll sich mit so viel Freiheit anderen gegenüber zufriedengeben, wie er anderen gegenüber sich selbst einräumt."[16] Es ist also nur vernünftig, auf sein Naturrecht zu verzichten, wenn dies auch die anderen tun, gemäß der sogenannten goldenen Regel, die – umgangssprachlich formuliert – lautet „Was du nicht willst, daß man [es] dir tu', das füg' auch keinem andern zu" (*Quod tibi fieri non vis, alteri ne feceris*).

Sein Recht aufgeben kann man nun auf zweierlei Weise, entweder dadurch, daß man einfach darauf verzichtet (*renounce, renuntiare*) – wenn man sich nicht darum kümmert, wem der Vorteil daraus zukommt –, oder dadurch, daß man es überträgt (*transfer, transferre*) – wenn man die Vorteile daraus einer Person oder einer Personengruppe zukommen lassen will. Für den Hobbesschen Ansatz ist es wichtig, zu betonen, daß mit einem solchen Rechtsverzicht oder solch einer Rechtsübertragung niemandem ein neues Recht gewährt wird, was dieser nicht schon hatte (im Naturzustand hat ja jeder bereits ein Recht auf alles). Das heißt, ich übertrage mein Recht auf etwas nicht auf einen anderen, sondern ich verzichte nur darauf, oder ich begebe mich der Freiheit, diesen anderen in der Ausübung seines Rechtsanspruchs auf dieselbe Sache zu behindern, und verschaffe ihm insofern einen Vorteil.[17]

Durch bloßen Rechtsverzicht oder durch Rechtsübertragung geht man eine Verpflichtung ein, nämlich im gerade erörterten Sinn, den oder die anderen nicht an der Wahrnehmung ihres daraus entspringenden Vorteils zu hindern. Wenn man es gleichwohl tut, begeht man ein Unrecht. Erst jetzt kann daher für Hobbes Ungerechtigkeit auftreten, nämlich dann, wenn man sich an das einmal (im Rechtsverzicht oder in der Rechtsübertragung) gegebene Versprechen nicht mehr hält. Ungerechtigkeit stellt also gewissermaßen einen Widerspruch dar, nämlich „das willentlich ungeschehen zu machen, was man anfangs willentlich getan hat".[18]

Nun leistet man einen Rechtsverzicht bzw. eine Rechtsübertragung nur dann, wenn man dadurch ein Gut zu erlangen hofft, d.h., wenn man ebenfalls im Gegenzug ein Recht übertragen bekommt. Denn eine willentliche Handlung (*voluntary act*) muß immer – wie im letzten Kapitel erläutert – auf ein Gut ausgerichtet sein. Hieraus ergibt sich, daß auf gewisse Rechte nicht verzichtet werden kann, wie auf das Recht der Selbstverteidigung oder das Recht, sich gegen Gefangennahme zu wehren. Denn sich z.B.

töten zu lassen, kann für niemanden ein Gut darstellen. Das Motiv und die Absicht für einen Rechtsverzicht oder eine Rechtsübertragung muß letzten Endes immer die eigene Sicherheit sein, d.h. das Ziel, für die Sicherheit meines Lebens und für die Mittel, die dazu beitragen, zu sorgen.[19]

Eine wechselseitige Rechtsübertragung nennt Hobbes nun Vertrag (*contract*). Tritt der eine der Vertragschließenden in Vorleistung, so wird der Teil des Vertrags, der noch zu leisten ist, also der des Schuldners, Pakt oder Übereinkommen (*pact or covenant*) genannt.[20] Das dritte wichtige Naturgesetz bezieht sich auf die Verträge und lautet: „Getroffene Übereinkommen sind einzuhalten" (*that men perform their covenants made, praestanda esse pacta*).[21] Das eben erwähnte Unrecht stellt also im wesentlichen das Nichteinhalten seiner Vertragsleistung (seines Übereinkommens) durch einen der Vertragschließenden dar.

Diese ersten drei Naturgesetze (es werden im 15. Kapitel noch viele andere erwähnt, wie z.B. das, den anderen als seinesgleichen anzusehen,[22] oder das der Gleichbehandlung vor Gericht[23]) sind die wesentlichen, die für die Konstituierung der Gesellschaft die entscheidende Rolle spielen. Es stellt sich nun aber die grundsätzliche Frage, wie diese Naturgesetze durchsetzbar sind. Wie kann ich sicher sein, daß meinem Friedensstreben das Friedensstreben der anderen entspricht? Wie kann gewährleistet werden, daß, wenn ich Rechtsverzicht leiste, auch der andere dies tut? Wie kann bei einer Rechtsübertragung sichergestellt werden, daß auch der andere Vertragschließende seinen Anteil erfüllt, d.h. zu seinem Übereinkommen steht? Mit anderen Worten: Wie kann es überhaupt einen Übergang aus dem Naturzustand in die Gesellschaft, in den Staat geben? Für Hobbes ist das nur dann möglich, wenn es eine Zwangsgewalt gibt, die für die Durchsetzung der gegebenen Versprechungen, für die Einhaltung der Verträge und für die Beachtung der Naturgesetze sorgt. „Denn die Naturgesetze wie Gerechtigkeit, Billigkeit, Bescheidenheit, Dankbarkeit und, kurz, andere so zu behandeln, wie wir behandelt werden möchten, sind an sich, ohne die Furcht vor einer Gewalt, die bewirkt, daß sie befolgt werden (*without the terror of some power, to cause them to be observed*), unseren natürlichen Leidenschaften entgegengesetzt, die uns zu Parteilichkeit, Hochmut, Rache und ähnlichem verleiten. Und Übereinkommen ohne Schwert sind bloße Worte und von keiner Kraft, dem Menschen irgendeine Sicherheit zu bieten. Ungeachtet der natürlichen Gesetze (die jeder dann eingehalten hat, wenn er den Willen hat, sie einzuhalten, wo er dies ungefährdet tun kann) – wenn keine Zwangsgewalt (*power*) errichtet worden ist oder eine, die nicht groß genug für unsere Sicherheit ist, so wird und darf jeder sich rechtmäßig auf seine eigene Stärke und Fähigkeit verlassen."[24]

Es hängt also alles davon ab, daß die zu errichtende Zwangsgewalt oder Macht hinreichend groß für die Sicherheit jedes einzelnen ist. „Der einzige Weg nun, eine solche allgemeine Gewalt zu errichten, die fähig ist, die Menschen vor der Invasion Fremder oder vor gegenseitigen Verletzungen (*injuries*) zu schützen, ... besteht darin, ihre gesamte Macht und Stärke (*power and strength*) auf einen Menschen oder eine Versammlung von Menschen (die alle ihre Einzelwillen durch Stimmenmehrheit auf einen Willen reduzieren können) zu übertragen."[25] Eine solche Übertragung bedeutet für Hobbes, daß der Mensch oder die Versammlung, auf die die Macht aller übertragen wurde, gewissermaßen alle anderen Menschen verkörpert, so daß diese anderen alle (den gemeinsamen Frieden und die Sicherheit betreffenden) Handlungen dieses sie verkörpernden Menschen oder dieser sie verkörpernden Versammlung als ihre eigenen auffassen, d.h. sich als Urheber (*author*) dieser Handlungen verstehen und damit ihre Einzelwillen dem Willen und Urteil des (nunmehrigen) Machthabers (d.h. des Menschen oder der Versammlung) unterwerfen. Hierdurch entsteht für Hobbes nicht bloß eine Übereinkunft, sondern eine wirkliche Einheit, wodurch der Wille aller Menschen gewissermaßen in ein und derselben Person (des Machthabers nämlich) vereinigt wird, und zwar dadurch, daß jeder mit jedem einen Vertrag schließt oder ein Übereinkommen trifft, „als ob jeder zu jedem sagen würde, ‚Ich autorisiere diesen Menschen oder diese Versammlung von Menschen und übertrage ihm (ihr) mein Recht, mich selbst zu regieren, unter der Bedingung, daß du ihm (ihr) ebenfalls dein Recht überträgst und seine (ihre) Handlungen in der gleichen Weise autorisierst'. Ist dies geschehen, so nennt man diese zu einer Person vereinigte Menge Staat (*commonwealth*), lateinisch *civitas*."[26] Es handelt sich dabei um eine künstliche Person, die Hobbes zuvor in folgender Weise definiert hat: „Eine Menge von Menschen wird zu einer [künstlichen] Person gemacht, wenn sie von einem Menschen oder einer Person repräsentiert wird, sofern dies mit der Zustimmung eines jeden einzelnen dieser Menge geschieht. Denn es ist die Einheit des Repräsentanten, nicht die Einheit der Repräsentierten, die die Person zu einer [solchen] macht. Und es ist der Repräsentant, der diese Person darstellt, und zwar nur eine Person: und anders kann Einheit bei einer Menge nicht verstanden werden."[27] Hierbei ist noch zu beachten, daß die Rechtsübertragung, die Voraussetzung für diese Vereinigung zu einer künstlichen Staatsperson ist, in dem oben erörterten Sinn verstanden wird, nämlich: darauf zu verzichten, dem staatlichen (durch den Machthaber repräsentierten) Willen Widerstand entgegenzusetzen.

Aufgrund dieser Überlegungen definiert Hobbes den Staat als „eine Person, von deren Handlungen sich jeder einzelne einer großen Menge – durch wechselseitige Übereinkommen eines jeden mit einem jeden –

zum Urheber gemacht hat, zu dem Zweck, daß sie [die Person] die Stärke und Hilfsmittel aller, wie sie es für zweckmäßig hält, für den Frieden und die gemeinsame Verteidigung einsetzt. Und der, der diese Person darstellt, wird Souverän (*sovereign*) genannt und besitzt – wie man sagt – souveräne Gewalt (*sovereign power*), und jeder andere daneben ist sein Untertan (*subject*).“[28]

Der Staat wird demnach für Hobbes durch einen Gesellschaftsvertrag begründet, der in einer Menge von Verträgen oder Übereinkommen (eines jeden mit einem jeden – wie es hieß) besteht. Es ist hierbei wesentlich zu betonen, daß es sich nicht um einen Vertrag oder Verträge handelt, die zwischen (späterem) Souverän und (späteren) Untertanen abgeschlossen werden. Vielmehr ist der Souverän als einziger von den Verträgen ausgenommen; infolgedessen kann er auch keine Verträge brechen. In diesem Sinne schreibt Hobbes: „Da von den Vertragschließenden das Recht, ihre Person zu verkörpern, demjenigen, den sie zum Souverän machen, nur durch ein Übereinkommen untereinander und nicht zwischen ihm [dem Souverän] und jedem einzelnen von ihnen übertragen wird, so kann das Übereinkommen (der Vertrag) vom Souverän nicht gebrochen werden; infolgedessen kann sich keiner seiner Untertanen von seiner Unterwerfung befreien, indem er sich auf Verwirkung (*forfeiture*) beruft. Daß der zum Souverän Ernannte kein Übereinkommen mit seinen Untertanen trifft [bzw. keinen Vertrag mit seinen Untertanen schließt], ist offensichtlich; weil er dies entweder mit der gesamten Menge als einer vertragschließenden Partei tun müßte, oder weil er verschiedene Übereinkommen mit jedem einzelnen abschließen müßte. Mit der ganzen Menge als einer Partei ist es unmöglich, denn noch ist sie keine Person; und wenn er so viele verschiedene Übereinkommen (Verträge) abschließt, wie es Menschen gibt, so sind diese Verträge nach Erlangung der Souveränität unwirksam, weil jede Handlung, die von irgendeinem von ihnen [den Untertanen] als Vertragsbruch angenommen werden kann, beides ist, sowohl seine [des Souveräns] wie auch die aller übrigen [Untertanen]; denn sie war getan in der Person und durch das Recht eines jeden einzelnen von ihnen.“[29] Ein jeder, der den Souverän anklagt, würde also zugleich sich selbst anklagen, wie es in der lateinischen Fassung noch deutlicher heißt.[30]

Damit hat Hobbes – ohne auf theologische Formulierungen zurückzugreifen – in besonders klarer Weise die absolute Herrschaftsgewalt des Souveräns begründet; er ist wahrhaft der von den Gesetzen befreite Monarch (*legibus absolutus*), der die Gesetz selbst macht, aber nicht zur Rechenschaft gezogen werden kann. Denn obwohl die drei seit der Antike unterschiedenen Herrschaftsformen Monarchie, Aristokratie und Demokratie in gleicher Weise durch die Hobbessche Gesellschaftsvertragstheorie begründet werden können (je nachdem der Staat durch eine Person, durch mehrere Personen oder durch alle repräsentiert wird), so hält Hobbes – wie er im 19. Kapitel ausführlich begründet – doch die Monarchie für die am wenigsten mit Nachteilen verbundene und am wenigsten anfällige Staatsform.

Zugleich erweist sich Hobbes als reiner Rechtspositivist, für den Recht und Gesetz nur innerhalb des Staates möglich sind und für den eine Kontrolle mittels eines vor- oder überstaatlichen Naturrechts nicht gestattet ist. Andere Gesellschaftsvertragstheoretiker des Zeitalters haben diese rigide Haltung von Hobbes nicht vertreten. Es seien exemplarisch nur zwei Autoren erwähnt. Für den calvinistischen Herborner Professor Johann Althusius (1586–1638) ist lange vor Hobbes in seinem 1603 publizierten Werk ›Politik – methodisch dargestellt‹ (Politica methodice digesta) der König, der durch Vertrag seine Regierungsgewalt erhalten hat, bloß der Verwalter eines Mandats, das ihm aber wieder entzogen werden kann. Hobbes nachfolgend geht John Locke 1690 in seinen ›Zwei Abhandlungen über die Regierung‹ (Two Treatises of Government) ebenfalls zwar – wie Hobbes – von einem Naturzustand aus. Aber durch den Staatsbegründungsvertrag wird auf die Regierung nur beschränkt Gewalt übertragen. Zum Beispiel bleiben dem Menschen seine Rechte auf Freiheit und Eigentum aus vorstaatlicher Zeit erhalten.

Naturrecht

Bei unserer zweiten Frage handelt es sich um die alte Frage einer jeden Rechtsordnung, ob es neben oder über dem (in der Regel) kodifizierten, durch Gesetze verfügten, positiven Recht eines Staates ein natürliches, dem Menschen von Natur zustehendes bzw. ihm von Gott verliehenes, zu seinem Menschsein gehöriges ursprüngliches Recht gebe. Diese wird im 17. Jahrhundert unter den veränderten Zeitbedingungen neu erörtert. Es sind verschiedene Gesichtspunkte, die der Diskussion nun ein besonderes Gepräge geben: die Entdeckung neuer Erdteile und die damit verbundene Frage, ob auch die dortigen Bewohner, die Indianer, ein natürliches Recht in Anspruch nehmen können; der Absolutismus mit dem besonderen Rechtsanspruch des Herrschers gegenüber seinen Untertanen; schließlich auch der Zerfall der konfessionellen Einheit und das damit zusammenhängende Bedürfnis, stärker nicht-theologische Begründungen des Naturrechts vorzunehmen.

In der christlichen Tradition des Mittelalters bei Thomas von Aquin steht das Naturrecht oder das von ihm als natürliches Gesetz (*lex naturalis*) bezeichnete Recht zwischen dem ewigen Gesetz (*lex aeterna*) und dem menschlichen Gesetz (*lex humana*). Das ewige, göttliche Gesetz ist die Vernunft der göttlichen Weisheit (*ratio divinae sapientiae*). Obwohl der Mensch zu diesem ewigen Gesetz keinen unmittelbaren Zugang besitzt, kann er an ihm teilhaben durch das natürliche Gesetz, das er in sich vorfindet und aufgrund dessen er gut und böse unterscheiden kann. Dies geschieht dadurch, daß der zielorientiert handelnde Mensch durch natürliche Neigungen, die als Einprägungen des ewigen Gesetzes gelten, auf die richtigen Ziele hingelenkt wird. Die beiden grundlegenden Naturgesetze sind die Gottes- und die Nächstenliebe, aus denen weitere abgeleitet werden können. Die Naturgesetze sind allgemeinverbindlich und unveränderlich, bilden aber kein inhaltlich fixiertes Normensystem und bedürfen somit in ihren inhaltlichen Konsequenzen der Interpretation. Das menschliche Gesetz nun baut auf diesem natürlichen Gesetz auf, indem es aus dem natürlichen Gesetz Folgerungen zieht, es näher bestimmt, mithin auf besondere Umstände anwendet oder ergänzt, d.h., es muß sich insgesamt im Rahmen des natürlichen Gesetzes bewegen.

Gegen diese idealistische Naturrechtsidee setzte im Spätmittealter eine nominalistische Gegenbewegung ein – ausgehend von Duns Scotus und Ockham –, die nicht die göttliche Vernunft, sondern den göttlichen Willen als Grundlage des Naturrechts ansahen. Wenn der Wille und nicht die Vernunft Gottes herangezogen wird, so hat das für das Naturrecht zur Folge, daß ein voluntaristisches Moment ins Spiel kommt, welches die Festlegung der Naturrechtsnormen einer (außer durch die Güte) nicht gebundenen göttlichen Freiheit überläßt. Nicht weil etwas gerecht ist, will Gott etwas, sondern umgekehrt ist etwas deshalb gerecht, weil Gott es will. Hiermit wird auch das Naturrecht vom Willen Gottes abhängig.

In diesem Spannungsfeld zwischen idealistischem, auf Gottes Vernunft bezogenem Naturrecht und voluntaristischem, auf Gottes Willen bezogenem Naturrecht steht die Diskussion der spanischen Spätscholastik, als deren Gründer die Theologen Francisco de Vitoria (1486–1546) und sein Schüler Domingo de Soto (1495–1560) gelten und zu der des weiteren Gabriel Vásquez (1569–1604) sowie Luis de Molina (1535–1600) und Francisco Suárez (1548–1617) gehören, wobei auch der an dieser Diskussion beteiligte, mit de Soto befreundete Jurist Fernando Vásquez (um 1507 – um 1566) beteiligt war. Schon de Vitoria, dann vor allem Gabriel Vásquez und Luis de Molina vertreten die Meinung, daß weder der Wille noch die Vernunft Gottes für die Begründung des Naturrechts herangezogen werden sollen, sondern die Natur der Dinge, die Natur der Sache selbst. Damit setzte noch innerhalb der kirchlichen Tradition eine Säkularisierung des Naturrechtsgedankens ein, der den Naturrechtsbegriff an den für die spätere Rechtsgeschichte und bis heute wichtigen Begriff der Natur der Sache knüpfte.

Wir wenden uns exemplarisch Luis de Molina und dessen Opus ›Über die Gerechtigkeit und das Recht‹ (De justitia et jure)[31] zu. In diesem voluminösen Werk, dessen sechs umfangreiche Bände zwischen 1593 und 1609 erstmals erschienen, befaßt sich der erste Band mit der Gerechtigkeit und dem Recht im allgemeinen und behandelt in seiner 4. Disputation die Frage: „Was das Naturrecht ist, und ob das, was zum Naturrecht gehört, geändert werden kann" (Ius Naturale quid sit, et an ea, quae juris naturalis sunt, mutari queant).

Charakteristisch für Molinas Ansatz ist die Einteilung des Rechts insgesamt, die er in der vorausgehenden 3. Disputation vornimmt und die zunächst die theologische Differenzierung des göttlichen Rechts in natürliches und positives zugrunde legt. Das natürliche göttliche Recht (*ius divinum naturale*) hat Gott als Gesetz der Natur (*lex naturae*), wodurch wir das Gute vom Bösen unterscheiden, unserem Geist eingeprägt. Diese Unterscheidung besteht darin – wie es präzisierend heißt –, daß wir „das, was aus sich und seiner Natur nach gut ist, von dem, was aus sich böse ist, unterscheiden" (*ea quae ex se et natura sua bona sunt, ab iis quae ex se mala sunt, secernimus*). Infolgedessen gilt, „daß das Naturrecht von dem besten und größten Gott unserem Geist eingegeben und der Natur der Dinge selbst eingeprägt ist (*sit mentibus nostris inditum, naturisque ipsis rerum impressum*), und so, daß es göttliches, von Gott übertragenes Recht ist".[32] Ihm gegenüber steht das positive göttliche Recht (*ius divinum positivum*), welches sich aus den Vorschriften der Taufe, des Bekenntnisses und aus dem Alten und Neuen Testament ergibt. Schon aus dieser Grundbestimmung des natürlichen göttlichen Rechts geht hervor, daß Molina das natürliche Recht zwar an Gott bindet und auf ihn zurückführt, daß es aber offensichtlich sowohl in uns selbst (in unserem Geist) vorzufinden ist wie auch in den Dingen selbst, für seine Erkenntnis also eine Bezugnahme auf Gott nicht erforderlich zu sein scheint. Denn es ergibt sich einerseits aus der Natur unseres Geistes und andererseits aus der Natur der Dinge.

Auf dieser Basis gibt es für Molina nun eine zweifache Möglichkeit, den Bereich des Rechts zu gliedern oder einzuteilen. Zum einen kann man das Recht grundsätzlich in göttliches und menschliches Recht unterteilen, dann das göttliche weiter in natürliches und positives (das entspräche der zuvor erläuterten Differenzierung) sowie das menschliche weiter in seine Teilbereiche, die alle positives Recht darstellen. Zum anderen jedoch läßt sich auch zunächst das natürliche dem positiven Recht gegenüberstellen (eine unseren heutigen Rechtsvorstellungen entsprechende Grunddifferenzierung), woraufhin das positive Recht weiter in göttliches und menschliches Recht zerfiele und das menschliche weiter in seine Teilbereiche (Völkerrecht, Zivilrecht, kanonisches Recht) gegliedert würde. Es ist nun kennzeichnend, daß sich Molina für die zweite Art der Differenzierung entscheidet und von ihr bei seiner Definition des Naturrechts ausgeht. „Diese zweite Art der Einteilung" – so fügt er hinzu – „gefällt mir mehr."[33] Auf diese Weise erreicht er nämlich, daß der Begriff des Naturrechts trotz auch von ihm anerkannten göttlichen Ursprungs gewissermaßen als göttlichem und menschlichem Recht gegenüber „neutraler" Begriff verstanden werden kann, der göttliches und menschliches Recht gemeinsam umfaßt.

In diesem neutralen Sinn definiert Molina das Naturrecht in der 4. Disputation als das, „dessen Verpflichtung aus der Natur der Sache (*ex natura rei*) entsteht, über die es eine Vorschrift gibt, und nicht aus dem freien Willen des Vorschreibenden (*ex arbitrio praecipientis*); und da eine Sache dieselbe Natur bei allen behält, deshalb hat auch das Naturrecht dieselbe Kraft oder Gültigkeit (*eandem vim*) bei allen."[34] Aus dieser Definition leitet Molina den Unterschied zum positiven Recht ab. Denn: „die Verpflichtung des Naturrechts entsteht aus der Natur des Gegenstandes (*a natura obiecti*), und daraus erwächst die Vorschrift (*indeque se diffundit in praeceptum*). Aus diesem Grund ist man gewohnt zu sagen, das, was zum Naturrecht gehört, sei deshalb verboten, weil es schlecht ist, und nicht deshalb schlecht, weil es verboten ist. Ähnlich beim Guten; es wird deshalb befohlen, weil es gut ist, und weil es notwendig ist, daß es geschieht, aber es ist nicht deshalb gut, und es ist nicht deshalb notwendig, daß es geschieht, weil es befohlen ist. Umgekehrt jedoch entsteht die Verpflichtung des positiven Rechts aus der Vorschrift und dem Willen des Vorschreibenden (*a praecepto et voluntate praecipientis*), und von da aus wird es für den Gegenstand abgeleitet. Und deshalb ist man gewohnt, über das, was zum positiven Recht gehört, zu sagen, es sei deshalb schlecht, weil es verboten ist, und nicht deshalb verboten, weil es in sich schlecht (*in se mala*) sei. Ähnlich beim Guten; es ist deshalb notwendig, daß das Gute geschieht, weil es befohlen ist, aber es wird nicht deshalb befohlen, weil es von sich aus notwendig ist, daß das Gute geschieht. ... Die allgemeine Unterscheidungsregel also, ob etwas zum Naturrecht oder zum positiven Recht gehört, ist diese: Wenn die Verpflichtung aus der Natur der Sache (*a natura rei*) entsteht, welche vorgeschrieben oder verboten wird, weil es nämlich in sich notwendig ist, daß sie geschieht (wie z.B. einem Bedürftigen zu helfen), oder weil sie in sich unerlaubt und schlecht ist (wie z.B. zu stehlen, die Ehe zu brechen, zu lügen), dann gehört die Vorschrift oder das Verbot zum Naturrecht; wenn die Verpflichtung aber nicht aus der Natur der Sache entsteht, welche vorgeschrieben oder verboten wird, sondern aus der Vorschrift und dem Willen des Verbietenden, sei es auch, daß sich von der Seite der Sache her irgendeine Übereinstimmung oder irgendein Erfordernis dafür ergibt, daß sie vorgeschrieben oder verboten wird, so gehört sie zum positiven Recht. Dieser Art sind z.B. das vierzigtägige Fasten, die jährliche Beichte, der Empfang der Taufe, etc."[35]

Hiermit entwickelt Molina eine Definition des Naturrechts, die sich ganz an der „Natur der Sache" orientiert und ohne spezifische theologische Begründung auskommt. Deswegen heißt es allgemein: „Das Naturrecht ist das, was die Natur selbst uns lehrt."[36] Dies gilt nicht nur für die grundlegenden naturrechtlichen Gebote und Verbote, sondern auch für die daraus folgenden Konsequenzen. Auch wenn das an die Natur der Sache gebundene Naturrecht für alle Menschen und überall Gültigkeit hat, insofern unveränderlich ist, so bedeutet dies für Molina jedoch nicht, daß nicht in der Anwendung eine gewisse Variabilität (*variatio*) vorhanden ist. Die Tatsache, daß es in der Natur sowohl notwendige Phänomene gibt (z.B., daß das Feuer immer warm sein muß, daß der Mensch die Fähigkeit zur Erkenntnis besitzt) wie auch kontingente Erscheinungen, die anders sein können als im Normalfall, die also eine Variation zulassen (wie z.B., daß die rechte Hand normalerweise stärker als die linke ist, es aber auch umgekehrt sein kann), führt zu einer analogen Differenzierung im Bereich der moralischen Sachverhalte. Es gibt demnach unverbrüchlich geltendes Naturrecht wie die Vorschriften oder Verbote des Dekalogs, aber auch variables. Hierzu gehört die naturrechtliche Vorschrift, eine geliehene Sache zurückzugeben. Wenn nämlich der Eigentümer der geliehenen Sache (z.B. eines Schwerts) seinen Verstand verliert, so kehrt sich die naturrechtliche Vorschrift in ihr Gegenteil um und wird zum Verbot, die geliehene Sache so lange nicht zurückzugeben, wie die Gefahr des Mißbrauchs (daß der Eigentümer sich oder einen anderen damit tötet) droht.[37] Es handelt sich hierbei aber nicht – so führt Molina aus – um eine Änderung des Naturrechts selbst, welches weiter gilt, sondern nur darum, den besonderen Sachverhalt aus dem Anwendungsbereich dieses Naturrechts herauszunehmen, d.h. aus der Zahl derjenigen Fälle auszuschließen, auf die sich die naturrechtliche Vorschrift bezieht. Insofern bleibt eine naturrechtliche Vorschrift universell gültig, nur können bestimmte Fälle nicht unter sie subsumiert werden. Beim positiven Recht kann dieser Fall (der Ausnahme vom Gesetz aufgrund der besonderen Umstände) zwar auch eintreten, z.B. wenn die Vorschrift, sich freitags des Fleischgenusses zu enthalten, für einen Kranken nicht gilt, aber zusätzlich kann hier das positive Gesetz selbst einer Änderung unterliegen, indem es abgeschafft oder aufgehoben wird.[38]

Molina weist auch auf den Umstand hin, daß „das positive menschliche Recht bewirken kann, daß etwas erlaubt ist, was – wenn ein solches [positives] Recht ausgeschlossen wird – gegen das Naturrecht sein würde".[39] So war z.B. nach dem Naturrecht zunächst alles Gemeineigentum (*de jure naturali fuisse omnia communia*), so daß es naturrechtlich verboten war, irgend jemanden von der Benutzung der Güter dieser Welt auszuschließen. Dies gilt aber nur für die erste von Gott geschaffene Konstitution der

Welt. „Da nun aber Gott dem menschlichen Geschlecht die Dinge gemeinsam überantwortet hat, ohne vorzuschreiben, daß sie sie als gemeinsame haben sollten, noch zu verbieten, daß sie [die Menschen] sie unter sich aufteilen sollten, vor allem wenn der Lauf der Zeit und der Zustand des menschlichen Geschlechts es erfordern würde, so konnten die Menschen allerdings nach dem Sündenfall, wenn dies die rechte Vernunft (*recta ratio*) erfordert, die Dinge untereinander aufteilen, und in der Tat haben sie sie aufgeteilt, einerseits damit sie besser verwaltet würden, andererseits auch, damit der Frieden unter den Menschen bewahrt würde, welcher gewiß, wenn alles allen allgemein zur Verfügung stünde (*si omnia omnibus universim essent communia*), auf keine Weise bewahrt werden könnte.“[40]

In ähnlicher Weise sind zwar nach dem Naturrecht alle Menschen frei geboren. Aber entsteht im Lauf der Geschichte ein gerechter Krieg, der es gemäß dem Völkerrecht erlaubt, Menschen zu töten, so können auch Menschen zu Sklaven (Gefangenen) gemacht werden, die dadurch – so erklärt Molina die Etymologie des Wortes *servus* (Sklave) – vor dem Tode bewahrt werden.[41]

Zwei Generationen später veröffentlichte Samuel Pufendorf (1632–1694), der 1661 den ersten Lehrstuhl für Natur- und Völkerrecht in Heidelberg erhielt, seit 1672 Professor in Lund (Schweden) und zuletzt Hofhistoriograph in Berlin war, im Jahre 1672 sein wichtiges Werk zum Naturrecht ›Über das Natur- und Völkerrecht‹ (De jure naturae et gentium) und ein Jahr später eine Zusammenfassung seiner naturrechtlichen Vorstellungen mit der Schrift ›Über die Pflicht des Menschen und Bürgers mit Rücksicht auf das natürliche Gesetz‹ (De officio hominis et civis juxta legem naturalem).

Pufendorf geht vom Gesetz als der Norm für die moralischen, d.h. vom Willen abhängigen menschlichen Handlungen aus. Er definiert das Gesetz im allgemeinen so: „Jene Norm wird Gesetz genannt, die ein Beschluß ist, durch welchen ein Vorgesetzter (*superior*) sich den Untergebenen verpflichtet, seine Handlungen nach der Vorschrift dieses Beschlusses zu richten.“[42] Bei der Unterteilung des Gesetzes läßt er – ganz ähnlich wie Molina – zwar auch die in göttliches und menschliches Gesetz zu, und analog unterteilt er das göttliche Gesez in das natürliche und positive, während das menschliche Gesetz nur positiv ist. Im Hinblick jedoch auf die „notwendige Übereinstimmung“ (*convenientia necessaria*), die das Gesetz mit dem ihm Unterworfenen hat, ist die Unterteilung in das natürliche und positive Gesetz (*lex naturalis – positiva*) wichtiger. Denn das natürliche Gesetz ist das Gesetz, „welches mit der rationalen und sozialen Natur des Menschen so übereinstimmt, daß ohne dasselbe eine ehrenvolle und friedliche Gesellschaft (*honesta et pacifica societas*) für das menschliche Geschlecht nicht bestehen kann".[43] „Daher" – so heißt es weiter – „kann es auch durch das Licht der mit dem Menschen zugleich entstandenen Vernunft und durch die Betrachtung der menschlichen Natur im allgemeinen untersucht und erkannt werden."[44] Demgegenüber fließt das positive Gesetz nicht aus der natürlichen menschlichen Beschaffenheit, sondern „geht aus dem freien Willen eines Gesetzgebers hervor",[45] auch wenn es nicht – wie es weiter heißt – der Vernunft und des Nutzens für eine bestimmte Gesellschaft entbehren muß.

Für das natürliche Gesetz ist es also nötig, auf die natürliche Beschaffenheit, auf die Natur, auf das Ingenium des Menschen zu rekurrieren. Wenn Molina vor allem auf die menschliche Vernunft und die Natur der Sache verweist, so stellt Pufendorf – teilweise an Hobbes orientiert – stärker die anthropologische Beschaffenheit insgesamt als Grundlage des Naturrechts oder hier des Naturgesetzes in den Vordergrund. Pufendorf geht von der Grundeigenschaft der Selbstliebe und des Selbsterhaltungstriebs beim Menschen aus. „Dies also zuerst hat der Mensch gemeinsam mit allen Lebewesen, denen ein Sinn ihrer selbst (*sensus sui*) innewohnt, daß er am meisten sich selbst liebt (*seipsum quam maxime amet*), daß er bemüht ist, sich selbst auf alle Weise zu erhalten (*seipsum studeat omnibus modis conservare*), daß er danach strebt, das, was ihm gut erscheint, zu erwerben, und das, was ihm schlecht erscheint, zurückzuweisen. ... Und zwar ist diese Liebe eines jeden zu sich selbst gewöhnlich so stark, daß irgendeine Neigung gegenüber einem anderen Menschen hinter dieser zurücksteht."[46] Mit diesem Grundtrieb oder Grundaffekt verbindet sich aber zugleich eine – gegenüber Tieren – weit größere Angewiesenheit auf Hilfe, und zwar aufgrund der großen Schwäche und Bedürftigkeit des Menschen. „Außer dieser Liebe zu sich selbst und dem Bemühen, sich auf alle Weise zu erhalten, entdeckt man im Menschen auch eine äußerst große Schwäche und natürliche Bedürftigkeit (*summa imbecillitas, atque naturalis indigentia*), so daß, wenn man sich ihn als allein und jeder von anderen Menschen erbrachten Hilfe auf diesem Erdkreis beraubt vorstellen würde, es scheinen könnte, das Leben sei ihm zur Strafe gegeben worden",[47] oder – wie sich Pufendorf in ›Über die Pflicht‹ ausdrückt – „daß es einem Wunder gleichkommen wird, wenn jemand das reife Alter erreicht haben würde ohne die Hilfe anderer Menschen".

Aus dieser grundsätzlichen Hilfsbedürftigkeit des Menschen ergibt sich für Pufendorf das fundamentale Naturgesetz (*lex naturae fundamentalis*), aus dem sich alle anderen Naturrechte bzw. Naturgesetze ableiten. Da der Mensch ohne die Hilfe anderer Menschen nicht überleben kann, „ist es nötig, gesellig zu sein, um gerettet zu werden".[48] Er ist also grundsätzlich auf Geselligkeit, auf Vergesellschaftung angelegt. Das erste Naturgesetz formuliert daher Pufendorf so: „Jeder Mensch hat, was ihn betrifft, eine friedliche Geselligkeit (*pacifica socialitas*) gegenüber anderen zu pflegen und zu bewahren."[49] Scheint dieser aus der Not geborene Zwang, sich gesellschaftlich zu verbinden, noch sehr an die Hobbessche Theorie zu erinnern, so liegt der Pufendorfschen Lehre jedoch ein optimistischeres Menschenbild zugrunde, insofern diese Geselligkeit prinzipiell philanthrop ausgerichtet ist. Denn – so heißt es in ›Über das Natur- und Völkerrecht‹ – „mit Geselligkeit dieser Art weisen wir auf die Anlage (*dispositio*) des Menschen gegenüber irgendeinem Menschen hin, aufgrund deren er verstanden wird als diesem durch Wohlwollen (*benevolentia*), Frieden (*pax*) und Nächstenliebe (*caritas*) und sogar durch wechselseitige Verpflichtung (*obligatio*) verbunden".[50] Aufgrund dieses Prinzips der Sozialität und der ihm zugrundeliegenden Anlage des Menschen muß jeder den anderen freundschaftlich als Gleichen und Verwandten behandeln. „Selbst wenn ich von einem anderen weder etwas Gutes noch etwas Schlechtes erwarten könnte, und er nichts in sich hätte, was ich zu fürchten oder zu wünschen hätte, so will doch die Natur, daß er gleichsam als Verwandter (*cognatus*) und Gleicher (*aequalis*) behandelt wird. Und allein dieser Grund, wenn die übrigen fehlen, genügt für das menschliche Geschlecht, friedliche Geselligkeit (*amica socialitas*) miteinander zu pflegen."[51]

Somit stellt Pufendorf neben die Hilfsbedürftigkeit und Hilflosigkeit des Menschen zugleich dessen Fähigkeit, dem anderen zu helfen und beizustehen. Beide Seiten der natürlichen menschlichen Beschaffenheit sollen aber nicht utilitaristische Gesichtspunkte ins Spiel bringen, aufgrund deren der Mensch dem anderen nur hilft, damit auch er vom anderen Hilfe erhält. Vielmehr beruhen sie auf der grundlegenden Gleichheit und mit ihr verbundenen Würde der Menschen. So ist das 2. Kapitel des 3. Buchs überschrieben: „Daß alle Menschen als natürlicherweise gleich anzusehen sind". Hierzu führt Pufendorf aus: „Man entdeckt auch im Geist desselben [des Menschen] eine besonders zarte Wertschätzung (*tenerrima sui aestimatio*) seiner selbst: Wenn ihr jemand etwas entzieht, pflegt er [der Mensch] fast nicht weniger, ja sogar oft mehr bewegt zu werden, als wenn dem Körper und den Dingen Schaden zugefügt wird. Wenn man auch aus verschiedenen Ursachen auf diese Wertschätzung bedacht ist, so scheint ihr erstes Fundament jedoch die menschliche Natur selbst zu sein. Im Wort ‚Mensch' selbst nämlich – so nimmt man an – liegt eine Art Würde (*dignatio*); und für das letzte und zugleich wirkungsvollste Argument, wodurch eine rücksichtslose Beleidigung im Zaume gehalten wird, wird dieses gehalten: ‚Jedenfalls bin ich kein Hund oder Tier, sondern in gleicher Weise ein Mensch wie du.' ... Weil die menschliche Natur allen Menschen aber auf gleiche Weise zukommt, kann auch niemand mit demjenigen Menschen sein Leben verbringen, von dem er nicht wenigstens als Mensch geachtet wird; daraus folgt, daß es durch das natürliche Recht (*jus naturale*) vorgeschrieben ist, *daß jeder den anderen Menschen wie einen ihm natürlicherweise gleichen* (*naturaliter sibi aequalem*), *d. h. gleichermaßen als Menschen schätze und behandele.*“[52]

Die besondere Würde des Menschen, die sich in dieser Gleichbehandlung und Gleichachtung artikuliert, erweist sich bei Pufendorf außerdem in der moralischen Freiheit des Menschen, die verstanden wird als „innere Fähigkeit etwas zu tun oder zu unterlassen, was man selbst beurteilt hat“.[53] Gott wollte dem Menschen nämlich keine gesetzlose Ungebundenheit (*exlex licentia*) gewähren, sondern ihn als verantwortungsfähiges Wesen auszeichnen. Deshalb „stimmt es mit der menschlichen Natur nicht überein, daß er gesetzlos (*exlex*) lebt“ – wie das 1. Kapitel des 2. Buchs überschrieben ist –, sondern sein Wohl erfordert es, daß seine Freiheit durch Gesetze eingeschränkt und reguliert wird. Denn: „die Würde und die Vortrefflichkeit der menschlichen Natur (*humanae naturae dignitas, et praestantia*), wodurch er [der Mensch] die übrigen Lebewesen überragt, erforderte es, daß seine Handlungen nach einer sicheren Norm (*norma certa*) beurteilt würden, da nämlich ohne diese die Ordnung, Schicklichkeit oder Schönheit (*ordo, decor, aut pulchritudo*) nicht erkannt werden kann. Daher ist es die größte Würde für den Menschen, daß er eine unsterbliche Seele hat, die mit dem Licht des Verstandes, der Fähigkeit, Dinge zu beurteilen und auszuwählen, ausgestattet ist, und zu vielen Künsten bzw. Wissenschaften (*artes*) äußerst befähigt ist.“[54]

So sind es Freiheit und Gleichheit, die die Würde des Menschen ausmachen und ihn als verantwortungsbewußtes und sich gegenseitig achtendes Wesen auszeichnen, zwei Werte, die in den modernen Verfassungen als Grundrechte eine besondere Bedeutung gewonnen haben. Neben Locke hat daher auch Pufendorfs Denken Einfluß genommen auf die neuzeitliche Menschenrechtsdiskussion, insbesondere auf die amerikanischen Erklärungen der Menschenrechte.[55]

Auf der Basis von Menschenwürde, Freiheit und Gleichheit des Menschen entwickelt Pufendorf in den Bänden 3 bis 8 seines Werks ›Über das Natur- und Völkerrecht‹ nun die konkreten inhaltlich-materialen Bestimmungen des Naturrechts, die sich als Konsequenz aus dem fundamentalen Naturgesetz, dem Sozialitätsprinzip, ergeben, und erstellt so ein ganzes System des Naturrechts, auf das sich die spätere Diskussion beziehen konnte.

Daß das Naturrecht seine Basis in dem zugrundegelegten Menschenbild und den damit verbundenen moralischen Forderungen hat, zeigt sich auch bei Leibniz. In ganz spezifischer Weise sind jedoch bei ihm moralische und juristische, d. h. naturrechtliche Begriffe miteinander verklammert, wie die im vorangehenden Kapitel dargestellte Verbindung von Gemeinwohl und persönlichem Glück, von Gerechtigkeit und Liebe zeigte. Dabei ruht das

Leibnizsche Menschenbild noch ganz in der christlichen Tradition, wie u.a. der Verweis des Gemeinwohls (*commune bonum*) auf das theologisch als Gott gedeutete höchste Gut (*summum bonum*) deutlich machte, so daß auch der religiöse Hintergrund bei Leibniz einzubeziehen ist.

Wendet man sich nun den im eigentlichen Sinne naturrechtlichen Vorstellungen bei Leibniz zu, hat es den Anschein, als ob Leibniz hier zunächst einen ganz anderen Weg geht, indem er auf Prinzipien aus der römischen Rechtstradition und antiken Rechtsphilosophie zurückgreift. Er legt nämlich die auf den römischen Rechtsgelehrten Ulpian (um 170–228) zurückgehenden und von dort in die Institutionen und Digesten des ›Corpus juris civilis‹ eingegangenen drei Rechtsnormen „Niemanden schädigen", „Jedem das Seine zuteilen", „Ehrenvoll leben" als Prinzipien seinem Naturrecht zugrunde und verbindet sie mit den beiden auf Aristoteles zurückzuführenden Gleichheitsprinzipien: dem Prinzip der austeilenden (später von Thomas von Aquin als distributive bezeichneten) Gerechtigkeit bei der Verteilung von Gütern, die Gleichen Gleiches zukommen läßt, und dem Prinzip der ausgleichenden (von Thomas als kommutative bezeichneten) Gerechtigkeit, die eine Leistung durch eine gleichwertige Gegenleistung kompensiert. Das Charakteristische hierbei ist jedoch, daß er diese aus Reflexionen über das Recht gewonnenen naturrechtlichen Prinzipien an sein christlich-moralisches Menschenbild zurückbindet bzw. daraus abzuleiten versucht. Kennzeichnend für dieses Verfahren ist die Darstellung, die er in seinem 1693 veröffentlichten ›Diplomatischen Codex des Völkerrechts‹ (Codex juris gentium diplomaticus)[56] – einer völkerrechtlichen Sammlung von Verträgen und Urkunden vom Ende des 11. Jahrhunderts bis 1500 – von seinen naturrechtlichen Vorstellungen gegeben hat. Ähnliche Gedanken finden sich aber auch schon in vielen seiner hinterlassenen Papiere von dem Ende der 1670er und dem Anfang der 1680er Jahre.[57]

Im Vorwort[58] des ›Diplomatischen Codex‹ geht Leibniz von der aus dem letzten Kapitel bekannten Bestimmung der Gerechtigkeit als der Nächstenliebe (*caritas*) des Weisen aus, der sich am Glück der anderen erfreut, d.h. das fremde Glück zu seinem eigenen macht (*felicitatem alienam asciscere in suam*), dessen Liebe auch – was Leibniz hier unter Berücksichtigung der theologischen Problematik ausdrücklich betont – von jedem Gesichtspunkt der Furcht oder des Nutzens bzw. der Erwartung einer Belohnung unabhängig ist. Die Weisheit wird entsprechend als die Wissenschaft vom Glück (nämlich dem fremden und eigenen) definiert. Prototyp des Weisen ist der „gute, rechtschaffene Mann" (*vir bonus*), womit Leibniz auch formal den Begriff der Gerechtigkeit mit der moralischen Kategorie des Guten verknüpft. Der rechtschaffene Mann ist nämlich der, „der alle liebt, soweit es die Vernunft zuläßt", oder – an anderer Stelle – der, „der mit Gerechtigkeit begabt ist".[59] Demnach ist auch das Recht selbst ein moralisches Vermögen (*potentia moralis*) und die durch das Recht bzw. Gesetz ausgesprochene Verpflichtung (*obligatio*) ist die moralische Notwendigkeit (*necessitas moralis*).

An diese einleitenden Bestimmungen schließt Leibniz folgende Bemerkungen an: „Aus dieser Quelle fließt nun das Naturrecht (*jus naturae*), das drei Grade hat: das strikte Recht (*jus strictum*) in der kommutativen Gerechtigkeit (*justitia commutativa*); die Billigkeit (*aequitas*) (oder – im engeren Sinne des Wortes – die Nächstenliebe) in der distributiven Gerechtigkeit (*justitia distributiva*); die Frömmigkeit (*pietas*) (oder Redlichkeit bzw. Rechtschaffenheit (*probitas*)) in der allgemeinen Gerechtigkeit (*justitia universalis*): Daraus entstehen ‚niemanden schädigen bzw. verletzen' (*neminem laedere*), ‚jedem das Seine zuteilen' (*suum cuique tribuere*), ‚ehrenvoll (oder vielmehr fromm) leben' (*honeste (vel potius pie) vivere*), ebenso viele allgemeinste und bekanntgemachte Rechtsvorschriften (*juris praecepta*); ... Die Vorschrift des reinen oder strikten Rechts ist, daß niemand zu schädigen ist, damit nicht für ihn im Staat ein Prozeß (*actio*) gemacht wird, außerhalb des Staats das Kriegsrecht (*jus belli*) Anwendung findet. Hieraus entsteht die Gerechtigkeit, die die Philosophen die kommutative nennen. ... Den höheren Grad [der Gerechtigkeit] nenne ich die Billigkeit oder – wenn man lieber will – die Nächstenliebe (und zwar im engeren Sinn), die ich jenseits der Geltung des reinen Rechts auch auf diejenigen Verpflichtungen ausdehne, aus welchen für die, denen daran gelegen ist, kein Prozeß entsteht, durch den sie uns zwingen; wie z.B. die Dankbarkeit, das Almosen; ... Und wie es zur untersten Stufe des Rechts gehörte, niemanden zu schädigen, so gehört es zur mittleren Stufe, allen zu nützen; aber so wie es jedem ziemt und wie es jeder verdient, denn man darf nicht allen auf gleiche Weise geneigt sein. Deshalb gehört hierher die distributive Gerechtigkeit und die Rechtsvorschrift, die jedem das Seine zuzuteilen befiehlt. Und hierher gehören im Staat die politischen Gesetze, die das Glück (*felicitas*) der Untertanen befördern und überall bewirken, ... daß man verlangen kann, daß die anderen das leisten, was billig ist. Und wenn beim untersten Grad des Rechts nicht die Unterschiede der Menschen berücksichtigt wurden – außer denen, die sich aus einem Geschäft selbst ergeben –, vielmehr alle Menschen für gleich gehalten wurden, sind demgegenüber jetzt auf dieser höheren Stufe des Rechts die Verdienste abzuwägen, weshalb hier Privilegien, Belohnungen, Strafen ihren Platz haben."

Mit der letzten und höchsten Stufe des Rechts stellt nun Leibniz die eigentliche Verbindung zu seinem christlichen Menschenbild her, und sein Naturrecht erhält so eine rechtstheologische Deutung. Es heißt dort weiter: „Den höchsten Grad des Rechts habe ich mit dem Namen ‚Rechtschaffenheit' oder besser ‚Frömmigkeit' benannt. Denn das bisher Gesagte kann so akzeptiert werden, daß es im Rahmen des sterblichen Lebens Beachtung findet. Und das reine oder strikte Recht entsteht aus dem Prinzip, den Frieden zu wahren; die Billigkeit oder Nächstenliebe strebt nach etwas Höherem, so daß jeder, solange er einem anderen nützt, soviel er kann, sein Glück im Fremden vermehrt; und, um es mit einem Wort zu sagen, das strikte Recht vermeidet das Elend, das höhere Recht strebt nach Glück, aber nach dem Glück, welches zur Sterblichkeit gehört. Daß wir aber dieses Leben und was dieses Leben erstrebenswert macht, um eines fremden großen Vorteils willen hintansetzen müssen, so daß auch die größten Schmerzen um anderer willen ertragen werden sollen, ist von den Philosophen schöner vorgeschrieben als genau bewiesen worden. ... Damit es aber durch einen allgemeinen Beweis vollendet wird, daß alles Ehrenvolle nützlich und alles Schändliche schädlich ist, sind die Unsterblichkeit der Seele und Gott als Lenker des Universums anzunehmen. Auf diese Weise geschieht es, daß wir verstehen, daß wir alle in einem vollkommenen Staat (*civitas perfectissima*) leben, unter einem Monarchen, der wegen seiner Weisheit nicht getäuscht und wegen seiner Macht nicht gemieden werden kann; derselbe ist so liebenswürdig, daß es ein Glück ist, einem solchen Herrn zu dienen. ... Seine Macht und Voraussicht bewirkt, daß jedes Recht durchgesetzt wird, daß niemand verletzt wird außer durch sich selbst, daß nichts recht Getanes ohne Belohnung, keine Sünde ohne Strafe ist. ... Aufgrund dieser Erwägung geschieht es, daß diese Gerechtigkeit universell genannt wird (*justitia universalis*) und alle anderen Tugenden umfaßt; ... Deshalb besaß jene höchste Rechtsvorschrift diese Kraft, daß sie befiehlt, ehrenvoll (d.h. fromm) zu leben. Und in diesem Sinne ist von gelehrten Männern ein nach der Lehre der Christen verfaßtes Natur- und Völkerrecht unter die Desiderate gezählt worden."

Mit diesem Versuch einer Begründung des Naturrechts wird ein letzter origineller Beitrag geleistet zu einer christlichen Grundlegung des naturrechtlichen Denkens, der in der folgenden, stärker säkular ausgerichteten Aufklärungsepoche allerdings kaum noch Einfluß gewinnen konnte.

Völkerrecht

Überall dort, wo das Naturrecht auf die Natur der Sache oder die Natur bzw. Vernunft des Menschen gegründet wird – gleichgültig, ob man dies theologisch untermauert, indem man diese Natur auf Gott als Schöpfer zurückführt, oder nicht –, liegt es nahe, es nicht nur als vorstaatliches oder als die positive Gesetzgebung des Staates einschränkendes bzw. regulierendes Recht aufzufassen, auf das die Bürger dieses Staates sich bei Übergriffen des Staates berufen können, sondern es auf eine Weltbevölkerung zu beziehen und für jeden Menschen anzunehmen – in welchem Staat auch immer er lebt, welche gesellschaftliche Organisationsform er auch immer gewählt hat. Wird dies aber getan, so ist der zweite Schritt nicht mehr weit, daß man ebenfalls das Verhalten zwischen Staaten bzw. diese vertretenden Personen am Naturrecht mißt. Auch dieses Verhalten darf zumindest dem Naturrecht nicht widersprechen. Damit steht man bereits beim die zwischenstaatlichen Beziehungen oder auch die Beziehungen zwischen Staaten und Bürgern anderer Staatsverbände (im Kriegsfall) regelnden Völkerrecht.

Wieder ist es die spanische Spätscholastik, die auch in diesem Gebiet die ersten Akzente gesetzt hat. Ihr oben erwähnter Begründer, Francisco de Vitoria, hat vermutlich für das Völkerrecht die Bezeichnung *jus gentium* oder *jus inter gentes* geprägt, die im Latein des 17. Jahrhunderts die gängige Bezeichnung dafür ist. Zwar kommt der Terminus *jus gentium* zusammen mit *jus naturae* bereits im alten römischen Recht vor, hat dort aber eine andere Bedeutung. Das *jus naturae* ist das für alle Lebewesen, Mensch und Tier, gemeinsame Recht, während das *jus gentium* das nur auf die Menschen bezogene Recht darstellt. Bei de Vitoria nun nimmt das *jus gentium* die moderne Bedeutung an und verweist auf das die Beziehungen aller Völker untereinander regelnde Recht. Dieses Völkerrecht ist an das Naturrecht gebunden. Aufgrund des Völkerrechts bildet die Staatengemeinschaft eine natürliche Verkehrs- und Handelsgemeinschaft. Die für den Verkehr benutzten Wege wie Meere, Flüsse u.ä. stehen allen Völkern gemeinsam zur Verfügung. Äußerst moderne Thesen dieser Art hatte de Vitoria bereits 1538/1539 in seinen ›Vorlesungen über die Indianer‹ (Relectio de Indis) an der Universität Salamanca vertreten und dabei auch die indianischen Stämme als Völkerrechtssubjekte aufgefaßt.[60] Wir gehen zunächst auf einen Vertreter aus der Tradition der spanischen Rechtsphilosophie ein, Francisco Suárez.

Francisco Suárez veröffentlichte 1612 sein Werk ›Über die Gesetze und Gott als Gesetzgeber‹ (De legibus ac Deo legislatore). Er führt das Völkerrecht (*ius gentium*) in den Kapiteln 17 bis 20 des 2. Buchs dieses Werks ein. Für ihn steht es zwischen dem natürlichen Recht (*ius naturale*), das aus dem ewigen göttlichen Gesetz (*lex aeterna*) resultiert, und dem positiven menschlichen Recht (*ius positivum humanum*). Es steht zwar dem Naturrecht sehr nahe und beansprucht auch wie dieses Gültigkeit für alle Menschen, aber es unterscheidet sich in einem wesentlichen Punkt. „Es unterscheidet sich aber erstens und hauptsächlich das Völkerrecht vom Naturrecht dadurch, daß es, insofern es positive Vorschriften enthält, nicht die Notwendigkeit der vorgeschriebenen Sache aus der Natur der Sache (*rei natura*) allein durch einen evidenten Schluß aus natürlichen Prinzipien folgert, denn [nur] was dieser Art ist, ist natürlich, wie wir gezeigt haben.

Daher ist es notwendig, daß eine solche Notwendigkeit anderswoher entsteht. Und auf ähnliche Weise verbieten die negativen Vorschriften des Völkerrechts nicht etwas deshalb, weil es durch sich schlecht ist, denn auch dies [nur] ist etwas rein Natürliches. Von seiten der menschlichen Vernunft weist daher das Völkerrecht nicht nur auf die Schlechtigkeit hin, sondern konstituiert sie; deshalb verbietet es nicht das Schlechte, weil es schlecht ist, sondern es bewirkt durch Verbieten, daß es schlecht ist. ... Zweitens unterscheiden sie [Natur- und Völkerrecht] sich infolgedessen dadurch, daß das Völkerrecht nicht so unveränderlich sein kann wie das Naturrecht, da die Unveränderlichkeit aus der Notwendigkeit entsteht."[61]

Aufgrund dieser Differenzen zum Naturrecht scheint das Völkerrecht dann zum menschlichen positiven Recht gehören zu müssen,[62] wie es das Zivilrecht (*ius civilis*) eines Staates darstellt. Aber auch hier gibt es für Suárez Unterschiede. Zunächst einmal scheint das Zivilrecht sich nur auf einen Staat zu beziehen, während das Völkerrecht gemeinsames Recht für alle Völker ist. Aber – so widerlegt Suárez diese Annahme – „es scheint unmöglich, daß das vom Willen und von der menschlichen Meinung eingeführte Völkerrecht [wirklich] allen Völkern gemeinsam ist. Denn in den Dingen, die von der Meinung und vom freien Willen der Menschen abhängen, pflegen die Gründe nicht übereinzustimmen. Denn so ist der Charakter der Menschen: Wie viele Köpfe es gibt, fast so viele Ansichten und Meinungen gibt es."[63] Vielmehr ist die entscheidende Differenz die folgende: „Die Vorschriften des Völkerrechts unterscheiden sich dadurch von den Vorschriften des Zivilrechts, daß sie sich nicht aus schriftlich Niedergelegtem, sondern sich aus den Sitten bzw. Gebräuchen (*mores*) nicht des einen oder anderen Staates oder der einen oder anderen Provinz, sondern aller oder fast aller Nationen ergeben. Das menschliche Recht ist in der Tat doppelt, nämlich geschriebenes und nicht geschriebenes, ... es steht aber fest, daß das Völkerrecht nicht geschrieben ist, ... Das nicht geschriebene Recht aber besteht aus den Sitten, welches, wenn es nur aufgrund der Sitten *eines* Volkes eingeführt worden ist und nur dieses verpflichtet, auch Zivilrecht genannt wird. Wenn es aber aufgrund der Sitten *aller* Völker eingeführt worden ist und alle verpflichtet, so glauben wir, daß dies das Völkerrecht im eigentlichen Sinne ist, welches sich auch vom Naturrecht unterscheidet, da es sich nicht auf die Natur, sondern auf die Sitten stützt."[64]

Man spricht in zweierlei Weise von einem so verstandenen Völkerrecht, „auf die eine Weise, weil es ein Recht ist, das alle Völker und verschiedene Völkerschaften (*omnes populi et gentes variae*) untereinander einhalten, auf die andere Weise, weil es ein Recht ist, welches innerhalb einzelner Staaten oder Königreiche eingehalten wird, welches aber wegen der Ähnlichkeit und Übereinstimmung [untereinander] Völkerrecht genannt wird."[65] Zum zweiten untypischeren Fall gehört der unter vielen Völkern gemeinsame Religionskult, gewisse Riten und Lebensformen (*ritus aut modi vivendi*).[66] Zur ersten, eigentlichen Form des Völkerrechts zählt für Suárez beispielsweise die Immunität von Botschaftern und die Handelsfreiheit. „Denn die Gewohnheit, Botschafter unter einem absolut betrachteten Gesetz der Immunität und Sicherheit [in einem Staat] aufzunehmen, hat nicht die Notwendigkeit des Naturrechts, da eine jede Gemeinschaft von Menschen auswärtige Botschafter hätte ausschließen können und sie nicht zulassen wollen; nun gehört es aber zum Völkerrecht, sie zuzulassen, und sie zurückzuweisen, ist ein Zeichen von Feindschaft und wäre – vorausgesetzt es wäre keine Ungerechtigkeit gegen die natürliche Vernunft – eine Verletzung des Völkerrechts. Auch wenn es deshalb – die Zulassung von Botschaftern durch einen impliziten Pakt vorausgesetzt – gegen das Naturrecht ist, ihnen nicht die Immunität zu bewahren, da es gegen die Gerechtigkeit und geschuldete Treue ist, so ist dennoch jene Voraussetzung und jener unter einer solchen Bedingung geschlossene Pakt durch das Völkerrecht eingeführt worden. Dasselbe kann man in bezug auf alle Vertrags- (*contractus*) und Handelsbeziehungen (*commercium*) feststellen, wobei dreierlei zu unterscheiden ist: Das eine ist die besondere Form des Vertragschließens; dies gehört gewöhnlich zum Zivilrecht und kann oft auch durch den freien Willen der Vertragschließenden – bei nicht entgegenstehendem Gesetz – geregelt werden; das zweite ist die Einhaltung des Vertrags nach Abschluß, und dies – so ist klar – gehört zum Naturrecht; das dritte ist die Freiheit, Handelsverträge mit nicht feindlich gesinnten Menschen zu schließen, und dies gehört zum Völkerrecht, da das Naturrecht von sich aus dazu nicht verpflichtet; es hätte nämlich ein Staat für sich leben können und nicht mit einem anderen Handel treiben wollen, auch wenn dieser ihm nicht feindlich gesinnt wäre. Durch das Völkerrecht ist aber eingeführt worden, daß Handelsbeziehungen frei sind, und das Völkerrecht würde verletzt, wenn sie ohne rationalen Grund (*causa rationabilis*) verboten würden."[67] Schließlich gehört hierher auch das Recht, Krieg zu führen: „Dasselbe glaube ich von dem Recht des Krieges; insofern es in der Macht begründet ist, die ein Staat oder eine souveräne Monarchie hat, um ein ihm von einem anderen zugefügtes Unrecht zu bestrafen, zu rächen oder auszugleichen, scheint es zum Völkerrecht zu gehören. Denn allein kraft der natürlichen Vernunft war es nicht notwendig, daß diese Macht in dem verletzten Staat läge; es hätten die Menschen nämlich eine andere Art der Strafe (*vindicta*) einführen können oder diese Macht einem dritten Prinzip anvertrauen können, und gleichsam einem Schiedsrichter mit Zwangsgewalt; dennoch, da diese Art, die nun beobachtet wird, leichter ist und mehr mit der Natur übereinstimmt, ist sie durch Gebrauch eingeführt worden; und sie ist so gerecht, daß man sich ihr nicht rechtmäßig widersetzen darf."[68] Bei dem letzten Beispiel ist interessant, daß Suárez zwar den (gerechten) Krieg für vereinbar mit dem Völkerrecht hält, jedoch – da das Völkerrecht änderbar ist – auch die Möglichkeit einer über den Staaten als Schiedsrichter stehenden, mit Vollstreckungsgewalt ausgestatteten Institution erwägt.

Suárez gibt nach diesen Bestimmungen und Exemplifizierungen des Völkerrechts folgende Begründung seiner Notwendigkeit: „Da das Menschengeschlecht wie auch immer in verschiedene Völker und Reiche gegliedert ist, so besitzt es [doch] nicht nur eine physische (*specifica*), sondern auch eine gleichsam politische und moralische Einheit, auf die das natürliche Gebot der gegenseitigen Liebe und des Mitleids, das sich auf alle – auch Fremde und Angehörige jeder Nation – erstreckt, hinweist. Auch wenn daher jede vollkommene Gesellschaft (*civitas perfecta*), Staat oder Königreich (*respublica aut regnum*), in sich eine vollkommene, aus ihren Mitgliedern bestehende Gemeinschaft (*communitas perfecta*) darstellt, so ist doch trotzdem eine jede von ihnen auch auf irgendeine Weise ein Mitglied dieses Universums, insofern es sich auf das Menschengeschlecht bezieht; niemals nämlich sind jene Gemeinschaften einzeln so autark, daß sie nicht gegenseitiger Hilfe, Gesellschaft und Kommunikation bedürfen. ... Aus diesem Grund brauchen sie irgendein Recht, wodurch sie bei dieser Art von Kommunikation und Gesellschaft geleitet und auf richtige Weise geordnet werden. Und obwohl dies zu einem großen Teil durch die natürliche Vernunft geschieht, aber nicht hinreichend und unmittelbar in bezug auf alles, deshalb konnten aufgrund der Praxis (*usus*) derselben Völker einige spezielle Rechte eingeführt werden. Denn wie in einem Staat oder einer Provinz die Gewohnheit ein Recht einführt, so konnten im gesamten Menschengeschlecht Völkerrechte aufgrund der Sitten und Gebräuche (*mores*) eingeführt werden. Um so mehr, weil das, was zu diesem Recht gehört, wenig ist und dem Naturrecht sehr nahesteht und sich sehr leicht von diesem ableiten läßt und so nützlich und so sehr im Einklang mit der Natur selbst ist, daß, auch wenn die Ableitung nicht so evident und gleichsam von sich aus notwendig für ein ehrenvolles Verhalten (*honestas morum*) wäre, sie dennoch sehr mit der Natur übereinstimmt und von sich aus von allen akzeptiert werden kann."[69]

Der protestantische Niederländer Hugo Grotius oder de Groot (1583–1645), dem unsere abschließende Betrachtung gilt, hat in seinem 1625 erstmals erschienenen Werk ›Vom Recht des Krieges und des Friedens‹ (De jure belli ac pacis) das erste System des Völkerrechts entwickelt, in dem er in drei Büchern von der Frage nach Recht und Krieg ausgeht und sich dann den Formen und Ursachen des Krieges und den für Krieg und Frieden verbindlichen völkerrechtlichen Regelungen zuwendet. Seine Bemerkungen zum Völkerrecht belegt Grotius mit einer Unzahl von Nachweisen aus der vor allem antiken Geschichte und Literatur und der Bibel. Die Reichhaltigkeit dieser Verweise und die dadurch erreichte Nuancierung haben das Werk zu einer Fundgrube für spätere Völkerrechtler gemacht, obwohl oder gerade weil es eigentlich kein „System" darstellt, sondern bloß eine gut geordnete Sammlung der verschiedenen Gesichtspunkte.

Grotius beginnt die Vorrede seines Werks mit den Worten: „Das bürgerliche Recht, sei es das römische oder das heimische, haben schon viele mit Erläuterungen zu versehen oder komprimiert darzustellen versucht. Wenige jedoch haben das Recht berührt, das zwischen Völkern oder Herrschern von Völkern (*inter populos aut populorum rectores*) besteht, sei es, daß dieses Recht aus der Natur hervorgegangen oder durch göttliche Gesetze konstituiert worden ist, oder daß es durch die Sitten und Gebräuche (*mores*) und durch stillschweigenden Vertrag eingeführt worden ist."[70] Diese Bemerkung zeigt, daß offensichtlich ein Zusammenhang besteht zwischen dem angesprochenen Völkerrecht einerseits und andererseits dem Naturrecht, dem göttlichen Recht und einer auf den Konsens aller zurückgehenden Rechtsnorm, wobei die Zuordnung hier noch offenbleibt. Wie sieht die Einordnung des Völkerrechts in das Rechtssystem bei Grotius aus?

Grotius hält neben anderen die Einteilung des Rechts für wesentlich, die auch Aristoteles in seiner ›Nikomachischen Ethik‹ vorgenommen hat, nämlich die in natürliches Recht und willkürliches Recht (*ius naturale – voluntarium*).[71] „Das natürliche Recht ist ein Gebot der rechten Vernunft (*recta ratio*), welche anzeigt, daß einer Handlung wegen ihrer Übereinstimmung oder Nichtübereinstimmung mit der vernünftigen Natur eine moralische Schändlichkeit oder eine moralische Notwendigkeit (*turpitudo moralis aut necessitas moralis*) innewohnt und daß folglich eine solche Handlung von Gott als Schöpfer der Natur verboten oder geboten worden ist. Handlungen, für die ein solches Gebot besteht, sind an sich gesollt (*debitum*) oder unerlaubt (*illicitum*), und deshalb gelten sie als von Gott notwendig geboten oder verboten. Durch dieses Merkmal unterscheidet sich dieses Recht nicht nur vom menschlichen Recht (*ius humanum*), sondern auch vom göttlichen willkürlichen Recht (*ius divinum voluntarium*), welches nicht das gebietet oder verbietet, was durch sich und seiner Natur nach entweder gesollt oder unerlaubt ist, sondern was erst durch sein Verbot das Unerlaubtsein und durch sein Gebot das Gesolltsein hervorbringt. ... Das Naturrecht ist aber so unveränderlich, daß selbst Gott es nicht verändern kann. Obgleich nämlich Gottes Macht unermeßlich ist, so läßt sich dennoch einiges anführen, worauf sie sich nicht erstreckt. ... Wie nämlich nicht einmal von Gott bewirkt werden kann, daß zweimal zwei nicht vier sind, so [kann] genauso wenig [bewirkt werden], daß das durch einen inneren Grund Schlechte (*intrinseca ratione malum*) nicht schlecht sei."[72]

Mit dieser Bestimmung des Naturrechts als eines auch für Gott verbindlichen Rechts stellt sich Grotius auf die Seite der idealistischen Naturrechtstheoretiker und gegen die voluntaristischen. Das gleichwohl dem natürlichen Recht gegenübergestellte willkürliche göttliche Recht ist das geoffenbarte Recht der Religionen. Grotius erklärt es folgendermaßen: „Was das willkürliche göttliche Recht ist, ergibt sich schon genügend aus dem Namen; es nimmt nämlich seinen Ursprung aus dem göttlichen Willen; dadurch unterscheidet es sich vom Naturrecht, das man auch göttlich nennen kann, wie wir sagten. ... Dieses Recht ist entweder dem ganzen Menschengeschlecht oder [nur] einem Volk gegeben worden. Wir erfahren, daß Gott dem menschlichen Geschlecht dreimal [dieses] Recht gegeben hat, sofort nach der Erschaffung des Menschen, dann bei der Wiederherstellung des Menschengeschlechts nach der Sintflut, schließlich bei der höheren Erlösung durch Christus. Diese drei Rechte verpflichten ohne Zweifel alle Menschen, insoweit sie zu ihrer Kenntnis gelangt sind.“[73]

Dieses willkürliche göttliche Recht ist eine der beiden Formen des willkürlichen Rechts, das dem natürlichen gegenübersteht und in das göttliche und menschliche zerfällt. Das willkürliche menschliche Recht (*ius voluntarium humanum*) erklärt Grotius so: „Es ist entweder bürgerliches Recht (*ius civile*), oder es hat eine weitere oder engere Geltung. Das bürgerliche Recht geht von der staatlichen Obrigkeit (*potestas civilis*) aus. Die staatliche Obrigkeit ist die, die dem Staat vorsteht. Der Staat aber ist eine vollkommene Versammlung freier Menschen (*coetus perfectus liberorum hominum*), die sich um des Rechtsschutzes und des gemeinsamen Nutzens willen verbunden haben. Das sich enger erstreckende [willkürliche menschliche] Recht, das nicht von der staatlichen Obrigkeit ausgeht, obwohl es ihr untergeordnet ist, ist unterschiedlich und umfaßt die väterlichen und herrschaftlichen Vorschriften und ähnliches. Das sich weiter erstreckende [willkürliche menschliche] Recht ist das Völkerrecht (*ius gentium*), welches durch den Willen aller oder vieler [Staaten] seine verpflichtende Kraft erhalten hat. Ich habe ‚vieler‘ hinzugefügt, weil kaum ein Recht außer dem Naturrecht zu finden ist – was selbst auch Völkerrecht genannt wird –, was allen Völkern gemeinsam ist. Vielmehr gilt oft in einem Teil der Erde das Völkerrecht, anderswo nicht, wie z. B. das, was wir bei der Gefangenschaft (*captivitas*) und dem Heimkehrrecht (*postliminium*) an geeigneter Stelle ausführen werden. Dieses Völkerrecht wird auf gleiche Weise bewiesen wie das ungeschriebene bürgerliche Recht, nämlich durch stetige Übung (*usus continuus*) und durch das Zeugnis der Kundigen.“[74]

Das Völkerrecht stellt demnach für Grotius ebenso willkürliches Recht dar wie das bürgerliche Recht, aber es ist wie dieses kein Willkürrecht, sondern geht lediglich auf Willensentscheidungen vieler Staaten zurück, so wie das bürgerliche Recht auf die Willensentscheidungen eines Staates. Beide sind sogar an das Naturrecht gebunden oder müssen mit ihm zumindest konform sein. So stützt sich z.B. das bürgerliche Recht auf das Naturrecht, Verträge einzuhalten. In der Vorrede heißt es bei Grotius: „Ferner, da es aber dem Naturrecht entspricht, Verträge einzuhalten (irgendeine Art, sich zu verpflichten, war nämlich unter den Menschen notwendig, und es läßt sich kein anderer natürlicher Modus [dieser Art] finden), so flossen aus dieser Quelle die bürgerlichen Rechte. Denn die, die sich zu einer Versammlung zusammenfanden und sich einem oder mehreren Menschen unterwarfen, versprachen entweder ausdrücklich oder stillschweigend, wie man aus der Natur dieses Geschäfts annehmen muß, daß sie das befolgen würden, was der größere Teil der Versammlung oder die, denen die Macht übertragen war, beschließen würden."[75] Zu diesem natürlichen Recht tritt aber auch der Nutzen hinzu, den wir durch die Einbindung in eine bürgerliche Gesellschaft haben, die uns in den Stand versetzt, „das Leben richtig zu führen und die Geselligkeit zu pflegen".[76]

In ähnlicher Weise steht auch das Völkerrecht mit der Natur und dem Naturrecht in Einklang. „Wie nun die Rechte eines jeden Staates auf den Nutzen des Staates gerichtet sind, so konnten auch unter allen oder den meisten Staaten durch Übereinstimmung (*ex consensu*) gewisse Rechte entstehen. Es ist offenbar, daß die so entstandenen Rechte nicht den Nutzen (*utilitas*) einzelner Gemeinschaften (*coetus singuli*), sondern den jener großen Allgemeinheit (*magna universitas*) betrafen. Und dieses Recht ist das, was Völkerrecht genannt wird, insofern wir es vom Naturrecht unterscheiden."[77] Die in diesem Zitat zuletzt angefügte Bemerkung gibt einen Hinweis auf die enge Beziehung des Völkerrechts zum Naturrecht. Neben dem allgemeinen Nutzen nämlich für die Völkergemeinschaft wird durch das Völkerrecht auch die Sicherheit jedes einzelnen Staates begründet oder erhalten. „Um zu wiederholen, was ich gesagt habe, ist das Recht nicht bloß des Nutzens wegen vorhanden; kein Staat ist so kräftig, daß er nicht irgendeinmal der Hilfe von außen bedarf, sei es für die Handelsbeziehungen, sei es zur Verteidigung gegen die vereinten Angriffe mehrerer auswärtiger Völker. Man sieht deshalb, daß auch die mächtigsten Völker und Könige auf Bündnisse bedacht sind, deren verbindliche Kraft allerdings von denen ganz zerstört wird, die das Recht auf das innere Gebiet der Staaten beschränken. Es ist sehr wahr, daß alles unsicher ist, sobald vom Recht abgewichen wird."[78]

Insbesondere aber die Hauptfrage des Werks, ob es einen gerechten Krieg gibt bzw. „Ob Krieg zu führen überhaupt erlaubt ist",[79] wie das 2. Kapitel des 1. Buchs überschrieben ist, wird sowohl von naturrechtlichen wie völkerrechtlichen Gesichtspunkten beantwortet. Grotius beantwortet sie positiv, aber unter der Bedingung, daß auch im Kriegszustand ein Rechtsraum erhalten bleibt. „Es ist so weit von der Wahrheit entfernt, zuzugestehen, was viele annehmen, nämlich daß im Kriege alle Rechte aufhören, daß vielmehr ein Krieg nur zur Verfolgung eines Rechts begonnen werden darf, und ein begonnener Krieg [nur] nach dem Maß des Rechts und der Treue geführt werden darf."[80]

Der Krieg wird von Grotius in einem sehr allgemeinen Sinn verstanden als „Zustand von mit Gewalt gegeneinander Kämpfenden" (*status per vim certantium*),[81] also sowohl der Privatkrieg zwischen Personen wie auch der öffentliche zwischen Staaten.

Die naturrechtliche Begründung für die Zulässigkeit eines (gerechten) Krieges gibt Grotius im 2. Kapitel des 1. Buchs u.a. mit folgenden Worten: „Unter den Naturtrieben [den sogenannten *prima naturae* der Stoa] ist nichts, was dem Krieg widerstreitet, vielmehr sind ihm alle günstig. Denn der Zweck des Krieges, die Erhaltung des Lebens und der Glieder und die Verteidigung und der Erwerb der zum Leben erforderlichen Dinge stimmt mit diesen ersten Naturtrieben überein, und Gewalt zu diesem Zweck – wenn nötig – zu benutzen, widerspricht ihnen nicht. ... Die rechte Vernunft (*recta ratio*) und die Natur der Gemeinschaft (*societas*), die an zweiter und wichtigerer Stelle zu berücksichtigen sind, verbietet nicht jede Gewalt, sondern nur die, welche der Gemeinschaft widerstreitet, d.h., welche das fremde Recht aufhebt. Denn die Gesellschaft zielt mit gemeinsamen Kräften und im Zusammenwirken darauf, daß jedem das Seine erhalten bleibt."[82]

Hieran schließt Grotius seine völkerrechtliche Erwägung an: „Nach dem Naturrecht, welches auch Völkerrecht genannt werden kann, ergibt sich hierdurch, daß nicht alle Kriege mißbilligt werden können. Die Geschichte und die Gesetze und Sitten aller Völker lehren uns ebenfalls hinreichend, daß nach dem willkürlichen Völkerrecht die Kriege nicht verdammt werden."[83]

Somit beruht für Grotius das Völkerrecht hauptsächlich auf der allgemeinen Übereinstimmung der Menschengemeinschaft, d.h. auf den allgemein verbreiteten Rechtsüberzeugungen. Es gehört zwar zum „willkürlichen" Recht, welches aber durch das im allgemeinen Konsens sich ausdrückende Rechtsbewußtsein bestätigt ist. Gleichzeitig aber muß das Völkerrecht – so wie auch das bürgerliche Recht – mit dem Naturrecht übereinstimmen, ja es wird sogar selbst als Naturrecht aufgefaßt – wie auch das letzte Zitat zeigt –, und zwar dann, wenn allgemeine Rechtsüberzeugungen sich im innerstaatlichen Rechtswesen aller Staaten verwirklicht finden. Damit steht die Position von Grotius insgesamt der von Suárez sehr nahe, der ja auch zweierlei Völkerrecht unterschied und dessen Konformität (wenn auch nicht Koinzidenz) mit dem Naturrecht hervorhob.

Die Überlegungen zu Recht und Staat, die wir exemplarisch an einigen Autoren verfolgten, weisen das 17. Jahrhundert einerseits als ein sehr modernes Jahrhundert aus. Vor allem die Gedanken zu Naturrecht und Völkerrecht sind es, die weit vorausweisen und unser heutiges Rechtsdenken noch bestimmen. Zwar ist immer noch der theologische Hintergrund solcher Reflexionen gegenwärtig und wird gelegentlich – wie bei Leibniz – sogar besonders betont. Aber es zeigen sich hier bereits Säkularisierungstendenzen, die sich im folgenden Zeitalter der Aufklärung dann stärker durchsetzen. In der Frage der Begründung des Staates und der Souveränität absoluter Fürsten andererseits steht uns das Jahrhundert ferner, weil der Absolutismus für uns nur eine Übergangsepoche zur aufgeklärten, liberaleren Epoche des 18. Jahrhunderts gewesen ist. Aber vielleicht ist es gerade die starke Machtkonzentration in der Hand des Souveräns gewesen, die neben Überlegungen, diese Macht zu rechtfertigen, auch die Gedanken zur Machtrestriktion auf den Plan gerufen haben, wie sie sich bei den hier nur en passant erwähnten Althusius und Locke andeuten und dann im folgenden Jahrhundert verstärken.

Schlußbetrachtung

Unser Gang durch das 17. Jahrhundert sollte uns mit den die Zeit beherrschenden Themen, mit den Leitgedanken dieser Geistesepoche zwischen Reformation und Aufklärung vertraut machen. Um ein möglichst kompaktes und übersichtliches Bild der Zeit zu präsentieren, habe ich versucht, in einem systematischen Zugriff die Vielzahl der Probleme und Themen zu ordnen und exemplarisch vorzustellen. Vergegenwärtigen wir uns noch einmal die großen Entwicklungslinien. Ich beziehe mich dabei auf die Systematik der gewählten Folge von vier Kapitelpaaren.

1. Das natürliche Licht der Vernunft spielt eine herausragende Rolle im 17. Jahrhundert. Dabei ist es weniger die Vernunft, die *ratio* als solche, die das Charakteristikum der Epoche ausmacht, denn sowohl für die vorausgehende Renaissance wie die nachfolgende Aufklärung hat die Vernunft eine ähnliche Bedeutung. Es ist die Verbindung von Vernunft und Methode, die es in dieser Form nur im 17. Jahrhundert gibt. Die methodisch geleitete Vernunft ist es, die ausschlaggebend ist für den Erwerb und die Begründung von Wissen. Im Grunde wird im 17. Jahrhundert der moderne Begriff der Wissenschaftlichkeit geboren, auf den wir uns noch heute beziehen. Postulate dieses Denkens sind auf der einen Seite die Überprüfbarkeit der methodischen Schritte durch Formalisierung oder Regulierung und Festlegung des beweistheoretischen Ausgangspunkts, in Form von Axiomen, Grundbegriffen, Definitionen oder auch Beobachtungsdaten (Bacon, Descartes, Pascal, Hobbes, Leibniz). Andererseits artikuliert es sich auch in anthropologisch-psychologischer Hinsicht durch die Berufung auf eine letzte Evidenz oder Intuition (Descartes, Locke). Vorbild sind die Wissenschaften der Mathematik und Mechanik, die in dieser Zeit einen enormen Aufschwung erleben.

Die methodische Vernunft wird auf zweierlei Weise eingesetzt, als kritische, zweifelnde und als konstruktive Vernunft. Im ersten Fall wendet sie sich gegen Vorurteil und Aberglauben, gegen Tradition, Kirche und gelehrtes Buchwissen, sofern es nicht rational überprüfbar ist (Sánchez, Descartes, Bacon). Im zweiten Fall wird sie als Mittel verwandt, die letzten unbezweifelbaren Grundlagen des Wissens zu erreichen, einerseits in existentiell-ontologischer Hinsicht, wie bei Descartes, andererseits in wissenschaftstheoretischer Hinsicht, wie bei Leibniz' Projekt der *scientia generalis*.

Für den Glauben hat das zur Folge, daß nur noch solche Dogmen anerkannt werden, die sich vor der methodischen Vernunft rechtfertigen können (Spinoza, Locke). Dies birgt die Tendenz in sich, die Religion zu naturalisieren (Herbert), auch wenn weiterhin Versuche gemacht werden, den gesamten Dogmenbestand der Kirche rational zu rechtfertigen (Leibniz).

Insgesamt drückt sich in dieser Orientierung an Vernunft und Methode eine Säkularisierung des Denkens, d.h. die Lösung von theologisch-dogmatisch vorgegebenen Denkmustern aus. Die damit verbundene anthropozentrische Sicht der Dinge löst die theozentrische des Mittelalters ab. Zugleich bringt sich darin ein demokratischer Gesichtspunkt zur Geltung, weil Vernunft und Methode jedem zur Verfügung stehen. Der nunmehr eingenommene subjektivistische Standpunkt nimmt die Welt nicht als objektiv gegeben hin, sondern erschließt sie sich vom Subjekt aus. Der Aspekt der Universalität schließlich macht die Vernunft universell anwendbar und bezweckt damit eine methodisch geordnete, enzyklopädische Erfassung des Wissens.

Unsere Epoche weist sich also aus als *das Zeitalter der wissenschaftlichen Vernunft*.

2. Obwohl die methodische Vernunft universell einsetzbar ist, so findet sie doch ihr besonderes Betätigungsfeld auf dem Gebiet der Naturwissenschaften, sowohl der anorganischen Disziplinen der Physik (Mechanik), Chemie und Astronomie, aber auch der organischen Wissenschaften wie Biologie, Zoologie oder Medizin, welche eine ungeahnte Entwicklung erfahren.

Die Anwendung der Methode auf diesem Gebiet bedeutet zunächst einmal die Verwirklichung des sogenannten mechanistischen Programms: Erklärung aller Naturphänomene durch Quantität, Figur und Bewegung. Dies hat u.a. den Ausschluß von teleologischen Erklärungen aus der Naturbetrachtung zur Folge. Eine weitere Konsequenz ist, daß auch organische Phänomene und Organismen, deren Verhalten zielorientiert ist, als Mechanismen verstanden werden. Ausdruck dieser Haltung ist die im Cartesianismus vertretene These, Tiere seien bloße Maschinen, eine These, die von Hobbes im Prinzip sogar auf den Menschen ausgedehnt wird.

Dieses mathematisch-mechanistische Modell der (anorganischen wie organischen) Natur führt zwar auf der einen Seite zu einer Geometrisierung der Natur: Nur was sich auf die – geometrisch darstellbare – Bewegung kleiner Materiepartikeln zurückführen läßt, ist eine wissenschaftlich zulässige Erklärung (Descartes). Andererseits stößt man mit diesem Modell bei dem Versuch einer Letztbegründung auf Grenzen. Wie kommt es zur Bewegung? Ist die Bewegung den Körpern im Universum von außen verliehen worden (also bei Weltbeginn, bei der Schöpfung)? Oder muß man in der Materie selbst dynamische Momente der Aktion (des Bewegungsbeginns) annehmen? Das mechanistische Modell erweist sich demnach als zu eng bzw. läßt seine Grenzen erkennen. Aber jenseits dieser

Grenzen, hinter denen manche Philosophen (wie Gassendi, Leibniz und Newton) Kräfte vermuten, verbergen sich damit nicht neue okkulte Qualitäten, sondern „Qualitäten“, deren Wirkungen in der Natur sich exakt und das heißt mechanistisch beschreiben lassen. Insofern handelt es sich hierbei um keinen Rückfall in die vormechanistische, scholastische Philosophie. Auch Zwecke lassen sich nun ohne Aufgabe des mechanistischen Erklärungsmodells auf einer höheren Ebene wieder einführen (Newton, Leibniz).

Bei der Deutung der organischen Natur zeigt sich die Begrenztheit des mechanistischen Erklärungsmodells insbesondere in bezug auf die Seele. Die Seele, die bewußt, willensmäßig auf das mechanische Körpergeschehen einwirken kann, und die umgekehrt davon Eindrücke erhalten kann, muß – will man sie nicht wie Hobbes zu einem bloßen Epiphänomen machen und damit für nicht erklärungsfähig halten – als Sonderphänomen von der mechanistischen Betrachtung ausgenommen werden. Vor allem dualistische, Geist und Körper in eine Wechselbeziehung setzende (Descartes), und parallelistische Lösungen (Cordemoy, Leibniz), die eine natürliche Parallelität von körperlichem und geistigem Geschehen behaupten, werden hier angeboten. Es gibt sogar die Tendenz, hinter der körperlichen Phänomenalität die eigentliche spirituelle Wirklichkeit zu vermuten (Leibniz).

Schließlich führt das mechanistische Programm zum Versuch, allgemeine Weltgesetze zu finden. Hierher gehören das Cartesische Gesetz von der Erhaltung der Bewegungsquantität, das Leibnizsche von der Erhaltung der Kraft, das Trägheits- oder Beharrungsgesetz von Galilei und Newton oder das Kontinuitäts- und Ordnungsprinzip von Leibniz.

Von hier aus können wir unsere Epoche als das *Zeitalter der naturwissenschaftlichen Erklärung* bezeichnen.

3. Trotz des naturwissenschaftlich bestimmten Weltbilds treten bei den Letztbegründungsversuchen im Bereich von Physik und Biologie die alten Fragen der *philosophia perennis* auf, die sich nicht abschütteln lassen. Dies ist um so mehr der Fall bei den genuin theologischen und metaphysischen Fragen nach dem Sein oder nach Gott und seiner Schöpfung. Denn hier handelt es sich um Fragen, die von einem auf die Naturwissenschaften eingeschränkten Wissenschaftsverständnis (d. h. einem mechanistischen Weltverständnis) nicht beantwortet werden können.

Charakteristisch für das 17. Jahrhundert ist, daß es diese Fragen in neuer und teilweise origineller Form, d. h. auf neuer metaphysischer Grundlage zu lösen versucht. Beim Gottesbeweis zeigt sich dies an der Neubelebung apriorischer Formen des Gottesbeweises, wie z. B. des ontologischen von Anselm von Canterbury, im Gegensatz zu den bis dahin überwiegend üblichen aposteriorischen Gottesbeweisen, wie sie Thomas von Aquin bevorzugt hatte. Solche apriorischen Gottesbeweise sind besser in die neuen metaphysischen Systeme wie beispielsweise das von Descartes zu integrieren, aber auch in das von Spinoza mit seiner pantheistischen Gottesvorstellung. Pascal wählt, aufgrund seines durch die Reformationszeit geschärften Bewußtseins vom Ausgeliefertsein des Menschen an die göttliche Gnade, die Form einer rationalen Wette.

Bei der Frage der persönlichen Gottesbeziehung erweist sich das Jahrhundert als die auf die Reformation folgende Epoche, die der konfessionell kontroversen Diskussion über das Verhältnis zwischen Gott und Mensch allmählich müde wird. Die Fragen der Prädestination, Freiheit und Theodizee werden entweder wegen der Unzugänglichkeit der göttlichen Ratschlüsse für unbeantwortbar gehalten oder sie stoßen nicht mehr auf Interesse. Sie werden daher von den neuen philosophischen Systemschöpfern eher beiseite geschoben bzw. werden ohne Bezug zur theologischen Problematik erörtert (Descartes), oder sie finden in deren System keinen Ort mehr (Spinoza). Wo sie hingegen noch gestellt werden, verbleiben sie entweder im Rahmen des scholastischen Denkens, wenn auch mit neuen Nuancen (Molina), oder sie werden in ein neues philosophisches System einbezogen (wie bei Leibniz), das sich aufgrund seiner metaphysischen Annahmen nicht als zukunftsträchtig erweist.

Unser Zeitalter erweist sich hier als eine typische *Epoche des Übergangs von religiösen zu säkularen Denkmustern.* Noch werden die theologischen Voraussetzungen ernst genommen, aber schon zeigen sich Säkularisierungstendenzen, die die Probleme aus ihrem theologischen Rahmen lösen und für obsolet oder nicht entscheidbar erklären.

4. Was den vierten Gesichtspunkt betrifft, den wir für unseren Zugang zum 17. Jahrhundert auswählten, so zeigt unser Zeitalter hier wieder sehr moderne Züge, die auch für uns heute noch von Bedeutung sind.

Bei der Begründung der Moral verläßt man sich nicht mehr auf von der Religion vorgeschriebene Verhaltensnormen, sondern das persönliche Gewissen wird entdeckt. Die Gesinnung, mit der eine Tat begangen wird, ist das entscheidende Kriterium für seine Moralität, und nicht seine formale Übereinstimmung mit einer vom Glauben festgesetzten Verhaltensregel (Charron). Gleichzeitig führt aber auch eine tief religiöse Haltung wie die Pascals weg vom Katechismus-Denken des formalen Christen. Die Einsicht in die Erlösungsbedürfigkeit des Menschen, der der göttlichen Gnade ausgeliefert ist, ohne sich sie als Verdienst zurechnen lassen zu können, führt zu einer Demut im Verhalten, die allen formalen Schein vermeidet und nicht auf die Belohnung schaut. Leibniz – wohl als einziger – hat noch einmal versucht, das christliche Gebot der Nächstenliebe ins Zentrum seiner Moral- und Rechtsbetrachtungen zu stellen, mit der Absicht, persönliches und fremdes Glück zu verbinden.

Auch die Hinwendung zur anthropologischen Natur des Menschen, wie sie in den deskriptiven physiologisch-psychologischen Affektenlehren von Descartes und Hobbes zum Ausdruck kommt, weist in eine moderne Richtung, die zu einer nicht moralisierenden, deskriptiven Psychologie geführt hat.

Stärker noch erweist sich die Modernität unseres Zeitalters in der neuen Betrachtung des Staates und des Rechts. Zwar ist der Gedanke der majestätischen Souveränität des Herrschers eine für uns historisch gewordene Idee, gleichwohl aber ist das dahinterstehende Staatsbewußtsein ein moderner Gedanke geblieben. Gerade die Theorie vom Gesellschaftsvertrag – selbst wenn man ihm wie Hobbes eine Form gibt, die ihn als Rechtfertigungsmodell für die absolute Herrschaft erscheinen läßt – stärkt das Bewußtsein des einzelnen Staatsbürgers, der ja durch seine vertragliche Zustimmung an der Konstitution des Staates beteiligt ist und – bei anderen Gesellschaftsvertragstheoretikern – seine Zustimmung rückgängig machen oder einschränken kann (Althusius, Locke).

Für die Weiterentwicklung der Idee des Naturrechts gibt gerade die spanische Spätscholastik entscheidende Impulse. Der Gedanke des vorstaatlichen Naturrechts wird hier von seinen theologischen Voraussetzungen gelöst und an die Natur der Sache gebunden (Molina). Später werden dann aus der Natur des Menschen neben dem Selbsterhaltungstrieb Grundsätze wie die der Gleichheit und der Menschenwürde gewonnen, die bis heute aktuell sind (Pufendorf). Und auch der Leibnizsche Versuch, die Naturrechtsproblematik auf neue Weise christlich zu deuten, ist nach dem Zweiten Weltkrieg von Erik Wolf in seiner Schrift ›Recht des Nächsten. Ein rechtstheologischer Entwurf‹ wiederaufgegriffen worden.

Das Völkerrecht schließlich ist sowohl im Rahmen der spanischen Spätscholastik (Suárez) wie auch von Grotius, der das erste umfassende Buch zum Völkerrecht verfaßte, auf den allgemeinen Konsens der Menschen, aber zugleich auch auf das Naturrecht bezogen worden und hat damit Überlegungen eingeleitet, wie sie erst im 20. Jahrhundert mit der Idee des Völkerbunds und der Vereinten Nationen Realität angenommen haben.

Wir können unter diesem letzten Aspekt unsere Epoche speziell als das *Zeitalter der Individualmoral, der Säkularisierung des Naturrechts und der Begründung des Völkerrechts* bezeichnen.

Jede Geistesepoche ist eine Epoche des Übergangs von der ihr vorausgehenden zu der ihr nachfolgenden Epoche. Dies ist immer ein Übergang vom Alten zum Neuen, von der Tradition zur Innovation. Ob dieser Übergang positiv oder negativ gedeutet wird, hängt von der Position des Betrachters und seiner Zeit ab. Er kann negativ als Zerfall der Tradition oder positiv als Fortschritt gedeutet werden. Auch wenn man keinem linear fortschrittsgläubigen Geschichtsbild anhängt, so werden vergangene Kulturepochen jedoch in der Regel in Richtung der weiteren Entwicklung, also nicht regressiv, sondern progressiv gedeutet. Man nimmt nur das wahr oder akzentuiert besonders das, was sich in der Folgezeit, insbesondere in der Zeit des Betrachters als bedeutungsvoll erweist, während man das, was in der betrachteten Epoche ebenfalls von Gewicht, vielleicht sogar von größerem Gewicht war, was aber in der Folgezeit nicht fortgeführt wurde, vernachlässigt. So muß man auch die von uns hier betrachtete Kulturepoche des 17. Jahrhunderts, d. h. der Zeit zwischen Reformation und Aufklärung, als eine Mischung von Altem und Neuem oder – in schon wertender Formulierung – von Festhalten am Bewährten und Anstreben des Zukunftsträchtigen auffassen. Ich habe zwar versucht, ein möglichst neutrales Bild der intellektuellen Situation der Epoche und ihrer leitenden Ideen zu vermitteln und durch einen strukturierten systematischen Zugang einen Überblick über die sowohl traditionalistischen als auch innovativen Tendenzen zu verschaffen. Aber zugleich sollte auch deutlich werden, daß wir uns – von unserem heutigen Selbstverständnis aus gesehen – dieser Kulturepoche besonders verpflichtet fühlen müssen. Unser heutiges rationales Wissenschaftsverständnis geht auf das Denken des 17. Jahrhunderts zurück. Die aus den Naturwissenschaften übernommene quantitative Betrachtungsweise, die heute eine noch weit größere Verbreitung und Bedeutung erfahren hat, ist ebenfalls damals entstanden. Und auch unser universales Rechtsdenken, mit dem Anspruch eines interkulturell gültigen Natur- und Völkerrechts, hat dort seinen Ursprung.

Anmerkungen

1. Das natürliche Licht der Vernunft

[1] Vgl. Historisches Wörterbuch der Philosophie, Bd. 5, Artikel „lumen naturale“ v. W. Beierwaltes, Sp. 547–549.
[2] Spinoza, Opera, 3, S. 112 f.
[3] Leibniz, AA, VI 6, S. 494.
[4] Descartes, AT, VI, S. 1 f.
[5] Descartes, AT, VII, S. 38.
[6] Descartes, AT, X, S. 521.
[7] Descartes, AT, X, S. 506.
[8] Hobbes, The English Works, 3, S. 111.
[9] Descartes, AT, VI, S. 2.
[10] Hobbes, Opera latina, 1 (Ad lectorem).
[11] Locke, Essay Concerning Human Understanding, 2, S. 438, 437 (Buch IV, Kap. 19.14, 19.13).
[12] Bacon, Neues Organon, S. 118 (Buch I, Aphorismus 56).
[13] Sánchez, Quod nihil scitur, S. 20.
[14] Mersenne, La vérité des sciences, Vorwort (ungezählt) S. 1–3.
[15] Sánchez, Quod nihil scitur, S. 16–20.
[16] Sánchez, Quod nihil scitur, S. 166.
[17] Zum Folgenden Bacon, Neues Organon, S. 48–50; 98–144 (Buch I, Aphorismen 37–67).
[18] Herbert, De religione gentilium, S. 2.
[19] Herbert, De veritate, S. 208–222.
[20] Herbert, De veritate, S. 222.
[21] Herbert, De veritate, S. 38.
[22] Herbert, De veritate, S. 40.
[23] Spinoza, Opera, 3, S. 15 f.
[24] Spinoza, Opera, 3, S. 28.
[25] Spinoza, Opera, 3, S. 97–117.
[26] Spinoza, Opera, 3, S. 102 f.
[27] Spinoza, Opera, 3, S. 180.
[28] Spinoza, Opera, 3, S. 179 f.
[29] Spinoza, Opera, 3, S. 117.
[30] Locke, Essay Concerning Human Understanding, 2, S. 420 (Buch IV, Kap. 18.5).
[31] Locke, Essay Concerning Human Understanding, 2, S. 413 (IV, Kap. 17.24).
[32] Locke, Essay Concerning Human Understanding, 2, S. 417 (IV, Kap. 18.3).
[33] Locke, Essay Concerning Human Understanding, 2, S. 423 f. (IV, Kap. 18.8).
[34] Locke, Essay Concerning Human Understanding, 2, S. 435 (IV, Kap. 19.10).
[35] Locke, Essay Concerning Human Understanding, 2, S. 431 (IV, Kap. 19.4).
[36] Leibniz, AA, VI 4C, S. 2347.
[37] Leibniz, AA, VI 4C, S. 2315.
[38] Leibniz, AA, VI 4C, S. 2371.
[39] Leibniz, AA, VI 4C, S. 2215.
[40] Leibniz, AA, VI 4C, S. 2212–2219.
[41] Leibniz, AA, VI 4B, S. 1537–1539.
[42] Leibniz, AA, VI 6.
[43] Leibniz, AA, VI 6, S. 493.
[44] Descartes, AT, X, S. 360 f.
[45] Descartes, AT, X, S. 362.
[46] Descartes, AT, X, S. 368.
[47] Descartes, AT, X, S. 369.
[48] Descartes, AT, VI, S. 31–40.
[49] Descartes, AT, VII, S. 17–34.
[50] Descartes, AT, VII, S. 20.
[51] Descartes, AT, VI, S. 32.
[52] Descartes, AT, VII, S. 25.
[53] Descartes, AT, X, S. 515.
[54] Locke, Essay Concerning Human Understanding, 2, S. 167–172 (IV, Kap. 1. 1–7).
[55] Locke, Essay Concerning Human Understanding, 2, S. 176–189 (IV, Kap. 2); S. 190–191 (IV, Kap. 3.1–5).
[56] Locke, Essay Concerning Human Understanding, 2, S. 176 f. (IV, Kap. 2.1)
[57] Locke, Essay Concerning Human Understanding, 2, S. 178 f. (IV, Kap. 2.2).
[58] Locke, Essay Concerning Human Understanding, 2, S. 304 f. (IV, Kap. 9.3).
[59] Descartes, AT, VI, S. 2.

2. Methode und Universalwissenschaft

[1] Alsted, Encyclopaedia, Herborn 1630.
[2] Alsted, Encyclopaedia, S. 1, 49.
[3] Vgl. Comenius, Opera omnia, Bd. 14.
[4] Bacon, Works, 1, S. 413–837.
[5] Bacon, Works, 1, S. 425 ff. und 494 ff.
[6] Hobbes, The English Works, 3, S. 71 ff.
[7] Leibniz, AA, VI 4, S. 527.
[8] Dalgarno, Ars signorum, London 1661; Wilkins, Real character, London 1668.
[9] Descartes, AT, VII, S. 160–170.
[10] Spinoza, Opera, 1, S. 125–230.
[11] Spinoza, Opera, 2, S. 43–308.
[12] Galilei, Opere, 6, S. 232.
[13] P. Schulthess: Die philosophische Reflexion über die Methode, in: Grundriß der Geschichte der Philosophie, Die Philosophie des 17. Jahrhunderts, hrsg. v. J.-P. Schobinger, Bd. 1, 1. Halbband, S. 87.
[14] Leibniz, AA, VI 4, S. 22.
[15] Bacon, Neues Organon, S. 278 f. (II, Aphorismus 1).
[16] Bacon, Neues Organon, S. 278 f. (II, Aphorismus 2).
[17] Bacon, Neues Organon, S. 300–306 (II, Aphorismus 11).
[18] Bacon, Neues Organon, S. 306–330 (II, Aphorismus 12).
[19] Bacon, Neues Organon, S. 316.
[20] Bacon, Neues Organon, S. 330–348 (II, Aphorismus 13).
[21] Bacon, Neues Organon, S. 348–374 (II, Aphorismen 15–20).
[22] Descartes, AT, X, S. 365.
[23] Descartes, AT, X, S. 366.
[24] Descartes, AT, X, S. 377 f.
[25] Descartes, AT, X, S. 376.
[26] Descartes, AT, X, S. 374.
[27] Descartes, AT, VI, S. 18.
[28] Descartes, AT, VI, S. 18 f.
[29] Descartes, AT, X, S. 368.
[30] Descartes, AT, X, S. 407.
[31] Descartes, AT, VIII-1, S. 8 (Principia philosophiae, Teil I § 10).
[32] Descartes, AT, VIII-1, S. 9 (Principia philosophiae, Teil 1 § 13).
[33] Descartes, AT, X, S. 387.
[34] Descartes, AT, X, S. 369.
[35] Descartes, AT, X, S. 388.
[36] Descartes, AT, X, S. 389.
[37] Pascal, Œuvres, S. 348–359.
[38] Außerdem: die Behauptungen in der besten Ordnung aufzustellen, eine im Fragment nicht mehr ausgeführte Aufgabe.
[39] Pascal, Œuvres, S. 356.
[40] Ebd.
[41] Pascal, Œuvres, S. 357.
[42] Pascal, Œuvres, S. 356 f.
[43] Pascal, Œuvres, S. 349.
[44] Pascal, Œuvres, S. 349 f.
[45] Pascal, Œuvres, S. 350.
[46] Ebd.
[47] Hobbes, Opera latina, 5, S. 156.
[48] Hobbes, Opera latina, 1, S. 2.
[49] Hobbes, Opera latina, 1, S. 2 f.
[50] Hobbes, Opera latina, 1, S. 59.
[51] Hobbes, Opera latina, 1, S. 60.
[52] Hobbes, Opera latina, 1, S. 62.
[53] Leibniz, AA, VI 4, S. 527.
[54] Leibniz, AA, VI 4, S. 370.
[55] Leibniz, AA, VI 4, S. 264, 654; 625, 643; 385, 883, 898, 907.
[56] Leibniz, AA, VI 4, S. 182, 264.
[57] Leibniz, AA, VI 4, S. 920.
[58] Leibniz, AA, VI 4, S. 534, 972.
[59] Leibniz, AA, VI 4, N. 81 (S. 338–349).
[60] Leibniz, AA, VI 4, S. 102.
[61] Leibniz AA, VI 4, S. 84, 265, 270, 974.
[62] Vgl. Leibniz, AA, VI 4, N. 25, 54, 144, 156.
[63] Vgl. Leibniz, AA, VI 4, N. 493, 496.
[64] Vgl. Leibniz, AA, VI 4, N. 492.
[65] Vgl. Leibniz, AA, VI 4, N. 97, 98, 196, 197, 198, 199, 200.
[66] Nur in dem Postulat der Widerspiegelung der Realität, die auf der Analogie der Beziehungen zwischen unseren Begriffen bzw. den dafür gewählten Wörtern und den Beziehungen zwischen den Dingen beruht, besteht eigentlich die Differenz zu Hobbes, der wegen der auf dem allgemeinen Konsens beruhenden Willkürlichkeit der Benennung der Dinge dieses Postulat nicht aufstellt. Jedoch schließt auch Hobbes widerspruchsfreie Begriffe und Sätze aus. Die Leibnizsche Unterstellung ist daher in diesem Punkt nicht berechtigt (vgl. Leviathan, Kap. 5: Hobbes, Opera latina, 3, S. 32 f.).
[67] Leibniz, AA, VI 4, S. 567.
[68] Leibniz, AA, VI 4, S. 588.

[69] Vgl. hierzu den von Leibniz in der Zeitschrift ›Acta Eruditorum‹ 1684 veröffentlichten und gegen Descartes gerichteten Aufsatz ›Meditationen über die Erkenntnis, die Wahrheit und die Ideen‹ (Meditationes de cognitione, veritate, et ideis): Leibniz, AA, VI 4, S. 585–592.
[70] Leibniz AA, VI 4, S. 450, 493, 913.
[71] Leibniz AA, VI 4, S. 918.
[72] Leibniz, AA, VI 4, S. 102.
[73] Leibniz, AA, VI 4, S. 918 f.
[74] Z.B. Leibniz, AA, VI 4, N. 155, 186.
[75] Vgl. Leibniz, AA, VI 4, N. 2.
[76] Leibniz, AA, VI 4, S. 274.
[77] Leibniz, AA, VI 4, S. 506 f., 166; vgl. 850.
[78] Leibniz, AA, VI 4, S. 530.
[79] Bacon, Neues Organon, S. 100 (I, Aphorismus 41).
[80] Hobbes, The English Works, 3, S. 23.
[81] Descartes, AT, X, S. 397.
[82] Descartes, AT, X, S. 393.
[83] Descartes, AT, X, S. 418.
[84] Descartes, AT, X, S. 411, vgl. 398.
[85] Pascal, Œuvres, S. 351 f.

3. Materie und Universum

[1] Descartes, AT, VIII-1, S. 326 (Principia philosophiae, Teil IV § 103).
[2] Descartes, AT, XI, S. 6 (Kap. I).
[3] Descartes, AT, XI, S. 12–16 (Kap. II).
[4] Locke, Essay Concerning Human Understanding, S. 169 f. (II, Kap. 8, 9–10; ab der 4. Aufl.).
[5] Chauvin, Lexicon Philosophicum, S. 546.
[6] Descartes, AT, VII, S. 55.
[7] Descartes, AT, V, S. 158.
[8] Descartes, AT, VIII-1, S. 15 f. (Principia philosophiae, Teil I § 28); frz. Übersetzung: AT, IX-2, S. 37.
[9] Spinoza, Opera, 2, S. 78.
[10] Spinoza, Opera, 2, S. 78 f.
[11] Spinoza, Opera, 2, S. 80 f.
[12] Spinoza, Opera, 2, S. 80.
[13] Descartes, AT, VIII-1, S. 42–49 (Principia philosophiae, Teil II §§ 4–15).
[14] Descartes, AT, VIII-1, S. 50 (Principia philosophiae, Teil II § 18).
[15] Descartes, AT, VIII-1, S. 50 f. (Principia philosophiae, Teil II §§ 18–19).
[16] Descartes, AT, VIII-1, S. 42 f. (Principia philosophiae, Teil II §§ 5–6).
[17] Descartes, AT, VIII-1, 51 f. (Principia philosophiae, Teil II § 20); S. 59 f. (Principia philosophiae, Teil II § 34).
[18] Descartes, AT, VIII-1, S. 52–56 (Principia philosophiae, Teil II §§ 23–29); S. 58 f. (Principia philosophiae, Teil II § 33).
[19] Descartes, AT, VIII-1, S. 53 f. (Principia philosophiae, Teil II § 25).
[20] Descartes, AT, VIII-1, S. 61 f. (Principia philosophiae, Teil II § 36).
[21] Descartes, AT, XI, S. 31–36 (Traité de la Lumière Kap. 6).
[22] Descartes, AT, XI, S. 38; vgl. Bd. VIII-1, S. 62 (Principia philosophiae, Teil II § 37).
[23] Descartes, AT, XI, S. 41; vgl. Bd. VIII-1, S. 65 (Principia philosophiae, Teil II § 40).
[24] Descartes, AT, XI, S. 43 f.; vgl. Bd. VIII-1, S. 63 f. (Principia philosophiae, Teil II § 39).
[25] Descartes, AT, XI, S. 36–48 (Traité de la Lumière Kap. 7).
[26] Descartes, AT, XI, S. 48–72 (Traité de la Lumière Kap. 8).
[27] Descartes, AT, XI, S. 25 f.
[28] Descartes, AT, VIII-1, S. 78 f. (Principia philosophiae, Teil II § 64).
[29] Descartes, AT, VIII-1, S. 13 (Principia philosophiae, Teil I § 21).
[30] Hobbes, Opera latina, 1, S. 83.
[31] Hobbes, Opera latina, 1, S. 84.
[32] Hobbes, Opera latina, 1, S. 91
[33] Hobbes, Opera latina, 1, S. 93.
[34] Hobbes, Opera latina, 1, S. 93 f.
[35] Hobbes, Opera latina, 1, S. 338–347.
[36] Hobbes, Opera latina, 1, S. 347 f.
[37] Hobbes, Opera latina, 1, S. 95.
[38] Hobbes, Opera latina, 1, S. 82.
[39] Hobbes, Opera latina, 1, S. 84.
[40] Ebd.
[41] Hobbes, Opera latina, 1, S. 89.
[42] Hobbes, Opera latina, 1, S. 96, 87.
[43] Hobbes, Opera latina, 1, S. 97.
[44] Hobbes, Opera latina, 1, S. 177 f.
[45] Gassendi, Opera, 1, S. 185–191.
[46] Gassendi, Opera, 1, S. 191b.
[47] Gassendi, Opera, 1, S. 220–228.

[48] Gassendi, Opera, 1, S. 224b.
[49] Gassendi, Opera, 1, S. 192–195.
[50] Gassendi, Opera, 1, S. 196–216.
[51] Gassendi, Opera, 1, S. 374–380.
[52] Gassendi, Opera, 1, S. 279–282.
[53] Gassendi, Opera, 1, S. 256–279.
[54] Z.B. Gassendi, Opera, 1, S. 280; vgl. S. 384–388.
[55] Gassendi, Opera, 1, S. 273b.
[56] Gassendi, Opera, 1, S. 333, 337a.
[57] Z.B. Gassendi, Opera, 1, S. 231b.
[58] Gassendi, Opera, 1, S. 335b.
[59] Leibniz, AA, VI 4, S. 463.
[60] Leibniz, AA, VI 4, S. 2326.
[61] Leibniz, AA, VI 4, S. 2008.
[62] Leibniz, AA, VI 4, S. 2018f.; vgl. 1978f., 2065f.
[63] Leibniz, AA, VI 4, S. 1970.
[64] Leibnz, AA, VI 2, S. 268; vgl. S. 336.
[65] Leibniz, AA, VI 4, S. 1980.
[66] Leibniz, AA, VI 4, S. 1428f.
[67] Leibniz, AA, VI 4, S. 1400.
[68] Leibniz, GP, 4, S. 469f.
[69] Leibniz, GP, 4, S. 1980.
[70] Leibniz, Specimen Dynamicum, S. 6–10.
[71] Leibniz, Specimen Dynamicum, S. 4.
[72] Leibniz, AA, VI 4, S. 1400.
[73] Leibniz, AA, VI 4, S. 2064f.
[74] Leibniz, GP, 4, S. 482.
[75] Leibniz, GP, 4, S. 491f.
[76] Leibniz, GM, 2, S. 295.
[77] Leibniz, GP, 6, S. 607 (§ 3).
[78] Leibniz, GP, 4, S. 482f.
[79] Leibniz, GP, 4, S. 478f.
[80] Newton, Principia, S. 16 (alle Zitate).
[81] Newton, Principia, S. 552–555 (Regula III).
[82] Newton, Principia, S. 552.
[83] Newton, Principia, S. 554.
[84] Newton, Principia, S. 555 (Regula IV).
[85] Newton, Principia, S. 554 (Regula III).
[86] Newton, Principia, S. 39 (Definition I).
[87] Newton, Principia, S. 554f. (Regula III).
[88] Newton, Principia, S. 40f. (Definitio III).
[89] Newton, Principia, S. 41 (Definitio IV).
[90] Newton, Principia, S. 41–43 (Definitio V).
[91] Newton, Principia, S. 43–46 (Definitio VI–VIII).
[92] Newton, Principia, S. 266f. (Liber I, sectio XI).
[93] Newton, Principia, S. 46 (Scholium).
[94] Huygens, Œuvres 21, S. 443–493.
[95] Descartes, AT, XI, S. 72–80 (Traité de la Lumière Kap. 11); VIII-1, S. 212–214 (Principia philosophiae, Teil IV, §§ 20–23).
[96] Vgl. Leibniz, Versuch über die Ursachen der Himmelsbewegungen (Tentamen de motuum coelestium causis), der zuerst in der zeitgenössischen Zeitschrift ›Acta Eruditorum‹, 1689, S. 82–96 erschien (Leibniz, GM, VI, S. 144–187).
[97] Hobbes, Opera latina, 1, S. 413–431 (Elementa philosophiae, sectio prima De corpore, Teil IV, Kap. 30).
[98] Gassendi, Opera, 1, S. 388–394.
[99] Newton, Principia, S. 764 (Scholium).
[100] Z.B. in einem Brief an den Schotten Thomas Burnett de Kemney vom 23. August 1713 (Leibniz, GP, 3, S. 328). Vgl. Leibniz' Brief an Huygens vom 20. März 1693 (Leibniz, GM, 2, S. 158).
[101] Newton, Principia, S. 764f.
[102] Newton, Opera, 4, S. 394.
[103] Newton, Opera, 4, S. 224f.
[104] Newton, Opera, 4, S. 260.
[105] Newton, Opera, 4, S. 242f.
[106] Newton, Opera, 4, S. 251–253.
[107] Newton, Opera, 4, S. 256.
[108] Ebd.
[109] Newton, Opera, 4, S. 258.
[110] Newton, Opera, 4, S. 437.
[111] Newton, Opera, 4, S. 438.
[112] Newton, Principia, S. 759–764.
[113] Newton, Opera, 4, S. 237f.
[114] Newton, Opera, 4, S. 262.
[115] Leibniz, GP, 7, S. 352ff.
[116] More, Opera II-1, S. 317f. (Enchiridium Metaphysicum, Teil I, Kap. 28).
[117] More, Opera II-1, S. 222 (Enchiridium Metaphysicum, Scholia zu Teil I, Kap. 13).
[118] More, Opera II-1; S. 328 (Enchiridium Metaphysicum, Scholia zu Teil I, Kap. 28).
[119] Ebd.
[120] Newton, Principia, S. 54.

[121] Ebd.
[122] Descartes, AT, VIII-1, S. 62 (Principia philosophiae, Teil II § 37).
[123] Ebd.
[124] Hobbes, Opera latina, 1, S. 102f. (Elementa philosophiae, De corpore, Teil II, Kap. 8, § 19).
[125] Leibniz, GP, 1, S. 372.
[126] Newton, Principia, S. 55.
[127] Leibniz, Specimen dynamicum, S. 22.
[128] Descartes, AT, VIII–1, S. 61 f. (Principia philosophiae, Teil II § 36).
[129] Newton, Principia, S. 59.
[130] Leibniz, AA, VI 4, S. 2027–2030.
[131] Leibniz, AA, Bd. VI 4, S. 1556–1558 (Discours de métaphysique, § 17); Leibniz, Specimen dynamicum, S. 28–38.
[132] Leibniz, AA, VI 4, S. 1963f.
[133] Leibniz, AA, VI 4, S. 2031–2039.
[134] Leibniz, Principe Générale.
[135] Leibniz, AA, VI 4, S. 2032. Zum Folgenden S. 2032–2035.
[136] Descartes, AT, VIII-1, S. 68 (Principia philosophiae, Teil II §§ 46–47).
[137] Leibniz, AA, VI 4, S. 2034f.
[138] Newton, Principia, S. 763.
[139] Leibniz, AA, VI 4, S. 1565.
[140] Leibniz, AA, VI 4, S. 1405.

4. Leib und Seele

[1] Pereira, Antoniana Margarita, Medina del Campo 1554.
[2] Vgl. Descartes, AT, III, S. 386 (Descartes an Mersenne, 23. Juni 1641).
[3] Rorario, Animalia bruta, Paris 1648.
[4] Bayle, Dictionnaire Historique; in dieser Auflage Artikel „Pereira", Bd. 3, S. 649–656; Artikel „Rorarius", Bd. 4, S. 76–87.
[5] Montaigne, Œuvres, S. 430.
[6] Montaigne, Œuvres, S. 432f.
[7] Montaigne, Œuvres, S. 437.
[8] Descartes, AT, VI, S. 56.
[9] Descartes, AT, VI, S. 59.
[10] Descartes, AT, IV, S. 573.
[11] Descartes, AT, IV, S. 575.
[12] Descartes, AT, I, S. 403.
[13] Descartes, AT, VII S. 268ff.
[14] Descartes, AT, XI, S. 119f.
[15] Descartes, AT, XI, S. 123.
[16] Descartes, AT, XI, S. 121–126; VI, S. 46–51.
[17] Descartes, AT, XI, S. 129; VI, S. 54.
[18] Descartes, AT, XI, S. 128–130.
[19] Descartes, AT, XI, S. 141 f., 149f.
[20] Descartes, AT, XI, S. 201 f.
[21] Descartes, AT, VI, S. 56f.; vgl. IV, S. 574f.
[22] Descartes, AT, XI, S. 59f.
[23] Descartes, AT, VI, S. 33.
[24] Descartes, AT, XI, S. 143.
[25] Descartes, AT, XI, S. 176f.
[26] Descartes, AT, VII, S. 442; III, S. 667f.
[27] Descartes, AT, VII, S. 229.
[28] Descartes, AT, V, S. 214f., 221f.
[29] Descartes, AT, X, S. 410–417 (Regel 12).
[30] Descartes, AT, XI, S. 149, 151.
[31] Descartes, AT, VII, S. 172–174.
[32] Hobbes, The English Works, 3, S. 1–11; 38–51.
[33] Hobbes, Opera latina, 1, S. 316.
[34] Ebd.
[35] Hobbes, Opera latina, 1, S. 317.
[36] Hobbes, Opera latina, 1, S. 319.
[37] Hobbes, Opera latina, 1, S. 320.
[38] Hobbes, Opera latina, 1, S. 322f.
[39] Hobbes, Opera latina, 1, S. 316.
[40] Hobbes, Opera latina, 1, S. 330.
[41] Hobbes, Opera latina, 1, S. 331f.; The English Works, 3, S. 38f.
[42] Hobbes, Opera latina, 1, S. 332f.
[43] Hobbes, The English Works, 3, S. 49.
[44] Hobbes, Opera latina, 1, S. 333.
[45] La Forge, Œuvres, S. 176.
[46] Clauberg, Opera, 1, S. 219.
[47] Cordemoy, Œuvres, S. 135–151. Die Schrift erschien später auch unter dem Titel ›Six Discours sur la Distinction et l'Union du Corps et de l'Ame‹.
[48] Cordemoy, Œuvres, S. 147.
[49] Geulincx, Opera, 2, S. 207, 268, vgl. S. 150.
[50] Leibniz, GP, 4, S. 483f.
[51] Leibniz, GP, 6, S. 606, 616 (Monadologie §§ 7, 56).
[52] Leibniz, GP, 6, S. 620 (Monadologie § 78).
[53] Leibniz, GP, 4, S. 484f.
[54] Leibniz, GP, 6, S. 621.
[55] Geulincx, Opera, 3, S. 212.
[56] Leibniz, GP, 4, S. 500f.

5. Gott und Sein

[1] Suárez, Disputationes metaphysicae, 25, S. 12 (Disp. 1, sect. 1, n. 26).
[2] Suárez, Disputationes metaphysicae, 26, S. 1 (Disp. 28, Anf.).
[3] Suárez, Disputationes metaphysicae, 26, S. 1–8 (Disp. 28, sect. 2).
[4] Suárez, Disputationes metaphysicae, 25, S. 107–111 (Disp. 3, sect. 2).
[5] Thomas von Aquin, Summa theologiae, pars prima, quaestio 2, articulus 3.
[6] Einen Zirkelschluß begeht man in diesem Falle für Suárez dann, „wenn jemand sagt, eine Sache sei von einer anderen produziert, und diese [andere] werde [wieder] von der produziert, die sie selbst produziert hatte“ (Suárez, Disputationes metaphysicae, 26, S. 27 (Disp. 29, sect. 1, n. 22).
[7] Suárez, Disputationes metaphysicae, 26, S. 27 (Disp. 29, sect. 1, n. 20–21).
[8] Suárez, Disputationes metaphysicae, 26, S. 34–47 (Disp. 29, sect. 2).
[9] Suárez, Disputationes metaphysicae, 26, S. 36 (Disp. 29, sect. 2, n. 7).
[10] Suárez, Disputationes metaphysicae, 26, S. 47 (Disp. 29, sect. 3, n. 1).
[11] Descartes, AT, VII, vor allem S. 36–47 (3. Meditation).
[12] Descartes, AT, VII, S. 40 f.
[13] Descartes, AT , VII, S. 42.
[14] Descartes, AT, VII, S. 43.
[15] Descartes, AT, VII, S. 44 f.
[16] Descartes, AT, VII, S. 45.
[17] Descartes, AT, VII, S. 45.
[18] Descartes, AT, VII, S. 45 f.
[19] Descartes, AT, VII, S. 47.
[20] Descartes, AT, VII, S. 65.
[21] Descartes, AT, VII, S. 66 f.
[22] Descartes, AT, VII, S. 67.
[23] Leibniz, AA, VI 4, S. 588 f.
[24] Leibniz, AA, VI 4, S. 585–587.
[25] Leibniz, AA, II 1, S. 271–273.
[26] Leibniz, GP, 4, S. 602.
[27] Leibniz, GP, 4, S. 614.
[28] Spinoza, Opera, 2, S. 86.
[29] Spinoza, Opera, 2, S. 45 (Def. 1).
[30] Spinoza, Opera, 2, S. 45 (Def. 6, 3, 4, 5).
[31] Spinoza, Opera, 2, S. 52.
[32] Spinoza, Opera, 2, S. 45–51.
[33] Spinoza, Opera, 2, S. 56.
[34] Spinoza, Opera, 2, S. 60 (Propositio 16, Corollarium I).
[35] Pascal, Œuvres, S. 583.
[36] Pascal, Œuvres, S. 552.
[37] Pascal, Œuvres, S. 524.
[38] Pascal, Œuvres, S. 550 f.
[39] Pascal, Œuvres, S. 550.
[40] Ebd.
[41] Ebd.
[42] Ebd.
[43] Pascal, Œuvres, S. 551.
[44] Ebd.

6. Prädestination – Freiheit – Theodizee

[1] Leibniz, AA, VI 1, S. 535 f.
[2] Bayle, Dictionnaire Historique, 2, S. 830.
[3] Molina, Concordia liberi arbitrii cum gratiae donis, S. 11 f.
[4] Molina, Concordia liberi arbitrii cum gratiae donis, S. 137.
[5] Molina, Concordia liberi arbitrii cum gratiae donis, S. 158–161.
[6] Molina, Concordia liberi arbitrii cum gratiae donis, S. 158.
[7] Molina, Concordia liberi arbitrii cum gratiae donis, S. 160 f.
[8] Molina, Concordia liberi arbitrii cum gratiae donis, S. 281–286.
[9] Molina, Concordia liberi arbitrii cum gratiae donis, S. 282.
[10] Molina, Concordia liberi arbitrii cum gratiae donis, S. 282.
[11] Molina, Concordia liberi arbitrii cum gratiae donis, S. 283.
[12] Molina, Concordia liberi arbitrii cum gratiae donis, S. 283 f.
[13] Molina, Concordia liberi arbitrii cum gratiae donis, S. 2, 329.
[14] Molina, Concordia liberi arbitrii cum gratiae donis, S. 299, 303 f.
[15] Molina, Concordia liberi arbitrii cum gratiae donis, S. 2 f., 329.
[16] Molina, Concordia liberi arbitrii cum gratiae donis, S. 303 f.
[17] Molina, Concordia liberi arbitrii cum gratiae donis, S. 329 f.
[18] Molina, Concordia liberi arbitrii cum gratiae donis, S. 311.

[19] Molina, Concordia liberi arbitrii cum gratiae donis, S. 194.
[20] Molina, Concordia liberi arbitrii cum gratiae donis, S. 331.
[21] Molina, Concordia liberi arbitrii cum gratiae donis, S. 464.
[22] Leibniz, AA, VI 1, N. 20 (S. 537–546).
[23] Leibniz, AA, VI 1, S. 537.
[24] Leibniz, AA, I 12, S. 625.
[25] Leibniz, AA, I 14, S. 520.
[26] Leibniz, GP, 6, S. 122f.
[27] Leibniz, GP, 6, S. 128.
[28] Leibniz, GP, 6, S. 123f.
[29] Leibniz, GP, 6. S. 127.
[30] Ebd.
[31] Leibniz, GP, 6, S. 124f.
[32] Leibniz, GP, 6, S. 125.
[33] Leibniz, GP, 6, S. 128f.
[34] Leibniz, GP, 6, S. 288.
[35] Leibniz, GP, 6, S. 289.
[36] Leibniz, GP, 6, S. 296.
[37] Leibniz, GP, 6, S. 306.
[38] Epicurea, Fragment Nr. 374.
[39] Leibniz, GP, 6, 443.
[40] Leibniz, GP, 6, S. 115.
[41] Leibniz, GP, 6, S. 121.
[42] Leibniz, AA, VI 3, S. 121.
[43] Leibniz, AA, VI 3, S. 122.
[44] Leibniz, GP, 6, S. 313f.
[45] Leibniz, GP, 6, 115f., 442f.
[46] Leibniz, GP, 6, S. 115f.
[47] Leibniz, GP, 6, S. 116.
[48] Leibniz, GP, 6, S. 116f.
[49] Leibniz, AA, VI 3, S. 121.
[50] Leibniz, GP, 6, S. 118, 189 u. ö.
[51] Descartes, AT VII, S. 57–59; VIII-1, S. 19f. (Principia philosophiae, Teil I § 39). Vgl. den wohl aus dem Jahre 1645 stammenden Brief vermutlich an Mesland (AT IV, S. 172–175).
[52] Descartes, AT VIII-1, S. 20 (Principia philosophiae, Teil I § 41). Noch knapper sind die Bemerkungen hierzu in den Antworten auf die dritten Einwände (AT VII, S. 191).
[53] Spinoza, Opera, 2, S. 70.
[54] Spinoza, Opera, 2, S. 77 (Anhang zu Teil I).

7. Tugend und Affekt

[1] Charron, De la sagesse, Bordeaux 1601; 2. Aufl. Paris 1604.
[2] Charron, De la sagesse, S. 417.
[3] Charron, De la sagesse, S. 419, vgl. 417.
[4] Charron, De la sagesse, S. 418.
[5] Charron, De la sagesse, S. 420.
[6] Ebd.
[7] Charron, De la sagesse, S. 420–422.
[8] Charron, De la sagesse, S. 429.
[9] Charron, De la sagesse, S. 420.
[10] Charron, De la sagesse, S. 463f.
[11] Charron, De la sagesse, S. 466f.
[12] Pascal, Œuvres, S. 520f.
[13] Pascal, Œuvres, S. 520.
[14] Pascal, Œuvres, S. 519.
[15] Pascal, Œuvres, S. 515.
[16] Vgl. Pascal, Œuvres, S. 528 (Nr. 205).
[17] Pascal, Œuvres, S. 529.
[18] Pascal, Œuvres, S. 554.
[19] Descartes, AT, XI, S. 347.
[20] Descartes, AT, XI, S. 349.
[21] Descartes, AT, XI, S. 371f.
[22] Descartes, AT, XI, S, 373.
[23] Descartes, AT, XI, S. 373f. (Artikel 54).
[24] Descartes, AT, XI, S. 380f.
[25] Descartes, AT, XI, S. 384.
[26] Vgl. Descartes, AT, XI, S. 385 (Art. 76).
[27] Vgl. Descartes, AT, XI, S. 386.
[28] Descartes, AT, XI, S. 374.
[29] Descartes, AT, XI, S. 387 (Art. 79).
[30] Descartes, AT, XI, S. 387 (Art. 80).
[31] Descartes, AT, XI, S. 376.
[32] Descartes, AT, XI, S. 396f.
[33] Descartes, AT, XI, S. 375 (Art. 57).
[34] Descartes, AT, XI, S. 392.
[35] Descartes, AT, XI, S. 388f.
[36] Descartes, AT, XI, S. 359.
[37] Ebd.
[38] Descartes, AT, XI, S. 359f.
[39] Descartes, AT, XI, S. 363.
[40] Descartes, AT, XI, S. 364.
[41] Descartes, AT, XI, S. 350 (Art. 29).
[42] Descartes, AT, XI, S. 397.
[43] Descartes, AT, XI, S. 387.
[44] Descartes, AT, XI, S. 367.
[45] Descartes, AT, XI, S. 436 (Art. 144).
[46] Descartes, AT, XI, S. 368 (Art. 49).

[47] Descartes, AT, XI, S. 440.
[48] Descartes, AT, XI, S. 445 f.
[49] Hobbes, The English Works, 3, S. 38–51.
[50] Hobbes, Opera latina, 2, S. 94–110. Vgl. 1 (De corpore, Kap. 25), S. 315–334.
[51] Hobbes, The English Works, 3, S. 41.
[52] Hobbes, Opera latina, 2, S. 96 f.
[53] Hobbes, The English Works, 3, S. 42.
[54] Ebd.
[55] Hobbes, Opera latina, 2, S. 103 f.
[56] Hobbes, Opera latina, 2, S. 97 f.
[57] Hobbes, Opera latina, 2, S. 95.
[58] Hobbes, Opera latina, 2, S. 95 f.
[59] Leibniz, AA, VI 4, u. a. S. 1450, 1575, 2311, 2318, 2355.
[60] Leibniz, AA, VI 4, S. 405.
[61] Leibniz, AA, VI 4, S. 2375
[62] Leibniz, AA, VI 4, S. 2799.
[63] Leibniz, AA, VI 4, u. a. S. 2793, 2798.
[64] Leibniz, AA, VI 4, S. 2792–2808.
[65] Leibniz, AA, VI 4, S. 2793.
[66] Ebd.
[67] Leibniz, AA, VI 4, S. 2803.
[68] Leibniz, AA, VI 4, S. 2793, 2798.
[69] Leibniz, AA, VI 4, S. 2794.

8. Recht und Staat

[1] Bodin, Les six Livres de la République, S. 1.
[2] Bodin, Les six Livres de la République, S. 122.
[3] Bodin, Les six Livres de la République, S. 124.
[4] Bodin, Les six Livres de la République, S. 131.
[5] Bodin, Les six Livres de la République, S. 133.
[6] Hobbes, The English Works, 3, S. 110.
[7] Hobbes, The English Works, 3, S. 111.
[8] Hobbes, The English Works, 3, S. 111 f.
[9] Hobbes, The English Works, 3, S. 114 f.
[10] Hobbes, The English Works, 3, S. 115.
[11] Hobbes, The English Works, 3, S. 116.
[12] Hobbes, The English Works, 3, S. 116 f.
[13] Hobbes, The English Works, 3, S. 117.
[14] Ebd.
[15] Ebd.
[16] Hobbes, The English Works, 3, S. 118.
[17] Ebd.
[18] Hobbes, The English Works, 3, S. 119.
[19] Hobbes, The English Works, 3, S. 119 f.
[20] Hobbes, The English Works, 3, S. 121.
[21] Hobbes, The English Works, 3, S. 130.
[22] Hobbes, The English Works, 3, S. 140 f.
[23] Hobbes, The English Works, 3, S. 142.
[24] Hobbes, The English Works, 3, S. 154.
[25] Hobbes, The English Works, 3, S. 157.
[26] Hobbes, The English Works, 3, S. 158.
[27] Hobbes, The English Works, 3, S. 151.
[28] Hobbes, The English Works, 3, S. 158.
[29] Hobbes, The English Works, 3, S. 161.
[30] Hobbes, Opera latina, 3, S. 133.
[31] Molina, De Justitia et jure, Mainz 1659.
[32] Molina, De Justitia et jure, Sp. 9 (I, disp. 3, n. 2 u. 3).
[33] Molina, De Justitia et jure, Sp. 9 (I, disp. 3, n. 4 u. 5).
[34] Molina, De Justitia et jure, Sp. 10 (I, disp. 4, n. 1).
[35] Molina, De Justitia et jure, Sp. 10 f. (I, disp. 4, n. 2 u. 3).
[36] Molina, De Justitia et jure, Sp. 11 (I, disp. 4, n. 3).
[37] Molina, De Justitia et jure, Sp. 11 (I, disp. 4, n. 5).
[38] Molina, De Justitia et jure, Sp. 11 f. (I, disp. 4, n. 6).
[39] Molina, De Justitia et jure, Sp. 12 (I, disp. 4, n. 7).
[40] Molina, De Justitia et jure, Sp. 12 (I, disp. 4, n. 8).
[41] Molina, De Justitia et jure, Sp. 13 (I, disp. 4, n. 9).
[42] Pufendorf, De officio, S. 18 (I, cap. 2, § 2); vgl. De jure naturae et gentium, S. 71 (I, cap. 6, § 4).
[43] Pufendorf, De jure naturae et gentium, S. 86 (I, cap. 6, § 18); vgl. De officio, S. 21 (I, cap. 2, § 16).
[44] Pufendorf, De officio, S. 21 (I, cap. 2, § 16); vgl. De jure naturae et gentium, S. 86 (I, cap. 6, § 18).
[45] Pufendorf, De jure naturae et gentium, S. 86 (I, cap. 6, § 18); vgl. De officio, S. 21 (I, cap. 2, § 16).
[46] Pufendorf, De jure naturae et gentium, S. 146 (II, cap. 3, § 14); vgl. De officio, S. 21 (I, cap. 3, § 2).

[47] Pufendorf, De jure naturae et gentium, S. 147 (II, cap. 3, § 14).

[48] Pufendorf, De officio, S. 23 (I, cap. 3, § 7).

[49] Pufendorf, De jure naturae et gentium, S. 148 (II, cap. 3, § 15); vgl. De officio, S. 23 (I, cap. 3, § 9).

[50] Pufendorf, De jure naturae et gentium, S. 148 (II, cap. 3, § 15).

[51] Pufendorf, De jure naturae et gentium, S. 151 (II, cap. 3, § 16).

[52] Pufendorf, De jure naturae et gentium, S. 226 (III, cap. 2, § 1).

[53] Pufendorf, De jure naturae et gentium, S. 107 (II, cap. 1, § 2).

[54] Pufendorf, De jure naturae et gentium, S. 109 (II, cap. 1, § 5).

[55] Dazu: Hans Welzel, Naturrecht und materiale Gerechtigkeit, Göttingen 1962 (zuerst 1951), S. 142–144.

[56] Leibniz, Codex Diplomaticus, Wolfenbüttel 1747.

[57] Vgl. Leibniz, AA, VI 4, N. 498, 502, 505.

[58] Alle folgenden Referenzen und Zitate beziehen auf die 6. bis 8. Seite des unpaginierten Vorworts (*praefatio*).

[59] Leibniz, AA, VI 4, S. 2758.

[60] Vgl. Alfred Verdross, Abendländische Rechtsphilosophie. Ihre Grundlagen und Hauptprobleme in geschichtlicher Schau, 2. Aufl. Wien 1963, S. 92–95.

[61] Suárez, De legibus, S. 187 f. (II, cap. 19, n. 2).

[62] Suárez, De legibus, S. 188 (II, cap. 19, n. 3).

[63] Suárez, De legibus, S. 189 (II, cap. 19, n. 5).

[64] Suárez, De legibus, S. 189 (II, cap. 19, n. 6).

[65] Suárez, De legibus, S. 190 (II, cap. 19, n. 8).

[66] Suárez, De legibus, S. 191 (II, cap. 19, n. 10).

[67] Suárez, De legibus, S. 190 (II, cap. 19, n. 7).

[68] Suárez, De legibus, S. 190 (II, cap. 19, n. 8).

[69] Suárez, De legibus, S. 190 f. (II, cap. 19, n. 9).

[70] Grotius, De jure belli ac pacis, S. 2 (Prolegomena § 1).

[71] Grotius, De jure belli ac pacis, S. 24 (lib. I, cap. I, § 9.2).

[72] Grotius, De jure belli ac pacis, S. 24 (lib. I, cap. I, § 10.1,2 u. 5).

[73] Grotius, De jure belli ac pacis, S. 30 f. (lib. I, cap. I, § 15.2).

[74] Grotius, De jure belli ac pacis, S. 30 (lib. I, cap. I, § 14.1,2).

[75] Grotius, De jure belli ac pacis, S. 8 (Prol. § 15).

[76] Grotius, De jure belli ac pacis, S. 8 (Prol. § 16).

[77] Grotius, De jure belli ac pacis, S. 8 (Prol. § 17).

[78] Grotius, De jure belli ac pacis, S. 10 (Prol. § 22).

[79] Grotius, De jure belli ac pacis, S. 35–65 (lib. I, cap. II).

[80] Grotius, De jure belli ac pacis, S. 11 (Prol. §25).

[81] Grotius, De jure belli ac pacis, S. 22 (lib. I, cap. I § 2.1).

[82] Grotius, De jure belli ac pacis, S. 36 f. (lib. I, cap. II § 1.4,5).

[83] Grotius, De jure belli ac pacis, S. 40 (lib. I, cap. II § 4.1).

Literaturverzeichnis

Quellen – Benutzte Ausgaben (mit Kurztiteln)

Alsted, Johann Heinrich [Encyclopaedia]
Encyclopaedia septem tomis distincta, Herborn 1630 (Nachdruck Stuttgart-Bad Cannstatt 1989).
Althusius, Johann [Politica methodice digesta]
Politica Methodice digesta atque exemplis sacris et profanis illustrata; cui in fine adjuncta est Oratio Panegyrica, De necessitate, utilitate et antiquitate scholarum, 3. Aufl. Herborn 1614.
Bacon, Francis [Works]
The Works of Francis Bacon, hrsg. v. Spedding, Ellis u. Heath, Bde. 1–14, London 1857–1874 (Nachdruck Stuttgart-Bad Cannstatt 1963).
– [Neues Organon]
Neues Organon, lat.-dt., hrsg. v. W. Krohn, Hamburg 1990.
Báñez, Domingo [Scholastica commentaria]
Scholastica Commentaria in primam parte, angelici doctoris D. Thomae usque ad sexagesimam quartam quaestionem complectentia, Salamanca 1584.
Bodin, Jean [Les six Livres de la République]
Les six Livres de la République, Paris 1583 (Nachdruck Aalen 1961).
Bayle, Pierre [Dictionnaire Historique]
Dictionnaire Historique et Critique, 2 Bde., Rotterdam 1695 u. 1697; 5., durchgesehene, korrigierte u. vermehrte Auflage in 4 Bänden v. Des Maizeaux, Amsterdam, Leiden, Den Haag, Utrecht 1740.
Charron, Pierre [De la sagesse]
De la sagesse, Bordeaux 1601; 2. Aufl. Paris 1604 (Neuausgabe v. Barbara de Negroni, Paris 1986).
Chauvin, Étienne [Lexicon philosophicum]
Lexicon Philosophicum, Rotterdam 1692; 2. Aufl. Leeuwarden 1713 (Nachdruck der 2. Aufl. Düsseldorf 1967).
Clauberg, Johann [Opera]
Opera omnia philosophica, Bde. 1–2, Amsterdam 1691 (Nachdruck Hildesheim 1968).
Comenius, Johann Amos [Opera omnia]
Opera omnia (Academia scientiarum Bohemoslovaca), Bd. 14, hrsg. v. L. Svoboda, J. Borská, J. Nováková, Prag 1974.
Cordemoy, Gerauld de [Œuvres]
Œuvres philosophiques, ed. P. Clair u. F. Girbal, Paris 1968.
Dalgarno, George [Ars signorum]
Ars signorum, vulgo character universalis et lingua philosophica, London 1661.
Descartes, René [AT]
Œuvres de Descartes, hrsg. v. Ch. Adam & P. Tannery, Bde. 1–12, Paris 1897–1913; 2. Aufl. Paris 1964–1972 (Nachdruck Paris 1974–1983).
Epikur [Epicurea]
Epicurea, hrsg. v. H. Usener, Leipzig 1887.

Galilei, Galileo [Opere]
Le Opere di Galileo Galilei, Edizione Nazionale, hrsg. v. A. Favaro, Bde. 1–19, Florenz 1890–1907.
Gassendi, Pierre [Opera]
Opera omnia in sex tomos divisa, hrsg. v. S. Sorbière, Bde. 1–6, Lyon 1658 (Nachdruck Stuttgart-Bad Cannstatt 1964).
Geulincx, Arnold [Opera]
Sämtliche Schriften in fünf Bänden, hrsg. v. H. J. De Vleeschauwer, Stuttgart-Bad Cannstatt 1965–1968 (Bde. 1–3 sind Nachdruck der Ausgabe: Arnoldi Geulincx Antverpiensis Opera Philosophica, hrsg. v. J. P. N. Land, Den Haag 1891–1893).
Grotius, Hugo [De iure belli ac pacis]
De iure belli ac pacis libri tres, in quibus ius naturae et gentium, item iuris publici praecipua explicantur, hrsg. v. P. C. Molhuysen, Leiden 1919.
Herbert, Edward Lord of Cherbury [De veritate]
De Veritate, prout distinguitur a Revelatione, a Verisimili, a Possibili, et a Falso, 3. Aufl. London 1645 (Faksimile-Neudruck Stuttgart-Bad Cannstatt 1966).
– [De religione gentilium]
De Religione Gentilium errorumque apud eos causis, Amsterdam 1663 (Faksimile-Neudruck Stuttgart-Bad Cannstatt 1967).
Hobbes, Thomas [The English Works]
The English Works of Thomas Hobbes of Malmesbury, hrsg. v. William Molesworth, Bde. 1–5, London 1839–1845 (Nachdruck Aalen 1966).
– [Opera latina]
Thomae Hobbes Malmesburiensis Opera Philosophica quae latine scripsit omnia in unum corpus nunc primum collecta, hrsg. v. William Molesworth, Bde. 1–11, London 1839–1845 (Nachdruck Aalen 1966).
Huygens, Christiaan [Œuvres]
Œuvres completes de Christiaan Huygens, hrsg. v. d. Société Hollandaise des Sciences de Harlem, Bde. 1–22, Den Haag 1888–1950.
La Forge, Louis de [Œuvres]
Œuvres philosophiques, ed. P. Clair, Paris 1974.
Leibniz, Gottfried Wilhelm [AA]
Sämtliche Schriften und Briefe, hrsg. v. d. Deutschen Akademie der Wissenschaften zu Berlin, jetzt v. d. Berlin-Brandenburgischen Akademie der Wissenschaften und der Akademie der Wissenschaften in Göttingen, Reihe I (Allgemeiner politischer und historischer Briefwechsel), Bde. 1–17, Darmstadt/Leipzig/Berlin 1923–2001; Reihe II (Philosophischer Briefwechsel) Bd. 1, Darmstadt 1926; u. Reihe VI (Philosophische Schriften), Bde. 1–4 u. 6, Darmstadt 1930, Berlin 1962–1999.
– [GP]
Die philosophischen Schriften von Gottfried Wilhelm Leibniz, hrsg. v. C. I. Gerhardt, Bde. 1–7, Berlin 1875–1890 (Nachdruck Hildesheim 1965).
– [GM]
Mathematische Schriften, hrsg. v. C. I. Gerhardt, Bde. 1–7, Berlin 1849–1863 (Nachdruck Hildesheim 1971).
– [Specimen dynamicum]
Specimen Dynamicum, hrsg. v. Dosch, Most, Rudolph, Hamburg 1982.
– [Principe Générale]
Extrait d'une Lettre de M. L. [d. i. Monsieur Leibniz] sur un Principe Générale, utile à l'explication des loix de la nature, par la considération de la Sagesse Divine, in: Nouvelles de la République des Lettres, Juli 1687, S. 744–753.
– [Codex Diplomaticus]
Codex Juris Gentium Diplomaticus, in quo Tabulae Authenticae Actorum publico-

rum, Tractatuum, aliarumque Rerum majoris momenti per Europam gestarum, pleraeque ineditae vel selectae, ipso verborum tenore expresse ac temporum serie digestae, continentur; a fine Seculi undecimi ad nostra usque tempora aliquot Tomis comprehensis: quem ex Manuscriptis praesertim Bibliothecae Augustae Guelferbytanae Codicibus, et Monumentis Regiorum aliorumque Archivorum, ac propriis denique Collectaneis edidit G. W. L., Wolfenbüttel 1747 (zuerst 1693).

Locke, John [Essay Concerning Human Understanding]
An Essay Concerning Human Understanding, ed. A. Campbell Fraser, 2 Bde., New York 1959.

– Two treatises of Government, a Critical Edition with an Introduction and Apparatus Criticus by Peter Laslett, Cambridge (University Press) 1967.

Mersenne, Marin [La vérité des sciences]
La vérité des sciences. Contre les Sceptiques ou Pyrrhoniens, Paris 1625 (Nachdruck Stuttgart-Bad Cannstatt 1969).

Molina, Luis de [Concordia liberi arbitrii cum gratiae donis]
Concordia liberi arbitrii cum gratiae donis, divina praescientia, providentia, praedestinatione, et reprobatione, Lissabon 1588.

– [De justitia et jure]
R. P. Ludovici Molinae e societate Jesu, primarii quondam, in Eborensi Academia Theologiae professoris, De Justitia et Jure. Opus in sex tomos divisum. Editio novissima, Mainz 1659.

Montaigne, Michel de [Œuvres]
Œuvres complètes, hrsg. v. A. Thibaudet u. M. Rat, Paris 1962.

More, Henry [Opera]
Henrici Mori Opera omnia, tum quae latine, tum quae anglice scripta sunt; nunc vero latinitate donata, hrsg. v. J. Cockshutt, Bd. I (opera theologica) u. Bde. II, 1–2 (opera philosophica), London 1675–1679 (Nachdruck Hildesheim 1966).

Newton, Isaac [Opera]
Opera quae exstant omnia, hrsg. v. S. Horsley, Bde. 1–5, London 1779–1785 (Nachdruck Stuttgart-Bad Cannstatt 1964).

– [Principia]
Philosophiae Naturalis Principia Mathematica, hrsg. A. Koyré u. I. B. Cohen, Cambridge 1972 (Druck der 3. Aufl. v. 1726).

Pascal, Blaise [Œuvres]
Œuvres complètes, hrsg. v. L. Lafuma (Vorwort v. H. Gouhier), Paris 1963.

Pereira, Gómez [Antoniana Margarita]
Antoniana Margarita, Medina del Campo 1554.

Pufendorf, Samuel [De officio]
Gesammelte Werke, hrsg. v. W. Schmidt-Biggemann, Bd. 2, De officio hominis et civis juxta legem naturalem, Berlin 1997.

– [De jure naturae et gentium]
Gesammelte Werke, hrsg. v. W. Schmidt-Biggemann, Bd. 4, De jure naturae et gentium, Berlin 1998.

Rorario, Girolamo (Rorarius, Hieronymus) [Animalia bruta]
Quod animalia bruta saepe ratione utuntur melius homine, libri duo, ed. Naudé, Paris 1648.

Sánchez, Francisco [Quod nihil scitur]
Il n'est science de rien (Quod nihil scitur), édition critique latin-français par A. Comparot, mit einem Vorwort v. A. Mandouze, Paris 1984.

Spinoza, Baruch [Opera]
Opera, im Auftrag der Heidelberger Akademie der Wissenschaften hrsg. v. Carl Gebhardt, Bde. 1–4, Heidelberg 1925 (Nachdruck Heidelberg 1972).

Suárez, Francisco [Disputationes metaphysicae]
Disputationes metaphysicae, Opera omnia, ed. C. Berton, Bde. 25 u. 26, Paris 1866 (reprographischer Nachdruck, Hildesheim 1965).
– [De legibus]
Tractatus de Legibus ac Deo Legislatore in decem Libros distributus Authore P. D. Francisco Suárez, Coimbra 1612 – Tratado de las leyes y de Dios Legislador en diez libros por Francisco Suárez, S. I. Reproducción anastática de la edición pr´ncipe de Coimbra 1612; versión española por José Ramón Eguillor Muniozguren, S. I., hrsg. v. Luis Vela Sánchez, S. I., 6 Bde., Madrid 1967 (reprographischer Nachdruck mit spanischer Parallelübersetzung).
Thomas von Aquin [Summa theologiae]
Sancti Thomae Aquinatis Doctoris Angelici Ordinis Praedicatorum Summa theologiae, Cura Fratrum eiusdem Ordinis, Biblioteca de Autores Cristianos, 3. Aufl. Madrid 1961–1965.
Wilkins, John [Real Character]
An essay towards a real character and a philosophical language, London 1668.
Wolf, Erik [Recht des Nächsten]
Recht des Nächsten. Ein rechtstheologischer Entwurf, Frankfurt a. Main 1958, 2. Aufl. 1966.

Gesamtdarstellungen

Belaval, Yvon
Histoire de la philosophie, sous la direction d'Yvon Belaval, II vol. 1 (La Renaissance – L'âge classique), Paris 1999.
Copleston, Frederick
A History of Philosophy, vol. III (Ockham to Suárez), Westminster, Maryland 1953; IV (Descartes to Leibniz), Westminster, Maryland 1959; V (Hobbes to Hume), Westminster, Maryland 1959.
Garber, Daniel u. Ayers, Michael
The Cambridge History of Seventeenth-Century Philosophy, 2 Bde., Cambridge (University Press) 1998.
Randall, John Herman, jr.
The Career of Philosophy. From the Middle Ages to the Enlightenment, New York u. London 1962.
Röd, Wolfgang
Geschichte der Philosophie, hrsg. v. W. Röd, Bd. VII (Philosophie der Neuzeit 1: Von Francis Bacon bis Spinoza) u. Bd. VIII (Philosophie der Neuzeit 2: Von Newton bis Rousseau), München 1978 u. 1984.
Schobinger, Jean-Pierre
Grundriß der Geschichte der Philosophie, begründet v. Friedrich Ueberweg; völlig neubearbeitete Ausgabe. Die Philosophie des 17. Jahrhunderts, hrsg. v. Jean-Pierre Schobinger. Bd. 1: Allgemeine Themen – Iberische Halbinsel – Italien, Basel 1998; Bd. 2: Frankreich und Niederlande, Basel 1993; Bd. 3: England, Basel 1988; Bd. 4: Das Heilige Römische Reich Deutscher Nation – Nord- u. Ostmitteleuropa, Basel 2001.
Totok, Wilhelm
Handbuch der Geschichte der Philosophie, Band IV (Frühe Neuzeit, 17. Jahrhundert), Frankfurt a. M. 1981.
Ueberweg, Friedrich
Grundriß der Geschichte der Philosophie, Dritter Teil: Die Philosophie der Neuzeit bis zum Ende des XVIII. Jahrhunderts v. Max Frischeisen-Köhler u. Willy Moog, 14. Aufl. (unveränderter Nachdruck der 12. Aufl.) Darmstadt 1957.

Vorländer, Karl
Geschichte der Philosophie IV (Philosophie der Neuzeit) und V (Philosophie der Neuzeit. Die Aufklärung), bearbeitet v. Heinrich Knittermeyer, mit Quellentexten u. bibliographischen Ergänzungen versehen v. Eckhard Keßler, Hamburg 1966 u. 1967.
Windelband, Wilhelm
Lehrbuch der Geschichte der Philosophie, mit einem Schlußkapitel ‚Die Philosophie des 20. Jahrhunderts' u. einer Übersicht über den Stand der philosophiegeschichtlichen Forschung hrsg. v. Heinz Heimsoeth, 15. Aufl. Tübingen 1957.

Werkverzeichnis

der erörterten und erwähnten Werke und Briefe
(alphabetisch nach Autoren geordnet; Kurztitelangabe mit Ersterscheinungs- oder Entstehungsdatum [*], außer bei antiken Schriften)

Alembert, Jean-Baptiste d' (1717–1783)
1747 Traité de la dynamique
Alsted, Johann Heinrich (1588–1638)
1630 Encyclopaedia
Althusius, Johannes (1586–1638)
1603 Politica methodice digesta
Anselm von Canterbury (1033–1109)
1077/78* Proslogion
Aristoteles (384–322 v. Chr.)
Metaphysik
Nikomachische Ethik
Zweite Analytiken

Bacon, Francis (1561–1626)
1620 Novum Organum
1623 De dignitate et augmentis scientiarum
Báñez, Domingo (1528–1604)
1584 Scholastica commentaria
Bayle, Pierre (1647–1706)
1695–97 Dictionnaire Historique et Critique
Bodin, Jean (1530–1596)
1576 Les six livres de la république
Borelli, Alfonso (1608–1679)
1680/81 De motu animalium
Boyle, Robert (1627–1691)
1666 The Origins of Forms and Qualities according to the Corpuscular Philosophy

Charron, Pierre (1541–1603)
1601/04 De la sagesse
Chauvin, Étienne (1640–1725)
1692 Lexicon philosophicum
Cicero (106–43 v. Chr.)
Tusculanae Disputationes
Clauberg, Johannes (1622–1665)
1664 Physica
Clavius, Christoph (1537–1612)
1574/1607 Euklid, Elementorum libri XV/liber XVI
Comenius, Johann Amos (1592–1670)
1637/39 Conatuum Comenianorum praeludia ex bibliotheca S. H. [Samuel Hartlib]/Pansophiae Prodromus (= 2. Aufl.)
Cordemoy, Gerauld de (1626–1684)
1666 Le discernement du corps et de l'âme (La distinction et l'union du corps et de l'âme)
Cudworth, Ralph (1617–1688)
1678 The True Intellectual System of the Universe

Dalgarno, George (1625–1687)
1661 Ars signorum, vulgo character universalis et lingua philosophica
Descartes, René (1596–1650)
1628* Regulae ad directionem ingenii
1630–33* Traité de la lumière
1630–33* Traité de l'homme
1637 Discours de la méthode
1641* Brief an Mersenne
1641/42 Meditationes de prima philosophia
1644 Principia philosophiae
1645* Brief an Mesland
1645–47* Recherche de la vérité
1646* Brief an den Marquis de Newcastle
1647* Brief an Königin Christine von Schweden
1648* Gespräch mit Burman
1649 Passions de l'âme
Dilly, Antoine (17. Jh.)
1672 Traité de l'Ame et de la connoissance des Bêtes

Erasmus von Rotterdam (1476–1536)
1524 De libero arbitrio
Euklid (4./3. Jh. v. Chr.)
Elemente

Galilei, Galileo (1564–1642)
1623 Il Saggiatore
1638 Discorsi e Dimostrazioni matematiche
Gassendi, Pierre (1592–1655)
1647 De vita et moribus Epicuri
1649 Animadversiones in decimum librum Diogenis Laertii
1658 Syntagma philosophicum
Grotius (de Groot), Hugo (1583–1645)
1609 Mare liberum
1625 De jure belli ac pacis
Geulincx, Arnold (1624–1669)
1665 Ethica
1691 Metaphysica

Harvey, William (1578–1657)
1628 Exercitatio anatomica de motu cordis et sanguinis in animalibus
1651 De generatione animalium
Herbert, Edward, Lord of Cherbury (1583–1648)
1624 De veritate
1663 De religione gentilium
Hobbes, Thomas (1588–1679)
1642 De cive
1651 Leviathan
1655 De corpore
1658 De homine
Huygens, Christiaan (1629–1695)
1690 Traité de la lumière
1690 Discours de la cause de la pesanteur

Jansen, Cornelius (1585–1638)
1640 Augustinus

Kant, Immanuel (1724–1804)
1788 Kritik der praktischen Vernunft
1791 Über das Mißlingen aller philosophischen Versuche in der Theodizee
Kepler, Johannes (1571–1630)
1609 Astronomia nova

La Forge, Louis de (1632–1666)
1666 Traité de l'esprit de l'homme
Lamettrie, Julien Offray de (1709–1751)
1748 L'homme machine
Le Grand, Antoine (Anf. 17. Jh.–1699)
1675 De carentia sensus et cognitionis in brutis
Leibniz, Gottfried Wilhelm (1646–1716)
1671 Theoria motus abstracti
1672/73* Confessio philosophi
1676* Quod Ens perfectissimum existit
1678/79* Dialogus inter Theologum et Misosophum
1684 Meditationes de cognitione, veritate et ideis
1684 Brevis demonstratio erroris memorabilis Cartesii
1686* Discours de métaphysique
1686–90* Briefwechsel mit Arnauld
1687 Principe générale, utile à l'explication des loix de la nature
1688* Principium quoddam generale ... cujus ope ... examinantur Naturae Leges
1689 Tentamen de motuum coelestium causis
1693 Codex juris gentium diplomaticus
1693* Brief an Christiaan Huygens
1694 De primae philosophiae emendatione
1695 Système nouveau de la nature et de la communication des substances
1695 Specimen dynamicum
1695* Brief an den Marquis de l'Hospital
1696* Brief an Chauvin
1697* Brief an Magliabechi
1703–05* Nouveaux Essais sur l'entendement humain
1710 Théodicée
1710 Causa Dei asserta
1713* Brief an Thomas Burnett de Kemney
1714* Principes de la nature et de la grâce
1714* Monadologie
1715–16* Briefwechsel mit Clarke

Locke, John (1632–1704)
1690 Essay Concerning Human Understanding
1690 Two Treatises of Government

Luther, Martin (1483–1546)
1525 De servo arbitrio

Malebranche, Nicolas (1638–1715)
1673–75 De la recherche de la Vérité

Mersenne, Marin (1588–1648)
1625 La vérité des sciences

Molina, Luis de (1535–1600)
1588 De concordia liberi arbitrii cum gratiae donis
1593–1609 De justitia et jure

Montaigne, Michel de (1533–1592)
1580/88 Essais

More, Henry (1614–1687)
1671 Enchiridion metaphysicum

Newton, Isaac (1643–1727)
1687 Philosophiae naturalis principia mathematica
1693* Brief an Bentley
1704 Opticks

Pascal, Blaise (1623–1662)
1655* De l'esprit géométrique
1655* De l'art de persuader
1670 Pensées

Pereira, Gómez (16. Jh.)
1554 Antoniana Margarita

Platon (427–347 v. Chr.)
Theaitetos
Timaios

Proklos (411–485)
1533 In primum Euclidis elementorum librum commentarii, ed. S. Grynaeus

Pufendorf, Samuel (1632–1694)
1672 De jure naturae et gentium
1673 De officio

Ramus, Petrus (Pierre de la Ramée) (1515–1572)
1557 Quod sit unica doctrinae instituendae methodus

Rorarius, Hieronymus (Rorario, Girolamo) (1485–1556)
1547 Quod animalia bruta saepe ratione utuntur melius homine

Sánchez, Francisco (1551–1623)
1581 Quod nihil scitur

Spinoza, Baruch de (1632–1677)
1663 Renati Des Cartes Principia philosophiae more geometrico demonstrata
1670 Tractatus theologico-politicus
1677 Ethica ordine geometrico demonstrata

Suárez, Francisco (1548–1617)
1597 Disputationes metaphysicae
1612 De legibus ac Deo legislatore

Thomas von Aquin (1225–1274)
1265–73* Summa theologiae

Vitoria, Francisco de (1480–1546)
1538/39 Relectio de Indis

Voltaire, François-Marie (1694–1778)
1759 Candide

Wilkins, John (1614–1672)
1668 An essay towards a real character and a philosophical language

Wolf, Erik (1902–1977)
1958 Recht des Nächsten

Wölfflin, Heinrich (1864–1945)
1888 Renaissance und Barock
1915 Kunstgeschichtliche Grundbegriffe

Personenregister